本书研究获
国家自然科学基金项目(41461020、42061035)
教育部新世纪人才计划 (NCET-05-0819)
支持

贵州坝子土地利用功能演变及山-坝耦合效应

李阳兵 等 著

科学出版社
北京

内 容 简 介

本书以岩溶山地特色地貌单元——坝子作为案例，深入研究其土地利用转型升级和土地利用功能演化模式与机理，以揭示快速城镇化进程中岩溶山地乡村坝子土地利用多功能时空耦合格局、多元演变模式、功能转型空间演变特征与机理。本书研究成果丰富了土地利用转型发展理论，为岩溶山地坝子实行合理的多功能利用提供参考。

本书可供地理学、资源与环境科学、土地科学、土地规划学和地理信息科学等学科研究人员及相关专业高等院校师生参考。

审图号：黔 S（2023）007 号

图书在版编目（CIP）数据

贵州坝子土地利用功能演变及山–坝耦合效应／李阳兵等著. —北京：科学出版社，2023.6
ISBN 978-7-03-075640-4

Ⅰ. ①贵… Ⅱ. ①李… Ⅲ. ①盆地–土地利用–研究–贵州 Ⅳ. ①F321.1

中国国家版本馆 CIP 数据核字（2023）第 099021 号

责任编辑：林 剑／责任校对：樊雅琼
责任印制：吴兆东／封面设计：无极书装

科 学 出 版 社 出版
北京东黄城根北街 16 号
邮政编码：100717
http://www.sciencep.com
北京建宏印刷有限公司 印刷
科学出版社发行 各地新华书店经销
*
2023 年 6 月第 一 版　开本：787×1092　1/16
2023 年 6 月第一次印刷　印张：15 1/2
字数：360 000
定价：198.00 元
（如有印装质量问题，我社负责调换）

本书撰写人员

(排名顺序不分先后)
第 1 章　李阳兵
第 2 章　李阳兵　白晓永　罗光杰
第 3 章　李阳兵　陈　会　罗光杰
第 4 章　李阳兵　刘亚香　陈　梅
第 5 章　李阳兵　陈　会　陈　梅
第 6 章　李阳兵　陈　会
第 7 章　李阳兵　张　涵　徐　倩
第 8 章　李阳兵　张　涵　陈　梅
第 9 章　张　涵　李阳兵　陈　梅
第 10 章　李阳兵　刘亚香
第 11 章　李阳兵　张　涵　徐　倩
第 12 章　李阳兵　谢宇轩　陈　梅
第 13 章　李阳兵

前言

贵州是中国西南岩溶山地的中心，土地资源限制度较高，因此，地形相对平坦、土质和灌溉条件都相对较好的平地（俗称"坝子"）就成为贵州省重要的粮食生产基地。在这种山多平地少的背景下，一方面，岩溶山地乡村坝子面临以有限的适宜土地既要保证"吃饭"又要保证"建设"和"生态"的三难局面；另一方面，在西部大开发的背景下，随着城镇化、工业化、城乡一体化发展等对农村的冲击，以及在推进新农村建设、乡村经济转型发展、乡村振兴等多重战略背景影响下，近年来岩溶山地乡村坝子景观和土地利用格局发生剧烈变化。因此，从岩溶山地坝子土地资源管理和乡村振兴的现实需求来看，以岩溶山地特色地貌单元——坝子作为案例，深入研究其土地利用转型升级和土地利用功能演化模式与机理，有着重要的实际意义和参考价值；同时，选择岩溶山地坝子这一具有特殊自然环境和社会经济背景的研究对象作为案例，从微观尺度上识别其土地利用功能多样性时空演化特征与机理，为土地利用转型理论和土地利用多功能认识提供了一个特色案例，有助于丰富和推动相关理论发展，深化对中国西南岩溶山地人地关系的认识。鉴于此，本书以贵州省不同规模大小的坝子作为研究对象，基于多源数据支撑，应用遥感分析、地理信息系统、景观生态学、土地科学、生态经济学等理论与方法，并与实践相结合，构建了贵州坝子土地利用多功能时空动态演变理论、贵州坝子农业土地利用功能转型适宜性评价模型、山-坝系统土地利用景观耦合演变理论框架、坝子土地利用转型演变路径研究框架，对贵州省坝子土地利用功能演变及山-坝耦合效应进行了较深入分析。

本书第一作者为贵州师范大学教授，本书研究得到国家自然科学基金项目（41461020、42061035）和教育部新世纪人才计划（NCET-05-0819）的资助，得到了科学出版社、贵州师范大学地理与环境科学学院和贵州省流域地理国情监测重点实验室的大力支持，借此机会表示感谢！在本书写作过程中引用和参阅了大量国内外学者的相关论著，表示衷心感谢！中国科学院地球化学研究所王世杰研究员对本书的形成提出了许多建设性意见，中国科学院地球化学研究所刘秀明研究员、程安云高级工程师，北京大学蔡运龙教授，贵州师范大学周忠发教授和西南大学王成教授等也给予了颇多宝贵意见，博士研究生黄娟、张依依，硕士研究生盛佳利、唐芳、余梦、余李敏、杨林钰、李敏等参与了部分数据的整理和分析，在此一并表示诚挚的谢意！由于作者水平有限，书中不足之处在所难免，敬请各位专家和读者批评指正。

李阳兵
2022 年 12 月 1 日

目 录

前言
1 绪论 ·· 1
   1.1 研究意义 ·· 1
   1.2 关于坝子的定义与分类 ·· 2
   1.3 研究思路 ·· 2
   参考文献 ··· 3
2 理论进展 ·· 5
   2.1 土地利用转型 ·· 5
   2.2 土地多功能性 ·· 8
   2.3 土地利用功能演变 ·· 9
   2.4 贵州坝子土地利用多功能时空动态演变理论 ·· 10
   参考文献 ··· 11
3 贵州不同规模等级坝子空间分布特征研究 ··· 17
   3.1 研究区概况 ·· 17
   3.2 研究方法 ·· 18
   3.3 结果分析 ·· 20
   3.4 讨论 ··· 29
   3.5 结论 ··· 29
   参考文献 ··· 30
4 贵州坝子土地利用变化与转型 ··· 32
   4.1 省域尺度坝子土地利用变化 ·· 33
   4.2 微观尺度坝子耕地利用空间形态转型：以惠水坝子为例 ······················ 39
   参考文献 ··· 54
5 省域尺度坝子土地利用功能演变规律 ·· 56
   5.1 研究区概况 ·· 56
   5.2 数据来源与研究方法 ·· 57
   5.3 结果分析 ·· 60
   5.4 讨论 ··· 70
   5.5 结论 ··· 72
   参考文献 ··· 73

6 县域尺度坝子中的现代农业地块时空演变 ··· 75
6.1 贵州坝子现代农业功能分布特征研究 ··· 75
6.2 贵州典型县域坝区现代农业功能地块时空演变研究 ··· 86
参考文献 ··· 100

7 贵州省坝子农业土地利用转型适宜性评价 ··· 102
7.1 坝子农业土地利用转型适宜性评价研究方法 ··· 102
7.2 坝子农业土地利用转型单因子适宜性评价 ··· 108
7.3 坝子农业土地利用转型综合质量适宜性评价 ··· 111
7.4 结论 ··· 114
参考文献 ··· 115

8 典型坝子土地利用功能转型案例 ··· 116
8.1 研究区概况 ··· 116
8.2 典型坝子土地利用转型研究方法 ··· 118
8.3 坝子土地利用数量和功能结构演变特征 ··· 120
8.4 典型坝子农业生产演变模式及土地利用转型影响因素 ··· 125
8.5 结论 ··· 128
参考文献 ··· 128

9 土地利用功能转型背景下坝区土地系统农作物多样性空间分布 ··· 130
9.1 研究区概况 ··· 130
9.2 研究方法 ··· 131
9.3 结果分析 ··· 132
9.4 讨论 ··· 138
9.5 结论 ··· 141
参考文献 ··· 141

10 坝子土地利用功能转型的长时间序列研究 ··· 142
10.1 坝子土地利用功能空间定量综合诊断 ··· 143
10.2 案例验证：惠水涟江坝子土地利用多功能时空动态演变 ··· 155
参考文献 ··· 186

11 山-坝土地利用耦合转型理论与案例 ··· 189
11.1 山-坝土地利用耦合演变的理论分析 ··· 189
11.2 西南山地山-坝系统土地利用耦合转型：基于村域尺度的案例研究 ··· 199
参考文献 ··· 222

12 坝子土地利用转型演变路径 ··· 225
12.1 理论基础 ··· 225
12.2 坝子土地利用转型演变案例分析 ··· 227

  12.3　坝子土地利用转型可持续发展路径 ·· 232
  12.4　讨论与结论 ·· 233
  参考文献 ··· 235
13 结论与研究展望 ··· 236
  13.1　研究结论 ·· 236
  13.2　主要创新点与研究不足 ·· 237
  13.3　展望 ·· 237

1 绪 论

1.1 研究意义

西南山地以云贵高原为主体，北部、东部和东南部分别为向四川盆地、湘西丘陵及广西盆地过渡的斜坡地带，以中低山为主。贵州是中国西南岩溶山地的中心，土地资源限制度较高[1]，因此，地形相对平坦、土质和灌溉条件都相对较好的平地（俗称"坝子"）就成为贵州省重要的粮食生产基地，全省稳定的粮食产区主要是这些分布于山间的少量相对平坦、集中连片的坝子。一方面，在这种山多平地少的背景下，岩溶山地乡村坝子面临以有限的适宜土地既要保证"吃饭"又要保证"建设"和"生态"的三难局面；另一方面，在西部大开发的背景下，随着城镇化、工业化、城乡一体化发展等对农村的冲击，以及在推进新农村建设、乡村经济转型发展等多重战略背景下，近年来岩溶山地乡村坝子景观和土地利用格局发生剧烈变化。当前，贵州一些农业生产条件较好的连片坝地不断被建设用地切割、蚕食、占用，尤其是一些"万亩耕地大坝"正在远离我们的视野；同时，一些坝子通过农业土地利用转型（土地流转、种植结构调整），发展现代特色农业、休闲农业等，其土地利用正在由传统农业向现代农业模式转移，耕地逐渐实现多功能利用，从粮食作物种植向经济作物种植，甚至向以观光、生态利用为主的功能转变。因此，在岩溶山地山多平地少这一自然背景下，在当前快速城镇化的社会经济背景下，就非常有必要深入了解贵州省乡村坝子土地利用功能有何变化？为什么会发生这些变化？变化的时空格局如何？耕地功能转型有何空间差异？会产生什么样的社会效应？如何应对这样的变化以进行优化调控？如何实现贵州坝子土地利用功能优化利用、功能拓展？如何科学评价坝子土地利用功能演变的效应？回答这些问题在当前就显得十分迫切。而现有关于岩溶山地坝子的研究集中在坝子分类、空间分布和耕地保护等方面，对坝子的土地利用时空变化规律、对当前已突出显现的坝子土地利用功能转型及土地利用功能多样性演变等缺乏深入研究。

因此，从岩溶山地坝子土地资源管理和乡村振兴的现实需求来看，本书以岩溶山地特色地貌单元——坝子作为案例，深入研究其土地利用转型升级和土地利用功能演化模式与机理，有着重要的实际意义和参考。同时，选择岩溶山地坝子这一具有特殊自然环境和社会经济背景的研究对象作为案例，从微观尺度上识别其土地利用功能多样性时空演化特征与机理，为土地利用转型理论和土地利用多功能认识提供了一个特色案例，有助于丰富和推动相关理论发展，深化对中国西南岩溶山地人地关系的认识。

1.2　关于坝子的定义与分类

对"坝子"的明确定义,一般被等同于"盆地""山间中小盆地"。蔡运龙定义贵州坝子为相对高差小于30m、坡度小于5°和面积一般大于10km²[2];童绍玉等认为坝子是指内部相对低平、周边相对较高,内部地面坡度在8°或12°以下的山间中小型盆地,小型河谷冲积平原,河谷阶地,河漫滩和冲积洪积扇,起伏较和缓的高原面、剥蚀面,以及高原面上的宽谷低丘、较大的山谷等地貌类型[3];张述清等根据云南省的地理地形实际情况,将坝子定义为:以县(市、区)为单元,坡度在8°及以下、面积在1km²以上的区域,对坝子范围内坡度在8°以上、面积在0.25km²以上的地块,需从坝子范围内扣除;相对坝子以外的区域统称为山区或山地[4]。还有研究者认为,坝区(或称"坝子")是指坡度<8°、连片面积≥1km²的山间盆地、谷地和其他平地;而"山区"是指整个辖区内各坝区范围之外、坡度≥8°的区域[5]。根据《中国1∶100万地貌图说明书》[6],划分贵州省内县级地貌分区时,认为山间平坝区是指地面坡度6°以下连续分布的平坦地面,包括河坝、盆地、台地、底部较平坦的宽谷及洼地,分布呈星点状或曲折带状,是人口、城镇建设和耕地较集中的地区。

有研究者曾对云南坝子进行过系统研究,提出了按坝子的海拔高度分类、沉积物类型分类、形态和成因分类等分类方法[7];杨子生和赵乔贵根据坝区耕地面积比例、坝区土地面积比例、≥100km²坝子数等3个单项指标,对云南省进行坝区县、半山半坝县和山区县的划分[8];对贵州坝子进行类型划分时,按坝子与其周边地貌的空间组合类型,把贵州坝子分为山-盆组合型、坝-丘型、山地-河谷平坝型和山-盆+坝-丘型[9]。

据《贵州农业地貌区划》,在贵州全省17.6万km²的土地上,万亩以上的大坝不超过20个;据贵州省地理学会不完全统计,万亩以上的典型大坝为19个;也有人认为贵州万亩以上的大坝有62个[10]。贵州省国土资源厅查明贵州省坡度在6°以下,集中连片的万亩耕地大坝共47个,耕地面积612.8km²[11,12],分布在全省8个地级市(州),涉及28个县(市),71个乡(镇),占全省耕地总面积的1.4%左右。李倩等选取面积大于8km²坝区斑块估算,认为贵州省坝区面积为2.0万km²,约占贵州省土地面积的12%,主要集中在黔中区域,可开发利用坝区面积约占贵州省土地面积的1%[13]。

1.3　研究思路

学术界针对土地利用的研究正由土地利用格局变化向土地空间多功能变化及其可持续性的方向发展[14],因此基于局地案例研究的综合分析方法对从全球和区域解释局地土地利用变化趋势,仍然是必需的[15]。但现有土地利用功能和耕地功能评价多数是基于较大尺度的行政单元和统计数据,在数据收集与空间制图以及功能的价值评估等方面仍较为初步,在识别功能评价指标与土地利用功能之间的关系、空间数据与统计充分结合等方面仍需进一步研究。而现有关于坝子的研究集中在坝子分类、空间分布和耕地保护等方面,对坝子的土地利用时空变化、对当前已突出显现的坝子土地利用功能转型及土地利用功能多样性演变等仍缺乏深入的和系统的认识。当前，西南岩溶山地坝子土地利用更多受坝子自身条件以外的社会经济因素的影响，如城镇、交通条件和区位因素的影响，反过来，随着岩溶山地城镇化发展、道路条件改善和区位条件变化，必将引起坝子土地利用功能变化。因此，在坝子空间局限性的限制作用下，有必要深入探讨岩溶山地乡村坝子的土地利用功能多元演变路径与机理。

基于上述分析，本书以贵州省不同规模大小的坝子作为研究对象，基于多源数据支撑，应用遥感分析、地理信息系统、景观生态学、土地科学、生态经济学等，探索一种土地利用功能多元演变综合评价方法，从功能类型、转型适宜性、空间尺度和时间尺度等方面对岩溶山地乡村坝子近50年来，尤其是2005~2020年的土地利用功能多元演变路径与机理进行深入研究，以揭示快速城镇化进程中岩溶山地乡村坝子土地利用多功能时空耦合格局、多元演变模式、功能转型空间演变特征与机理。本书研究结果将丰富土地利用转型发展理论，指导岩溶山地坝子实行合理的多功能利用以提高坝子的总功能效益，有助于协调不同规模坝子中建设用地扩展与耕地保护的矛盾，指导稀缺的坝地耕地资源土地利用优化；有利于缓解、协调坝子人地矛盾，为引导坝子耕地功能转型有序发展提供参考，以实现各种面积坝子耕地资源可持续利用；同时，也对贵州省乡村振兴有较好的参考意义。

参 考 文 献

[1] 封志明，杨艳昭，游珍．中国人口分布的土地资源限制性和限制度研究［J］．地理研究，2014，33（8）：1395-1405．
[2] 蔡运龙．贵州省自然区划与区域开发［J］．地理学报，1990，45（1）：41-55．
[3] 童绍玉，陈永森，王学良．云南坝子的成因与特征研究［J］．云南地理环境研究，2007，（5）：129-133，122．
[4] 张述清，王爱华，王宇新，等．云贵高原地区坝子划定技术与方法研究——以云南省为例［J］．地矿测绘，2012，28（4）：1-4．
[5] Lu Y Y, Yang Z S. Analysis of land use characteristics in mountainous areas in Yunnan Province based on Second National Land Survey［J］. Agricultural Science & Technology, 2014, 15（9）：1438-1440.
[6] 中国自然资源丛书编撰委员会．中国自然资源丛书（贵州卷）［M］．北京：中国环境科学出版社，1995．
[7] 童绍玉，陈永森．云南坝子研究．昆明：云南大学出版社，2007．
[8] 杨子生，赵乔贵．基于第二次全国土地调查的云南省坝区县、半山半坝县和山区县的划分［J］．自然资源学报，2014，29（4）：564-574．
[9] 李阳兵，饶萍，罗光杰，等．贵州坝子土地利用变迁与耕地保护［M］．北京：科学出版社，2015．
[10] 杨广斌，安裕伦，张雅梅，等．基于3S的贵州省万亩大坝信息提取技术［J］．贵州师范大学学报（自然科学版），2003，21（2）：93-110．
[11] 寇建民，易志．贵州省万亩耕地大坝调查及成果图集的编制［J］．测绘通报，2005，（10）：48-49，53．
[12] 叶玮．GIS和DEM技术在贵州万亩耕地大坝调查中的应用探讨［J］．测绘通报，2007，（1）：60-61．

[13] 李倩, 刘毅, 许开鹏, 等. 基于生态空间约束的云贵地区可利用坝区面积与空间分布 [J]. 中国环境科学, 2013, 33 (12): 2215-2219.

[14] Verburg P H, van de Steeg J, Veldkamp A, et al. From land cover change to land function dynamics: A major challenge to improve land characterization [J]. Journal of Environmental Management, 2009, 90 (3): 1327-1335.

[15] Magliocca N R, Rudel T K, Verburg P H, et al. Synthesis in land change science: Methodological patterns, challenges, and guidelines [J]. Regional Environ Change, 2015, 15 (2): 211-226.

2 理 论 进 展

土地利用阶段可分为生计时期、逐步集约化时期和集约化利用时期等[1]，在不同的土地利用阶段，土地利用功能也发生相应的转型。研究提供广泛物质和服务的土地功能，使得对土地变化进行更加综合的评估成为可能。对多功能土地利用的日益关注是制定评估土地功能变化方法的另一个动力，绘制和量化土地功能动态的新方法将提高我们理解和模拟土地系统变化的能力，并为政策和规划提供充分信息[2]。本章梳理了相关理论进展，认为应更加重视土地利用与土地功能转型及其相互关系的研究。

2.1 土地利用转型

2.1.1 对土地利用变化的研究

2010年，全球城市化土地、全球建设用地和全球不透水地表面积分别占世界总土地面积的约3%、0.65%和0.45%[3]。快速的城市化对亚洲半城市化区域人口密集的农业土地施加了强大的压力，稻田、粮食作物和养殖用地不断被城市化侵蚀[4]。中国经历了快速的经济发展和非农业用地扩展，尤其是半城市化区域工业用地的显著扩张[5]，经历着发展中国家的"经济中等发达、高增长、耕地快速减少"的情形[6]。城市化压力下的中国乡村地区面临着已发展区的扩张和耕地保护的冲突[7]，工业化与城镇化驱动作用强度决定着土地非农化规模的区域差异[8]。例如，台湾西部平原超过1/6的农地被转换成其他用途[9]；京津冀地区则以耕地转变为城镇用地为主，平原、台地和丘陵城镇扩张加剧，耕地缩减明显[10]。城市扩张占用高质量农地，新垦农地土壤质量往往较差，农用地平均土壤质量下降[11]。有学者分析了城市边缘区地点因素如农地斑块大小、形状、农地与建设用地的邻近距离等与农地保护和划界的关系[12]，研究了中国快速城市化背景下农田大小的时空变化[13]；还有学者研究发现，在高城市化水平地区，耕地和建设用地变化最大，耕地到建设用地的这种转换变化很大程度上反映了中国城乡明确的相互作用[14]，外部因素中邻近城市可能是农地转换成城市土地利用的最重要影响因素[15]，到区域中心、城镇中心、城市扩张中心和城市道路的耗费距离是耕地转换成建设用地的明显解释变量[16]。有学者研究认为，建设用地扩张占土地利用变化引起的生态系统服务损失的84.61%[17]，目前，以快速耕地非农化为代价的城镇化发展模式已难以为继，走新型城镇化发展道路成为转变发展方式的必然选择[18]。

在贵州省，1996~2008年，耕地、牧草地和未利用土地面积均呈现减少的趋势，而林地、园地、建设用地和水域面积呈增加趋势[19]；在低地形位区段建设用地因为城市的扩张优势增强，同时抢占中地形位土地[20]；到2020年，贵州省整体呈现林地、建设用地持续增加、耕地持续减少的趋势[19]。研究表明，贵州省各地区土地利用与区域经济之间存在很强的耦合关系[21]，各种驱动力中主要以人口的增加对土地压力加大为主[22]。

2.1.2 土地利用转型

在全球变化和人类活动驱动下，社会系统与生态系统均处在不断加剧的动态变化中，揭示两者之间的互馈机制是保持和增强系统弹性以及可持续性的科学基础[23]。土地利用转型理论源自森林转型假说[24]，土地利用转型所关注的土地利用形态具有多维属性，不仅包括传统土地利用变化研究涉及的数量、空间等显性特征，还需考虑质量、产权、经营方式、投入产出和功能等隐性属性[25]，且应重点研究城镇化进程中土地利用转型过程及其动态格局[26]；土地功能转型即土地功能形态变化的趋势性转折，具有显著主体差异和时空动态的土地系统功能应成为土地利用转型研究的焦点[27]。

土地利用转型的表现之一是土地利用主导功能的转型，即土地利用的生产、生态、生活（简称"三生"）三大主导功能间的转化[28]，是有限的土地资源在各种主导功能之间进行数量和空间再配置的动态过程。主导功能的转变反映了区域经济社会转型发展的不同阶段，是研究土地利用转型的重要切入点[29]。刻画土地功能形态的长时间序列变化是土地功能转型研究的关键，土地系统功能应成为土地利用转型研究的焦点。当前，关于区域土地利用显性形态，即数量和空间结构形态的土地利用转型研究较为多见；但鲜见隐性形态方面的土地利用转型研究[30]。

土地利用转型研究不断深入，其进展体现在：从土地开发利用强度、土地经济发展水平和土地污染排放水平三个维度构建了区域土地利用隐性形态的三维表征模型[31]；提出耕地及城乡建设用地利用转型研究对构建土地利用转型的研究框架具有重要价值[32]；深化了城乡建设用地转型的内涵，将其分为城乡建设用地结构转型、效率转型和功能转型三个方面[33]；提出了农业中的"多功能转变"[34]；提出农业系统转型是从生态系统（如森林）的自然状态到传统和现代集约耕作（也可能到转基因作物耕作）的连续统一体，表现出不同的集约程度[35]；提出传统农业生态系统转型[36]；从功能协调角度构建土地利用功能转型研究框架[37]。山区农村土地利用显性形态转型即由农业社会的耕地扩张和林地收缩演变为城镇化进程中的耕地收缩与林地恢复性增长，隐性形态转型即伴随上述过程发生的土地边际化及生态功能恢复[38]。因此，山区土地利用转型重点体现在坡耕地的利用转型上，应加强对其研究。

随着转型程度的加深，乡村在区域发展中承担的功能由粮食生产功能逐渐向社会安定、生态保育等功能转变[39]。经济发达地区人口、土地、产业非农化转型耦合度和协调度水平高于其他地区，人口城镇化、土地城镇化、产业非农化之间转型联动一致性较强[40]。有研究人员发现，GDP、工业产值、人口数量和粮食产量的变化是驱动区域用地转型最重要的因子，表明经济增长、工业化、城镇化和政策因素是区域用地转型的主要驱动过程[41]。

产业转型进程中，农业相关要素的格局刻画、影响因素及响应研究仍是农业地理研究的热点[42]。例如，从空间形态和功能形态两方面测度耕地利用转型状况[43]，发现区位、人口增长与农户收入是农地转换的主要影响因素[44]。研究经济作物种植动态特征和相应的决定因素有助于土地利用决策，政策会明显影响经济作物种植概率和扩张，土壤肥力较高、交通较方便的地块更可能转换成经济林种植[45]；农业土地利用多样性明显随蔬菜、黄麻纤维、磷肥的价格和研发投资的增加而增加，随氮肥、钾肥及其他支出的增加而减少[46]；从低强度高多样性系统到高强度低多样性土地利用系统的转型压力不断增加，表明保护前一系统的代价不断增加[35]。

2.1.3 农业景观与耕地利用演变

欧洲农业景观面临着相互矛盾的现象：一些地区正在经历不可持续的土地利用集约化，而另一些地区正在被放弃[47]；一些地区作物生产大面积专业化[48]，集约农业更高的利润率所反映的更高的单位土地产量正在推动土地利用和多样性的转变[35]，而在一些地区农业弃耕成为土地利用的普遍趋势[49]。

有学者提出，粮食安全保障不应成为中国西部地区和经济发达省份的首要目标[50]。例如，改革开放以来，北京农村的景观、土地利用、就业、生活形态、旅游业的快速发展使得北京农村空间生产内容发生了巨大变化，多样化愈趋增强[51]；在京、津等发达地区，水果、蔬菜等经济效益高的作物种植面积显著增加[52]。城镇化进程中中国"小农"为特征的粮食生产模式发生了深刻的变革，而粮食生产模式的转型是中国乡村转型发展进程中变化最为显著的部分[53]。社会需求的多样性、农户生计的多样化和区域发展的差异性均决定了粮食生产活动功能的多样性。

在现代化导向的农业政策驱动下，中国传统乡村景观格局正在发生着深刻的变化，多样化种植的传统农耕景观格局为单一化种植的农业景观所替代；同时，传统农耕要素也逐渐转变为现代化农业要素[54]。经济发展新常态背景下，耕地功能内涵不断丰富，逐步从基础性的生产功能转向集生产、生活、生态、阻隔、文化功能于一身的多种功能[55]。因此，在耕地后备资源有限的情形之下，必须改变耕地资源传统粗放型利用方式，走集约化内涵式发展之路是解决人-地矛盾的最有效途径[56]。

耕地利用转型概念是指耕地利用形态（空间和功能形态）在长时间序列上表现出来的与本区域社会经济发展阶段相适应的趋势性变化或转折[57]。耕地利用转型表现为生计农业、小型耕地的萎缩及其向规模化、集约化经营耕地转变。例如，1992~2015年，伴随着从初级阶段转型为中高级阶段，广东山区耕地利用功能形态实现了从社会生态型向经济社会型的转型[58]；山东省土地利用形态格局依然存在冲突，耕地利用转型处于从持续快速减少向缓慢减少的过渡阶段[57]。在中国城乡转型发展过程中，人均耕地面积变化整体上发生了趋势性转折，由不断下降到稳定上升[59]。

有研究人员以县域为基本单元对黄淮海平原耕地功能演变进行研究，刻画了黄淮海平原耕地经济、社会及生态功能演变的时空格局[60]；有研究人员利用乡村人均耕地面积衡量耕地经营格局，利用单位耕地面积农作物产量来衡量耕地功能形态变化，在县域尺度研究鄂西16个贫困县耕地利用转型情况[43]；有研究人员按照耕地转化关系将耕地景观归纳为稳定型耕地、扩张型耕地、缩减型耕地和稳定型非耕地 4 种类型[61]，发现黑河中游地区，耕地扩张是耕地景观演变的主要趋势；还有研究人员构建三峡库区耕地集约利用评价的指标体系，寻找对集约利用值产生影响的因素[62]。

2.2 土地多功能性

人类活动驱动着土地利用的时空变化，进而导致土地利用功能的变化。当前，国际学术界针对土地利用的研究正由土地利用格局变化向土地空间多功能变化及其可持续性的方向发展，土地利用多功能性是土地可持续性利用和管理的重要组成部分[63]。土地功能变化是政策、土地管理、土地利用主体等多因素驱动的结果，土地功能变化分析能得到更为宏观的景观空间特征[64]。研究土地功能动态有助于增强对土地系统变化及适当的政策与规划的理解能力[2]。土地系统功能及其可持续性评价可以为土地科学研究、土地管理和区域发展提供新的视角[65]，同时需要更多地从功能空间的比例关系来揭示不同自然地理环境背景下、不同发展水平和发展阶段的空间结构演变规律[66]。

遵从"三生"空间划分格局，在陈婧和史培军土地利用功能分类方案的基础上[28]，党丽娟等提出了包括生活、生产、生态以及生产—生态和生活—生态复合类型的 5 个一级类的土地利用功能类型划分方案[67]。甄霖等研究选取度量社会、经济和环境三个维度的关键性指标，依据各个指标和功能的相关性，确立了生物性土地生产力、人工化土地生产力和农业景观保育等十项土地利用功能[68]。Gao 等构建了中国土地利用多功能性的度量框架模型[69]。鲁莎莎等揭示不同时间段农业地域多功能的地域差异和演进特征[70]。房艳刚和刘继生从功能角度提出中国农业农村发展的多元目标，推演探讨了农业农村发展的区域差异化路径及对策[71]。Fleskens 等讨论了山坡地橄榄园的多功能性，认为尽管其生态功能偏低，但对当地发展和减缓人口外流是重要的[72]。王少华和梁留科研究发现，旅游产业的集聚使旅游区土地功能结构由农耕主导型向旅游主导型转化[73]。刘沛等研究发现，耕地的生产、生态、社会功能随着城镇化发展出现了不同程度的弱化，但其功能所发挥的价值却由于其资源的稀缺性而不断提升[74]。Lange 等研究了农场地点（包括了特定的景观属性和在城乡环境中的位置）怎样影响农场主对农场多样化利用还是放弃农场决策[75]。李芬等对鄱阳湖生态脆弱区土地利用功能变化后，核心利益相关者的受偿意愿与经济补偿问题进行了深入的分析和探讨[76]。刘玉振等揭示了特色种植的空间扩散轨迹，并总结其空间扩散方式、空间结构及影响环境[77]。吴娜琳等研究发现，专业村的空间扩散特征为点域扩散→交通轴线扩散→局部面状扩散→广域扩散→边缘区扩散[78]。但目前土地利用功能研究在研究方法、数据收集与空间制图以及功能的价值评估等方面仍处于起步阶段[79]。

耕地多功能可分为基本和衍生两个层次功能[80]，近年来，耕地多功能引起了国内外的广泛关注，欧美国家也已开展了耕地多功能管理研究与实践[81]。日本、韩国、美国及欧洲发达国家耕地功能已普遍转型，耕地的生态服务、景观、就业保障等功能逐步显化。中国耕地功能总体上于 2006 年开始转型，转型前后耕地功能供需协调与供需错位、供给滞后、形态扭曲并存[27]。例如，北京市农业功能从仅生产农副产品演变到包括就业安全、生态保护、观光休闲和乡村文化遗产等功能的综合[82]。再如，在距中心城市 30~40km 范围内，有一个非农产业主导的城乡功能推移的分界区，该区以外，现代特色农业、休闲农业等成为农村经济的主导；其非生产性功能逐渐增强，生态功能更成为中远圈层多种功能的主导[83]。根据耕地总功能组成比例，可以把北京市耕地分为四种类型：生产型（远郊平原区）、生态型（近郊区）、文化型（丰台区和门头沟区）与社会型（远郊山区）[84]。2004~2011年北京市耕地功能发生了巨大变化，耕地文化休闲功能显著增强，农业观光园发展前景良好；耕地社会保障功能中就业保障功能和生活保障功能显著减弱，粮食安全保障功能处于波动状态[85]。耕地的生产、生态、社会功能随着城镇化发展出现了不同程度的弱化现象，但其功能所发挥的价值却由于其资源的稀缺性而不断提升[74]。农民对耕地的维持社会稳定、保护生态、保障农民就业、保持农田特有文化等非生产性功能都有不同程度的认可[86]。

社会经济发展到一定程度，耕地多功能性会与其发生相应的响应，其演变经历过渡阶段直到多功能的发展与社会经济相互协调达到平衡阶段[87]。耕地功能形态转型可以从外部性视角或政策演进视角开展研究[88]，引导耕地功能利用合理竞争，从而优化耕地功能利用的社会效用[89]。应结合社会经济发展阶段和利益相关者需求选择区域适宜层次的耕地利用主导功能，以发挥其最大利用价值[90]，从"数量型"向"效益型"转变，引导耕地利用走向集约化[91]。

2.3　土地利用功能演变

全球和区域的经济和环境变化正日益影响当地的土地使用、生计和生态系统；与此同时，地方土地的累积变化正在推动全球和区域生物多样性和环境的变化[92]。相关研究解释了巴西农业生产体系向可持续发展的转变[93]；Grashof-Bokdam等认为农民更高的可持续生产动机促进了向多功能农业的转变，社会凝聚力较低则促进了向单一功能状态的转变[94]。这些变化过程中出现了复杂的空间和时间模式：丘陵高地的农业景观扩大化/弃耕；平坦地区农业景观集约化，机械化农业取代了粗放的土地利用[95]。在陕西西安，在政府支持下的个人举措催生了樱桃种植的局部集中和园艺产量的增加。以农场为基础的旅游业正在农民和消费者之间建立新的关系，农场变得更加多样化和多功能，反映了国家经济改革后影响农村的转变。在澳大利亚南部的阿德莱德山，樱桃种植越来越多地与直接销售给消费者和美食旅游等方式相结合[34]。

目前国内关于土地利用功能演变的研究主要集中在评价、时空格局与影响因素分析等方面，而在评价指标体系构建、多尺度与多方法结合、研究内容和视角选择等方面仍存在不足[96]。在浙江杭州，2004~2014年经济作物种植面积增加了541.3hm^2。大多数新的茶叶和水果种植园建立在以前用作森林和林地的地方，桑园和苗圃主要以替代水田、林地和森林为主[45]。杭州市作为东部发达城市，城镇化率已经超过70%，进入城市化成熟阶段，对生态文明建设、绿色农业发展和生活品质的需求加大，土地生产、生活和生态功能的权衡将逐渐下降[97]。随着平均坡度、平均海拔和距城市距离的增加，北京市农业综合功能呈现先上升后下降的趋势[82]。

生态脆弱区、山区多为欠发达地区，城镇化进程处于快速发展阶段，城镇扩张将导致生产和生态功能同时下降，或农业发展将导致生产-生态功能出现权衡关系。以林草地为主要地类的县域生态环境质量较高，重点矿产资源型县域和农产品生产基地生态环境质量较低，城镇化重点县域生态环境质量最低[98]。2005～2015年西北典型城市土地利用由单一功能占主导地位逐渐向多功能转变，重心由生产功能逐渐转变为生活和生态功能；土地利用多功能协调性呈现波动提升态势[99]。例如，张家口市土地利用多功能权衡与协同关系具有明显的时空异质性。其中，土地利用经济与社会功能以协同型关系为主（1990～2015年），生态与经济功能权衡型（1990年和2015年）与协同型（2000年）交替居于主导地位，生态与社会功能由协同型关系（1990年）转为权衡型关系（2000年和2015年）为主导[100]。

此外，在社会经济发展水平较高的地区，特别是具有理想地点或适合旅游的地区，出现了一种利用功能——民宿，这可以看作是农村住宅用地功能变化的结果[101]。在功能形态上，土地利用经历了单一的基本功能增强—减弱的阶段性演变，开始呈现复合功能增强的趋势性变化特征[102]。旅游开发前后对比可发现土地功能由简单向复杂化发展，空间转换速度变化由稳变快，再到缓慢增长，空间转变剧烈[103]。

2.4　贵州坝子土地利用多功能时空动态演变理论

贵州地处岩溶山区，山多平地稀少，省内坝子为该地区土地资源精华，随着目前城乡一体化进程加快，大部分坝区内部城乡建设用地占比将不断增大，耕地占比则相应减小，坝子耕地传统农业生产功能重要性逐渐下降。由于各个坝子的经济发展水平和所处区域资源禀赋和区位条件不尽相同，每个坝子的宏观主导功能和微观区域功能布局及两者的演化路径在省域和单个坝子这两个范围内呈现明显空间差异。笔者假定，较高经济发展水平坝子传统耕地利用面积占比在经济发展进程中将会快速减小，其城乡建设用地及其他非传统耕地面积占比相应快速增大；低经济发展水平坝子的传统耕地占比将会缓慢减小，非传统耕地面积占比则缓慢增大，甚至该类型坝子耕地占比会因乡村振兴出现正向增大。据此，笔者提出贵州坝子土地利用功能演变趋势的理论假设：一般情况下，在省域范围内坝子主导功能由传统农业功能主导向生态功能、城镇居住生活功能、现代规模设施农业生产功能和工业生产功能等主导功能转变（各类型主导功能坝子总体数量呈差异变化趋势）；而单个坝子微观功能空间演变则由传统农业生产功能空间大范围整体分布转变为各种功能空间在坝区内部不同区域位置的分散延展（此为某一坝子内部各功能空间的面积变化趋势）。综上所述，笔者将贵州省域内坝子功能演变的经济发展和城市化进程大致划分为三个历史阶段，以全域主导功能的坝子数量值 M 和单一坝子空间功能总值 N 为特征值，不同经济发展水平类型坝子的功能演变趋势如图2-1和图2-2所示。

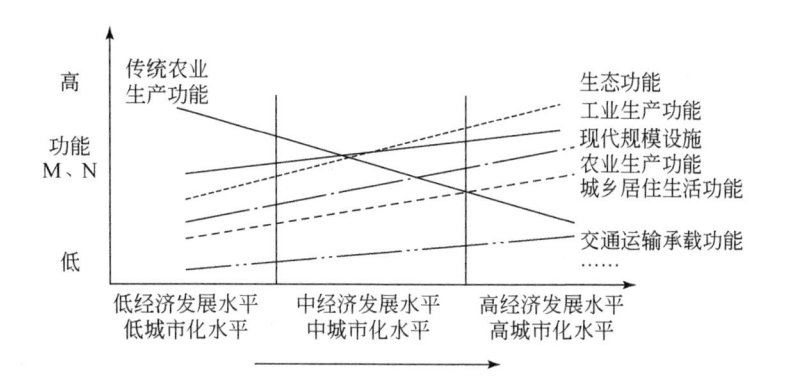

图 2-1　坝子（高经济发展水平）土地利用功能演变一般趋势

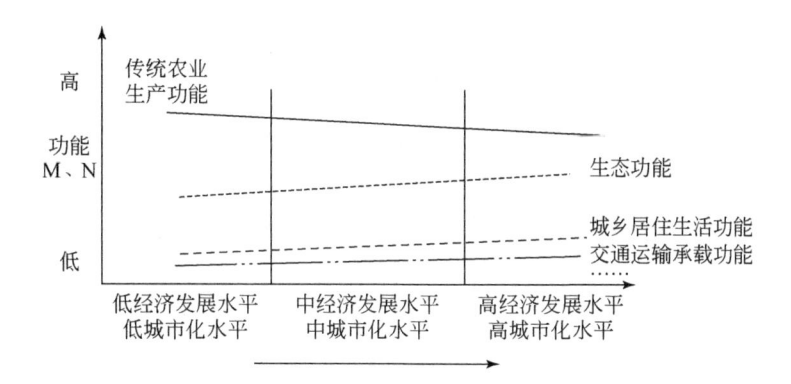

图 2-2　坝子（低经济发展水平）土地利用功能演变一般趋势

参 考 文 献

[1] Foley J A, Defries R, Asner G P, et al. Global consequences of land use [J]. Science, 2005, 309 (5734): 570-574.

[2] Verburg P H, Van De Steeg J, Veldkamp A, et al. From land cover change to land function dynamics: A major challenge to improve land characterization [J]. Journal of Environmental Management, 2009, 90 (3): 1327-1335.

[3] Liu Z, He C, Zhou Y, et al. How much of the world's land has been urbanized, really: A hierarchical framework for avoiding confusion [J]. Landscape Ecology, 2014, 29 (5): 763-771.

[4] Pribadi D O, Pauleit S. The dynamics of peri-urban agriculture during rapid urbanization of Jabodetabek Metropolitan Area [J]. Land Use Policy, 2015, 48: 13-24.

[5] Tian L. Land use dynamics driven by rural industrialization and land finance in the peri-urban areas of China: The examples of Jiangyin and Shunde [J]. Land Use Policy, 2015, 45: 117-127.

[6] 李智国. 中国耕地利用变化与城市化发展关系综述 [J]. 中国土地科学, 2011, 25 (1): 84-88.

[7] Tan M, Li X. The changing settlements in rural areas under urban pressure in China: Patterns, driving forces and policy implications [J]. Landscape and Urban Planning, 2013, 120: 170-177.

［8］ 方方，刘彦随，龙花楼，等．中国环渤海地区县域土地适度非农化研究［J］．自然资源学报，2013，28（6）：889-897．

［9］ Lee Y C, Ahern J, Yeh C T. Ecosystem services in peri-urban landscapes: The effects of agricultural landscape change on ecosystem services in Taiwan's western coastal plain［J］. Landscape and Urban Planning, 2015, 139: 137-148.

［10］ 赵敏，程维明，黄坤，等．基于地貌类型单元的京津冀近10a土地覆被变化研究［J］．自然资源学报，2016，31（2）：252-264．

［11］ Martellozzo F, Ramankutty N, Hall R J, et al. Urbanization and the loss of prime farmland: A case study in the Calgary-Edmonton corridor of Alberta［J］. Regional Environmental Change, 2015, 15 (5): 881-893.

［12］ Liu X, Zhang W, Li H, et al. Modeling patch characteristics of farmland loss for site assessment in urban fringe of Beijing, China［J］. Chinese Geographical Science, 2013, 23 (3): 365-377.

［13］ Tan M, Robinson G M, Li X, et al. Spatial and temporal variability of farm size in China in context of rapid urbanization［J］. Chinese Geographical Science, 2013, 23 (5): 607-619.

［14］ Li Y. Urban-rural interaction patterns and dynamic land use: Implications for urban-rural integration in China［J］. Regional Environmental Change, 2012, 12 (4): 803-812.

［15］ Mazzocchi C, Sali G, Corsi S. Land use conversion in metropolitan areas and the permanence of agriculture: Sensitivity Index of Agricultural Land (SIAL), a tool for territorial analysis［J］. Land Use Policy, 2013, 35: 155-162.

［16］ Qin W, Zhang Y, Li G. Driving mechanism of cultivated land transition in Yantai Proper, Shandong Province, China［J］. Chinese Geographical Science, 2015, 25 (3): 337-349.

［17］ Song W, Deng X, Yuan Y, et al. Impacts of land-use change on valued ecosystem service in rapidly urbanized North China Plain［J］. Ecological Modelling, 2015, 318: 245-253.

［18］ 刘彦随，乔陆印．中国新型城镇化背景下耕地保护制度与政策创新［J］．经济地理，2014，34（4）：1-6．

［19］ 李正，王军，白中科，等．贵州省土地利用及其生态系统服务价值与灰色预测［J］．地理科学进展，2012，31（5）：577-583．

［20］ 马士彬，张勇荣，安裕伦．山区城市土地利用动态空间分布特征——以贵州省六盘水市为例［J］．自然资源学报，2012，27（3）：489-496．

［21］ 韩德军，朱道林．贵州省土地利用与区域经济耦合关系分析［J］．农业工程学报，2012，28（15）：1-8．

［22］ 赵松婷，郭泺，杜世宏，等．黔东南苗族侗族自治州土地利用时空变化与驱动因素［J］．北京大学学报（自然科学版），2012，48（5）：785-791．

［23］ 王帅，傅伯杰，武旭同，等．黄土高原社会—生态系统变化及其可持续性［J］．资源科学，2020，42（1）：96-103．

［24］ Mather A S. The forest transition［J］. Area, 1992, 43 (5): 367-379.

［25］ Long H, Qu Y. Land use transitions and land management: A mutual feedback perspective［J］. Land Use Policy, 2018, 74: 111-120.

［26］ 龙花楼，曲艺，屠爽爽，等．城镇化背景下中国农区土地利用转型及其环境效应研究：进展与展望［J］．地球科学进展，2018，33（5）：455-463．

［27］ 宋小青，吴志峰，欧阳竹．1949年以来中国耕地功能变化［J］．地理学报，2014，69（4）：435-447．

[28] 陈婧, 史培军. 土地利用功能分类探讨［J］. 北京师范大学学报（自然科学版）, 2005, 41（5）: 536-540.
[29] 吕立刚, 周生路, 周兵兵, 等. 区域发展过程中土地利用转型及其生态环境响应研究——以江苏省为例［J］. 地理科学, 2013, 33（12）: 1442-1449.
[30] 龙花楼. 论土地利用转型与土地资源管理［J］. 地理研究, 2015, 34（9）: 1607-1618.
[31] 曲艺, 龙花楼. 基于开发利用与产出视角的区域土地利用隐性形态综合研究——以黄淮海地区为例［J］. 地理研究, 2017, 36（1）: 61-73.
[32] 宋小青. 论土地利用转型的研究框架［J］. 地理学报, 2017, 72（3）: 471-487.
[33] 许凤娇, 吕晓, 陈昌玲. 山东省城乡建设用地转型的时空格局［J］. 自然资源学报, 2017, 32（9）: 1554-1567.
[34] Robinson G M, Song B. Rural transformation: Cherry growing on the Guanzhong Plain, China and the Adelaide hills, south Australia［J］. Journal of Geographical Sciences, 2019, 29（5）: 675-701.
[35] Amjath-Babu T S, Kaechele H. Agricultural system transitions in selected Indian states: What do the related indicators say about the underlying biodiversity changes and economic trade-offs［J］. Ecological Indicators, 2015, 57: 171-181.
[36] 梁鑫源, 李阳兵, 邵景安, 等. 三峡库区山区传统农业生态系统转型［J］. 地理学报, 2019, 74（8）: 1605-1621.
[37] 张晓琳, 金晓斌, 范业婷, 等. 1995—2015年江苏省土地利用功能转型特征及其协调性分析［J］. 自然资源学报, 2019, 34（4）: 689-706.
[38] 张佰林, 高江波, 高阳, 等. 中国山区农村土地利用转型解析［J］. 地理学报, 2018, 73（3）: 503-517.
[39] 李婷婷, 龙花楼. 基于转型与协调视角的乡村发展分析——以山东省为例［J］. 地理科学进展, 2014, （4）: 531-541.
[40] 杨忍, 刘彦随, 龙花楼. 中国环渤海地区人口-土地-产业非农化转型协同演化特征［J］. 地理研究, 2015, （3）: 475-486.
[41] 陈龙, 周生路, 周兵兵, 等. 基于主导功能的江苏省土地利用转型特征与驱动力［J］. 经济地理, 2015, 35（2）: 155-162.
[42] 臧磊, 杨山, 姜石良. 产业转型背景下农业经济与农业劳动力耦合研究——以江苏省为例［J］. 地理与地理信息科学, 2014, 30（2）: 61-65.
[43] 向敬伟, 李江风, 曾杰. 鄂西贫困县耕地利用转型空间分异及其影响因素［J］. 农业工程学报, 2016, 32（1）: 272-279.
[44] Chen Z, Lu C, Fan L. Farmland changes and the driving forces in Yucheng, North China Plain［J］. Journal of Geographical Sciences, 2012, 22（3）: 563-573.
[45] Su S, Zhou X, Wan C, et al. Land use changes to cash crop plantations: Crop types, multilevel determinants and policy implications［J］. Land Use Policy, 2016, 50: 379-389.
[46] Rahman S. Impacts of climate change, agroecology and socio-economic factors on agricultural land use diversity in Bangladesh (1948—2008)［J］. Land Use Policy, 2016, 50: 169-178.
[47] Santos-Martín F, Zorrilla-Miras P, García-Llorente M, et al. Identifying win-win situations in agricultural landscapes: an integrated ecosystem services assessment for Spain［J］. Landscape Ecology, 2019, 34（7）: 1789-1805.
[48] Nève G. European Landscapes: History, Present Transition and Possible Future［M］. Berlin: Springer, 2019.

[49] Levers C, Schneider M, Prishchepov A V, et al. Spatial variation in determinants of agricultural land abandonment in Europe [J]. Science of the Total Environment, 2018, 644: 95-111.

[50] Song X, Ouyang Z, Li Y, et al. Cultivated land use change in China, 1999—2007: Policy development perspectives [J]. Journal of Geographical Sciences, 2012, 22 (6): 1061-1078.

[51] 王鹏飞. 论北京农村空间的商品化与城乡关系 [J]. 地理学报, 2013, 68 (12): 1657-1667.

[52] Zhang Y, Qi Y, Shen Y, et al. Mapping the agricultural land use of the North China Plain in 2002 and 2012 [J]. Journal of Geographical Sciences, 2019, 29 (6): 909-921.

[53] 戈大专, 龙花楼, 李裕瑞, 等. 城镇化进程中我国粮食生产系统多功能转型时空格局研究——以黄淮海地区为例 [J]. 经济地理, 2018, 38 (4): 147-156, 182.

[54] 王晓军, 周洋, 鄢彦斌, 等. 政策与农耕: 石咀头村40年景观变迁 [J]. 应用生态学报, 2015, 26 (1): 199-206.

[55] 范业婷, 金晓斌, 项晓敏, 等. 苏南地区耕地多功能评价与空间特征分析 [J]. 资源科学, 2018, 40 (5): 980-992.

[56] 张荣天, 陆建飞. 长江经济带耕地集约利用多尺度时空特征与影响因素分析 [J]. 农业工程学报, 2019, 35 (24): 271-278.

[57] 史洋洋, 吕晓, 郭贯成, 等. 基于GIS和空间计量的耕地利用转型时空格局及其驱动机制研究 [J]. 中国土地科学, 2019, 33 (11): 51-60.

[58] 宋小青, 李心怡. 区域耕地利用功能转型的理论解释与实证 [J]. 地理学报, 2019, 74 (5): 992-1010.

[59] 戈大专, 龙花楼, 杨忍. 中国耕地利用转型格局及驱动因素研究 [J]. Resources Science, 2018, 40 (2): 273-283.

[60] 张英男, 龙花楼, 戈大专, 等. 黄淮海平原耕地功能演变的时空特征及其驱动机制 [J]. 地理学报, 2018, 73 (3): 518-534.

[61] 赵锐锋, 王福红, 张丽华, 等. 黑河中游地区耕地景观演变及社会经济驱动力分析 [J]. 地理科学, 2017, 37 (6): 920-928.

[62] 曹银贵, 周伟, 王静, 等. 基于主成分分析与层次分析的三峡库区耕地集约利用对比 [J]. 农业工程学报, 2010, 26 (4): 291-296.

[63] 甄霖, 魏云洁, 谢高地, 等. 中国土地利用多功能性动态的区域分析 [J]. 生态学报, 2010, 30 (24): 6749-6761.

[64] 梁小英, 顾铮鸣, 雷敏, 等. 土地功能与土地利用表征土地系统和景观格局的差异研究——以陕西省蓝田县为例 [J]. 自然资源学报, 2014, 29 (7): 1127-1135.

[65] 陈睿山, 蔡运龙, 严祥, 等. 土地系统功能及其可持续性评价 [J]. 中国土地科学, 2011, 25 (1): 8-15.

[66] 樊杰. 人地系统可持续过程, 格局的前沿探索 [J]. 地理学报, 2014, 69 (8): 1060-1068.

[67] 党丽娟, 徐勇, 高雅. 土地利用功能分类及空间结构评价方法——以燕沟流域为例 [J]. 水土保持研究, 2014, (5): 193-197.

[68] 甄霖, 曹淑艳, 魏云洁, 等. 土地空间多功能利用: 理论框架及实证研究 [J]. 资源科学, 2009, 31 (4): 544-551.

[69] Gao D X, Lin Z, Cai X Z, et al. Assessing the multifunctionalities of land use in China [J]. Journal of Resources and Ecology, 2010, 1 (4): 311-318.

[70] 鲁莎莎, 刘彦随, 关兴良. 农业地域功能的时空格局与演进特征——以106国道沿线典型样带区为例 [J]. 中国土地科学, 2014, (3): 67-75.

[71] 房艳刚, 刘继生. 基于多功能理论的中国乡村发展多元化探讨: 超越"现代化"发展范式 [J]. 地理学报, 2015, 70 (2): 257-270.

[72] Fleskens L, Duarte F, Eicher I. A conceptual framework for the assessment of multiple functions of agro-ecosystems: A case study of Trás-os-Montes olive groves [J]. Journal of Rural Studies, 2009, 25 (1): 141-155.

[73] 王少华, 梁留科. 旅游产业集聚背景下遗产区土地格局演变及机理——以龙门石窟为例 [J]. 经济地理, 2015, (12): 216-224.

[74] 刘沛, 段建南, 刘洵, 等. 城镇化对耕地功能演变的影响——以湖南邵东县为例 [J]. 湖南农业科学, 2012, (6): 70-73.

[75] Lange A, Piorr A, Siebert R, et al. Spatial differentiation of farm diversification: How rural attractiveness and vicinity to cities determine farm households' response to the CAP [J]. Land Use Policy, 2013, 31: 136-144.

[76] 李芬, 甄霖, 黄河清, 等. 土地利用功能变化与利益相关者受偿意愿及经济补偿研究 [J]. 资源科学, 2009, 31 (4): 580-589.

[77] 刘玉振, 周灿, 乔家君. 欠发达农区特色种植空间扩散研究——以河南省大营村为例 [J]. 经济地理, 2012, 32 (2): 116-120.

[78] 吴娜琳, 李二玲, 李小建. 特色种植专业村空间扩散及影响因素分析——以河南省柘城县辣椒种植为例 [J]. 地理研究, 2013, 32 (7): 1303-1315.

[79] 李德一, 张树文, 吕学军, 等. 基于栅格的土地利用功能变化监测方法 [J]. 自然资源学报, 2011, 26 (8): 1297-1305.

[80] 姜广辉, 张凤荣, 孔祥斌, 等. 耕地多功能的层次性及其多功能保护 [J]. 中国土地科学, 2011, 25 (8): 42-47.

[81] 宋小青, 欧阳竹. 耕地多功能内涵及其对耕地保护的启示 [J]. 地理科学进展, 2012, 31 (7): 859-868.

[82] Peng J, Liu Z, Liu Y, et al. Multifunctionality assessment of urban agriculture in Beijing City, China [J]. Science of the Total Environment, 2015, 537: 343-351.

[83] 宋志军, 刘黎明. 北京市城郊农业区多功能演变的空间特征 [J]. 地理科学, 2011, 31 (4): 427-433.

[84] 杨雪, 谈明洪. 北京市耕地功能空间差异及其演变 [J]. 地理研究, 2014, 33 (6): 1106-1118.

[85] 杨雪, 谈明洪. 近年来北京市耕地多功能演变及其关联性 [J]. 自然资源学报, 2014, 29 (5): 733-743.

[86] 陈美球, 王光远. 农民对耕地非生产性功能的认识及其量化实证研究——基于1065份问卷调查 [J]. 中国土地科学, 2013, (3): 10-16.

[87] 施园园, 赵华甫, 郧文聚, 等. 北京市耕地多功能空间分异及其社会经济协调模式解释 [J]. 资源科学, 2015, (2): 247-257.

[88] 宋小青, 吴志峰, 欧阳竹. 耕地转型的研究路径探讨 [J]. 地理研究, 2014, 33 (3): 403-413.

[89] 宋小青, 欧阳竹. 中国耕地多功能管理的实践路径探讨 [J]. 自然资源学报, 2012, 27 (4): 540-551.

[90] 邹温鹏, 孔祥斌, 关欣, 等. 农户耕地社会保障功能替代程度测算方法研究. 中国农业大学学报, 2012, (3): 143-148.

[91] 庞英, 王宝海, 刘学忠, 等. 山东省耕地利用综合效益的时空分异特征 [J]. 资源科学, 2007, 29 (2): 131-136.

[92] Magliocca N R, Rudel T K, Verburg P H, et al. Synthesis in land change science: Methodological patterns, challenges, and guidelines [J]. Regional Environmental Change, 2015, 15 (2): 211-226.

[93] Medaets J P P, Fornazier A, Thomé K M. Transition to sustainability in agrifood systems: Insights from Brazilian trajectories [J]. Journal of Rural Studies, 2020, 76: 1-11.

[94] Grashof-Bokdam C J, Cormont A, Polman N B, et al. Modelling shifts between mono- and multifunctional farming systems: The importance of social and economic drivers [J]. Landscape Ecology, 2017, 32 (3): 595-607.

[95] Dimopoulos T, Kizos T. Mapping change in the agricultural landscape of Lemnos [J]. Landscape and Urban Planning, 2020, 203: 103894.

[96] 吕双双, 李莉. 国内土地利用功能演变研究进展 [J]. 中国农业资源与区划, 2022, 43 (1): 135-140.

[97] 朱从谋, 苑韶峰. 杭州市土地利用功能时空权衡特征及影响因素分析 [J]. 农业工程学报, 2022, 38 (6): 264-273.

[98] 黄天能, 张云兰. 基于"三生空间"的土地利用功能演变及生态环境响应——以桂西资源富集区为例 [J]. 生态学报, 2021, 41 (1): 348-359.

[99] 盛羊羊, 林彤, 刘新平, 等. 欠发达地区土地利用多功能化演变的时空轨迹——来自西北典型城市的证据 [J]. 东北师大学报 (自然科学版), 2022, 54 (2): 150-160.

[100] 刘超, 许月卿, 卢新海. 生态脆弱贫困区土地利用多功能权衡/协同格局演变与优化分区 [J]. 经济地理, 2021, 41 (1): 181-190.

[101] Jiang G, He X, Qu Y, et al. Functional evolution of rural housing land: A comparative analysis across four typical areas representing different stages of industrialization in China [J]. Land Use Policy, 2016, 57: 645-654.

[102] 汪勇政, 占安庭, 余浩然, 等. 山区村域土地利用转型特征测度研究——以桐城市石窑村为例 [J]. 安徽师范大学学报 (自然科学版), 2022, 45 (2): 160-169.

[103] 吴清, 冯嘉晓, 陈刚, 等. 山岳型乡村旅游地"三生"空间演变及优化——德庆金林水乡的案例实证 [J]. 生态学报, 2020, 40 (16): 5560-5570.

3 贵州不同规模等级坝子空间分布特征研究

中国西南地区山多平地少，贵州省由于特殊的地形、地貌及地质特征，山多平地少的土地资源特征表现得更为突出，是导致贵州省县域层面乡村贫困空间差异的显著因素[1]。坝子主要指山间盆地、河谷沿岸阶地和较为平缓的山麓地带[2]。贵州省除了受关注的万亩大坝外，在高原面、河谷、槽谷、峰丛洼地，还分布有数量众多、面积大小不一、成因多样的坝子。这些坝子地形平坦、耕作便利，土地承载力相对较高，是稳定的粮食产区和城镇、交通集中分布地。从贵州缺少平地这一自然特征看，分布于贵州各地的大大小小的坝子对贵州省人口承载和社会经济发展起着重要作用。无论是从农业、工业、城镇发展，还是从土地利用规划和优化的角度来讲，系统分析和揭示贵州省不同面积大小坝子的数量特征和空间分布格局，对贵州省区域经济尤其是农业生产布局、产业发展规划、土地资源可持续利用和土地利用转型布局来说，都具有重要意义。

西南地区的坝子近年来引起了研究者的关注，如杨子生和赵乔贵对云南省129个县（市、区）进行了坝区县、半山半坝县和山区县的划分[3]；李倩等选取坡度在8°以下、斑块面积在8km^{2}以上的区域，分析了云贵地区可利用坝区的空间分布[4]；Zhao和Li研究了贵州省县域山地类型与土地利用程度的空间耦合关系[5]；李阳兵等提出了山地-坝地系统概念[6]；刘亚香等研究了贵州典型坝子土地利用强度空间演变等[7]。但总的说来，目前有关坝子的研究相对较少，且已有研究以探讨单个或者小范围坝子或坝区土地利用变化为主，对于大范围区域的坝子研究主要以坝区的划分为主，尚缺乏对较大范围内各种面积规模坝子的空间分布与数量结构的系统研究。因此，本章拟在系统采集贵州省不同规模大小坝子数据的基础上，进一步深入揭示坝子空间分布特征与数量结构，一方面可以填补现阶段缺乏完整的关于贵州坝子空间分布资料的不足，另一方面还可以为贵州省坝子土地资源利用与保护等后续研究提供合理的、科学的参考。

3.1 研究区概况

贵州是中国西部高原山地的一部分，地处云贵高原的东斜坡地带，为亚热带高原山地地区，土地总面积17.6万 km^2。全省地貌类型十分复杂，地貌结构呈东西三级阶梯，南北两面斜坡；大地貌类型主要有高原、丘原、山原、高中山、中山、低中山、低山、丘陵、盆地和台地等[8]。土地资源以山地、丘陵为主，平坝地较少，碳酸盐岩广布；贵州省平均坡度为17.78°，6°以下平缓地仅占全省总面积的13.50%，6°～15°坡地占26.85%，15°以上陡坡地占59.65%[9]。

3.2 研究方法

3.2.1 坝子的定义与识别

已有方案划分贵州省内县级地貌分区，以坡度小于6°作为主要划分指标，高差小于60m作为主要参考指标，根据实地面积大于1km²，宽度大于0.5km来划分坝子[10]。本书认为山间坝子是指地面坡度6°以下连续分布的平坦地面，包括河坝、盆地、台地、底部较平坦的宽谷及洼地，是人口、城镇建设和耕地较集中的地区（图3-1）；考虑到贵州省尽管山多平地少，但仍然分布有数量众多且成因多样、面积小于100hm²的坝子，因此，在识别贵州省坝子时，不再局限于面积大于100hm²以上，重点强调坡度6°以下及平地在空间上的连续分布。

a. 贵阳城郊坝子

b. 马场坝子

c. 马路坝子

d. 安龙县城坝子

e. 绥阳坝子

f. 湄潭坝子

g. 榕江坝子　　　　　　　　　h. 天柱坝子

图 3-1　贵州的一些典型坝子实例

3.2.2　数据来源

因本章分析的坝子属于自然地形地貌，受时间变化影响小，选择数据源时主要考虑了分辨率较高、覆盖贵州省全境两个方面。基于现有资料，本章基于贵州省 2010 年的 10m 与 2.5m 分辨率 ALOS 高清影像和 20 世纪六七十年代出版的 1∶5 万地形图，通过 ArcGIS 软件对贵州省坝子边界进行提取，进一步对照 1978 年出版的部分 1∶1 万地形图和 2018 年的 Google 高清影像对坝子边界进行修正，并对地形复杂区的部分坝子边界进行实地验证（图 3-2）。本章共提取了 12 146 个坝子，其最大面积 7947hm^2，最小面积 1hm^2，在贵州惠水县、普定县、贞丰县、息烽县、湄潭县、长顺县、开阳县、修文县、平坝县、印江县、桐梓县、黄平县、紫云县、绥阳县和纳雍县等实地验证了近 300 个坝子，坝子识别准确率为 100%，仅对个别坝子边界进行了部分调整。

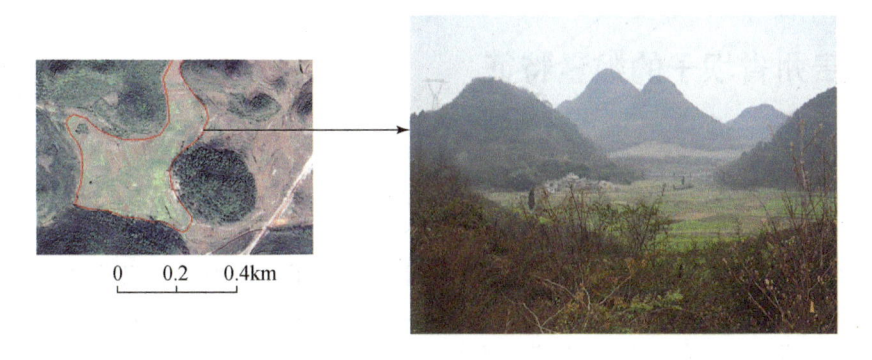

图 3-2　坝子的识别与提取

3.2.3　坝子等级划分

因本章提取的贵州坝子数量众多，且面积大小不一，为力求揭示不同面积大小坝子的空间分布，本章将坝子分为7个等级，标准如下：①等级1：≥666.7hm²；②等级2：333.3hm²≤面积<666.7hm²；③等级3：200.0hm²≤面积<333.3hm²；④等级4：66.7hm²≤面积<200.0hm²；⑤等级5：33.3hm²≤面积<66.7hm²；⑥等级6：6.7hm²≤面积<33.3hm²；⑦等级7：1.0hm²≤面积<6.7hm²。

3.2.4 计算指标

1）采用移动窗口法计算单位面积（1km×1km、5km×5km、10km×10km）的空间坝子面积百分比、坝子个数和坝子的斑块密度3个指标。进一步，计算上述3种空间单元的坝子最近邻近指数和等级多样性指数[11]。

2）热点分析：热点分析是用于识别具有统计显著性的热点和冷点空间聚类[12]，通过ArcGIS软件中的Getis-Ord Gi*工具对贵州省坝子空间分布冷热点进行识别，得出其在空间上的热点与冷点在空间上发生聚类的位置。

3）位序–规模计算：根据Zipf模型法则[13]，从坝子面积规模和规模位序的相互关系表达坝子体系的规模分布，即建立坝子位序–规模法则。具体公式为

$$\ln p_k = \ln p - q \ln k \tag{3-1}$$

式中，k表示坝子的位序；p_k表示坝子面积规模排序后第k个坝子的用地面积；p表示常数；q体现出分维的性质，常被称作Zipf维数，和分维数D互为倒数，即$D=1/q$。当系数q即分维数D为1时，规模分布呈等级规模分布，结构达到最优状态；当$q>1$、$D<1$时，坝子体系等级结构较松散，相互之间等级规模差异较大；当$q<1$、$D>1$，表示规模结构较集中，处于中间位序的坝子数较多，其分布比较均匀。

3.3 结果分析

3.3.1 贵州省坝子的数量特征

3.3.1.1 贵州省坝子的数量特征

图3-3反映了贵州省不同面积大小坝子的个数占坝子总数的百分比，以10~20hm²的坝子个数占比最高，其次是5~10hm²和20~30hm²的坝子；随坝子面积增加，坝子个数占比也逐渐降低；100~200hm²坝子占比为6.49%，大于667hm²（>10 000亩）坝子个数占比为1.10%。进一步，按不同大小等级的坝子进行分析，发现12 146个坝子中，以等级6的坝子个数最多，占坝子总数的51.41%，其次是等级5、等级7和等级4的坝子；面积大于10 000亩（等级1）的万亩大坝只有118个。以上结果实际上是对贵州省地貌总体上以高原山地为主，地表平均坡度较大，缺少集中连片的平原的反映。

3.3.1.2 贵州省坝子数量分布与面积特征相互关系

将坝子按面积从小到大排列，基于坝子个数统计坝子的面积累计比（图3-4）。结

a. 不同面积大小坝子个数分布

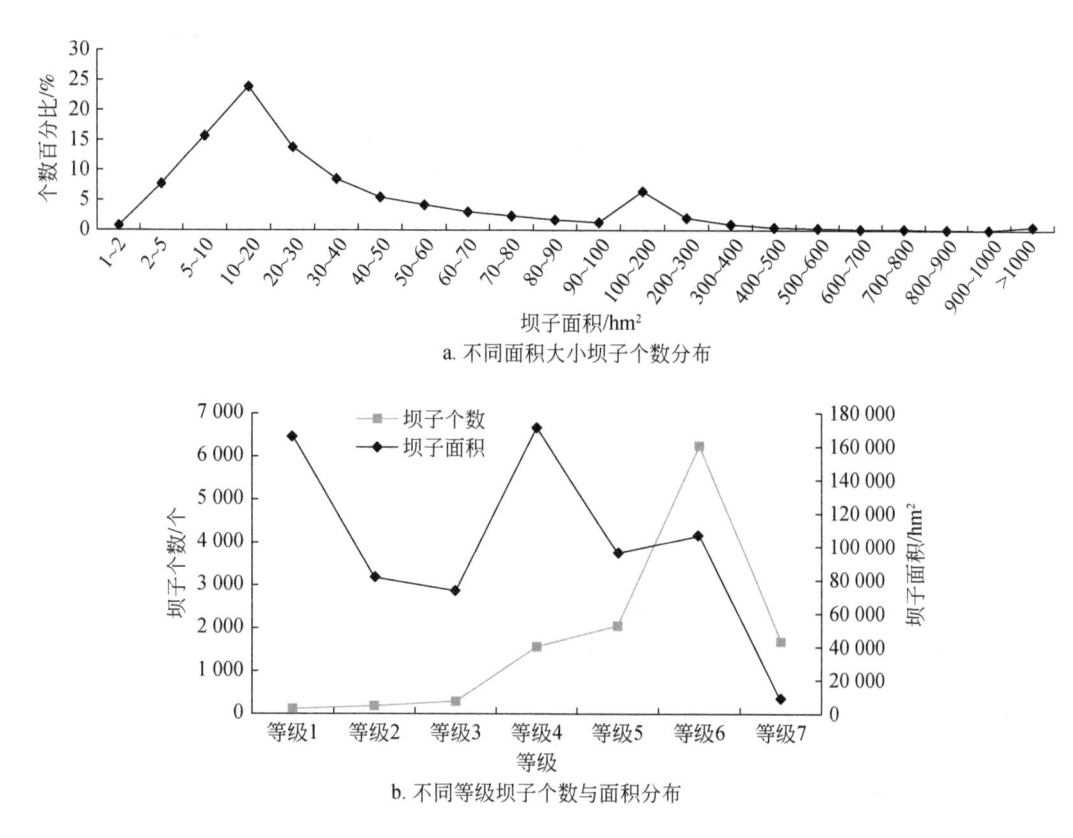

b. 不同等级坝子个数与面积分布

图 3-3　贵州省坝子的数量分布

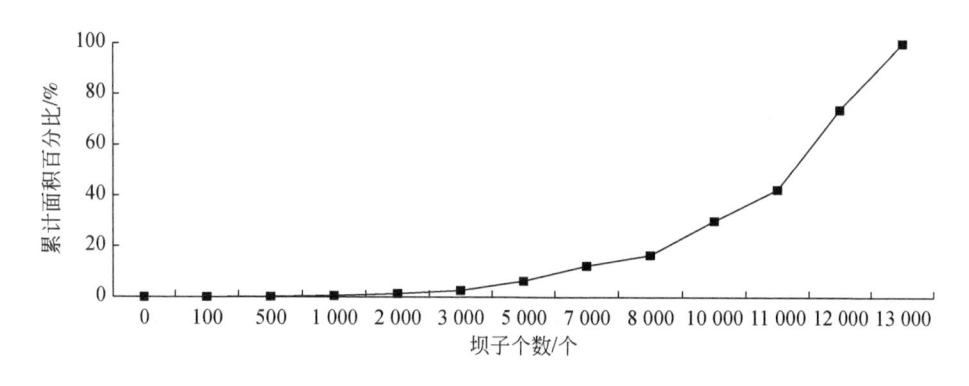

图 3-4　贵州省不同面积大小坝子的面积累计百分比

果显示当坝子数量达 5000 个时，其面积累计百分比为 6.34%；当坝子数量达 10 000 个时，其面积累计百分比为 30.01%。这说明贵州省坝子主要以小面积为主，坝地面积主要集中在少数相对较大的坝子，反映了贵州省坝地土地资源的珍贵。随坝子面积等级的降低，各等级坝子的平均面积、最大面积和最小面积均相应降低（图3-5）。各等级坝子的数量与其面积占总面积的百分比并不成对应关系。等级 4 坝子有 1568 个，面积占比为

24.37%；等级1坝子有118个，但面积占比为23.66%；等级6坝子有6244个，面积占比仅为15.18%。

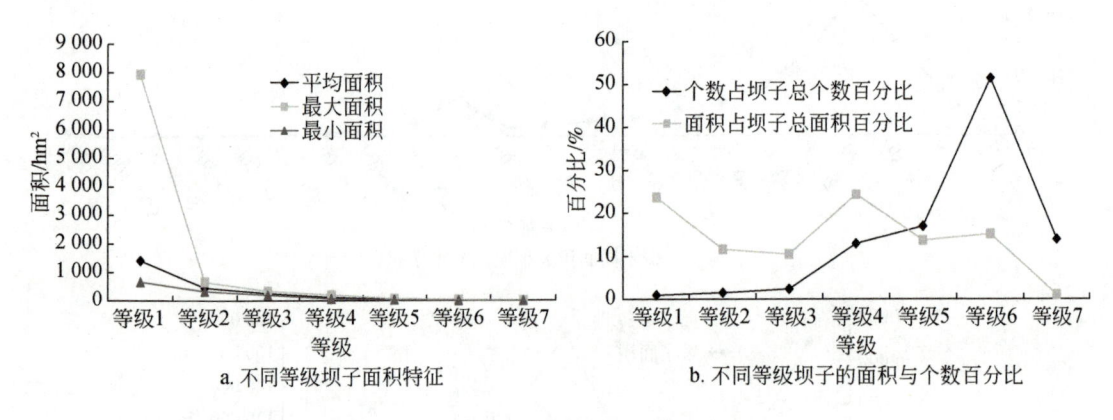

图 3-5 贵州省不同等级坝子的数量变化

3.3.2 贵州省坝子的空间分布特征

3.3.2.1 贵州省坝子数量的空间特征

图3-6从不同大小空间单元尺度来反映坝子个数的空间分布。从1km×1km的空间单元尺度看，每1km²以不超过2个坝子为主，平均值为0.08个；从5km×5km的空间单元尺度看，每5km²以不超过10个坝子为主，平均值为0.79个；从10km×10km的空间单元尺度看，每10km²以不超过30个坝子为主，平均值为2.66个；从坝子数量的空间分布上看，贵州省坝子主要分布于凤岗—湄潭—贵阳—惠水—罗甸一线，贵阳—安顺一线，以及黔西南的贞丰、望谟等。整体上看贵州省坝子集中于贵州省中部，沿东北到西南一线。

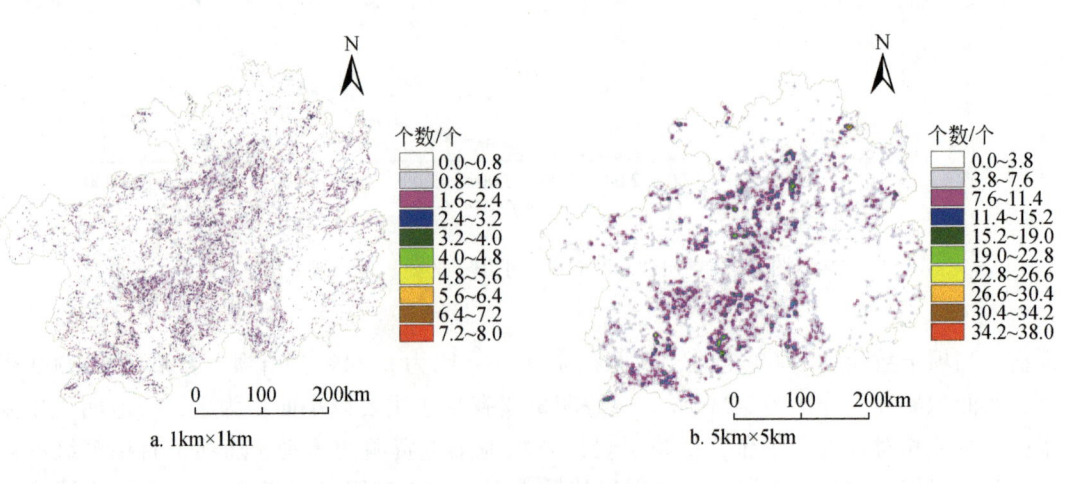

c. 10km×10km

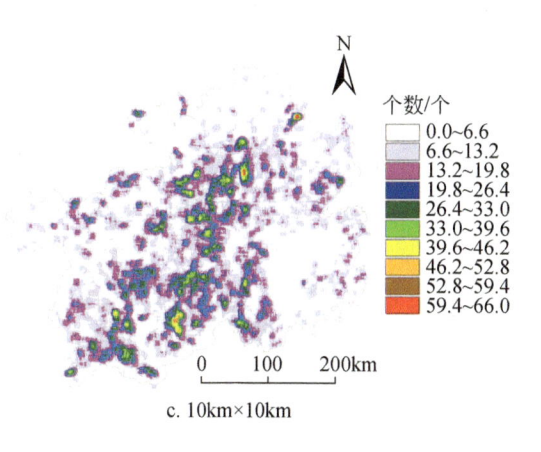

图 3-6 贵州省坝子个数空间分布

与图 3-6 不同,图 3-7 反映了从不同大小空间单元尺度所揭示的贵州省坝子斑块密度,单位均为个/km²。在 1km×1km、5km×5km、10km×10km 空间评价单元尺度分别计算贵州省坝子斑块密度,平均值分别为 0.06 个/km²、0.03 个/km²、0.026 个/km²,因此,随空间尺度增加,坝子斑块空间密度减小。坝子密度相对较高的区域分布主要在遵义地区西北部、中偏东部,在毕节地区的中偏东部,贵阳市南部,安顺市中北部,黔南州①西部、中北部。坝子空间密度值整体上是由贵州省中部向东南和西北逐渐减小,坝子空间密度降低(图 3-7)。

3.3.2.2 贵州省坝子面积空间分布特征

为从面积角度反映贵州省坝子的空间分布,首先用热点分析揭示贵州省坝子面积分布的冷热点,从图 3-8a 可看出,坝子面积热点分布区主要集中在遵义地区和黔中地区,这一带同时也是贵州省经济条件最好的区域[14]。在此基础上,选用了 1km×1km、5km×5km、10km×10km 的空间评价单元,统计每一评价单元的坝子面积百分比,以进一步揭示

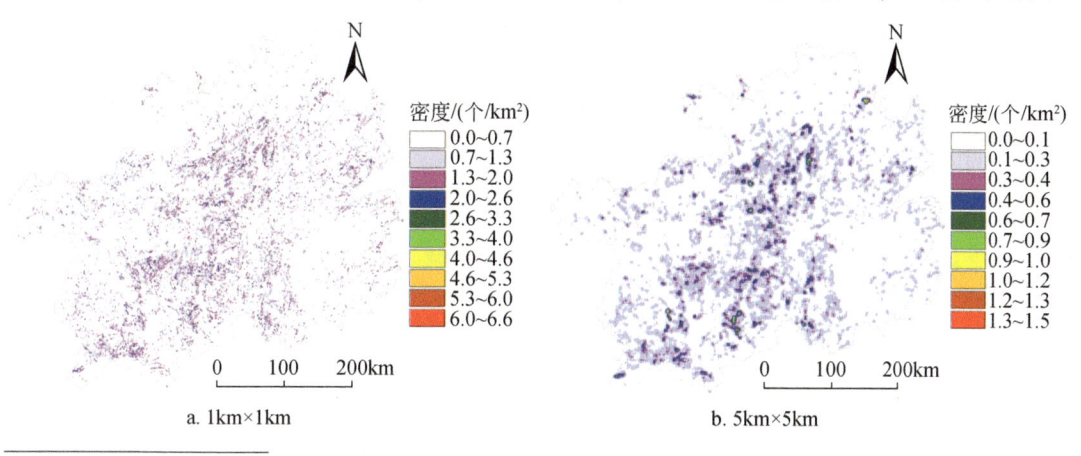

a. 1km×1km

b. 5km×5km

---

① 黔南州即黔南布依族苗族自治州。

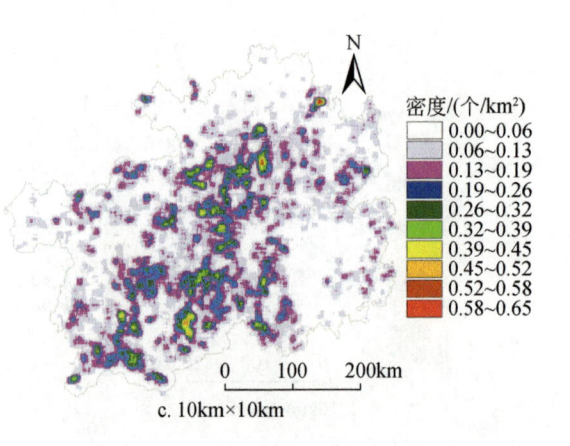

图 3-7 贵州省坝子斑块密度空间分布

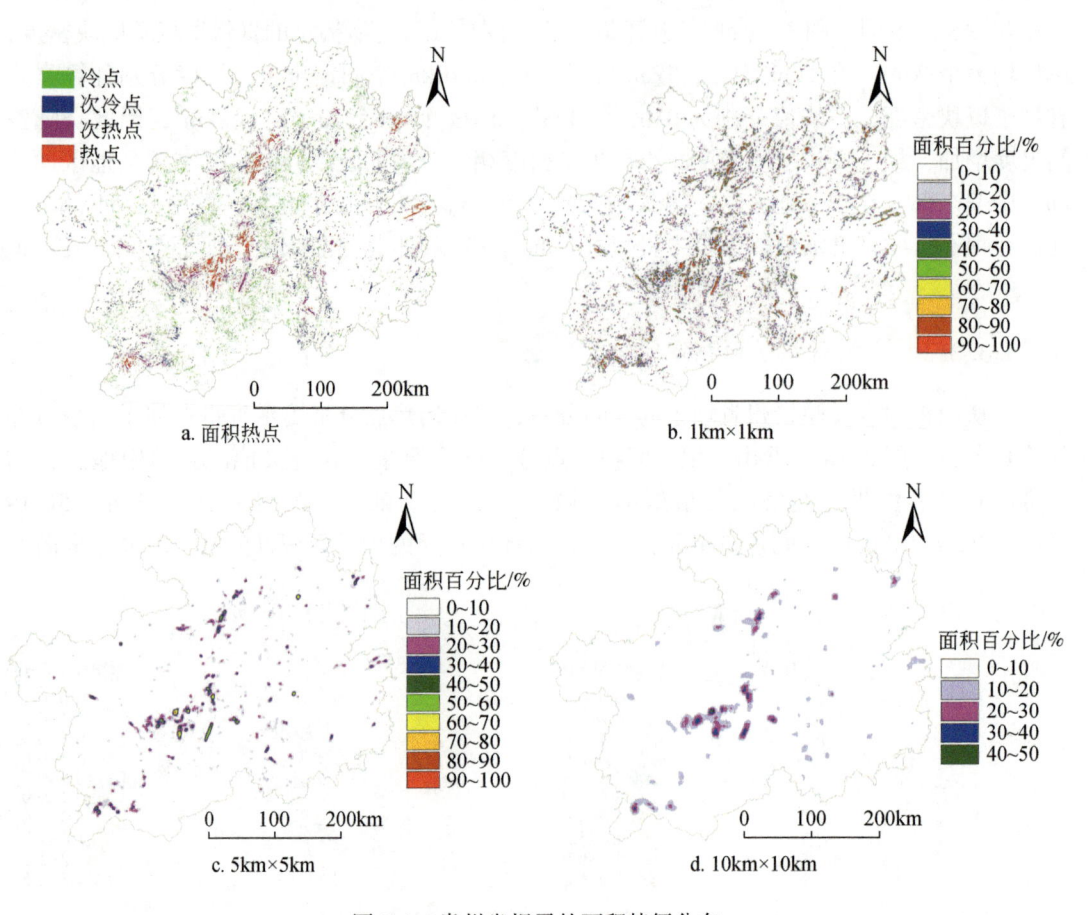

图 3-8 贵州省坝子的面积特征分布

贵州省坝子面积的空间分布特征（图 3-8b～图 3-8d）。其中，坝子面积占空间单元百分比高值区与坝子面积热点区一致，与坝子个数和坝子斑块密度的空间也大致相同。

从 3 个空间尺度来看，以坝子面积比例在 0~1% 的区域占绝对优势，从小到大 3 个尺度下坝子面积占比在 1%~10% 的区域比例分别为 2.75%、13.05% 和 17.38%（图 3-9）；从小到大 3 个尺度下坝子面积网格占比最高比例分别 100%、97.3%、49.5%，但平均值均为 1.11%。10km×10km 尺度下，坝子面积占比大于 50% 的区域比例为零，说明贵州省不存在边长为 10km 正方形坝子，即使有个别坝子如惠水县涟江坝子面积较大，达 7947hm^2，但其是狭长形的坝子。另外，图 3-9 也反映出，分析的空间尺度较大，反映出坝子面积占比低的网格空间范围大；但分析的空间尺度大，不能揭示出分析空间尺度小所能反映的面积占比高的网格区域的空间分布（图 3-9）。从这点上看，1km×1km 尺度揭示的贵州省坝子不同面积占比区域的网格空间分布有着更高的精度。

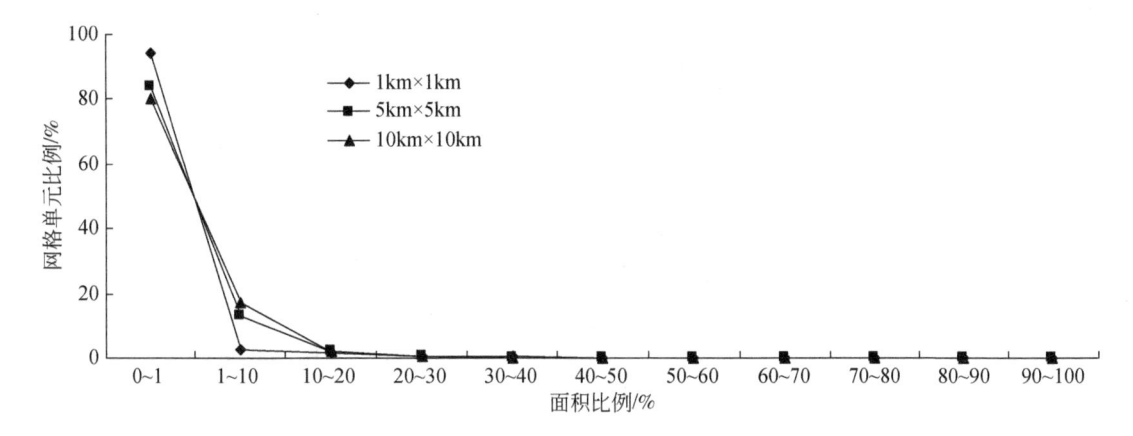

图 3-9 贵州省不同坝子面积比例等级的网格单元百分比

3.3.2.3 坝子密度特征与面积特征的关系

将 1km×1km 尺度的坝子密度和面积比例空间分布分别划分为 3 个等级，即高密度、中密度、低密度，及高面积占比、中面积占比和低面积占比，形成 9 种组合类型以反映贵州省坝子密度和面积的耦合关系（表 3-1）。低面积占比-低密度型占全省土地面积的 30.441%，主要分布在贵州省坝子不集中的区域；在坝子比较集中的贵州省中部，以中面积占比-低密度型、中度面积占比-高密度型为主；高面积占比-中等密度型占 12.961%，分布在贵州省较大坝子集中的平坝县、遵义地区。

表 3-1 贵州省坝子密度特征与面积特征的耦合关系

坝子面积与密度特征耦合类型	坝子的空间密度/(个/km^2)	坝子占 1km^2 网格面积比/%	面积比例/%
低面积占比-低密度型	0.000~0.035	0.000~3.122	30.441
低面积占比-中等密度型	0.035~0.097	0.000~3.122	2.099
低面积占比-高密度型	0.164~0.647	0.000~3.122	0.215
中面积占比-低密度型	0.000~0.035	3.122~13.074	26.415

续表

坝子面积与密度特征耦合类型	坝子的空间密度/(个/km²)	坝子占1km²网格面积比/%	面积比例/%
中面积占比-中等密度型	0.035 ~ 0.097	3.122 ~ 13.074	20.410
中度面积占比-高密度型	0.164 ~ 0.647	3.122 ~ 13.074	3.243
高面积占比-低密度型	0.000 ~ 0.048	13.074 ~ 49.956	2.199
高面积占比-中等密度型	0.048 ~ 0.164	3.122 ~ 13.074	12.961
高面积占比-高密度型	0.164 ~ 0.647	13.074 ~ 49.956	2.017

3.3.3 坝子的空间组合规律

3.3.3.1 邻近模式

利用坝子的最近邻近指数表示贵州省坝子的分布模式。平均最邻近指数是最近邻点平均距离的观测值与期望值之比,测量每个坝子质心与其最邻近的坝子质心点之间的平均距离,即最近邻点平均观测距离,并将该距离值与假设随机分布模式下坝子质心的期望平均距离即最近邻点平均期望距离进行对比,进而判断坝子空间分布是否集聚[11,15]。各等级坝子的最邻近指数均小于1(表3-2),表明各等级坝子都呈集聚分布模式;最邻近指数随坝子面积等级从大到小而依次降低,表明面积较小的坝子集聚程度高于面积较大的坝子。从5km×5km网格看,以小于1285.6m为主;从10km×10km网格看,以小于1279.2m为主,两种网格尺度揭示的邻近距离大小及其空间分布基本一致(图3-10)。

表3-2 贵州省不同等级坝子最邻近指数

坝子等级	最近邻点平均观测距离/km	最近邻点平均期望距离/km	平均最邻近指数	Z	m	分布模式
1	15.965	17.896	0.892	-2.251	0.024	集聚-随机分布
2	13.697	16.599	0.825	-4.487	0.000	集聚-随机分布
3	10.426	13.259	0.786	-6.961	0.000	集聚-随机分布
4	4.745	6.157	0.771	-17.386	0.000	集聚-随机分布
5	3.982	5.332	0.747	-21.935	0.000	集聚-随机分布
6	2.072	3.156	0.657	-51.907	0.000	集聚-随机分布
7	3.295	6.046	0.545	-35.803	0.000	集聚-随机分布

注:Z表示平均距离的观测值与期望值之间的差异程度;m表示某空间格局为随机过程形成的概率。

3.3.3.2 不同等级坝子的位序-规模曲线

本章用各坝子的面积规模(p)及其位序(k)的双对数曲线对不同等级坝子的分布规律进行分析(图3-11)。等级1近于直线分布,只有一个标度区,说明其坝子面积规模

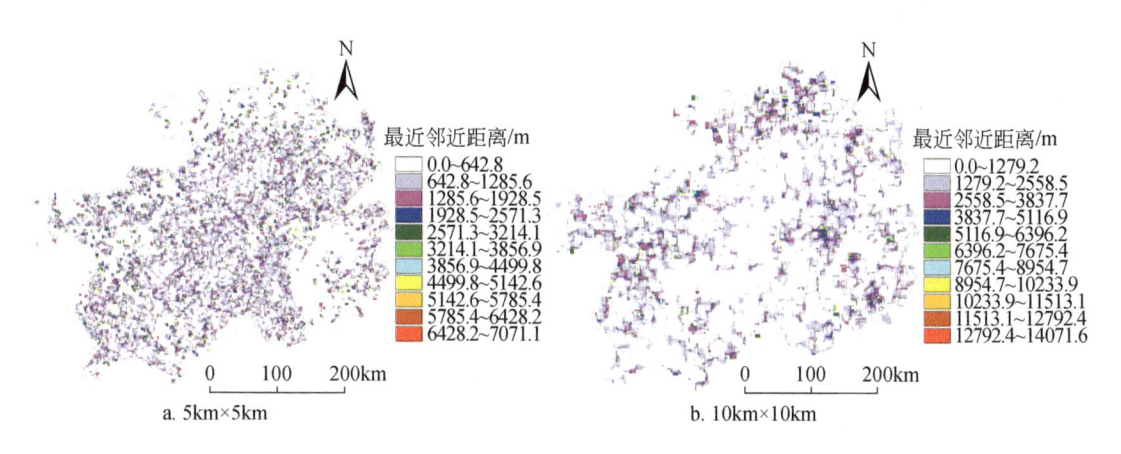

图 3-10 贵州省坝子邻近距离空间分布

相对均衡；等级 4、等级 5 的坝子 $q<1$，坝子分布同样比较均衡，中间位序的坝子较多，等级 2、等级 3、等级 6、等级 7 有 2 个标度区，说明这些等级中，分别存在很多规模较小的坝子。除等级 7 外，等级 1~6 的坝子位序-规模拟合的相关系数 R^2 均在 0.7 以上，证明拟合程度均较好；q 值均小于 1，表明贵州坝子规模结构符合位序-规模分布特征。等级 7 位序-规模曲线上多数坝子坐标点位于回归直线的下方，表明该等级无首位度明显的坝子；且本等级位序-规模曲线存在一个明显的尾巴，说明该等级有 2 个标度区，存在较多的规模较小的坝子；$R^2<0.7$，表明等级 7 坝子的规模结构不符合位序-规模分布特征。从所研究的 12 146 个总体来看，其面积-位序的双对数曲线拟合方程 $q>1$，表明贵州坝子体系等级结构较松散，相互之间等级规模差异较大，与实际情况相一致，也说明探讨贵州坝子的数量结构和空间分布规律时划分等级的必要性。

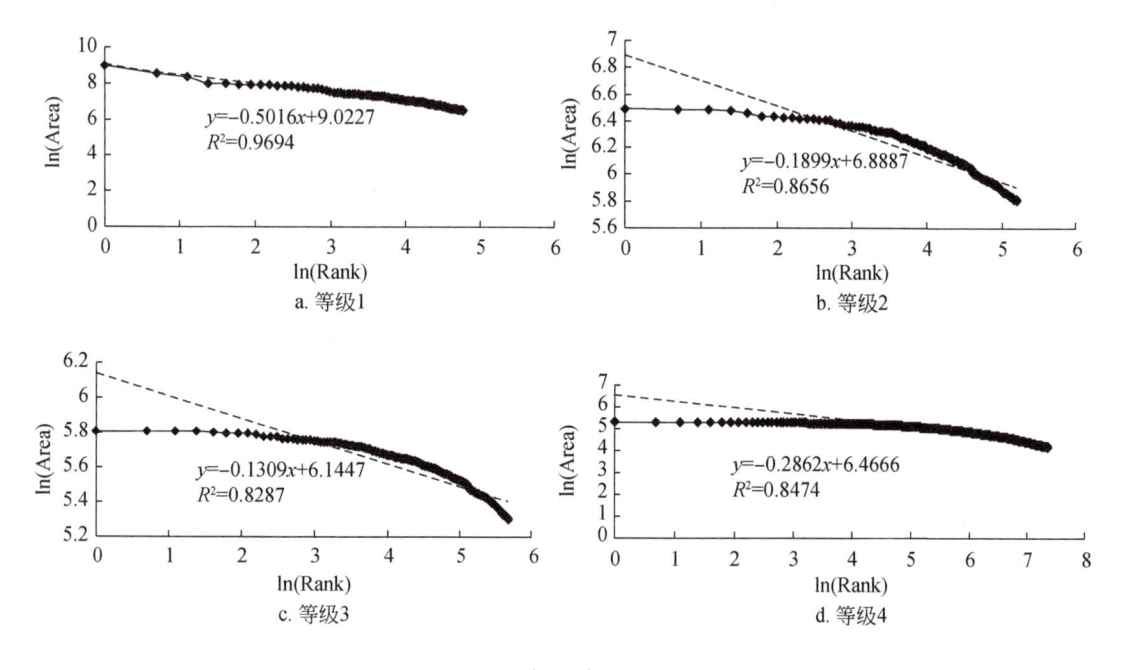

a. 等级1: $y=-0.5016x+9.0227$, $R^2=0.9694$

b. 等级2: $y=-0.1899x+6.8887$, $R^2=0.8656$

c. 等级3: $y=-0.1309x+6.1447$, $R^2=0.8287$

d. 等级4: $y=-0.2862x+6.4666$, $R^2=0.8474$

e. 等级5

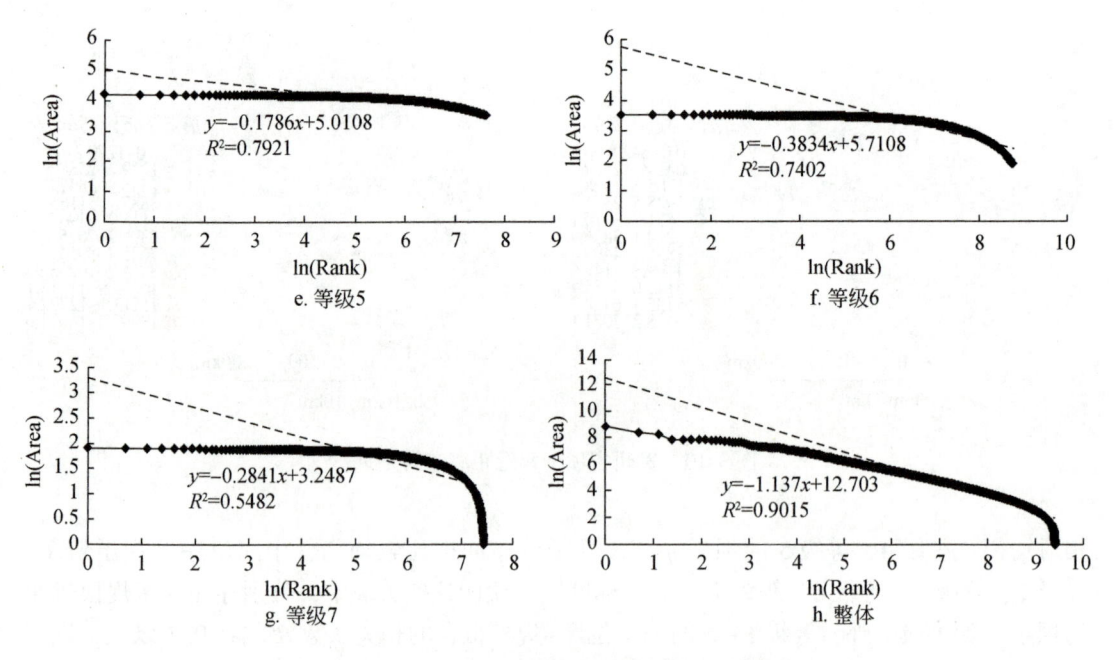

f. 等级6

g. 等级7

h. 整体

图3-11 贵州省不同等级坝子的位序–规模曲线

3.3.3.3 不同等级坝子的空间多样性

研究区坝子等级的空间分布如图3-12所示，但在1km×1km空间单元内，等级多样性指数表现不明显，在5km×5km空间单元、10km×10km空间单元表现出的规律性更显著。坝子等级多样性指数的空间分布与坝子个数的空间分布存在差别，一定空间单元内坝子个数较高，但其坝子的等级多样性并不一定大；多样性指数高，表明一定空间单元内存在不同等级大小坝子的组合。无坝子的区域，多样性指数为零；大坝子的区域，多样性指数同样也为零；不同等级坝子交错分布的区域，多样指数较高；在贵州中部平坝、安顺和遵义等区域，等级1坝子相对集中，多样性指数明显偏低。

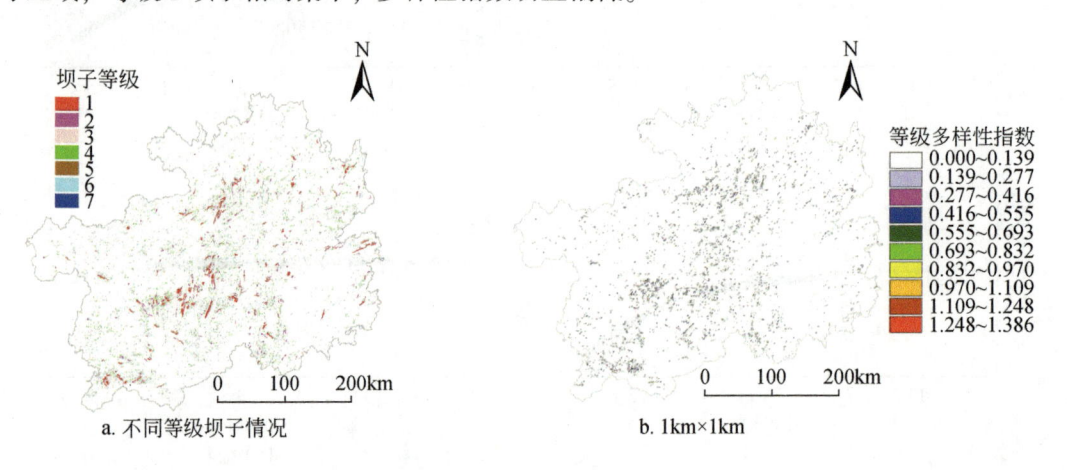

a. 不同等级坝子情况

b. 1km×1km

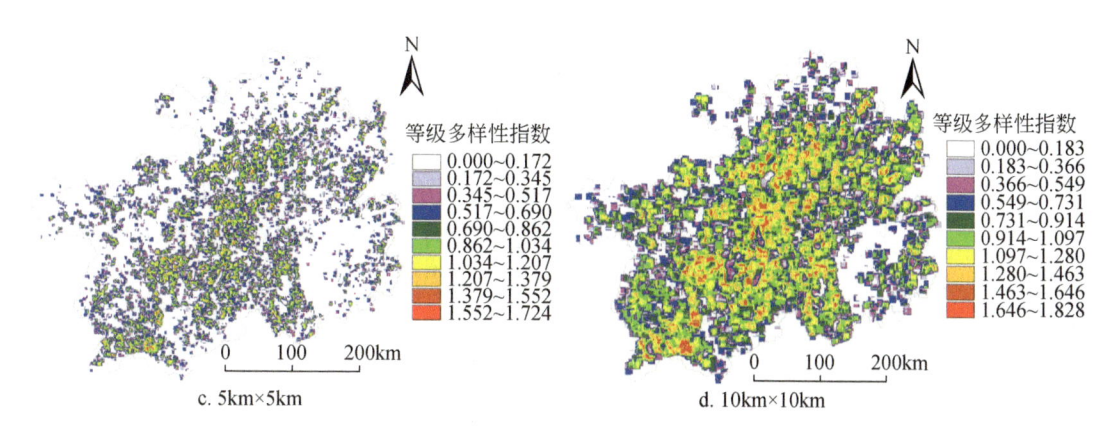

图 3-12　贵州省坝子等级及其多样性空间分布

3.4　讨　　论

据《贵州农业地貌区划》[8]，贵州省万亩（666.7hm²）以上的大坝不超过 20 个；据贵州省地理学会不完全统计[16]，万亩以上的典型大坝为 19 个；也有人认为贵州万亩以上的大坝有 62 个[16]。贵州省国土资源厅查明贵州省坡度在 6°以下，面积>667hm²，集中连片的万亩耕地大坝共 47 个，耕地面积共计 612.8km²[17]。还有研究者以斑块面积大于 800hm² 来估算贵州坝区面积，认为贵州省平坝区占全省总面积的 12%[4]；如果把贵州省分成 5 个地貌类型，沟谷河川与平坝地占全省总面积的 16.05%[18]；如把贵州省划分成 3 个地貌类型，山间坝子仅占全省总面积的 7.51%[19]；还有研究者以起伏度小于 30m 为依据，得出贵州平坝占全省总面积的 4.39%[20]。本书统计的贵州省≥1hm² 以上的坝子，仅占贵州省全省总面积的 3.99%，低于山间平坝占全省总面积 7.51% 的传统认识[21]。因此，综合开发利用低丘缓坡，对于缓解土地资源紧缺，促进人口、资源、环境协调发展具有重要意义[22]。

本章通过以覆盖贵州省全境的 2010 年 10m 与 2.5m 分辨率 ALOS 影像及 20 世纪六七十年代出版的 1∶5 万地形图为主要数据源，通过人工识别，对贵州省坝子的数量特征和空间分布特征进行统计分析[23]。相较于其他对坝区划定的识别方法，该方法的优势在于对识别的坝子，其边界的划定精确，对统计坝子的面积计算误差小。同时由于本书研究对坝子的统计面积最小为 1hm²，对面积更小的坝子并没有统计，所以本书计算的贵州省坝子的总体面积跟实际面积虽然存在一定误差，但表现为更小。

3.5　结　　论

本章在系统采集贵州省不同规模大小坝子数据的基础上，将坝子分为 7 个等级，利用移动窗口法、热点分析、位序–规模法则等方法，研究了坝子的个数、面积空间分布规律，探讨了坝子空间分布的影响因素，得到以下认识：

1）贵州省以 10～20hm² 的坝子个数占比最高，其次是 5～10hm² 和 20～30hm² 的坝子；主要以小面积坝子为主，坝地面积主要集中在少数相对较大的坝子；各等级坝子的个数分布与其面积分布并不成对应关系。贵州省 ≥1hm² 以上的坝子，仅占贵州省总面积的 3.99%。

2）贵州省坝子集中于贵州省沿东北到西南一线的中部区域，以中面积占比-低密度型、中度面积占比-高密度型为主；坝子空间密度值整体上是由贵州省中部向东南和西北逐渐减小。贵州省坝子体系等级结构较松散，面积较小的坝子集聚程度高于面积较大的坝子。

参 考 文 献

[1] 王永明，王美霞，吴殿廷，等．贵州省乡村贫困空间格局与形成机制分析［J］．地理科学，2017，37（2）：217-227．

[2] 李阳兵，姚原温，周志明．贵州万亩大坝土地利用结构类型研究［M］//刘彦随，等．中国农村土地整治与城乡协调发展研究．贵阳：贵州科技出版社，2013：152-159．

[3] 杨子生，赵乔贵．基于第二次全国土地调查的云南省坝区县、半山半坝县和山区县的划分［J］．自然资源学报，2014，29（4）：564-574．

[4] 李倩，刘毅，许开鹏，等．基于生态空间约束的云贵地区可利用坝区面积与空间分布［J］．中国环境科学，2013，33（12）：2215-2219．

[5] Zhao Y L，Li X B. Spatial correlation between type of mountain area and land use degree in Guizhou Province, China［J］. Sustainability, 2016, 8（9）：849-857.

[6] 李阳兵，姚原温，谢静，等．贵州省山地-坝地系统土地利用与景观格局时空演变［J］．生态学报，2014，34（12）：3257-3265．

[7] 刘亚香，李阳兵，易兴松，等．贵州典型坝子土地利用强度空间演变及景观格局响应［J］．应用生态学报，2017，28（11）：3691-3702．

[8]《贵州省农业地貌区划》编写组．贵州省农业地貌区划［M］．贵阳：贵州人民出版社，1989．

[9] 贵州师范大学地理研究所．贵州省地表自然形态信息数据量测研究［M］．贵阳：贵州科技出版社，2000．

[10] 中国科学院地理研究所．中国 1∶100 万地貌图说明书［M］．北京：中国科学院地理研究所，1987．

[11] 王曼曼，吴秀芹，吴斌，等．盐池北部风沙区乡村聚落空间格局演变分析［J］．农业工程学报，2016，32（8）：260-271．

[12] 欧维新，王宏宁，陶宇．基于土地利用与土地覆被的长三角生态系统服务供需空间格局及热点区变化［J］．生态学报，2018，38（17）：6337-6347．

[13] 程开明，庄燕杰．城市体系位序-规模特征的空间计量分析——以中部地区地级以上城市为例［J］．地理科学，2012，3（8）：905-912．

[14] 王德怀，李旭东．贵州乌江流域人口与经济发展协调性研究［J］．地理科学，2019，39（3）：477-486．

[15] 梁会民，赵军．基于 GIS 的黄土塬区居民点空间分布研究［J］．人文地理，2001，16（6）：81-83．

[16] 杨广斌，安裕伦，张雅梅，等．基于3S的贵州省万亩大坝信息提取技术［J］．贵州师范大学学报（自然科学版），2003，21（2）：93-110．

［17］贵州省国土资源厅．贵州省万亩耕地大坝图集［M］．长沙：湖南地图出版社，2005．
［18］中国自然资源丛书编撰委员会．中国自然资源丛书（贵州卷）［M］．北京：中国环境科学出版社，1995．
［19］贵州省区域地理信息项目领导小组．贵州省地理信息数据集［M］．贵阳：贵州人民出版社，1996．
［20］闫利会，周忠发，谢雅婷，等．贵州高原石漠化敏感性与宏观地貌的空间关联分析［J］．中国岩溶，2018，37（3）：400-407．
［21］李阳兵，饶萍，罗光杰，等．贵州坝子土地利用变迁与耕地保护［M］．北京：科学出版社，2015．
［22］魏海，秦博，彭建，等．基于GRNN模型与邻域计算的低丘缓坡综合开发适宜性评价——以乌蒙山集中连片特殊困难片区为例［J］．地理研究，2014，3（5）：831-841．
［23］李阳兵，陈会，罗光杰．贵州不同规模等级坝子空间分布特征研究［J］．地理科学，2019，39（11）：1830-1840．

4 贵州坝子土地利用变化与转型

土地利用活动改变了较高比例的陆地表面[1]，大约有33%的土地为农业利用[2]。世界上不同区域存在着不同的土地覆盖变化轨迹，亚洲集中有土地覆盖变化最快速的区域，尤其是旱地退化；美国东南部和中国东部耕地呈快速减少[3]。因此，土地变化科学已经成为全球环境变化和可持续研究的基本组成部分[4]。2010~2015年与2000~2010年相比，中国土地利用变化的区域空间格局基本一致，西部建设用地扩张明显加速，耕地面积增速进一步加快，林草面积减少速率增加[5]。土地利用转型指在社会经济变化和革新的驱动下，某一区域在一段时期内由一种土地利用形态转变为另一种土地利用形态的过程[6]，土地利用形态包括空间形态和功能形态，而土地利用转型效应包括社会、经济、环境三个方面[7]，土地利用功能转变是土地利用转型重要的表现之一，也是研究土地利用转型的重要切入点之一[8]。不同的经济社会发展阶段，对应于不同的区域土地利用形态和土地利用转型阶段[9]，中国耕地功能总体上于2006年开始转型[10]。山区农村土地利用转型体现出土地利用形态在长期变化过程中的趋势性转折[11-12]；基于土地利用转型这一独特视角前瞻性地研究城镇化进程对农区环境的影响及其调控途径有重大意义[13]。但当前研究往往较多基于县域等宏观尺度，且主要关注中国东部区域[14]。

西南岩溶山地以云贵高原为主体，北部、东部和东南部分别为向四川盆地、湘西丘陵及广西盆地过渡的斜坡地带，以中低山为主。贵州是中国西南岩溶山地的中心，土地资源限制度较高[15]，在这种山多平地少的背景下，岩溶山地乡村坝子因其土地利用适宜性广面临土地利用多功能选择和多途径演化。同时，在西部大开发的背景下，随着城镇化、工业化、城乡一体化发展等对农村的冲击，以及在推进新农村建设、乡村经济转型发展等多重政策影响下，近年岩溶山地乡村坝子景观和土地利用格局发生剧烈变化[16]。当前，一批农业生产条件较好的连片坝地不断被建设用地切割、蚕食、占用，尤其是一些"万亩耕地大坝"的耕地景观正在逐渐消失；同时，一些坝子通过农业土地利用转型（土地流转、种植结构调整），发展现代特色农业、休闲农业等，其土地利用正在由传统农业向现代农业模式转移，耕地逐渐多功能利用，从粮食作物种植向经济作物种植，甚至以观光、生态利用为主的功能转变。因此，在岩溶山地山多平地少这一自然背景下，在当前快速城镇化的社会经济背景下，就非常有必要深入了解贵州省乡村坝子土地利用有何变化？为什么会发生这些变化？变化的时空格局如何？耕地功能转型有何空间差异？如何应对这样的变化以进行优化调控？回答这些问题在当前就显得十分迫切。而现有关于岩溶山地坝子的研究集中在坝子分类、空间分布和耕地保护等方面[17]，对坝子的土地利用时空变化规律、对当前已突显的坝子土地利用转型、土地利用功能多样性演变等缺乏深入研究。本章将从省域尺度和单一坝子尺度揭示贵州坝子土地利用变化与土地利用转型情况。

4.1 省域尺度坝子土地利用变化

4.1.1 研究区选择

以经济发展水平和空间距离远近为依据，从贵州省全境坝子中选取 3 种类型共 15 个坝子［市县中心所在地坝子：安顺坝、德江坝、兴义坝、洋川坝、印江坝；靠近市县中心周围坝子：独山坝、飞机坝、黄家坝、夏云坝（包括相邻的几个坝子）、西罗坝；偏远地区坝子：八里坝、凯口坝、望草坝、乌罗坝、者相坝］（图4-1）。

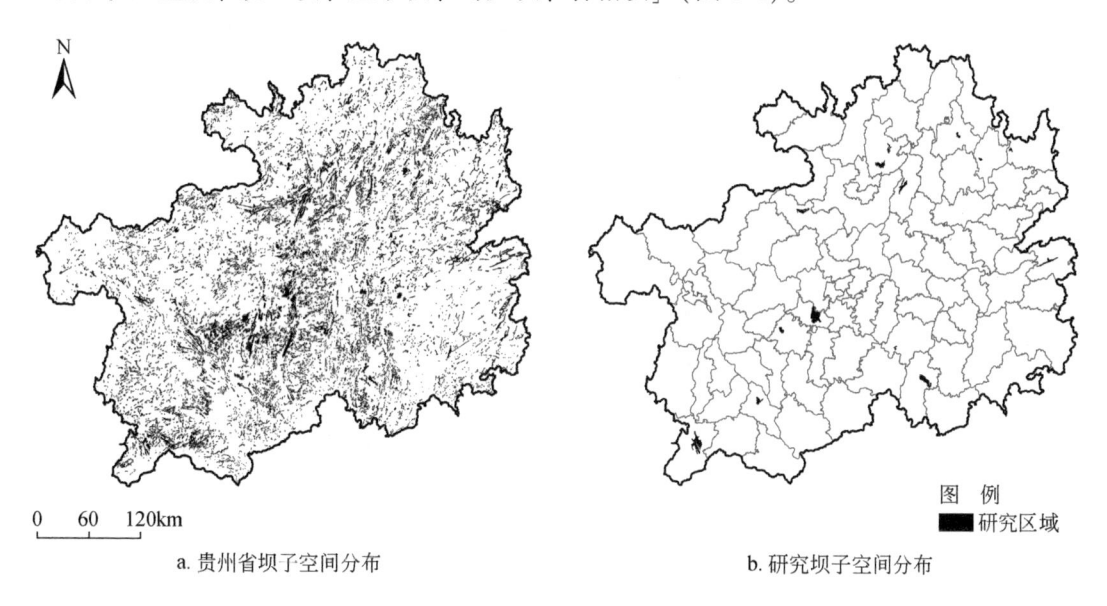

a. 贵州省坝子空间分布　　　　　　b. 研究坝子空间分布

图 4-1　研究区域位置图

4.1.2 研究方法

15 个典型坝子的土地利用现状数据来自于 2005 年 15m 分辨率的 ASTER、2010 年 10m 分辨率的 ALOS 影像和 2015 年 12 月的 Landsat8 的 TM/ETM 影像。

利用矫正完成的底图，根据土地利用分类标准，将 15 个典型坝子 3 期土地利用现状分为 8 类：耕地（11）、有林地（21）、灌木林地（22）、城镇居民点（31）、农村居民点（32）、水域（41）、公路（331）、乡村道路（332），如表 4-1 所示。

表 4-1　研究区 15 个不同类型坝子各地类面积分布情况　　（单位：km²）

年份	代码	市县中心坝子					市县周围坝子					偏远地区坝子				
		安顺坝	德江坝	兴义坝	洋川坝	印江坝	独山坝	飞机坝	黄家坝	西罗坝	夏云坝	八里坝	凯口坝	望草坝	乌罗坝	者相坝
2005	11	9.26	8.45	80.10	37.93	2.91	57.19	23.89	28.33	26.85	105.53	7.68	3.81	13.23	5.76	21.92
	21	0.00	0.33	18.40	2.74	0.16	2.91	2.88	2.23	2.63	8.76	0.06	0.18	1.36	0.76	1.31
	22	1.60	1.31	0.88	0.00	0.81	3.18	0.00	0.00	0.00	2.93	0.12	0.20	0.00	0.49	1.41
	31	10.33	2.09	11.45	1.65	2.19	0.33	1.49	3.19	0.78	0.81	0.45	0.14	0.16	0.17	0.44
	32	0.65	0.54	2.03	0.75	0.18	1.27	0.81	0.54	0.00	2.70	0.03	0.24	0.15	0.47	0.57
	41	0.26	0.39	0.75	0.61	0.59	0.80	0.69	1.21	0.36	4.26	0.00	0.15	0.42	0.00	0.06
	331	0.15	0.07	0.69	0.10	0.06	0.00	0.00	0.45	0.00	0.51	0.09	0.19	0.00	0.19	0.00
	332	0.00	0.02	0.98	0.00	0.06	0.92	0.42	0.00	0.00	0.77	0.00	0.00	0.26	0.04	0.25
2010	11	7.56	8.41	74.14	33.78	2.62	50.99	23.22	26.56	24.31	99.38	7.41	3.90	12.34	6.08	20.04
	21	1.75	0.17	18.06	3.14	0.21	4.40	2.78	2.98	2.58	10.98	0.08	0.10	1.34	0.45	1.24
	22	0.00	0.67	0.83	0.00	0.74	7.58	0.00	0.00	0.00	4.32	0.12	0.19	0.04	0.01	1.35
	31	11.28	3.13	13.80	2.45	2.70	0.39	1.77	3.94	1.95	0.95	0.50	0.18	0.83	0.80	0.80
	32	1.11	0.40	5.87	2.79	0.29	1.37	1.23	0.53	0.99	3.80	0.21	0.26	0.54	0.31	1.57
	41	0.27	0.28	0.86	0.61	0.28	0.81	0.67	1.24	0.46	4.45	0.00	0.05	0.42	0.00	0.38
	331	0.20	0.03	0.82	0.47	0.11	0.92	0.36	0.66	0.77	0.69	0.11	0.15	0.66	0.19	0.00
	332	0.07	0.11	0.93	0.54	0.01	0.15	0.16	0.01	0.32	0.93	0.01	0.08	0.07	0.01	0.58
2015	11	3.79	4.17	54.21	20.83	1.98	45.31	19.81	20.52	18.04	84.27	6.34	3.80	11.13	6.13	17.28
	21	1.49	0.19	13.96	10.51	0.27	6.83	2.22	2.80	2.60	10.24	0.12	0.06	0.87	0.76	2.58
	22	0.00	0.85	1.49	0.40	0.16	8.17	0.12	0.06	0.00	4.21	0.37	0.21	0.24	0.01	1.11
	31	14.86	6.20	27.71	4.33	3.61	0.64	4.61	8.67	5.06	6.92	0.76	0.22	0.11	0.40	1.84
	32	1.28	0.82	11.66	5.39	0.29	3.69	2.18	1.24	3.67	12.54	0.76	0.26	2.23	0.40	2.05
	41	0.06	0.57	0.90	0.63	0.39	0.88	0.68	1.24	0.43	4.11	0.00	0.42	0.00	0.00	0.45
	331	0.49	0.11	4.44	1.10	0.25	0.94	0.25	1.48	1.24	2.27	0.09	0.13	0.54	0.18	0.13
	332	0.28	0.29	0.92	0.59	0.01	0.15	0.31	0.14	0.34	0.95	0.00	0.07	0.05	0.01	0.52

4.1.3　贵州坝子土地利用变化总体特征

4.1.3.1　坝子土地利用类型结构特征

在研究期间，在选择的 15 个坝子土地利用类型总体的数量结构中，耕地为最主要的土地利用类型，其次为城镇居民点。其中，市县中心类型坝子耕地占比平均为50.14%，市县周围和偏远地区坝子的耕地占比平均分别为74.19%、78.52%；坝子内城镇居民点占比平均为29.18%、6.92%、4.35%。2005~2010年，各坝子耕地占比开始缓慢减小，城镇居民点占比开始增大，其中市县中心和市县周围类型坝子的耕地占比减小和城镇居民点占比增大的速度较大，偏远地区坝子两者的占比变化速度均较小。2010~2015年，市县中心坝子耕地占比快速减小，相应的城镇居民点占比迅速增大；上述两种主要地类的占比变化在市县周围坝子类型中增大和减小速度次之；而在偏远地区的坝子在这一期间耕地占比的减小速度趋缓，甚至个别坝子呈现增大的现象（乌罗坝由77.15%增加为77.78%）。各坝区公路和乡村道路用地类型整体上前者占比基本上为增大变化，后者占比则为逐渐减小趋势（图4-2）。

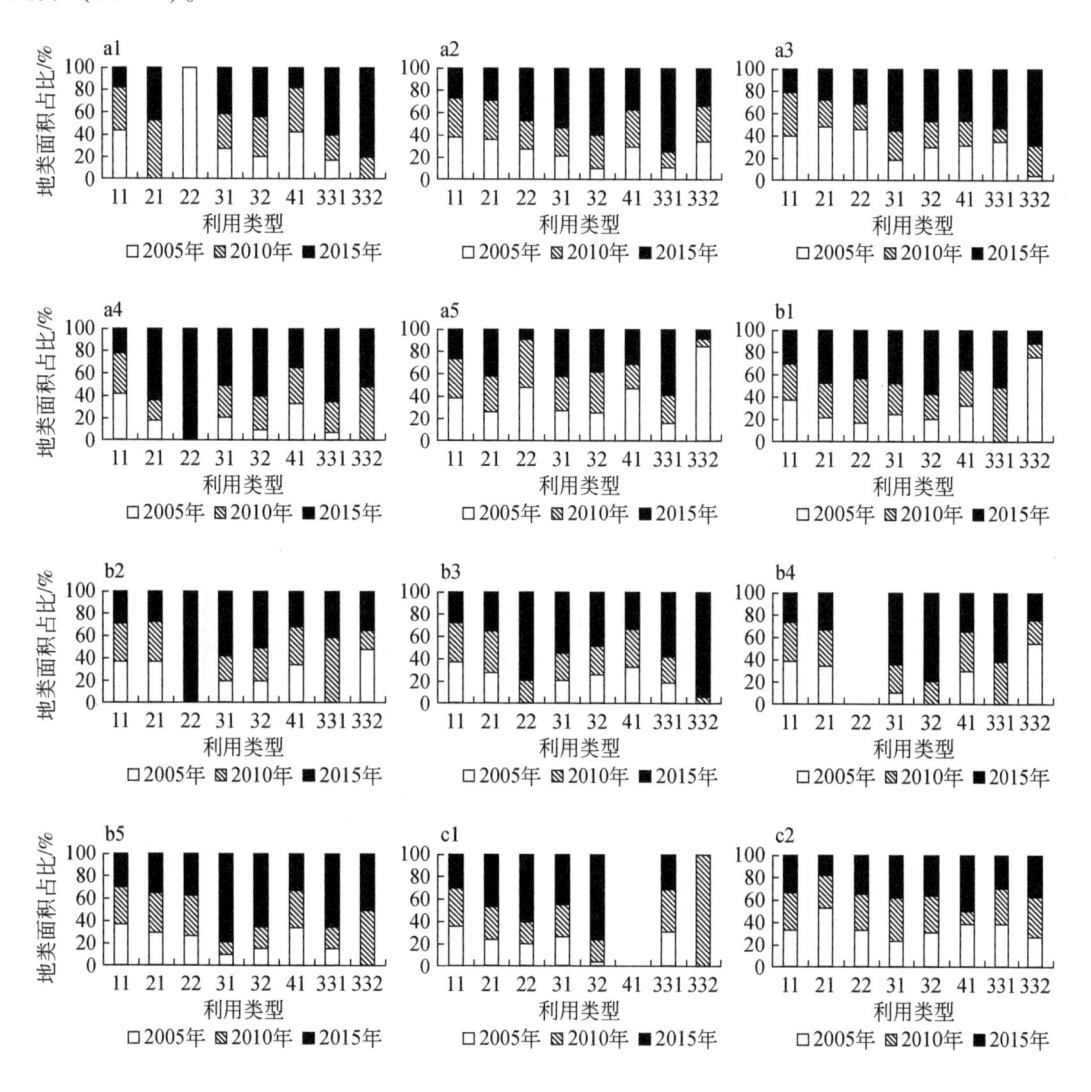

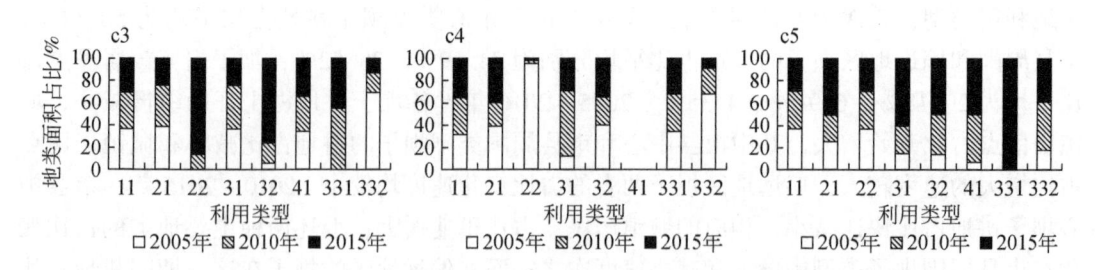

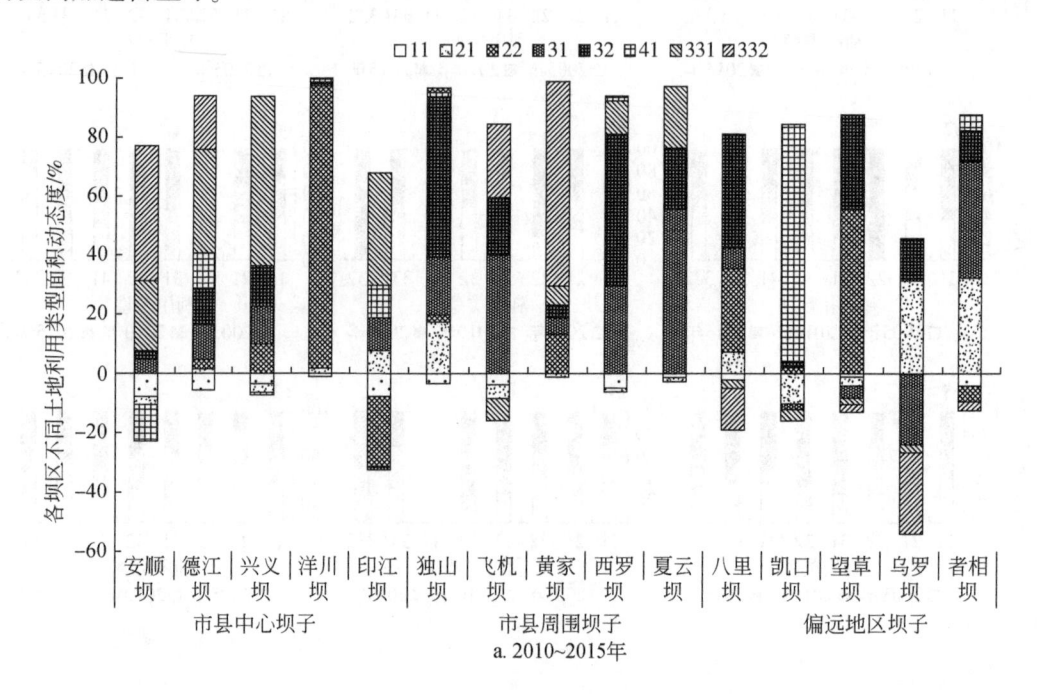

图 4-2 研究区 15 个坝子土地利用类型分布占比

a1~a5 依次为安顺坝、德江坝、兴义坝、洋川坝、印江坝；b1~b5 依次为独山坝、飞机坝、黄家坝、西罗坝、夏云坝；c1~c5 依次为八里坝、凯口坝、乌罗坝、望草坝、者相坝

4.1.3.2 坝子土地利用动态度变化

单一动态度是土地利用类型面积变化速率的主要表现方式，由此确定选用各地类单一动态度来完成对各坝区土地利用数量变化规律的初步比较分析和变幅模拟。研究坝区土地利用类型面积变化速率特征如下（图 4-3）。

1）总体：①2005~2010 年与 2010~2015 两期土地利用在各类型面积变化速率上呈现正向加速（变化率指数为正），占速率变化的主要方面；部分反向加速（变化率指数为负）占次要方面的特征。②对比两期土地利用类型面积变化速率，2005~2010 年各坝区土地利用类型面积的反向加速显著大于 2010~2015 年的变化，且主要由耕地和乡村道路的反向加速占主导。

a. 2010~2015 年

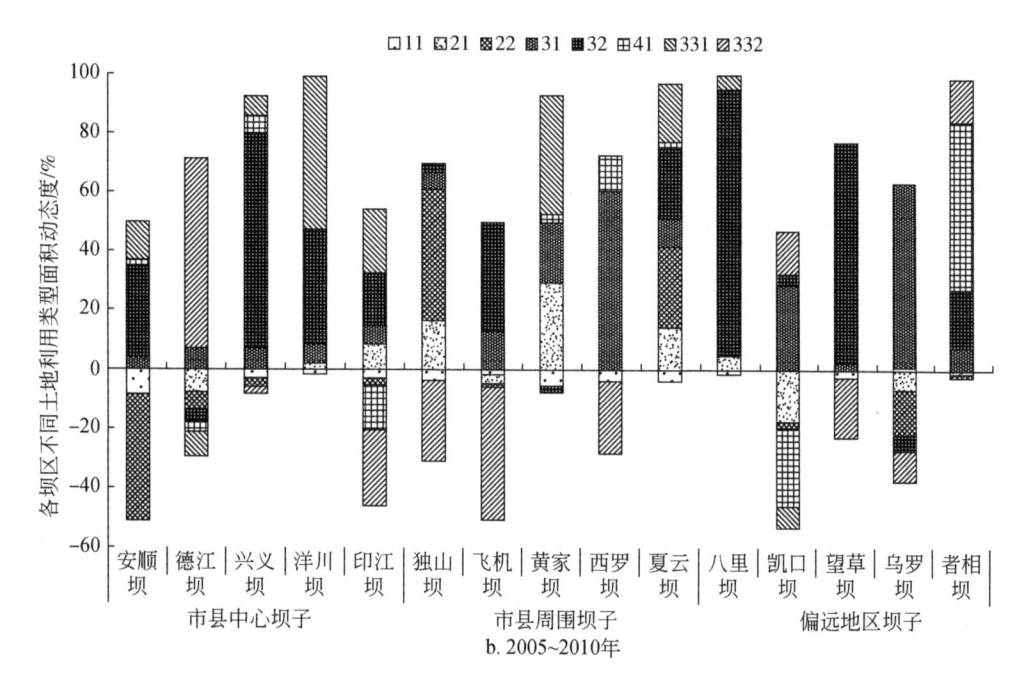

图 4-3 研究区 15 个坝子土地利用动态度

2）市县中心坝子耕地类型面积以快速减少为主要特征，面积变化率值最大分别为 2005~2010 年安顺坝（-3.67%），2010~2015 年德江坝（-10.07%）。城镇类型面积速率变化正向增加变幅稳定，农村居民点的速率两期同向变化明显。2005~2010 年，农村居民点面积变化率除德江反向减少为-5.07%以外，其余坝子均正向增加变幅较大。2010~2015 年，农村居民点正向增加幅度较 2005~2010 明显减少放缓，甚至趋近于 0（安顺坝、印江坝），同向变化明显。市县中心的坝子农村居民点原持有量少，城镇扩张，城市用地扩大，部分居民选择"退城中心居于周边"，前期逆城市化。交通用地面积变化速率正向增加幅度较大。灌丛面积变化率大部分呈现先减少后增加，城乡一体化、退耕还林步调加快，道路沿线以及坝-坡周边的耕地逐渐被灌丛取代，再加上外出务工人员增长，存在一定程度撂荒，在研究年限不足成林地，以灌丛形式增长。

3）市县周围坝子耕地类型面积速率变化全部以快速减少为主。2005~2010 年和 2010~2015 年两期中面积变化率值最大分别为 2005~2010 年独山坝的-2.16%、2010~2015 年西罗坝的-5.15%。城镇和农村居民点面积变化率两期全部正向，增加变幅有大有小不稳定。2005~2010 年城镇面积速率变化全部正向增加（最高为西罗坝，30.27%）、农村居民点除黄家坝为反向减少外（-0.43%），其余均为正向增加或者无变化（西罗坝，0）。交通用地乡村道路面积变化率反向加速变幅较大，2005~2010 年公路变面积化率除黄家坝和夏云坝正向增加（分别为 9.27%和 6.93%）以外，其余坝地无明显变化，但乡村道路却急剧反向减少（最高为-16.83%）。灌丛林地面积变化率除少部分坝地小幅增加外，其余无明显变化。

4）偏远地区坝子耕地面积变化速率反向减小特征均不明显，减小幅度较小，少数有增加。其中，乌罗坝在两个时期均处正向增加状态，其变化率指数分别为1.11%、0.16%，该类型坝子交通可达性较差，经济中心影响面覆盖坝区受阻，当地村民对耕地产出的依赖性较大，特别是某些偏远地区由于缺乏监管和认识误区，开垦耕地的活动仍在继续。城镇面积变化速率均由增到减，直至为反向减少，农村居民点面积变化速率大部分正向增加且幅度较大。2005~2010年八里坝和望草坝农村居民点增速高达100.97%和52.74%。偏远地区的农村居民受经济条件的限制，在本地区经济普遍不发达的状态下继续在农村居民点周边扩展修建居所，坝区内城镇扩张速度缓慢。交通建设用面积变化率总体趋于反向减少，变化幅度较小，特别是乡村道路两期大部分均反向减少，尤以2010~2015年八里坝（-20%）和乌罗坝（-21.79%）更甚。

4.1.4 坝子耕地的数量变化与空间格局特征

4.1.4.1 耕地面积总体变化特征

贵州省境内坝子面积大小不同，其耕地的面积总量相应呈现差异。研究期间，市县周围坝子的耕地面积总体较大，市县中心坝子次之，偏远山区坝子耕地总量最小，其中坝子耕地面积最大的为夏云坝（105.53 km²），最小的为印江坝（2.91 km²）。从耕地减少的幅度来看，2005~2010年三种类型坝子的整体耕地面积减少幅度均较小；2010~2015年期间，市县中心坝子和市县周围坝子经济发展程度快速上升，城镇建设用地扩张明显，特别是市县中心坝子耕地留存更少；偏远地区坝子由于地处偏远山区的农村，区位优势不如靠近市县中心的另外两类坝子突出，当地仍然以传统农业耕作方式为主要经济收入来源与基本粮食生活保障（图4-4）。

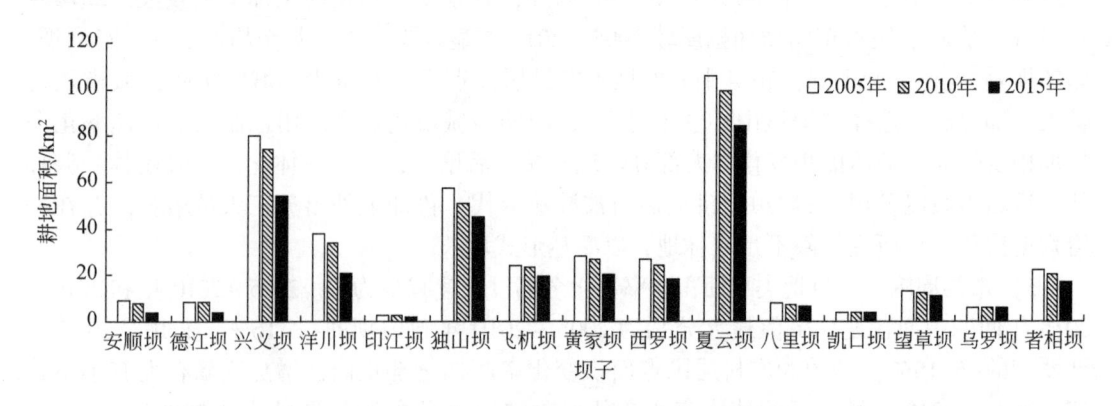

图4-4 研究区15个坝子耕地面积变化

4.1.4.2 耕地景观格局总体变化特征

耕地景观格局分布可在一定程度上指示耕地转型状况[18]，考虑到喀斯特山区特殊的自然地理环境状况，平坝地区占比较小，坝子内部耕地不同于平原地区具有"农业生产条件较好、土地开发整理水平较高"的优势因素，在较低经济发展水平下耕地格局虽然细碎、地块规整程度较低，但是耕地地块的集中连片性却比较高。当坝子的经济发展水平开始逐步提高时，耕地地块进一步因坝区内部的公路和农村道路的快速修建而被切割，破碎化加剧，虽然地块的规整程度得到提高，但是集中连片性却相应遭到破坏。由此耕地格局发生了变化也预示着耕地的空间形态发生了转型[18]。本节关于贵州省坝子耕地景观格局的分析考虑到数据的可获得性和景观格局指数的算法和指示意义，选取了3类15个坝子在研究期间耕地斑块密度（PD）指数进行坝子总体分析。由图4-5可知，2005~2010年间，PD在小幅度范围进行波动，该指数增加幅度微小较为稳定；2010~2015年则开始出现复杂变化，既有大幅增加又有大幅减少的坝子，不稳定程度加剧。

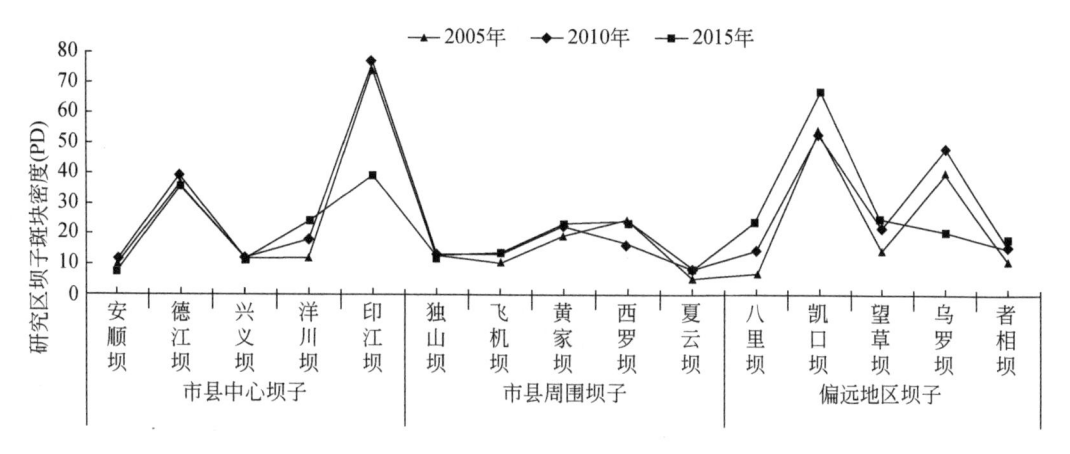

图4-5 研究区15个坝子斑块密度指数（PD）

4.2 微观尺度坝子耕地利用空间形态转型：以惠水坝子为例

4.1节从总体上论述了贵州坝子土地利用的具体特征及其变化趋势，可从全局上确定贵州坝子土地利用的转型数量变化趋势特征与转型节点，而本部分则从坝子全局缩小到单个坝子内部，研究其微观数量转型空间形态特征，在耕地数量变化和方向变化两个角度进而对贵州坝子耕地转型特征和阶段进行具体案例的微观长时间反演。笔者假设，在坝子土地利用演变过程中总体趋势是耕地利用功能逐渐下降，而其他功能逐渐增加，或者虽然仍以耕地利用功能为主，但耕地功能多样性不断增加；如果坝子的土地利用功能演变与此一般性趋势不一致，则有可能是自然因素和社会经济因素在影响着坝子土地利用功能的变化。因此，坝子的土地利用转型主要体现在两方面：一方面，耕地功能转移。耕地因转变成住宅与工矿仓储、交通运输用地等建设用地而损失，耕地数量减少，且农业空间不断被侵占，耕地转变为非农用地。另一方面，耕地多功能性增加。耕地利用功能逐渐多样化，由粮食作物种植转向非粮作物种植，并进而形成规模农地[19]，传统农业空间逐渐向观光农业等现代农业空间演变。为揭示贵州坝子的土地利用变化过程与趋势，揭示其驱动力机制,为坝子土地利用优化、可持续发展、乡村振兴、现代农业发展提供参考,为土地利用转型理论提供微观尺度的案例,本节选择贵州最大的坝子——惠水县涟江坝子,基于长时间序列的高清遥感影像和实地调查,从数量变化视角和景观格局变化视角深入研究其土地利用空间演变和土地利用转型规律,为贵州坝子土地利用优化和人地关系协调发展提供参考。

4.2.1 研究区概况

研究区位于贵州省中部靠南的黔南州,北部紧邻贵州省省会贵阳的花溪区,西部靠近长顺县城,坝子范围主要涉及高镇、和平镇(县城所在地)、三都镇、好花红乡共4个乡镇行政区,总面积为85.71km²,是惠水县经济发展中心(图4-6)。其中该坝子内部涟江从北至南贯穿整个坝区,故以涟江坝子命名。坝子地势北高南低,是涟江冲积平原所在地,土地肥沃,为亚热带季风气候,年均温15.8℃,年均降水量1213.4mm。

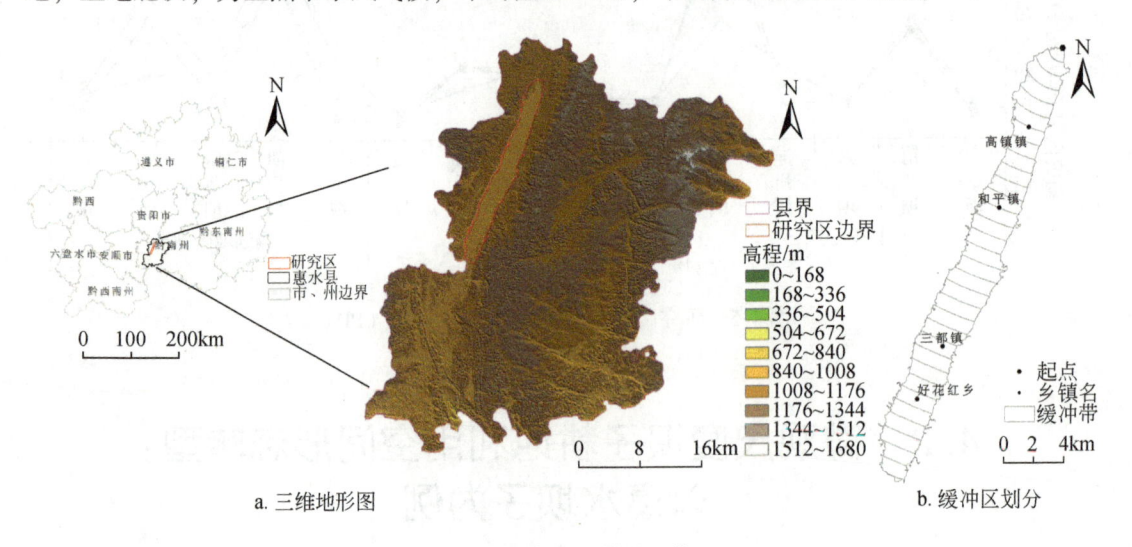

图 4-6 研究区地形及区位

4.2.2 研究方法

4.2.2.1 数据来源

研究区不同时期土地利用数据来源见表4-2,主要考虑研究区高分辨率数据的可获取性和研究区土地利用发生明显变化的时段来确定研究时期。各时段影像经精校正后,进行目视解译,并结合多次实地调查进行修改验证,数据精确率达到95%以上。

4 | 贵州坝子土地利用变化与转型

表 4-2 研究区土地利用数据来源

时间	1966 年	1973 年	1990 年	2006 年	2010 年	2016 年
影像类型	美国锁眼卫星全色影像	1∶5 万地形图	SPOT2 全色影像	SPOT5 彩色影像	ALOS 影像	Google Earth 影像
分辨率	2.7m	2.7m	10m	2.5m	2.5m	2.0m
局部特征						

根据《土地利用现状分类》(GB/T 21010—2017) 和研究区实际情况，将研究区土地利用现状分为一级地类 11 类：耕地 (1)、园地 (2)、林地 (3)、草地 (4)、工矿仓储用地 (6)、住宅用地 (7)、公共管理与公共服务用地 (8)、交通运输用地 (10)、水域及水域设施用地 (11)、其他用地 (12)、设施农用地 (120)。结合该坝子土地利用现状的具体特征，根据分类标准，然后将涟江坝区土地利用现状二级地类分为 30 类：水田 (11)、旱地 (13)、有林地 (31)、灌木林地 (32)、天然牧草地 (41)、工业用地 (61)、城镇住宅用地 (71)、农村宅基地 (72)、文体娱乐用地 (85)、公路用地 (102)、街巷用地 (103)、农村道路 (104)、河流水面 (111)、坑塘水面 (114)、沟渠 (117)、空闲地 (121)、花卉基地 (12011)、景观园林苗木基地 (12012)、草坪种植基地 (12013)、莲藕种植基地 (12021)、大棚蔬菜基地 (12022)、公司承包露天蔬菜基地 (12023)、大棚草莓种植基地 (12031)、葡萄种植基地 (12032)、火龙果种植基地 (12033)、蓝莓种植基地 (12034)、大棚西瓜种植基地 (12035)、经果林种植基地（桃李）(12036) 景观生态度假休闲区 (12041) 和设施鱼塘 (12051)（图 4-7)。

4.2.2.2 移动窗口法分析

将研究区 6 个时期土地利用数据转换为 10m 的栅格数据，利用 Frastats 4.2 软件，选择 100m 大小移动窗口，计算各土地利用类型百分比。

4.2.2.3 缓冲区分析

从坝子最北端开始，往南做 1km 间距的缓冲区，共划分 33 条缓冲带（图 4-6）。计算各缓冲带建设用地（包括工业用地、城镇住宅用地、农村宅基地、文体娱乐用地、公路用地、街巷用地、农村道路）、现代农业用地［包括花卉基地、景观园林苗木基地、草坪种植基地、莲藕种植基地、大棚蔬菜基地、公司承包露天蔬菜基地、大棚草莓种植基地、葡萄种植基地、火龙果种植基地、蓝莓种植基地、大棚西瓜种植基地、经果林种植基地（桃李）、景观生态度假休闲区、设施鱼塘］和耕地的面积百分比变化，以及各缓冲带景观多样性指数的变化。

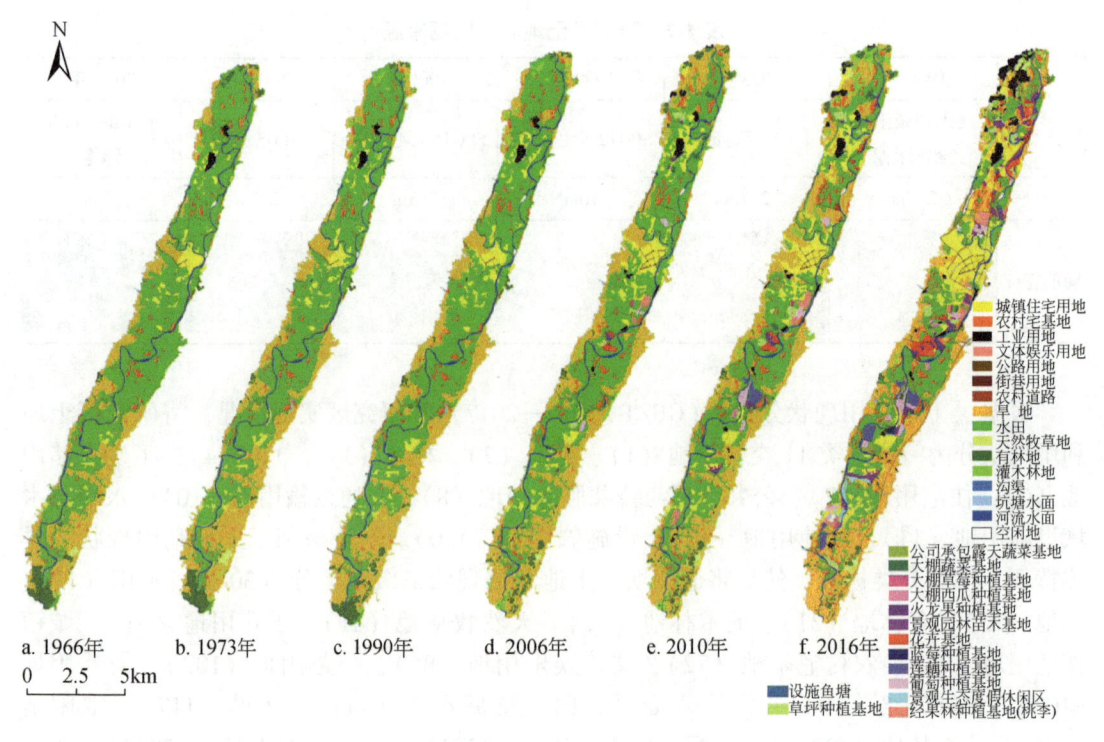

图 4-7 研究区 6 期土地利用现状

4.2.3 结果分析

4.2.3.1 研究坝子整体的土地利用数量变化特征

研究区坝子整体土地利用数量变化主要体现在三方面：耕地减少，住宅用地和园地增加（图 4-8）。20 世纪 60 年代以来，惠水涟江坝子整体上虽仍然以耕地占主要用地类型。但近 50 年间，耕地数量呈逐年减小趋势，而除林地类型面积呈波动外，其他地类均为增加趋势。其中，1966~1990 年，坝子耕地面积小幅减小，变化不明显（71.52~69.53km^2）；1990 年开始，耕地面积的减小幅度开始增大，到 2016 年底该坝子耕地面积仅剩 44.29km^2，尤以 2010~2016 年耕地减小幅度为最大，与此同时住宅用地和现代规模设施农业用地在该研究期间的增长幅度也为最大，园地自 2010 年增加明显。

分析研究区坝子的二级地类变化，其土地利用变化仍体现在三方面：①水田明显减少、旱地基本不变；②花卉、苗木等园地景观明显增加；③城镇、农村聚落、工业用地等建设用地增加（图 4-9）。土地利用转型即在社会经济变化和革新的驱动下，某一区域在一段时期内由一种土地利用形态（含显性形态和隐性形态）转变为另一种土地利用形态的过程[20]。对照土地利用转型的概念，我们发现研究坝子土地利用形态在 1966~1990 年处于稳定状态；从 2006 年开始，研究坝子的土地利用形态发生了较为明显的变化，即发生了土地利用转型。

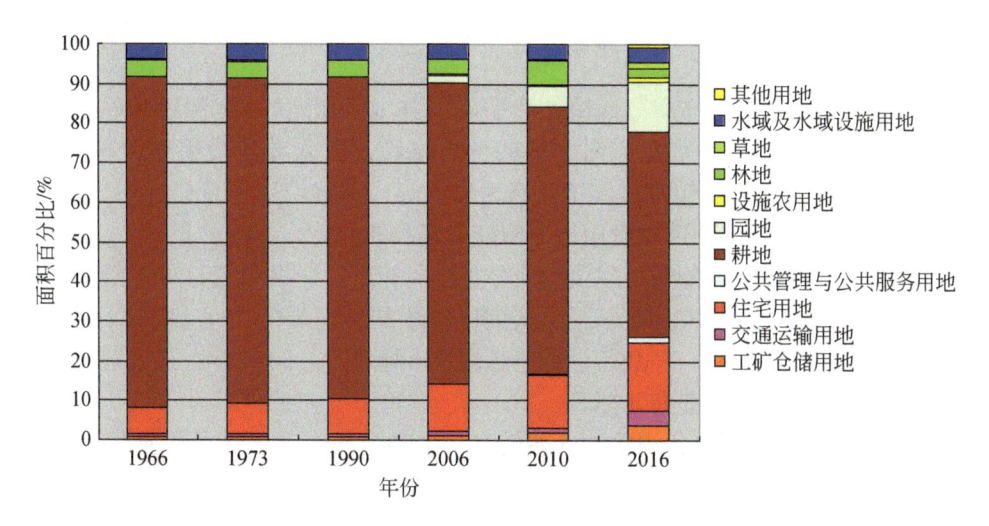

图 4-8　研究区坝子一级地类面积变化

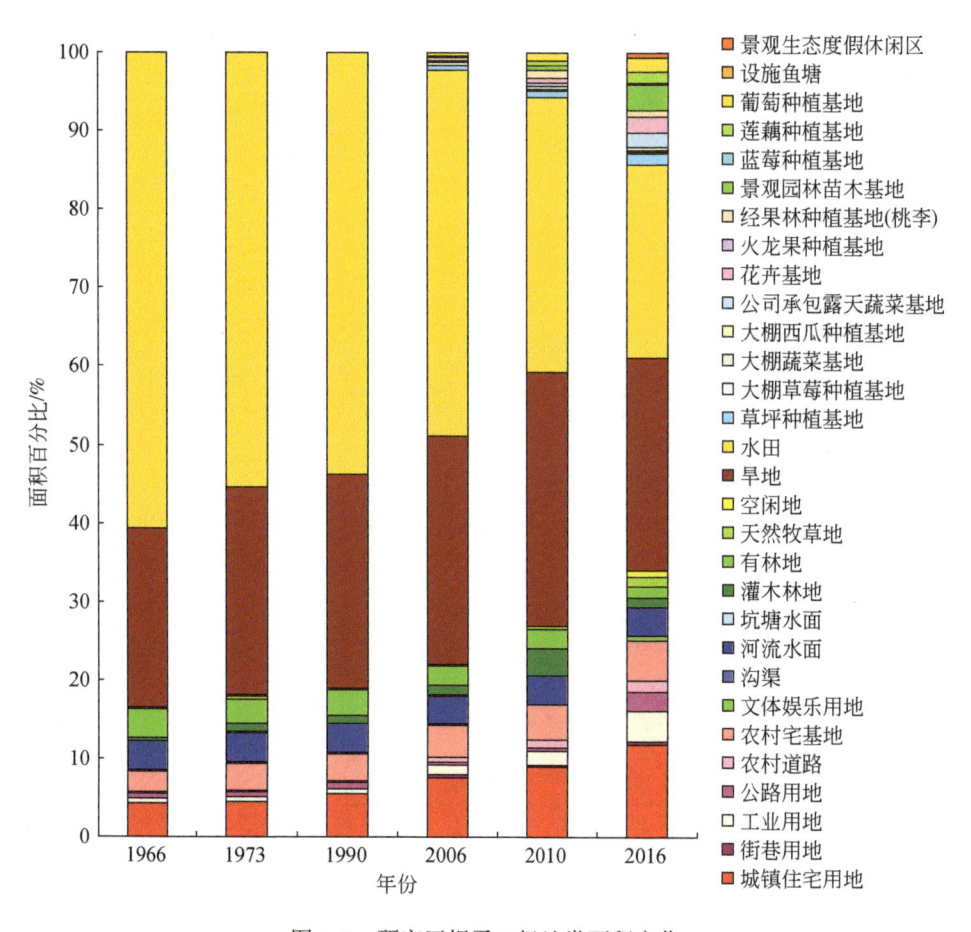

图 4-9　研究区坝子二级地类面积变化

4.2.3.2 研究区坝子不同缓冲带土地利用数量变化特征

研究区坝子自北而南分布有高镇镇、和平镇（县城所在地）、三都镇和好花红乡，决定了研究区坝子建设用地中部高、南北低的分布格局，但北部建设用地明显高于南部。2006 年后，中部、北部因城镇扩展和工业园区建设等，其建设用地百分比明显高于南部；南部乡镇所在的 23、27 缓冲带建设用地比例高于其余部分。

各缓冲带的耕地百分比分布与建设用地分布格局相反，建设用地百分比的条带占其耕地百分比较低。从 1966 年到 2016 年，除研究区坝子的最南端的 32、33 条带因林地转换为耕地，耕地面积有增加外，其余条带耕地总体呈下降趋势。2016 年，研究区坝子南部条带的耕地面积百分比高于中部和北部。

研究区坝子 2006 年耕地利用功能开始转型，各种设施农业等现代农业用地面积百分比逐渐增加，主要分布在北部的高镇镇周边（4～11 条带），中部的县城到三都镇之间（14～18 条带），以及南部的好花红乡两侧（20～30 条带）。从各条带各年的现代农业用地面积百分比变化过程来看，研究区坝子耕地利用功能转型从坝子中部、北部向坝子南部扩展（图 4-10）。

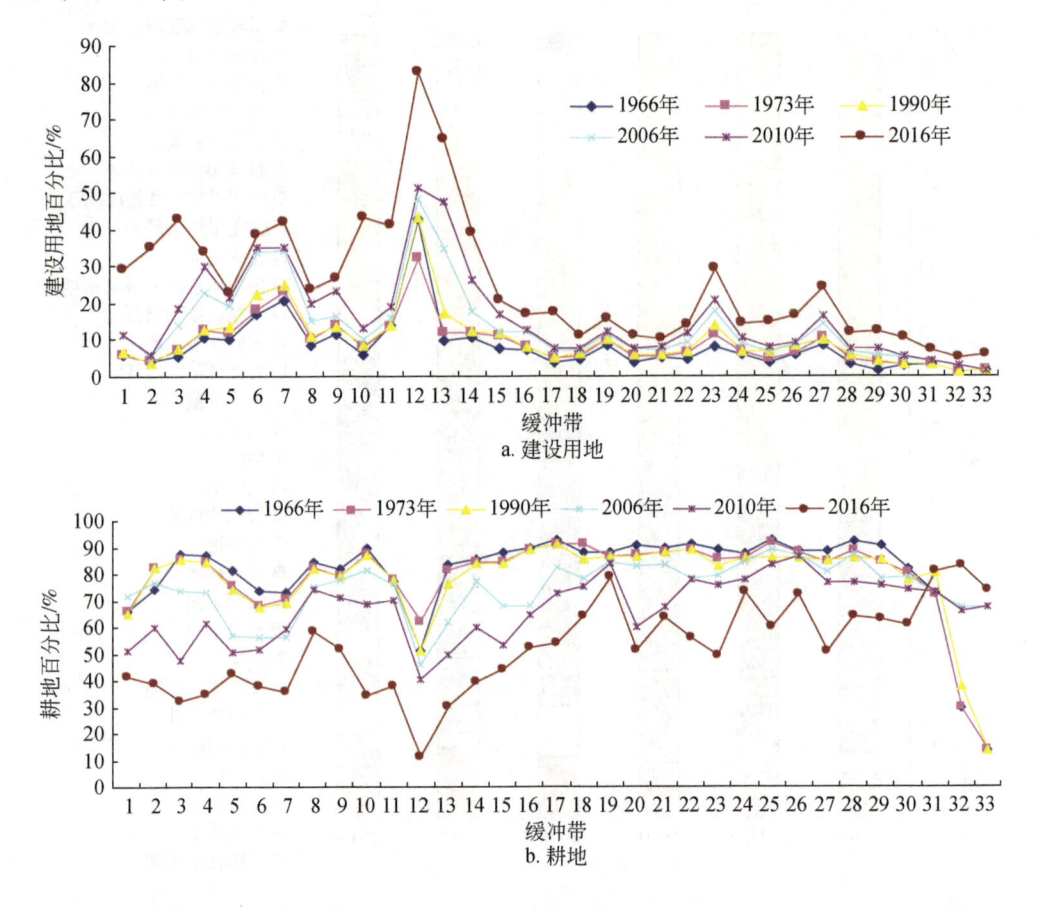

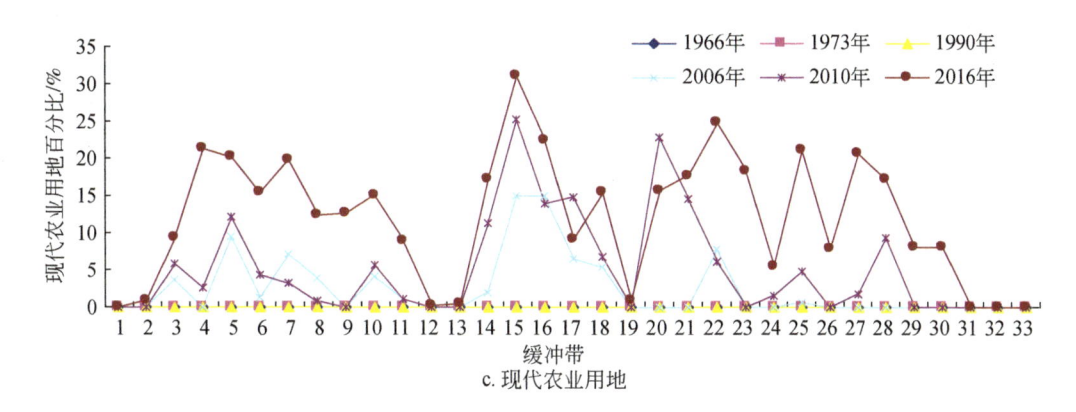

图 4-10　各缓冲带的建设用地、耕地和现代农业用地分布

4.2.3.3　研究区坝子整体土地利用方向变化特征

从坝子耕地转化的方向来看，研究区坝子耕地的变化主要以转出为主，有小部分转入。总体上，研究区坝子耕地在 1990 年以前主要转出方向为林地和住宅用地，转入方向主要为林地；1990 年以后，耕地转出为工矿仓储用地、交通运输用地和园地等的面积和变化幅度逐步增加，并开始向现代规模设施农业用地转换，转移幅度随时间的推移快速增加，这一期间部分林地转换为耕地（表 4-3）。具体来看，1966~1973 年坝子耕地主要转出方向为住宅用地（城镇住宅用地和农村宅基地），转出比例为 64.56%；其次转出为林地（有林地、灌木林地），占比为 22.75%。1973~1990 年总体转出幅度较小，林地转入为耕地占比增加为 78.22%。1990~2006 年耕地转出方向开始多元化，转出幅度也逐渐增大，特别是转为工矿仓储用地、交通用地、现代规模设施农业用地、园地和住宅用地分别占 5.91%、7.56%、22.14%、4.81% 和 40.02%；其中转为住宅用地方向的区域空间主要分布在坝子偏北部高镇镇周围和中部惠水县城外围，转为现代规模设施农业用地的变化区域则主要集中在三都镇以北的小龙坝附近。2006~2010 年耕地主要转出方向持续固定在现代规模设施农业用地上，占比为 37.66%，该时期转为住宅用地的比例下降为 21.42%，且转为林地方向比例上升到 24.93%，但此期间当地的大棚西瓜种植地还原为传统耕地。2010~2016 年研究区坝子的耕地转出方向达到研究期间以来多元化最高时期，向全部地类均有转出且转换幅度快速增加（其中现代规模设施农用业地方向为最大转化比例，为 44.16%，其次为住宅用地的 24.33% 和交通运输用地的 11.23%）；转入来源则为林地、住宅用地和少部分现代规模设施农业用地，其比例分别为 52.99%、18.89%15.2%。

4.2.3.4　研究区坝子不同缓冲带土地利用方向变化特征

图 4-11 反映了研究区坝子耕地功能转移和耕地多功能性的空间分布。1966~1973 年时段主要是水田转为建设用地，空间分散；1973~1990 年时段水田向旱地的转移主要集中在城镇周边；1990~2006 年时段水田向建设用地的转移集中在研究区坝子北部的和平镇和高镇镇周边，以较集中连片大斑块的形式转移；2006~2010 时段水田损失格局同上一时

段，且旱地损失开始明显增加；2010~2016年时段研究区坝子的北部、中部和南部的旱地均较集中连片地发生损失。

表 4-3 研究区一级地类转移矩阵　　　　　　　　　（单位：km²）

		4	1	6	8	10	3	12	11	120	2	7
1966~1973年	4	0.17										
	1	0.05	69.46	0.01		0.03	0.47		0.17			1.33
	6		0.02	0.51								
	8											
	10					0.76						
	3	0.14	0.22				3.14					
	12							0.11				
	11								3.20			
	120											
	2											
	7		0.02									5.44
1973~1990年	4	0.04	0.12				0.19					
	1		68.51	0.01		0.04	0.57					1.06
	6			0.52								
	8											
	10		0.01			0.77						
	3		0.79				2.82					
	12							0.11				
	11		0.03						3.34			
	120											
	2											
	7		0.06									6.71
1990~2006年	4		0.02				0.02					
	1	0.14	62.25	0.43		0.55	1.20		0.08	1.61	0.35	2.91
	6		0.01	0.46			0.04					0.02
	8											
	10		0.11			0.58	0.01					0.12
	3		1.64	0.03		0.01	1.85					0.04
	12		0.06				0.05					
	11		0.24			0.01			3.07	0.01		0.01
	120											
	2											
	7		0.60	0.14		0.06	0.03					6.95

续表

		4	1	6	8	10	3	12	11	120	2	7
2006~2010年	4	0.14										
	1	0.19	57.24	0.30		0.27	1.92		0.02	2.90	0.45	1.65
	6			1.06								
	8											
	10		0.01			1.20						
	3		0.02				3.12					0.01
	12							0.05				
	11								3.14			
	120		0.41						0.01	1.21		
	2										0.35	
	7		0.02	0.10			0.01					9.90
2010~2016年	4	0.24	0.08	0.01								
	1	0.32	42.14	0.79	0.94	1.75	0.26	0.45	0.13	6.88	0.27	3.79
	6		0.02	1.33		0.01	0.03					0.08
	8											
	10		0.04		0.01	1.34				0.08		0.01
	3	0.37	1.15	0.73	0.03	0.31	1.91	0.18		0.11		0.26
	12							0.05				
	11		0.05			0.01	0.02		3.07	0.02		
	120		0.33	0.01	0.05	0.07	0.01	0.02		3.46	0.14	0.03
	2		0.09					0.08		0.39	0.24	
	7	0.06	0.41	0.34		0.23	0.01	0.01		0.04		10.45

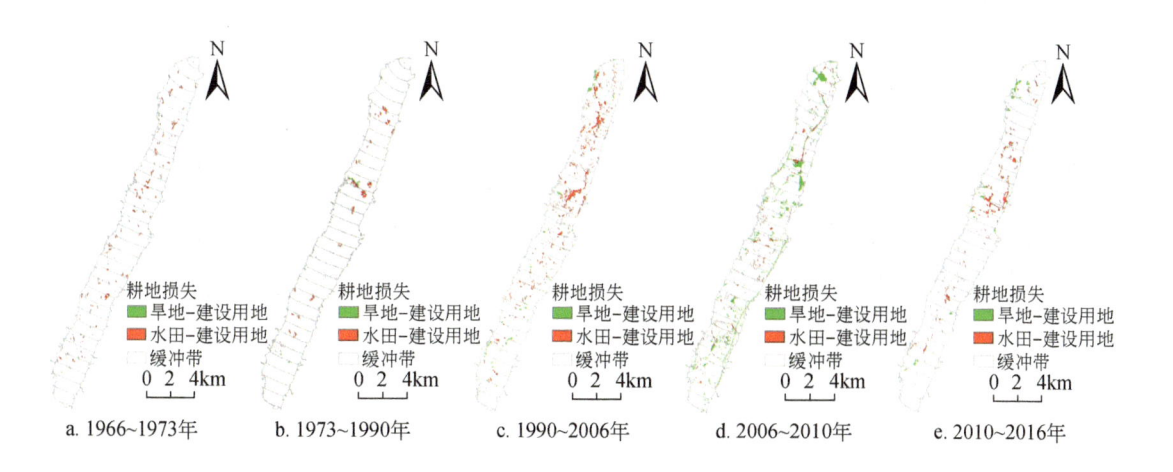

a. 1966~1973年　　b. 1973~1990年　　c. 1990~2006年　　d. 2006~2010年　　e. 2010~2016年

耕地损失
旱地-建设用地
水田-建设用地
缓冲带

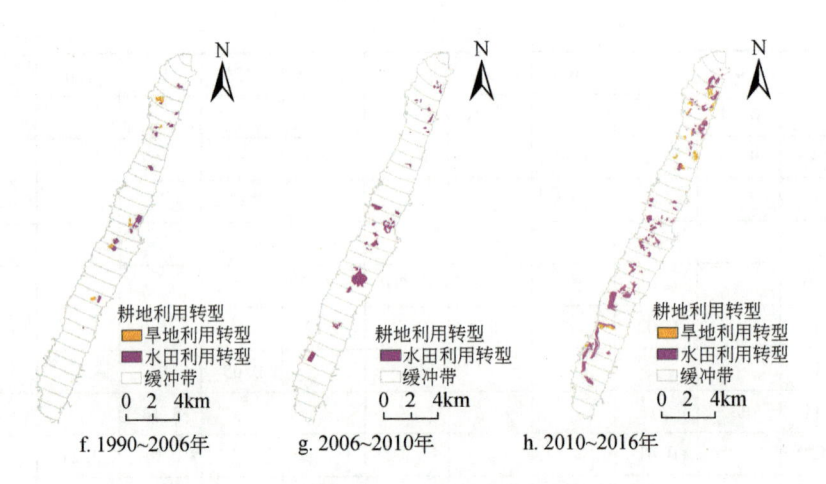

图 4-11　研究区土地利用转移方向空间格局

　　1990~2016 年三个时段，研究区坝子耕地利用转型以水田利用转型为主。1990~2006 年耕地转型分布在主要北部的高镇镇和中部的三都镇；2006~2010 年，中部的耕地转型明显增加，这两个时段主要转为菜地；2010~2016 年，耕地利用转型基本扩展到整个研究区坝子，主要转为花卉、景观园林苗木基地等规模设施农业用地。

4.2.3.5　研究区坝子整体景观变化特征

　　2016 年以前，研究区坝子的水田和旱地以面积大于 100hm² 和 50~100hm² 斑块为主；2016 年后，以面积在 20~50hm² 的斑块为主（图 4-12）。研究区耕地以水田为主，从水田斑块面积百分比组成和在单位面积单元的百分比空间分布可以看出，2006 年及以后水田的破碎化程度明显增加。随着研究区坝子土地利用演变，耕地逐渐被侵占和发生利用转型，导致耕地斑块被分割，由集中连片向破碎化格局演变（图 4-13），导致研究区坝子土地利用多样性指数由低到高，土地利用格局逐渐复杂（图 4-14）。

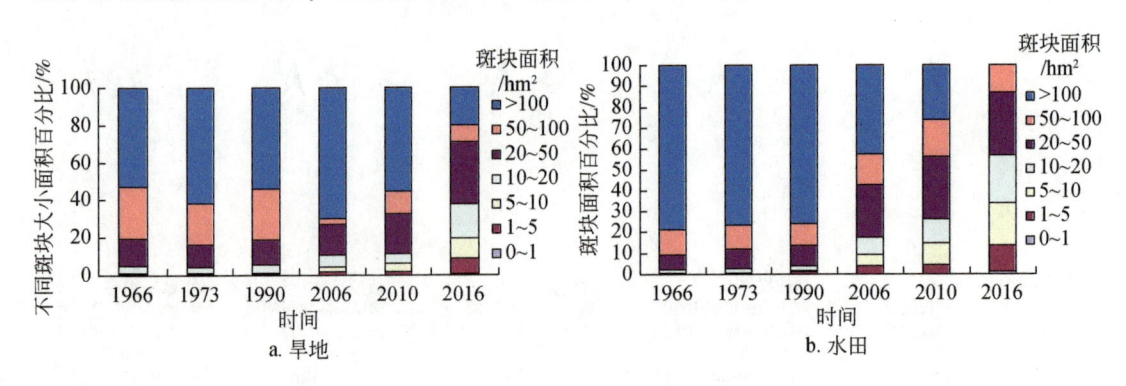

图 4-12　不同时期耕地斑块大小构成

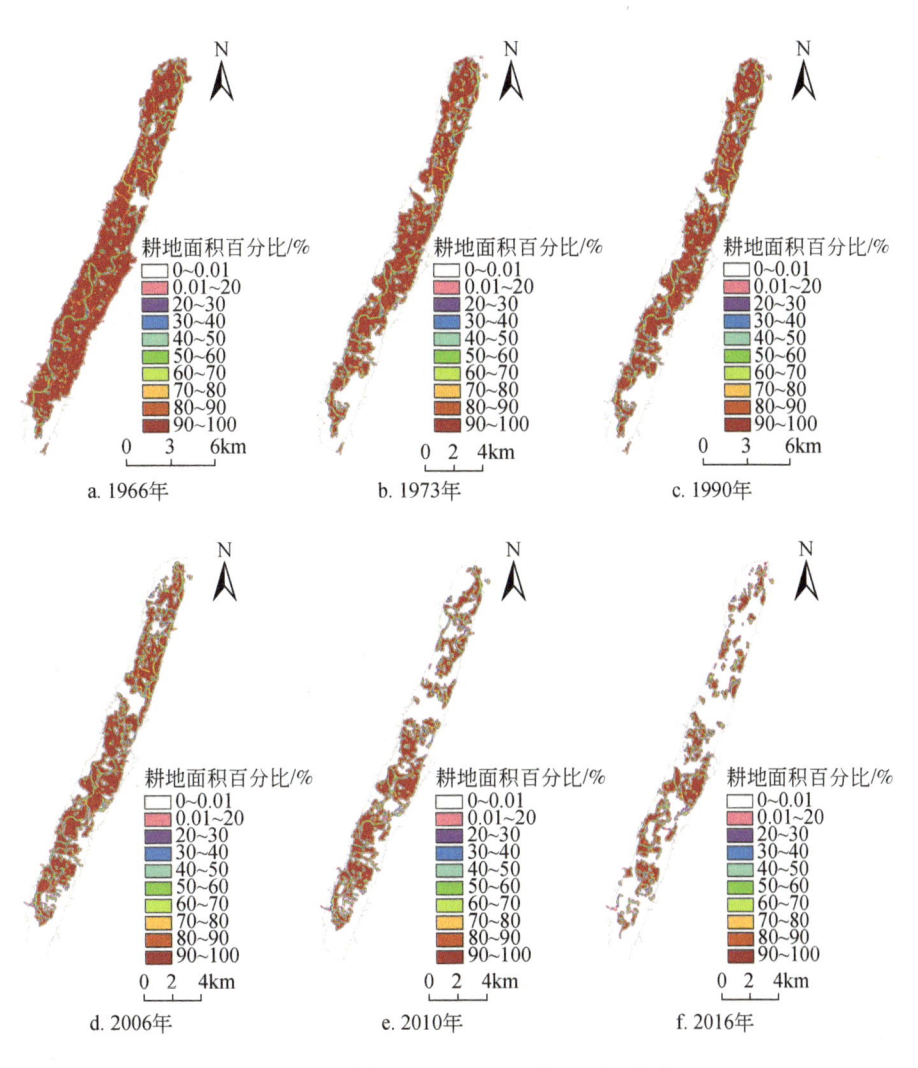

图 4-13　各年的水田面积百分比空间分布

4.2.3.6　研究区坝子不同缓冲带景观变化特征

选用各缓冲带现代农业用地种类数、现代农业用地斑块密度和土地利用多样性指数来反映各缓冲带的景观特征及其变化（图 4-15）。现代农业用地种类数、现代农业用地斑块密度的变化曲线基本一致，与各缓冲带的现代农业用地百分比的变化规律也基本一致，与各缓冲带建设用地、耕地百分比的变化规律呈大致相反趋势。

各缓冲带土地利用多样性指数的变化则是各缓冲带建设用地、耕地和现代农业用地组合格局的综合反映。12 条带是惠水县县城所在地，土地利用多样指数明显低于附近条带；最南端的 32、33 条带，2016 年仍以传统农业为主，土地利用单一，因此，其 2016 年的土地利用多样性指数低于其他条带。现代农业用地种类多、占比较高的条带，以及建设用地占比较高的条带，如高镇镇以北，因现代农业用地和建设用地对耕地景观的分割，土地利

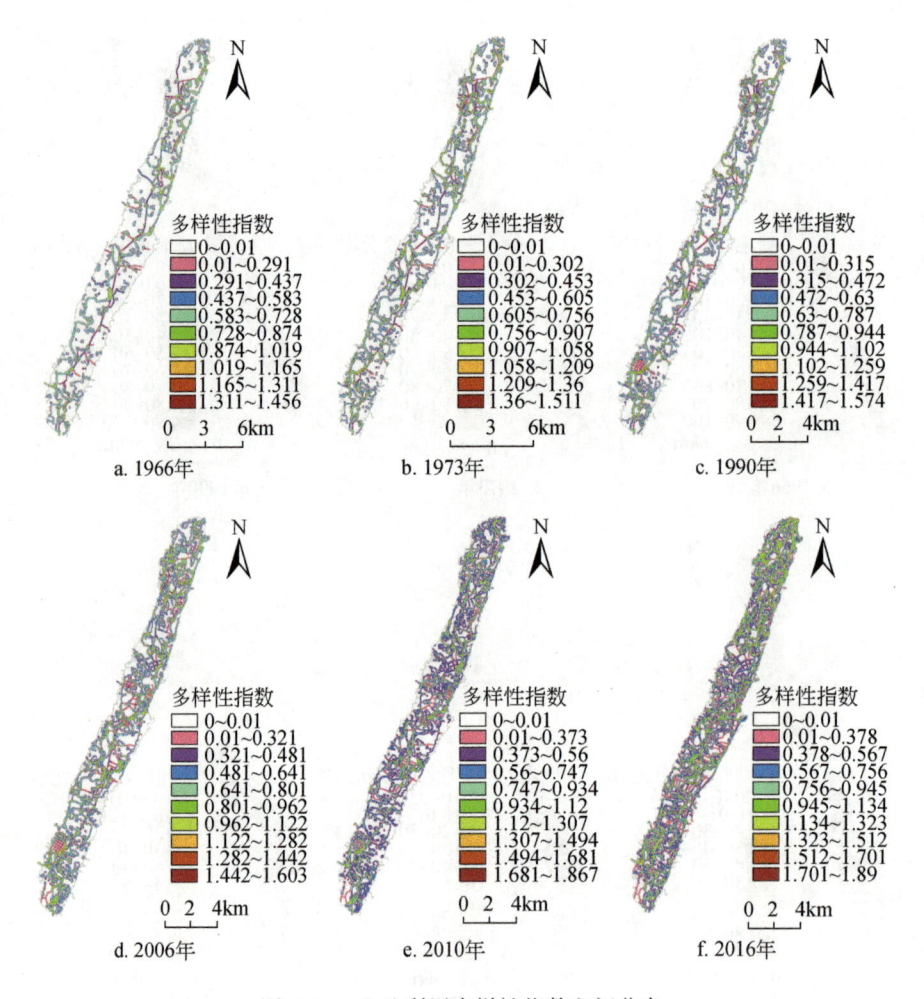

图 4-14 土地利用多样性指数空间分布

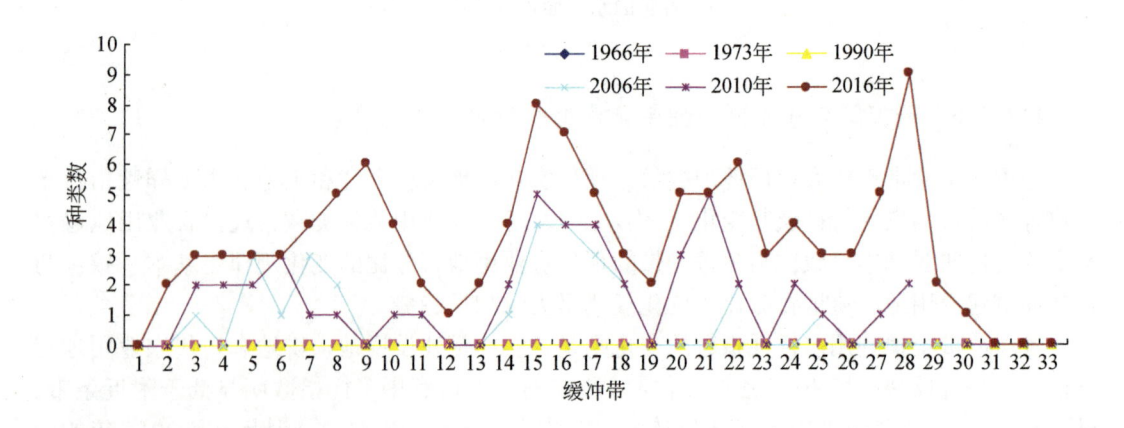

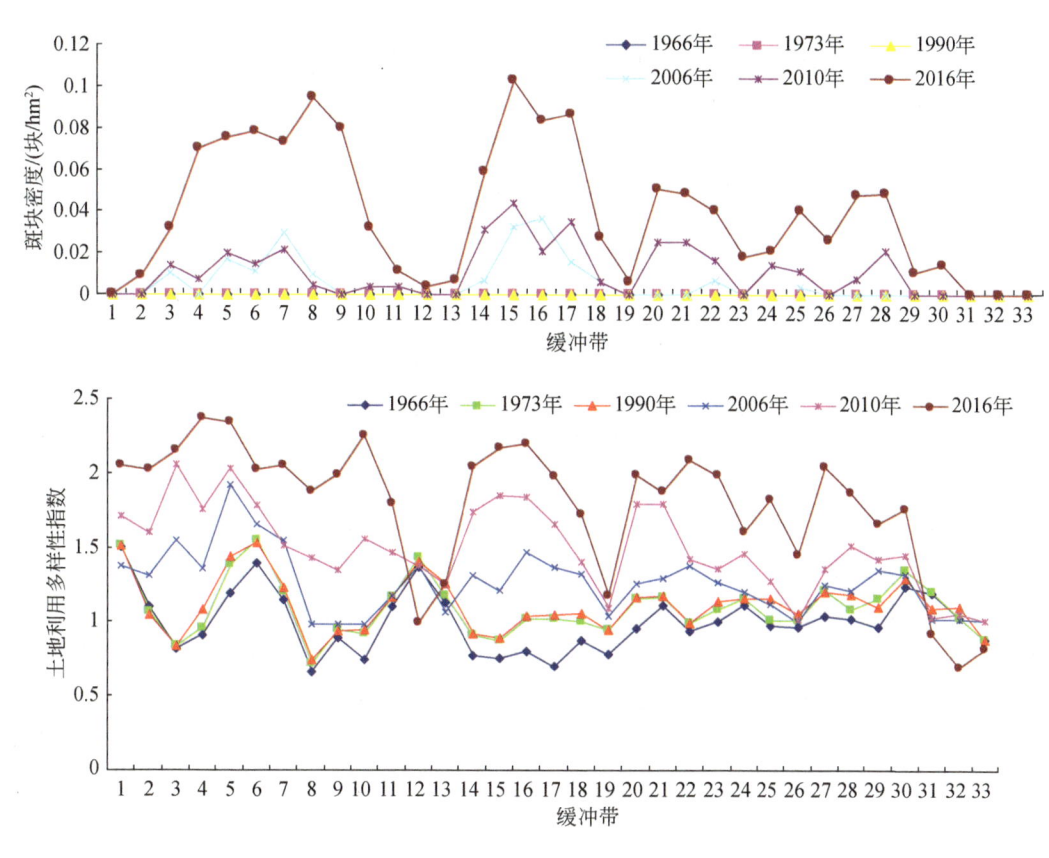

图 4-15 不同缓冲带现代农业的种类数、斑块密度和土地利用多样性指数

用多样性指数普遍较高。从时间尺度看，各条带的土地利用多样性指数变化与研究区坝子土地利用多样性指数空间分布是一致的。除12条带和32、33条带外，各条带的土地利用多样性指数均以增加为主。

4.2.4 讨论

4.2.4.1 研究区坝子土地利用转型驱动机制

岩溶山地坝子土地利用更多的是受坝子自身条件以外的社会经济因素的影响，如城镇、交通条件和区位因素等的影响。反过来，随着岩溶山地城镇化发展、道路条件改善和区位条件变化，必将引起坝子土地利用功能变化。在研究区坝子内部，交通、区位条件和土地资源条件对土地利用转型发生的空间部位的影响最为显著，是导致研究区坝子土地利用转型的直接驱动因子。研究区坝子耕地损失、耕地利用转型首先发生在其北部和中部距离省城和县城较近的条带，同时，又主要分布在从中部纵贯坝子南北的省道两侧；研究区坝子内部中及坝子边缘还分布有一些台地和丘陵，使地形略有起伏，耕地利用转型则避开了丘陵台地，分布在地形最平坦、集中连片、土壤肥沃、灌溉方便的涟江阶地面上。

土地利用类型转换是自然环境和社会经济多种因素共同作用的结果[21]；城镇化与工业化进程中人口、产业的转型对耕地经济、社会及生态功能演化的强度及方向起决定性作用[22]。对整个坝子来说，城市辐射、市场需求、土地产出的比较利益、乡村旅游发展、外来资本注入和政府推动等内外因子共同推动了研究区坝子的农业结构调整，倒逼耕地利用方式的规模化、专业化转变，引发经济作物对粮食作物、生态作物的替代以及园艺作物对经济作物、粮食作物和生态作物的替代[13]，创造了农业多功能景观，并形成体验型、观光型和综合型的现代休闲农业，共同促使乡村的现代化转型。

4.2.4.2 贵州坝子土地利用变化总体趋势

随着人类社会发展，土地利用向逐步集约化和集约利用阶段转型[1]。当前，大多数发展中国家处于社会转型和土地利用向集约化发展这样一个阶段[23]。在中国，乡村转型发展进程中的土地利用转型主要体现在耕地利用转型和农村宅基地利用转型[24]。

在快速的城镇化进程和贵州省大力推进农业转型升级的背景下，乡村坝子除了提供农副产品这一主要功能外，提升生态/景观/社会等功能、实现农业的多功能化已成为其发展的重要任务。在此背景下，坝子的耕地、园地、林地及其他农用地等必然在市场、规划、自然条件的影响下发生重组、转化；同时，坝子的非农业生产、非生产性功能也将随之发生变化。根据研究区坝子一、二级地类的演变趋势和景观格局变化，我们把研究区坝子土地利用变化阶段划分为传统农业时期、过渡时期和转型时期三个阶段，土地利用变化与转型的总体趋势是由传统乡土景观向混合景观转型过渡（图4-16），验证了笔者提出的假设，也反映了贵州坝子土地利用变化的一般特点，而且也符合规模化大宗农业与专业化精细农业并存的中国农业未来转型方向[25]。贵州省千亩以上的坝子有水田坝、旱地坝、城镇工业坝和其他用地坝子等，贵州较大的坝子往往都是市县和乡镇所在地，普遍面临着类似于研究区坝子的土地利用变化和耕地利用转型。

4.2.4.3 效应与启示

近年来的农业生产转型新趋势为耕地利用转型研究提出了更高和更紧迫的需求[26]，如何指导土地利用转型与当地自然环境条件和区域经济社会发展阶段相适应，并使其发生在适宜的区域范围内[27]，对土地管理提出了更高的要求。具体到研究区和贵州省而言，对研究区坝子的土地管理政策与制度也需考虑目标区的土地利用转型，考虑当前的土地利用转型阶段及相应于区域社会经济转型的随后阶段[28]，进一步，研究区坝子的土地利用隐性形态及其变化应当成为今后通过管控土地利用转型实现乡村振兴关注的焦点[10]。另外，如何管理土地利用转型坝子的残余传统农业空间？如何适当控制高自然价值坝子和高传统农业价值坝子的土地利用转型，以及坝子土地利用转型后的生态环境效应？也应得到关注。同时，以山地为主的贵州省，1990年后耕地主要向林地转化[29]，但山地、坝子的土地利用也存在一定耦合影响[15]。因此，研究区坝子的这种土地利用变化，也对坝子周边的土地利用变化有着一定影响，形成山-坝土地利用耦合演变，对此有待进一步研究。

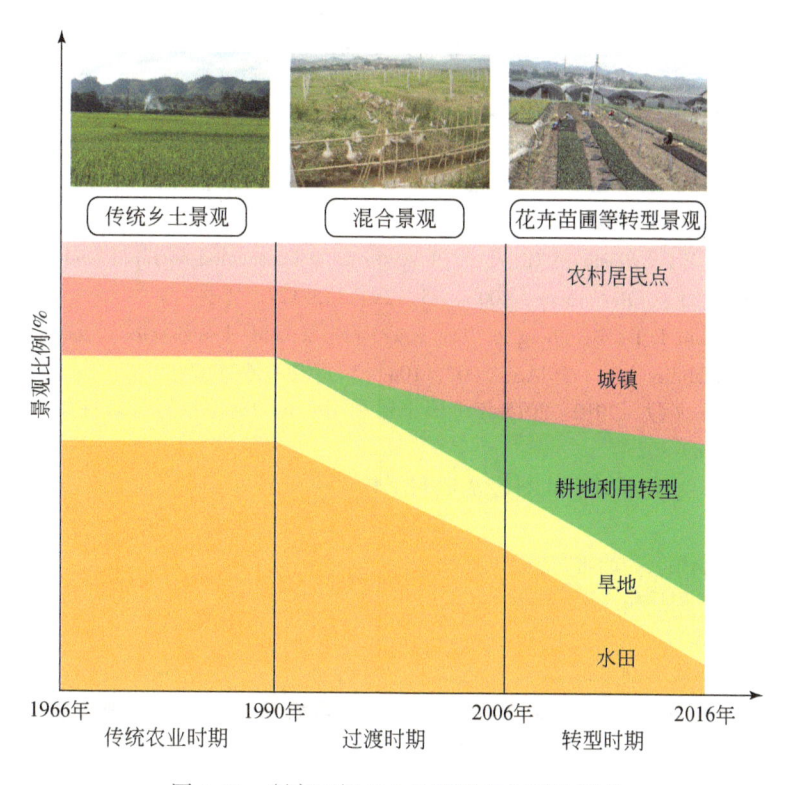

图 4-16 研究区坝子土地利用变化理论模式

4.2.5 结论

本章在分析贵州省坝子土地利用转型的理论基础上,以贵州省典型坝子——涟江坝子为例,利用 1966~2016 年 6 个时期的高分辨率数据,结合实地调查,从数量变化视角和景观格局变化视角深入揭示了贵州省坝子土地利用空间演变和土地利用转型规律。结论如下:

1) 从 1990 年开始,耕地面积的减小幅度开始增大,2006 年耕地利用功能开始转型;花卉、苗木等园地景观明自 2010 年显增加;城镇、农村聚落、工业用地等建设用地增加。研究区坝子耕地利用功能转型从坝子中部、北部向坝子南部扩展。2010~2016 年,耕地利用转型基本扩展到整个研究区坝子,主要转为规模设施农业用地。

2) 研究区坝子的土地利用转型主要表现为耕地功能转移和耕地功能多样化,耕地逐渐被侵占和发生利用转型,导致耕地斑块被分割,由集中连片向破碎化格局演变,土地利用多样性增加。

3) 研究区坝子土地利用变化阶段划分为传统农业时期、过渡时期和转型时期等三个阶段;景观格局也由传统乡土景观逐渐向现代农业景观转型过渡;交通、区位条件和土地资源条件显著影响着坝子内部的土地利用转型发生。

参 考 文 献

[1] Foley J A, DeFries R, Asner G P, et al. Global consequences of land use [J]. Science, 2005, 309: 570-574.

[2] DeFries R S, Foley J A, Asner G P. Land-use choices: Balancing human needs and ecosystem function [J]. Front Ecol Environ, 2004, 2 (5): 249-257.

[3] Lepers E, Lambin E F, Janetos A C, et al. A synthesis of information on rapid land-cover change for the period 1981-2000 [J]. BioScience, 2005, 55 (2): 115-124.

[4] Turner B L, Lambin E F, Reenberg A. The emergence of land change science for global environmental change and sustainability [J]. PNAS, 2007, 104 (52): 20666-20671.

[5] 刘纪远, 宁佳, 匡文慧. 2010—2015 年中国土地利用变化的时空格局与新特征 [J]. 地理学报, 2018, 73 (5): 789-802.

[6] 龙花楼, 李婷婷. 中国耕地和农村宅基地利用转型耦合分析 [J]. 地理学报, 2012, 67 (2): 201-210.

[7] 宋小青. 论土地利用转型的研究框架 [J]. 地理学报, 2017, 72 (3): 471-487.

[8] 吕立刚, 周生路, 周兵兵, 等. 区域发展过程中土地利用转型及其生态环境响应研究——以江苏省为例 [J]. 地理科学, 2013, 33 (12): 1442-1449.

[9] 龙花楼, 屠爽爽. 土地利用转型与乡村振兴 [J]. 中国土地科学, 2018, 32 (7): 1-6.

[10] 宋小青, 吴志峰, 欧阳竹. 1949 年以来中国耕地功能变化 [J]. 地理学报, 2014, 69 (4): 435-447.

[11] 张佰林, 高江波, 高阳, 等. 中国山区农村土地利用转型解析 [J]. 地理学报, 2018, 73 (3): 503-517.

[12] Zhang Z M, Zinda J A, Li W Q. Forest transitions in Chinese villages: Explaining community-level variation under the returning forest to farmland program [J]. Land Use Policy, 2017, 64: 245-257.

[13] 龙花楼, 曲艺, 屠爽爽, 等. 镇化背景下中国农区土地利用转型及其环境效应研究: 进展与展望 [J]. 地球科学进展, 2018, 33 (5): 455-463.

[14] 宋小青, 李心怡. 区域耕地利用功能转型的理论解释与实证 [J]. 地理学报, 2019, 74 (5): 992-1010.

[15] 封志明, 杨艳昭, 游珍. 中国人口分布的土地资源限制性和限制度研究 [J]. 地理研究, 2014, 33 (8): 1395-1405.

[16] 李阳兵, 姚原温, 谢静, 等. 贵州省山地-坝地系统土地利用与景观格局时空演变研究 [J]. 生态学报, 2014, 34 (12): 3257-3265.

[17] 李阳兵, 饶萍, 罗光杰, 等. 贵州坝子土地利用变迁与耕地保护 [M]. 北京: 科学出版社, 2015.

[18] 宋小青, 吴志峰, 欧阳竹. 耕地转型的研究路径探讨 [J]. 地理研究, 2014, 33 (3): 403-413.

[19] Liang X Y, Li Y B. Spatiotemporal features of farmland scaling and the mechanisms that underlie these changes within the Three Gorges Reservoir Area [J]. Journal of Geographical Sciences, 2019, 29 (4): 563-580.

[20] 龙花楼. 土地利用转型: 土地利用/覆被变化综合研究的新途径 [J]. 地理与地理信息科学, 2003, 19 (1): 87-90.

[21] Liu Y Q, Long H L. Land use transitions and their dynamic mechanism: The case of the Huang-Huai-Hai Plain [J]. Journal of Geographical Sciences, 2016, 26 (5): 515-530.

[22] Zhang Y G, Long H L, Ma L, et al. Farmland function evolution in the Huang-Huai-Hai Plain: Processes, patterns and mechanisms [J]. Journal of Geographical Sciences, 2018, 28 (6): 759-777.

[23] Chen R S, Ye C, Cai Y L, et al. The impact of rural out-migration on land use transition in China: Past, present and trend [J]. Land Use Policy, 2014, 40: 101-110.

[24] 龙花楼. 论土地利用转型与乡村转型发展 [J]. 地理科学进展, 2012, 32 (2): 131-138.

[25] 李二玲, 胥亚男, 雍雅君. 农业结构调整与中国乡村转型发展——以河南省巩义市和鄢陵县为例 [J]. 地理科学进展, 2018, 37 (5): 698-709.

[26] 戈大专, 龙花楼, 杨忍. 中国耕地利用转型格局及驱动因素研究——基于人均耕地面积视角 [J]. 资源科学, 2018, 40 (2): 273-283.

[27] 刘永强, 龙花楼. 黄淮海平原农区土地利用转型及其动力机制 [J]. 地理学报, 2016, 71 (4): 666-679.

[28] Long H L, Qu Y. Land use transitions and land management: A mutual feedback perspective [J]. Land Use Policy, 2018, 74: 111-120.

[29] 秦罗义, 白晓永, 王世杰, 等. 近 40 年来贵州高原典型区土地利用变化及驱动机制 [J]. 山地学报, 2015, 33 (5): 619-628.

5 省域尺度坝子土地利用功能演变规律

土地利用功能（land use functions，LUFs）是指不同土地利用方式所提供的产品和服务[1]。随着社会发展，驱动着土地利用功能由单一向多样性转变，即土地利用多功能性[2]。土地利用多功能性指一个区域土地利用功能及其环境、经济和社会功能的状态和表现，是评价土地利用变化对功能影响的重要概念，通常以土地利用功能表示[3]，任何有人类活动的土地都有多功能属性[4]。多功能性的概念源于农业[5-6]，后发展到土地利用领域[7]，如今土地利用多功能性内涵界定已达到成熟，但是具体分类标准未统一，指标体系不完善，评价方法单一[8]。土地利用/覆盖变化（land use cover change，LUCC）的国际前沿热点正从结构和格局演变研究向土地利用多功能可持续性发展转变[9]。当前，土地利用多功能性的应用研究薄弱，未来研究的主要内容为从时空尺度研究土地利用多功能性的演变过程、区域效应、驱动机制及优化调控[10]。

贵州省是典型的喀斯特地貌，境内山多、丘陵多、坝地少。坝子内部地形平坦、土壤肥沃、水资源相对充足，是贵州省土地资源的精华部分，能够为人类提供各类的产品和服务。坝子不仅是主要粮食生产基地也是人类活动中心[11]，要同时满足人们吃饭、建设、生态保护的三个难题[12-13]。但现有关于坝子的研究集中在坝子分类、空间分布和耕地保护等方面，对坝子的土地利用时空变化、当前已突出显现的坝子土地利用功能转型、土地利用功能多样性演变等仍缺认识。因此，研究坝地地区土地利用功能演变对于贵州省的可持续发展至关重要。本章借鉴土地利用多功能性相关内涵、分类标准、评价体系、研究方法等，从贵州省实际出发建立适合坝子的土地利用功能分类体系，并在此基础上分析贵州省坝子土地利用功能多样性演变过程，了解土地利用功能类型在坝子间的数量分布、功能转换、功能空间分布变化规律，挖掘内在驱动力和外部影响，提出高农业生产价值坝子保护建议，从而为贵州开展的500亩以上坝子产业结构调整政策和乡村振兴提供科学参考，并为贵州省坝子土地持续利用提供科学依据。

5.1 研究区概况

贵州省地势西高东低，平均海拔在1100m左右，土地资源以山地、丘陵为主，平坝区较少，2016年全省土地面积1760.99万hm²，其中山地面积约占全省土地总面积的61.70%，丘陵占31.10%，山间平坝区仅占7.20%①。2015年，贵州省总人口为3530万人，到2016年总人口为3555万人，增加了25万人。2016年贵州省GDP为11 776.73亿元。研究区所选的样本位于山间平坝地区，地势平坦，与贵州省的生产、生活和生态发展

---

① http://zrzy.guizhou.gov.cn/zfxxgk/zfxxgkml/tjsj_81192/gtzyddjcjb/201805/t20180529_3279705.html.

有紧密联系，具有很大的研究价值。

5.2 数据来源与研究方法

5.2.1 数据来源

5.2.1.1 坝子的数据来源

以 2010 年 10m 分辨率的 Alos 影像和 2.5m 分辨率的资源卫星影像为主要数据源，对照坝子的定义，参考杨广斌等[14]将土地利用类型图和坡度图进行空间叠置分析提取贵州万亩大坝信息的方法，在高清遥感影像上对坝子进行人工识别，然后与《贵州省 1∶5 万地形图》叠置分析，进行人工纠正误差，确保贵州省坝子数据的精度及可靠性。与以往研究不同的是，本章是根据地形地貌特征从高清遥感影像上识别坝子，既包括了城镇坝子，也包括了农业耕地坝子，本章所指的坝子实际上是从地形地貌角度揭示贵州省有一定面积规模的平地的空间分布。

5.2.1.2 坝子功能的数据来源

以 1990 年的 Landsat TM 影像（结合航片）、2000 年的 Landsat ETM+ 影像（结合航片）、2010 年的 Alos 影像（10m 分辨率，部分 2.5m 分辨率）、2016 年的 Landsat8 OLI/TIRS 影像（结合 Google Earth 影像）为数据源，将坝子空间分布矢量数据覆盖于数据源上，同时为了提高准确性，结合贵州省局部坝子各年的航片和高分辨率卫星影像，利用 ArcGIS 软件对贵州省各个坝子功能进行人工目视解译。

5.2.1.3 社会经济统计数据

贵州省土地面积、耕地面积等数据来自贵州省自然资源厅网站，贵州省总人口数量、GDP 等数据来自《贵州统计年鉴》（2017）。

5.2.2 贵州坝子土地利用功能类型划分与评价指标

土地利用是土地功能多样化的过程，土地利用变化决定土地利用功能多样性[15]，不同的土地利用方式提供不同土地利用功能。土地系统的生产功能、生态功能、生活功能是相互联系、不可分割的统一体[16]。国外普遍认可的生产—生活—生产"三支柱"理念与党的十八大提出的国土生产—生态—生活空间的发展目标相一致[17-18]。党丽娟等[19]、吕立刚等[20]也都分别根据"三生"主导功能对土地利用功能进行进一步的划分。本章基于土地利用变化与功能的联系，借鉴"三生功能"理论，根据对贵州省坝子土地利用实际调研，综合文献中对土地利用功能分类方法，对坝子土地利用功能进行分类，分为 3 个一级类，6 个二级类，即 6 个单一功能，并确定具体指标层（表 5-1）。

表 5-1　贵州省坝子土地利用功能分类体系

一级分类	二级分类（单一功能）	指标层（土地利用方式）
生活功能	城镇居住生活功能（A）	城镇住宅用地、公共基础设施用地、正在开发建设用地、道路用地、旅游用地
	农村居住生活功能（B）	农村宅基地、公共基础设施用地、正在开发建设用地、道路用地、旅游用地
生产功能	现代规模设施农业生产功能（C）	大棚蔬菜用地、公司承包露天蔬菜基地、莲藕种植基地、草莓种植基地、西瓜种植基地、葡萄种植基地、火龙果种植基地、蓝莓种植基地、花卉基地、桃李种植用地、大面积地膜覆盖用地
	传统农业生产功能（D）	水稻种植用地、玉米种植用地、小麦种植用地、土豆种植用地
	工业生产功能（E）	工业用地、采矿用地、仓储用地
生态功能	自然生态功能（F）	林地、灌木林地、草地、河流水面、坑塘水面、湖泊水面、水库、沟渠、设施鱼塘、撂荒地、景观苗木种植基地、人工草坪种植基地

贵州省坝子土地利用功能并非所有都是单一的，坝子的二级分类功能具有交叉性，部分坝子的功能为两种功能复合型，即具有多功能性。为了评价单元土地利用功能强弱的识别更精准，利用二级分类进行不同功能组合模式（图 5-1），共有 30 种组合模式。虽然理论上存在的复合功能类型有 30 类，但直到 2016 年，贵州省坝子实际存在的复合功能类型只有 17 类。

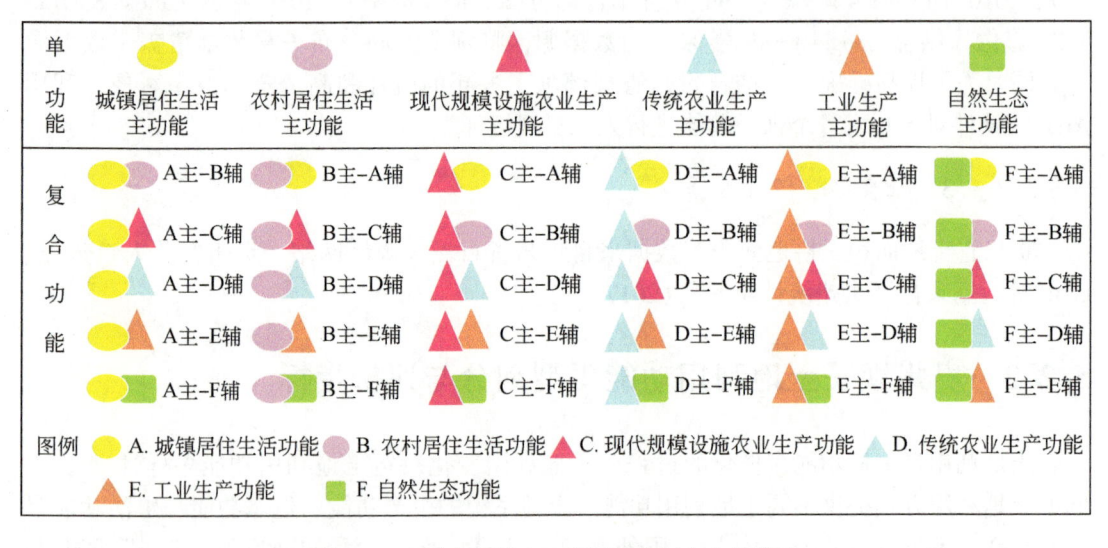

图 5-1　贵州省坝子土地利用功能复合分类模式

根据表 5-1 和图 5-1 的坝子土地利用功能分类标准，逐一定性人工识别 1990 年、2000 年、2010 年和 2016 年贵州各个坝子土地利用功能类型（图 5-2）。

图 例 □市界 ■传统农业生产功能 ■传统农业生产功能—城镇居住生活功能 ■传统农业生产功能—工业生产功能
■城镇居住生活功能 ■传统农业生产功能—现代规模设施农业生产功能 ■传统农业生产功能—农村居住生活功能
■农村居住生活功能—自然生态功能 ■农村居住生活功能 ■工业生产功能—传统农业生产功能
■现代规模设施农业生产功能 ■自然生态功能—城镇居住生活功能 ■自然生态功能—传统农业生产功能
■传统农业生产功能—自然生态功能 ■农村居住生活功能—传统农业生产功能 ■工业生产功能
■现代规模设施农业生产功能—传统农业生产功能 ■农村居住生活功能—工业生产功能
■城镇居住生活功能—现代规模设施农业生产功能 ■自然生态功能—农村居住生活功能 ■自然生态功能
■城镇居住生活功能—传统农业生产功能 ■城镇居住生活功能—工业生产功能 ■城镇居住生活功能—自然生态功能

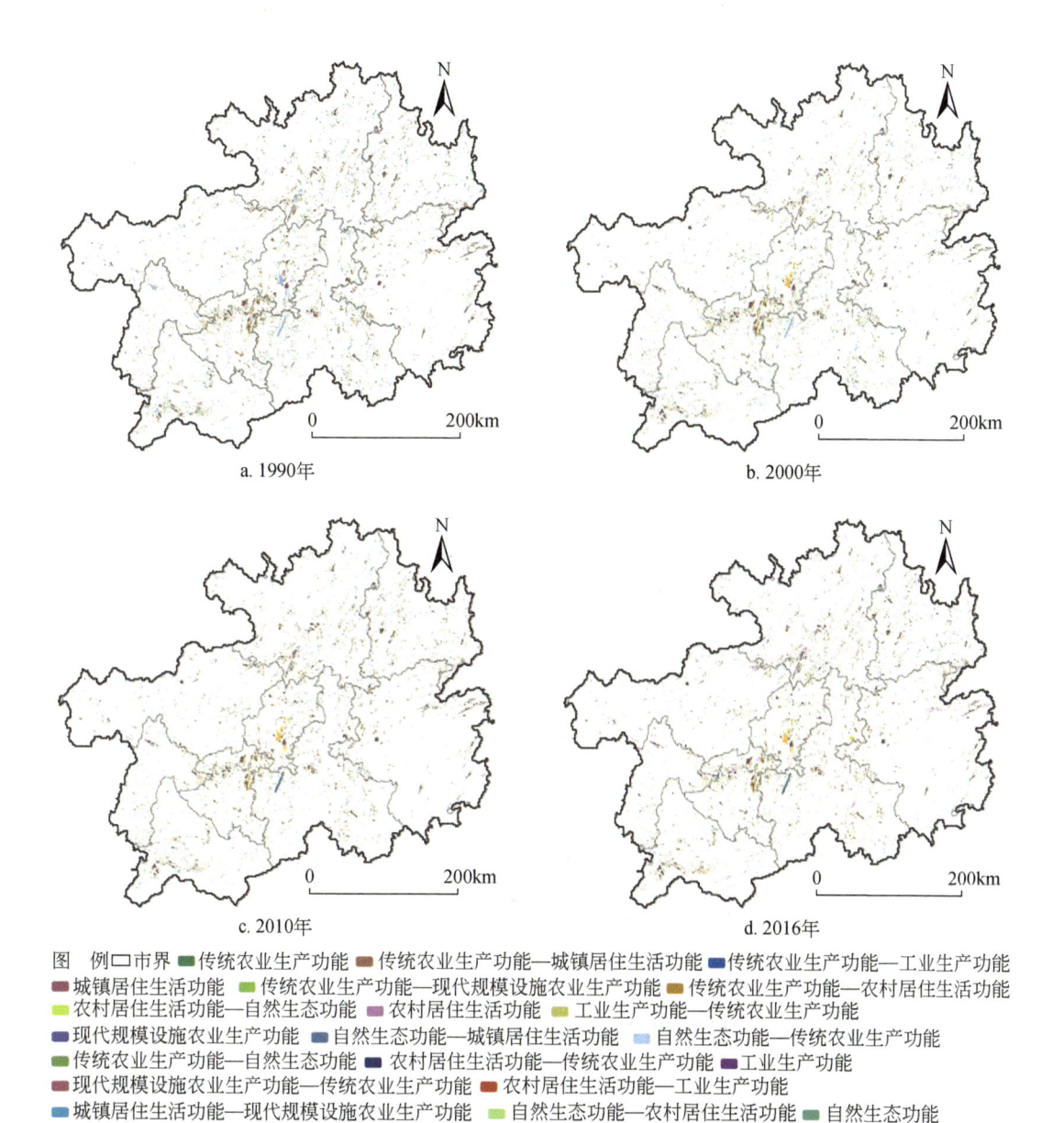

图 5-2 贵州省 1990 年、2000 年、2010 年、2016 年坝子土地利用功能空间分布格局

5.2.3 土地利用功能转移矩阵分析

通过图 5-2 可以得到贵州省坝子土地利用功能在 1990～2000 年、2000～2010 年和 2010～2016 年三个时间段内的面积变化，并通过土地利用转移矩阵计算各种功能的转入率和转出率。

$$Z_{nj} = \frac{K_{nj}}{K_n} \tag{5-1}$$

式（5-1）中，Z_{nj} 表示 n 类土地利用功能转移为 j 类土地利用功能的转出率；K_{nj} 为 n 类土地利用功能转出为 j 类土地利用功能的面积；K_n 为 n 类功能转出为其他功能的总面积。

$$Z'_{nj} = \frac{K'_{nj}}{K_n} \tag{5-2}$$

式（5-2）中，Z'_{nj} 表示 n 类土地利用功能转移为 j 类土地利用功能的转入率；K'_{nj} 为 n 功能转入为 j 类功能的面积；K_n 为其他功能转入为 n 类功能的总面积。

5.2.4 土地利用功能热点分析

热点分析工具是通过计算局部某个要素及其周围要素值的总和与所有要素值的总和进行比较。利用 ArcGIS10.2 软件的 Getis-Ord Gi* 模块识别具有相似土地利用功能的集聚区的空间分布位置，即不同空间位置显示出高值集群和低值集群。Z 值和 P 值的不同组合用来识别冷热点区域，如果 Z 值大而 P 值小，则表明该区域是功能高水平聚集的热点区域；如果 Z 值较低且为负数和 P 值小，则表明该区域是功能低聚集的冷点区域。Z 的绝对值越大，空间聚集的程度越大。

$$G_i^* = \frac{\sum_{j=1}^{n} w_{ij} x_j}{\sum_{i=1}^{n} x_i} \tag{5-3}$$

式中，n 是研究区的地区总数；x_i 和 x_j 是 i 区和 j 区的功能能力；w_{ij} 是空间权重矩阵。

5.3 结果分析

5.3.1 坝子土地利用功能数量演变

利用贵州省坝子 1990 年、2000 年、2010 年、2016 年 4 期土地利用功能数据（图 5-2）得到各功能坝子个数数量变化（图 5-3）。可以看出以下特点：

1）贵州省坝子的功能已由以传统农业生产功能为主转为以传统农业生产功能-农村居住生活功能为主，坝子功能由单一功能向多功能转变。1990~2016 年，传统农业生产功能坝子数量不断减少，从 8868 个减少至 4171 个，而传统农业生产功能-农村居住生活功能的坝子则在不断增加，从 2234 个增加至 5755 个。

2）有增有减，相互转换。坝子的总量是不变的，变化的是各功能坝子的数量。1990 年，生活功能（复合类型功能以主导功能为主）坝子的数量为 122 个，到 2016 年增加至 911 个；1990 年生产功能坝子为 12076 个，到 2016 年减少了 1407 个；1990 年生态功能坝子为 1696 个，到 2016 年增加到了 2314 个。

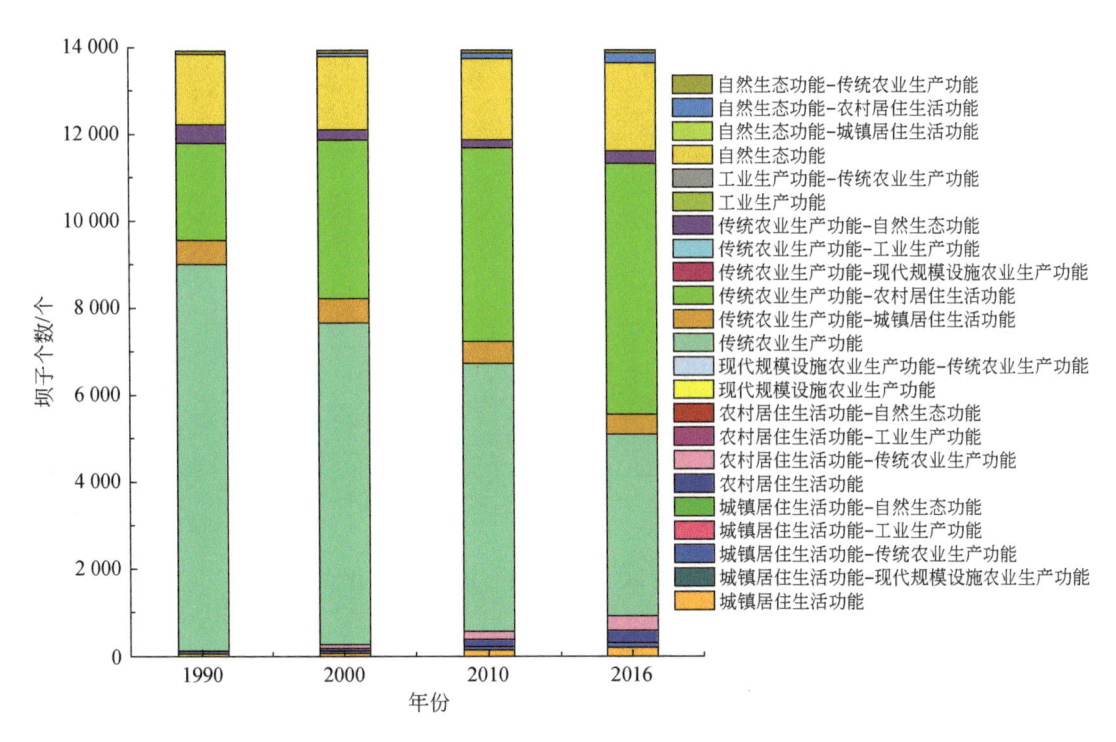

图 5-3 1990 年、2000 年、2010 年、2016 年各功能坝子数量变化情况

3）土地利用向多功能转型。1990~2016 年，坝子的功能类型由 13 类变为 23 类，所增加的类型中有 8 类是复合类型。2000 年相较 1990 年多了城镇居住生活功能-工业生产功能、传统农业生产功能-工业生产功能，2010 年又在 2000 年已有功能的基础上增加城镇居住生活功能-现代规模设施农业生产功能、农村居住生活功能-工业生产功能、现代规模设施农业生产功能、工业生产功能，2016 年增加现代规模设施农业生产功能-传统农业生产功能、传统农业生产功能-现代规模设施农业生产功能、工业生产功能-传统农业生产功能、自然生态功能-城镇居住生活功能，坝子功能向多样性变。

从单功能和复合功能坝子个数所占比例变化来看（图 5-4），在研究初期，贵州省坝子以单一功能为主，单功能坝子所占的比例达到 75.88%；1990~2016 年，单一功能坝子个数比例与复合功能坝子个数比例变化曲线呈"X"形，单一功能坝子的数量以不同的速度下降，而复合功能坝子则是在不断上升；到 2016 年，单功能坝子比例下降到复合功能以下，变为 48.38%，贵州省坝子土地利用功能变为以复合功能为主。从而可以看出，贵州省坝子土地利用功能在不断向多功能演化，土地利用功能不断变得多样性。

5.3.2 坝子土地利用功能结构转型

根据 1990 年、2000 年、2010 年和 2016 年 4 期土地利用功能空间分布数据，利用二级分类、复合分类组合模式，分别得到 1990~2000 年、2000~2010 年和 2010~2016 年三个

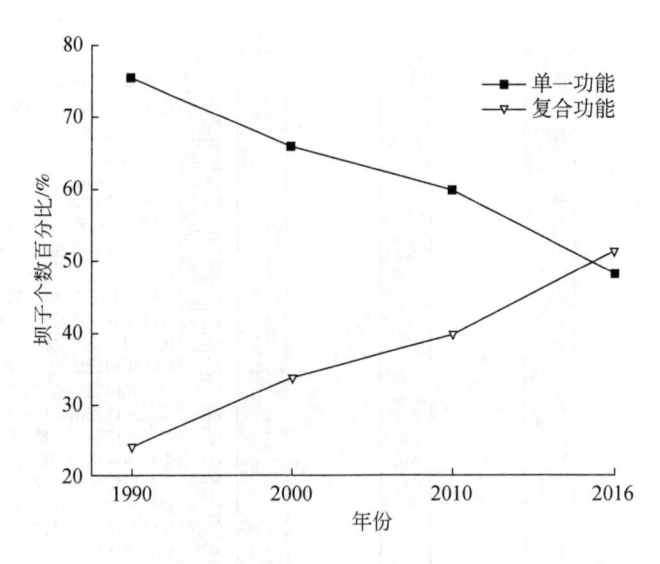

图 5-4　单一功能和复合功能坝子个数比例变化情况

时间段的不同土地利用功能坝子转移矩阵（表 5-2～表 5-4），利用公式（5-1）可以得出以下特点。

表 5-2　1990～2000 年贵州坝子土地利用功能转移矩阵　　　　（单位：km²）

	A	AD	AE	AF	B	BD	BF	D	DA	DB	DE	DF	F	FB	FD
A	109.06		20.36												
AD	96.37	239.70	60.91												
AF				10.86											
B					3.88										
BD					0.91	3.79									
BF							0.07								
D		0.60			2.53	3.05		1665.34	24.47	750.78		8.34	26.11	0.66	0.97
DA	43.55	77.95	15.42						1991.45						
DB					3.75	19.25			46.51	2374.56	0.55			0.11	
DF						0.07	0.13	43.91	0.43	24.91		55.11	4.76	0.04	1.89
F							0.10	23.93		1.81		1.61	171.31	5.99	3.30
FB													5.43		
FD								2.50		1.38		3.41	0.54		11.14

表 5-3 2000~2010 年贵州坝子土地利用功能转移矩阵 (单位：km²)

	A	AC	AD	AE	AF	B	BD	BE	BF	C	D	DA	DB	DE	DF	E	F	FB	FD
A	248.99																		
AD	95.89	79.47	133.12	9.77															
AE				96.68															
AF	2.97				7.89														
B						11.07													
BD						4.51	19.08	2.58											
BF									0.30										
D	0.20					4.42	5.93	0.25		0.07	1378.20	4.34	277.86	0.06	12.20	1.62	46.48	2.92	1.12
DA	56.05		38.36	4.50		23.44	60.54	0.78				1963.94							
DB	1.28											5.47	3052.99	2.53	33.35			6.47	
DE																0.55			
DF							0.47				13.43		15.14				4.46	1.19	0.44
F						0.23					16.71		1.46		3.83		168.66	9.79	2.04
FB						0.02							0.77					11.43	
FD											6.02		0.66		0.21		3.62	2.09	4.70

表 5-4　2010~2016 年贵州坝子土地利用功能转移矩阵

（单位：km²）

	A	AC	AD	AE	AF	B	BD	BE	BF	C	CD	D	DA	DB	DC	DE	DF	E	ED	F	FA	FB	FD
A	405.38																						
AC		79.47																					
AD	16.92		154.56																				
AE				110.95																			
AF					7.89																		
B	1.30					39.95		2.33								0.10							
BD			0.57			6.26	77.13	1.56															
BE								3.61															
BF									0.30														
C										0.07													
D	1.66		0.27			4.39	5.73		0.17	0.74	0.39	809.47	6.11	541.69	2.36	0.56	15.06	0.31		22.05		1.75	1.64
DA	87.45		227.15	26.22									1632.94										
DB	2.29		0.77			22.33	111.33	6.95	0.13				25.74	3156.58		12.45	45.46	0.40	0.23			9.94	
DE												0.06				1.03		0.40	1.16				
DF																				1.27		1.33	0.04
E																		2.17					
F	0.32					0.62			0.15			3.29		0.42			0.03			217.07	0.18	1.39	0.20
FB									0.05					0.38								33.46	
FD														0.09						0.13		1.28	6.81

A：城镇居住生活功能；AC：城镇居住生活功能-现代规模设施农业生产功能；AD：城镇居住生活功能-传统农业生产功能；AE：城镇居住生活功能-工业生产功能；AF：城镇居住生活功能-自然生态功能；B：农村居住生活功能；BD：农村居住生活功能-传统农业生产功能；BE：农村居住生活功能-工业生产功能；BF：农村居住生活功能-自然生态功能；C：现代规模设施农业生产功能；CD：现代规模设施农业生产功能-传统农业生产功能；D：传统农业生产功能；DA：传统农业生产功能-城镇居住生活功能；DB：传统农业生产功能-农村居住生活功能；DC：传统农业生产功能-现代规模设施农业生产功能；DE：传统农业生产功能-工业生产功能；DF：传统农业生产功能-自然生态功能；E：工业生产功能；ED：工业生产功能-传统农业生产功能；F：自然生态功能；FA：自然生态功能-城镇居住生活功能；FB：自然生态功能-农村居住生活功能；FD：自然生态功能

1) 1990~2000 年，城镇居住生活功能、农村居住功能以及这两种功能为主的复合功能转移为其他功能的面积很小，并且只在这几种功能相互之间转换；传统农业生产功能坝子的变化较大，有 32.91% 转移为其他功能，主要的转出方向为传统农业生产功能-农村居住生活功能，转出率达到 91.84%；传统农业生产功能-城镇居住生活功能的转移方向主要为城镇居住生活功能-传统农业生产功能和城镇居住生活功能，转入率分别为 56.94%、31.81%；传统农业生产功能-农村居住生活功能坝子的主要转入方向为传统农业生产功能、传统农业生产功能-自然生态功能坝子，转入率为 96.39%、3.14%；传统农业生产功能-自然生态功能坝子共有 76.13km² 面积变成其他功能坝子，主要转移为传统农业生产功能、传统农业生产功能-农村居住生活功能，转出率分别为 57.68%、32.72%。总体上来说，在此时间段里，贵州省坝子土地利用功能类型较少，较为单一，功能之间的转换简单，转出和转入的功能类型较少。

2) 2000~2010 年，城镇居住生活功能、农村居住功能以及这两种功能为主的复合功能，只有城镇居住生活功能-传统农业生产功能和农村居住功能-传统农业生产功能发生转移；传统农业生产功能转移的方向较多，其中最主要的方向是传统农业生产功能-农村居住生活功能、自然生态功能，转出率分别为 77.67%、12.72%；传统农业生产功能-农村居住生活功能坝子中有 3.19% 转换为其他功能坝子，主要转出方向为农村居住生活功能-传统农业生产功能、农村居住生活功能；自然生态功能坝子主要转入自传统农业生产功能，转入率为 84.49%；自然生态功能-传统农业生产功能主要的转出方向为传统农业生产功能、自然生态功能、自然生态功能-农村居住生活功能，转出率分别为 47.78%、28.73%、16.59%。总的来说在这个时间段内，发生转换的功能比上一时间段多，功能之间的转移比较活跃。

3) 2010~2016 年，城镇居住生活功能、农村居住功能和工业生产功能以及以这三种功能为主的复合功能都只在相互之间转移；传统农业生产功能的转移比较强烈，转出的功能类型涵盖了 18 类功能，其中最主要的两个方向是传统农业生产功能-农村居住生活功能、自然生态功能，转出率分别为 89.55%、3.65%；传统农业生产功能-城镇居住生活功能转出方向主要为城镇居住生活功能-传统农业生产功能，转出率分别为 66.65%；传统农业生产功能-农村居住生活功能有 5.72% 转换为了其他 11 种功能，最大转出率为 58.13%，为农村居住生活功能-传统农业生产功能；自然生态功能-传统农业生产功能坝子主要的转移方向为自然生态功能-农村居住生活功能，转出率为 85.33%。

4) 从总体上来看，城镇居住生活功能、农村居住生活功能、工业生产功能及与之相关的复合功能只在相互之间转移。具城镇居住生活功能-现代规模设施农业生产功能、城镇居住生活功能-工业生产功能、现代规模设施农业生产功能、工业生产功能、传统农业生产功能-工业生产功能这五类新兴功能的坝子数量少，而且不转换为其他功能坝子。转换最活跃的是传统农业生产功能坝子，转移的功能数量最多、涵盖的功能类型最广。自然生态功能坝子也转移为其他功能的坝子，但是转出的数量小于转入的数量，转入的主要方向为传统农业生产功能，所以自然生态功能是增加的。

5.3.3 不同土地利用功能坝子的空间演变

通过 ArcGIS10.2 软件的 Getis-Ord Gi* 模块对贵州省传统农业生产功能、传统农业生产功能-农村居住生活功能、传统农业生产功能-自然生态功能、自然生态功能坝子1990年、2000年、2010年和2016年的冷热点分布变化进行可视化分析（图5-5），得到以下结果。

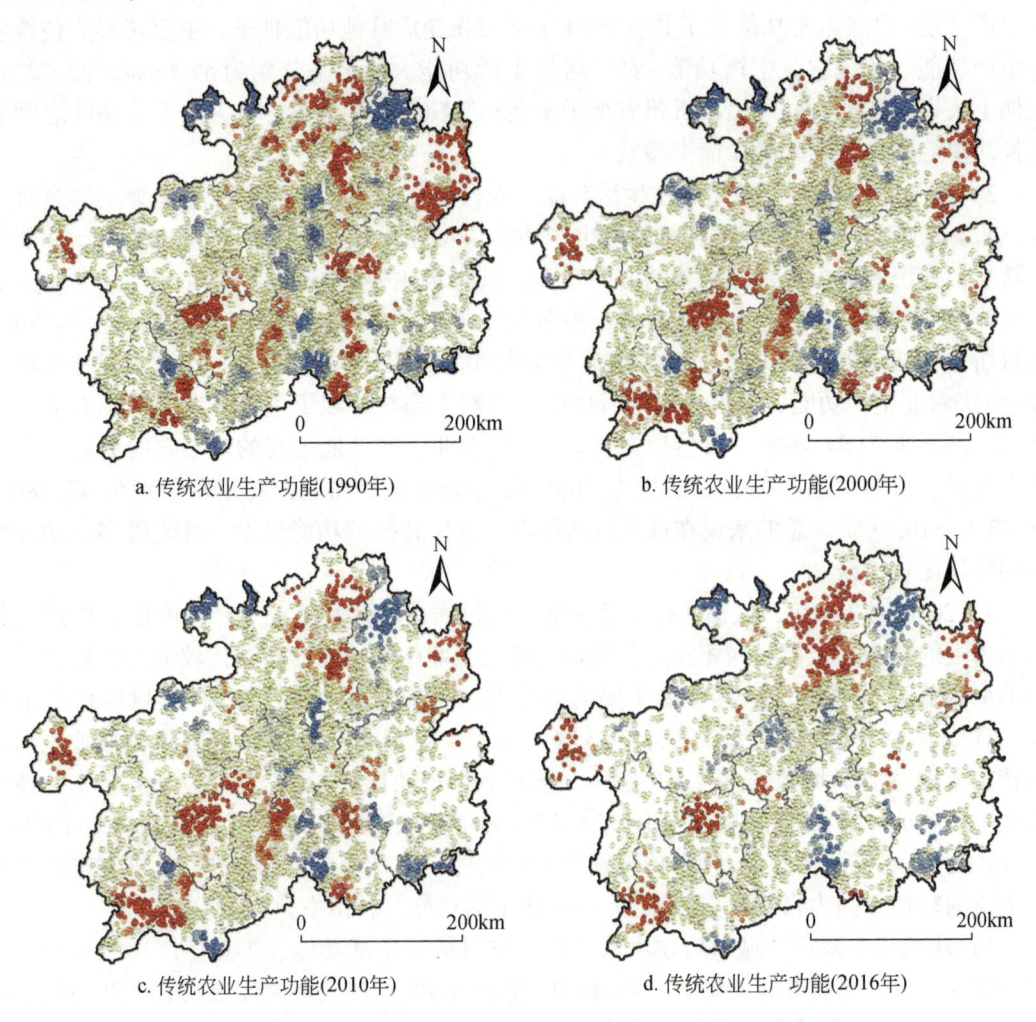

a. 传统农业生产功能(1990年)

b. 传统农业生产功能(2000年)

c. 传统农业生产功能(2010年)

d. 传统农业生产功能(2016年)

e. 传统农业生产功能-农村居住生活功能(1990年)　　　f. 传统农业生产功能-农村居住生活功能(2000年)

g. 传统农业生产功能-农村居住生活功能(2010年)　　　h. 传统农业生产功能-农村居住生活功能(2016年)

i. 传统农业生产功能-自然生态功能(1990年)　　　j. 传统农业生产功能-自然生态功能(2000年)

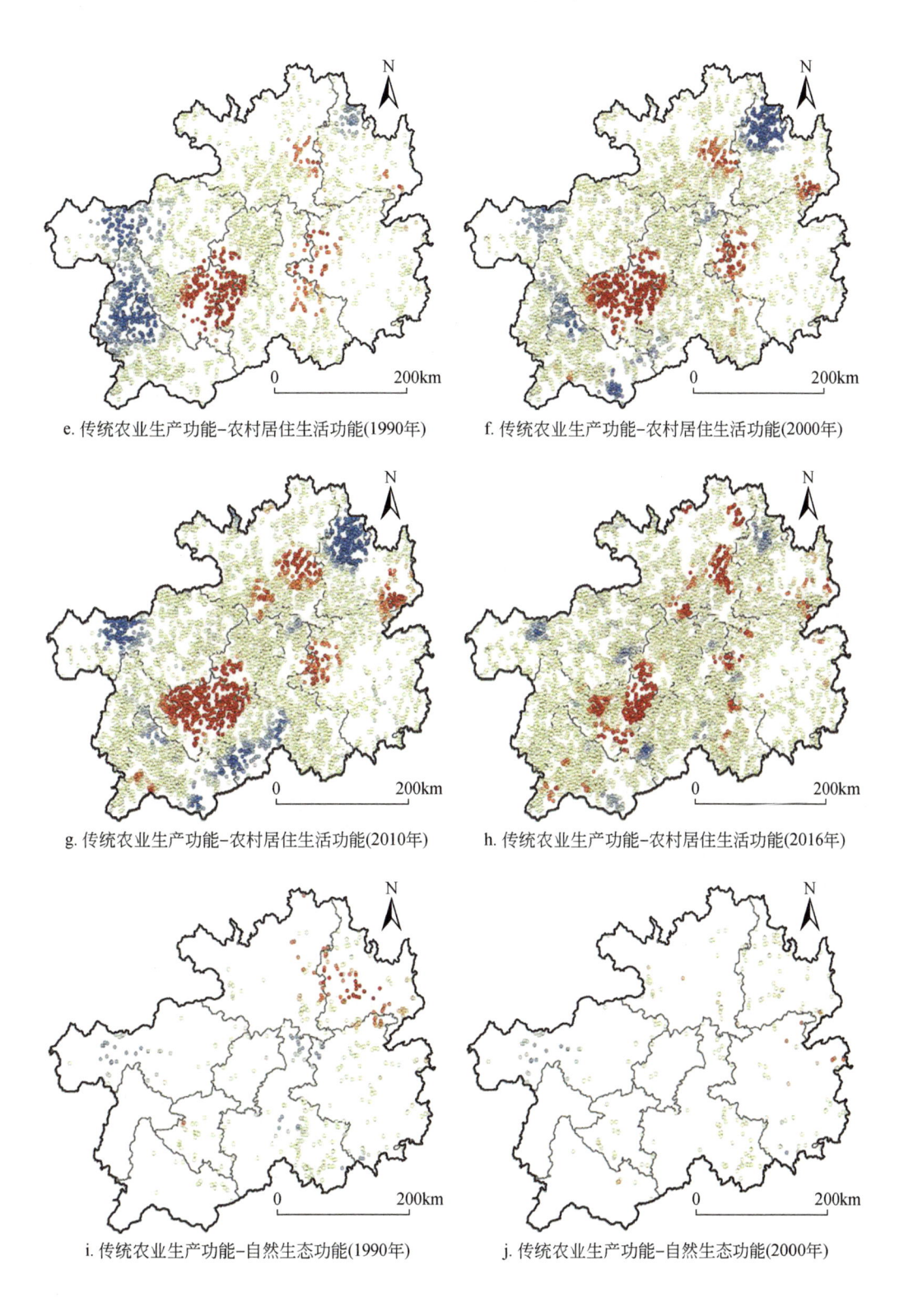

k. 传统农业生产功能-自然生态功能(2010年)　　l. 传统农业生产功能-自然生态功能(2016年)

m. 自然生态功能(1990年)　　n. 自然生态功能(2000年)

o. 自然生态功能(2010年)　　p. 自然生态功能(2016年)

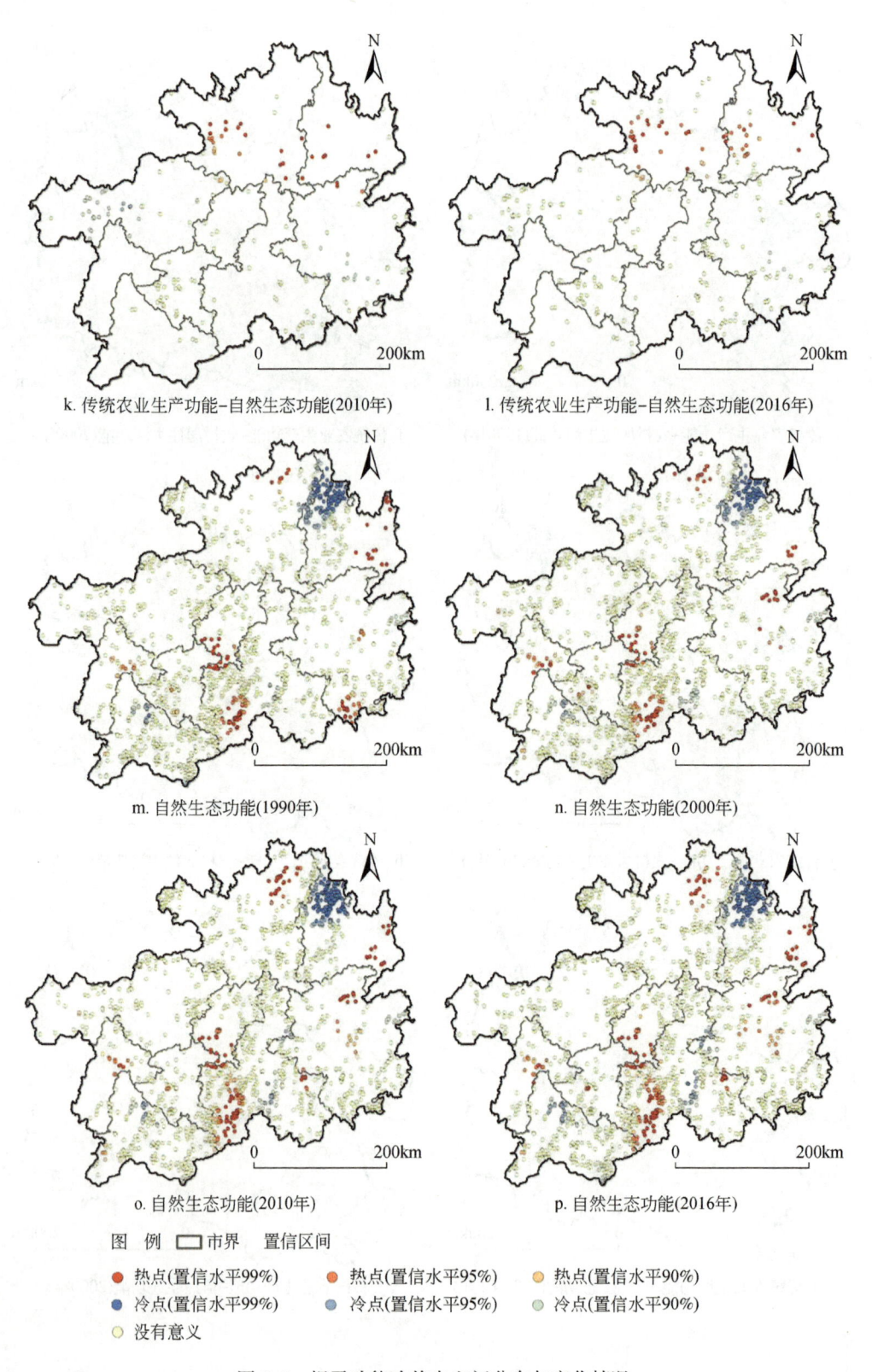

图　例　　□ 市界　　置信区间

- 热点(置信水平99%)　　· 热点(置信水平95%)　　· 热点(置信水平90%)
- 冷点(置信水平99%)　　· 冷点(置信水平95%)　　· 冷点(置信水平90%)
- 没有意义

图 5-5　坝子功能冷热点空间分布与变化情况

5.3.3.1 传统农业生产功能

当置信水平为99%时，1990年其热点主要分布在六枝特区、贞丰县、安龙县、湄潭县、松桃、岑巩县、万山特区等19个地区，冷点主要分布在德江县、赤水市、赫章县、瓮安县、乌当区、平塘县、册亨县等地区。到2000年，热点主要分布在威宁县、兴义市、丹寨县、务川县、湄潭县、松桃县、岑巩县、万山特区等14个地区，冷点主要分布在毕节市、晴隆县、德江县、赤水市、平塘县等地区。2010年，热点主要分布在湄潭县、威宁县、六枝特区、兴义市、安龙县、务川县等地区，冷点位于德江县、赤水市、册亨县、独山县等地区。2016年，热点主要分布在湄潭县、威宁县、六枝特区、兴义市、绥阳县、松桃县等地区，冷点主要分布在德江县、赤水市、平塘县、从江县等地区。1990~2016年，热点在兴义市、六枝特区、湄潭县和务川县等4个地区都有分布，冷点主要分布在德江县、赤水市、平塘县、榕江县和从江县，但冷热点分布的地区是不断减少的。

5.3.3.2 传统农业生产功能-农村居住生活功能

当置信水平为99%时，1990~2016年，其热点在安顺市、福泉市、湄潭县都有分布，并且热点分布的地区不断变得分散，热点集中的面积不断变小。1990年，冷点主要分布在赫章县、威宁县、毕节市、兴义市、普安县、德江县以及整个六盘水地区；2000年，冷点分布在赫章县、威宁县、六盘水市、普安县、册亨县、瓮安县、德江县等地区；2010年，冷点主要分布在赫章县、威宁县、普安县、望谟县、册亨县、罗甸县、德江县等地区；2016年，冷点主要分布在赫章县、德江县、册亨县、望谟县、黔西县等地区。冷点的分布也是不断分散的，冷点集聚的斑块面积不断减小。

5.3.3.3 传统农业生产功能-自然生态功能

该功能的坝子数量少，所以在整个贵州省的分布也比较分散。当置信水平为99%时，1990年，其热点主要分布在思南县与湄潭县、德江县、印江县的县界附近，冷点则主要分布在赫章县、威宁县、瓮安县、福泉市、平塘县等县；2000年，热点主要就分布在天柱县，冷点则分布在赫章县；2010年，热点主要分布在仁怀市、桐梓县、湄潭县、江口县等县，冷点主要分布在毕节市；2016年，热点主要分布在仁怀市、桐梓县、思南县、绥阳县等地区，冷点没有分布。1990~2016年，热点分布的总的趋势是分散，集中的面积小，冷点分布地区较少直至没有分布。

5.3.3.4 自然生态功能

在置信水平为99%下，该功能冷热点的空间分布没有大的变化，热点基本就主要分布在正安县、松桃县、石阡县、镇远县、罗甸县、平坝县、花溪区等地区，冷点主要分布在德江县、沿河县、晴隆等三个县。

5.4 讨 论

5.4.1 贵州坝子土地利用功能多样性演变的趋势

1990~2016年贵州省坝子土地利用功能向多样性转变（图5-6）。单一功能中传统农业生产功能坝子的变化最大，转出的复合功能有传统农业生产功能-农村居住生活功能、城镇居住生活功能-现代规模设施农业生产功能、传统农业生产功能-城镇居住生活功能、传统农业生产功能-工业生产功能、工业生产功能-传统农业生产功能、现代规模设施农业生产功能-传统农业生产功能、传统农业生产功能-现代规模设施农业生产功能、农村居住生活功能-工业生产功能、自然生态功能-传统农业生产功能等[21]。传统农业生产功能坝子内地形平坦有利于各类建筑设施的修建，所以建筑物越来越多，人类活动越来越强烈；土壤肥沃、水源充足的坝子，有利于集中、连片、规划布置规模化现代农业，使得传统农业生产功能坝子内现代规模设施农业生产功能所占的面积增加；而土壤较贫瘠的坝子，则被撂荒，使得自然生态功能增加。其次是自然生态功能，转出方向为农村居住生活功能-传统农业生产功能、农村居住生活功能-自然生态功能、传统农业生产功能-自然生态功能、自然生态功能-城镇居住生活功能等复合功能。城镇居住生活功能转移的复合功能只有城镇居住生活功能-工业生产功能。

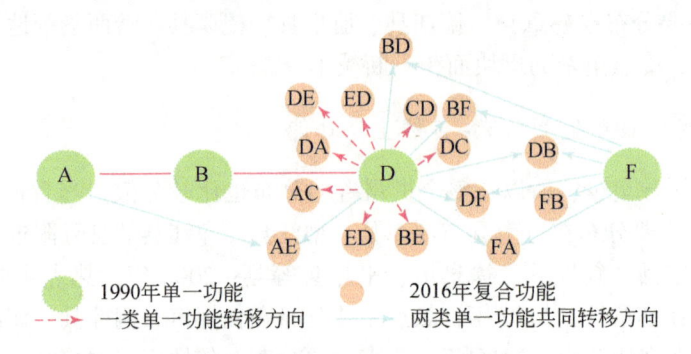

图5-6 单一功能向多功能转变示意

5.4.2 贵州坝子土地利用功能多样性驱动机制

贵州省坝子在研究初期以单一功能为主，由于坝子本身内部因素、社会经济需求和政策的导向作用，在研究后期坝子土地利用由单功能向多功能性转型（图5-7）。

坝子地形平坦、土壤层厚、地质条件好等优越的自然条件使坝子能够为人类的各种需要提供不同产品和服务。城镇和农村居民点本就是人类活动强烈的区域，其在坝子内的演变驱动着土地利用结构不断变化，坝子功能也不断改变。随着交通条件的发展，距离城镇

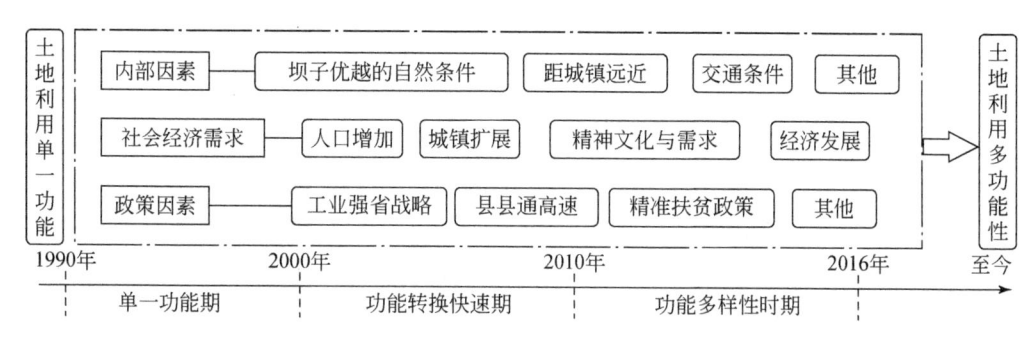

图 5-7 贵州省坝子土地利用功能多样性驱动机制

较近的坝子，逐渐受到人类活动的强烈影响，土地利用方式增多，改变了原来的单一功能，演变为多种功能。

贵州省的人口从 1990 年的 3239.11 万人增长到 2016 年的 3555.00 万人，人口不断增加，为了满足居住需要和经济发展需要，不断扩大城镇用地面积，受人类活动强烈影响的坝子越来越多，传统农业利用坝子越来越少；同时人们由最初的追求温饱到现在的追求精神文化的愉悦，使得坝子利用越来越多元化，坝子功能也就越多样化。

贵州省在"十二五"期间实施工业强省和城镇化带动战略，使得工矿用地在贵州省分布的坝子数量增加。贵州在实行县县通高速公路政策时，部分道路经过比较封闭的自然原始的坝子，从而增加坝子土地利用类型。精准扶贫政策的实施也使得部分坝子的土地用途变得多样，仅 2016 年，为助推脱贫攻坚，通过土地整治共建成高标准农田 45.32 万亩，使得许多传统农业生产耕地变为规模化、专业化、集约化的现代农业生产的耕地，坝子功能多样化。

5.4.3 高农业生产价值坝子保护

一方面，在快速的城镇化进程和贵州省大力推进农业转型升级的背景下，意味着乡村坝子除了提供农副产品这一主要功能外，提升生态/景观/社会等功能、实现农业的多功能化已成为其发展的重要任务。在此背景下，坝子的耕地、园地、林地及其他农用地等必然在市场、规划、自然条件的影响下发生重组、转化；同时，坝子的非农业生产、非生产性功能也将随之发生变化。但另一方面，在贵州山多平地少这一自然背景下，在当前快速城镇化的社会经济背景下，也非常有必要加强对具有高农业生产价值坝子的保护，并且进一步要关注耕地利用隐性形态转型[22]。因地制宜地发展规模化、专业化现代农业[23-24]，发展农、旅、观光为一体的农业基地，建立果蔬大棚、花卉大棚、草莓大棚、有机蔬菜体验园等，从而提高坝子单位土地面积的经济效益；应当对高农业生产价值坝子周边的农户进行知识教育和农业技术培训，使现代农民与现代技术相结合，使农户自主自愿发展高产农业，从而保护高农业生产价值的坝子。

5.5 结　　论

本章通过对1990~2106年贵州省坝子土地利用功能演变的综合研究，得到以下结论：

1）贵州省传统农业生产功能坝子数量不断减少，从8868个减少至4170个，而传统农业生产功能-农村居住生活功能坝子数量持续增加，从2234个增加至5755个，坝子土地利用功能已由以农村居住生活功能为主转变为以传统农业生产功能-农村居住生活功能为主，坝子的土地利用功能由单一功能向多功能转变。

2）坝子土地利用功能向多样化演变。1990年，有13类土地利用功能类型，到2016年，变为23种类型，增加10种类型，其中有8类为复合类型，坝子土地利用变多功能。

3）1990年，贵州省坝子主要以单一功能坝子为主，1990~2016年，单一功能坝子比例与复合功能坝子个数比例变化曲线呈"X"形，单一功能坝子个数比例不断下降，而复合功能坝子的比例则不断上升，从复合功能坝子的比例24.12%变到56.62%，到2016年复合功能坝子数量大于单一功能坝子数量，贵州省坝子土地利用功能变为以多功能为主，坝子土地利用功能增加多样性。

4）1990~2000年土地利用功能变化缓慢，2000年以后坝子变化强烈。1990~2000年期间只增加两种功能，转出、转进的功能有39类；2000~2010年，增加4种功能，转入、转出的功能有48类；而2010~2016年期间增加4种功能，转入、转出的功能有59种类型。

5）在坝子功能的相互转移中，传统农业生产功能转移的功能类型最多，转移最为活跃，基本上都转移为城镇居住生活功能、农村居住生活功能、工业生产功能及与之相关的复合功能和自然生态功能，而转入的方向只有传统农业生产功能-自然生态功能、自然生态功能和自然生态功能-传统农业生产功能三种功能，所以传统农业生产功能的数量在不断地减少。

6）传统农业生产功能坝子冷热点分布区域在不断缩小。传统农业生产功能-农村居住生活功能冷热点分布的区域不断分散。传统农业生产功能-自然生态功能热点分布的区域总的来说是变得分散的，集中的面积小，冷点分布地区较少直至没有分布。自然生态功能热点分布的地区变多，冷点基本上没有变化。从总体上来看，各功能的空间分布变化比较复杂，但大部分是由聚集转为分散。

由于贵州省的坝子土地利用功能类型较多，限于篇幅只分析了传统农业生产功能、传统农业生产功能-农村居住生活功能、传统农业生产功能-自然生态功能、自然生态功能四种主要功能的时空变化特征，虽然这些变化对贵州省的土地利用功能多样性变化有很大的影响，但其仍然并不是全部的影响。在未来的研究中将会深化分类体系，对研究单元的各评价指标进行定量测度，更广泛、更深入地挖掘土地利用功能多样化驱动力及变化的规律。

参 考 文 献

[1] 甄霖, 曹淑艳, 魏云洁, 等. 土地空间多功能利用: 理论框架及实证研究 [J]. 资源科学, 2009, 31 (4): 544-551.

[2] 孙丕苓, 许月卿, 刘庆果, 等. 张家口市土地利用多功能性动态变化及影响因素 [J]. 中国农业资源与区划, 2018, 39 (8): 65-74.

[3] 甄霖, 魏云洁, 谢高地, 等. 中国土地利用多功能性动态的区域分析 [J]. 生态学报, 2010, 30 (24): 6749-6761.

[4] 谢高地, 鲁春霞, 甄霖, 等. 区域空间功能分区的目标、进展与方法 [J]. 地理研究, 2009, 28 (3): 561-570.

[5] Callo-Concha D, Denich M. A participatory framework to assess multifunctional land-use systems with multicriteria and multivariate analyses: A case study on agrobiodiversity of agroforestry systems in Tomé Açú, Brazil [J]. Change and Adaptation in Socio-Ecological Systems, 2014, 1 (1): 40-50.

[6] 杜国明, 孙晓兵, 王介勇. 东北地区土地利用多功能性演化的时空格局 [J]. 地理科学进展, 2016, 35 (2): 232-244.

[7] Kates R W, Clark W C, Corell R, et al. Sustainability science [J]. Science, 2001, 292 (5517): 641-642.

[8] 易秋圆, 段建南. 土地利用功能分类与评价研究进展 [J]. 贵州农业科学, 2013, 41 (2): 188-191.

[9] Qu Y B, Jiang G H, Zhao Q L, et al. Geographic identification, spatial differentiation, and formation mechanism of multifunction of rural settlements: A case study of 804 typical villages in Shandong Province, China [J]. Journal of Cleaner Production, 2017, 166: 1202-1215.

[10] 刘超, 许月卿, 孙丕苓, 等. 土地利用多功能性研究进展与展望 [J]. 地理科学进展, 2016, 35 (9): 1087-1099.

[11] 姚原温, 李阳兵, 龙东妹. 贵州省黄家坝万亩大坝土地覆被及景观格局变化 [J]. 贵州农业科学, 2015, 43 (1): 179-184.

[12] 刘亚香, 李阳兵, 易兴松, 等. 贵州典型坝子土地利用强度空间演变及景观格局响应 [J]. 应用生态学报, 2017, 28 (11): 3691-3702.

[13] 盛佳利, 李阳兵. 贵州省坝子的空间分布及不同地貌区坝子-山地组合类型的探索性划分研究 [J]. 贵州师范大学学报: 自然科学版, 2018, 36 (2): 15-21, 32.

[14] 杨广斌, 安裕伦, 张雅梅, 等. 基于3S的贵州省万亩大坝信息提取技术 [J]. 贵州师范大学学报: 自然科学版, 2003, 21 (2): 93-96.

[15] 吴佳俣, 潘洪义, 淳阳, 等. 四川省土地利用多功能性评价及影响因素研究 [J]. 江苏农业科学, 2018, 46 (12): 258-265.

[16] 李睿康, 黄勇, 李阳兵, 等. 三峡库区腹地土地功能演变及其驱动机制分析 [J]. 长江流域资源与环境, 2018, 27 (3): 594-604.

[17] 李广东, 方创琳. 城市生态—生产—生活空间功能定量识别与分析 [J]. 地理学报, 2016, 71 (1): 49-65.

[18] 杨清可, 段学军, 王磊, 等. 基于"三生空间"的土地利用转型与生态环境效应——以长江三角洲核心区为例 [J]. 地理科学, 2018, 38 (1): 97-106.

[19] 党丽娟, 徐勇, 高雅. 土地利用功能分类及空间结构评价方法——以燕沟流域为例 [J]. 水土保持研究, 2014, 21 (5): 193-197, 203.

[20] 吕立刚,周生路,周兵兵,等.区域发展过程中土地利用转型及其生态环境响应研究——以江苏省为例[J].地理科学,2013,33(12):1442-1449.

[21] 陈会,李阳兵,盛佳利.基于土地利用变化的贵州坝子土地利用功能演变研究[J].生态学报,2019,39(24):9325-9338.

[22] 曲艺,龙花楼.中国耕地利用隐性形态转型的多学科综合研究框架[J].地理学报,2018,73(7):1226-1241.

[23] 宋小青,吴志峰,欧阳竹.1949年以来中国耕地功能变化[J].地理学报,2014,69(4):435-447.

[24] 王亚辉,李秀彬,辛良杰,等.中国农地经营规模对农业劳动生产率的影响及其区域差异[J].自然资源学报,2017,32(4):539-552.

6 县域尺度坝子中的现代农业地块时空演变

　　乡村转型发展不但在不同时空背景下存在明显差异，而且在演化方向也存在多种可能[1]。乡村转型发展进程中，土地利用与乡村发展密切相关，土地利用形态与乡村发展状态不断变化[2]。乡村社会经济重构过程中生产要素的流动以及行为主体的响应必然带来地域空间结构和土地利用形态的变化，土地利用形态的转变反过来又作用于乡村重构与乡村振兴的实践[3]。乡村转型背景下的土地利用变化，反映到耕地上，就是耕地利用规模化、集约化，耕地利用功能向现代农业功能转型；体现在耕地利用的类型结构、种植结构和投入结构的综合性结构形态变化[4]。进入21世纪以来，中国农业结构逐步由以粮食生产为核心转向以多样化、市场化、优质化为特色的现代农业结构[5]，经济快速发展影响了耕地数量、结构、功能等属性变化[6]。然而，对于耕地现代农业功能的研究，主要是集中于质量、播种面积、投入等潜在属性表征[7-8]，而从土地利用方式方面和地块尺度进行的研究较为缺乏，具体的实际应用研究方面也较为薄弱。农地转型是反映农村变化的重要指标，在社会经济转型的背景下，不同地区的农地转型程度存在差异[9]，因此，在较小的空间揭示农地现代农业功能转型的时空演变规律及其驱动机制，值得深入研究。

　　土地利用优化配置是实现乡村转型发展的有效途径[10]。"民以食为天"，经过发展的现代农业不仅能满足人民的温饱，而且还能在一定程度上满足人民日益增长的美好生活愿望，使农业的发展更充分、更平衡。要满足优质化、高产化、专业化、规模化、安全化的现代农业的发展，首先要利用好地形地貌平坦、土壤肥沃、交通便利的坝子地区，而贵州省是典型的岩溶山地地区，所以坝子对于贵州省来说尤为重要，深入了解其现代农业功能空间分布具有重要意义。本章利用高分辨率影像，研究现代农业功能坝子、现代农业功能地块数量分布，探索贵州省现代农业功能主要规模面积，研究现代农业功能坝子与地块在省域尺度空间分布，浅析其空间分布的驱动机制，从而为西南岩溶山地地区的乡村发展和解决"三农"问题提供科学参考，同时为贵州500亩以上坝子产业结构调整政策和落实乡村振兴战略提供科学的依据。

6.1 贵州坝子现代农业功能分布特征研究

6.1.1 研究区概况

　　贵州省位于103°36′E～109°35′E、24°37′N～29°13′N，属于亚热带温润季风气候，四季分明，气候呈现多样性，有"一山分四季，十里不同天"之说，气候不稳定，干旱、冰雹、凝冻等灾害性天气较多。贵州省内地势西高东低，地貌可概括分为：高原山地、丘陵和盆地3种基本类型。2018年贵州省土地面积1760.99万hm²，其中山地和丘陵的面积约占全省土地总面积92.80%，山间平坝区仅占7.20%。耕地面积占土地总面积的25.65%，且耕地分布自然坡度多在15°～25°，耕地资源稀缺且质量较差。2018年总人口约为3600万人。2018年贵州省经济作物种植面积为26.58万km²，比2017年增加20.20%，粮食作物的种植面积则比2017年下降10.2%。

6.1.2 数据来源与研究方法

6.1.2.1 现代农业功能识别分析

土地利用变化决定了土地利用功能多样性[11]，功能评价也可基于土地利用分类[12-13]，土地利用类型和土地利用方式的变更会导致功能的变化[14]，不同的土地利用方式提供不同的土地利用功能。本章根据坝子实际调查和参考梁鑫源和李阳兵[15]、Herdt和Mandac[16]的相关研究，将0.0047km²作为农户行为下规模农地标准，即将0.0047km²作为现代农业功能地块最小规模，并基于土地利用方式的不同对现代农业功能进行判定。根据对贵州现代农业实际情况的研究，发现利用方式主要有4类：规则设施农业用地、大棚设施农业用地、地膜设施农业用地和经果林（表6-1）。

表6-1 现代农业功能识别

土地利用方式	遥感影像示例	特征
规则设施农业用地		地块规整、规则，地块内有明显的道路、沟渠等基础设施，地块界限明显人为修整、分割
大棚设施农业用地		由一个个大棚组成，整齐排列、成片分布
地膜设施农业用地		地块边界不规则，但集中连片覆盖地膜设施
经果林		树木个体排列规则、清晰，有明显人工种植的痕迹

6.1.2.2 数据来源

(1) 坝子数据来源

本章先是根据地形地貌特征从高清遥感影像上识别全省所有坝子,既包括了城镇坝子,也包括了农业耕地坝子。以 2010 年 10m 分辨率的 Alos 影像和 2.5m 分辨率的资源卫星影像为主要数据源,对照对坝子的定义,在高清遥感影像上对坝子进行人工识别,然后与贵州省比例尺为 1∶50 000 的地形图叠置分析,进行人工纠正误差,确保贵州省坝子数据的精度及可靠性。

(2) 现代农业功能数据

以 2016 年 Google Earth 遥感影像 (0.27m) 为数据源,利用 ArcGIS 软件将坝子空间分布矢量数据覆盖于数据源上,根据表 6-1 标准,人工识别拥有现代农业功能的坝子,即现代农业功能坝子(下文中的坝子均代表现代农业功能坝子)。再将现代农业功能坝子矢量数据覆于数据源上人工目视解译各个现代农业功能斑块,即现代农业功能地块(本章中的地块均代表现代农业功能地块)。采用部分斑块实地调查验证的方式来增加其精确性(图6-1)。

图 6-1 现代农业功能地块实地调查示例

(3) 社会经济统计数据

贵州省土地面积、耕地面积等来自 2018 年贵州省自然资源公报。贵州省总人口数量来自《贵州统计年鉴》(2018)。经济作物种植面积、粮食作物种植面积等来自《2018 年贵州省国民经济和社会发展统计公报》。农业水利设施数量、村通信设施数量等来自《贵州省第三次全国农业普查主要数据公报》。

6.1.2.3 研究方法

(1) 现代农业功能坝子和现代农业功能地块数量分布特征

为了便于科学地分析地块、坝子的数量分布特征，分别将坝子面积（S）、地块面积（S_1）分为10个等级。为分析各坝子内地块面积比例关系，将其比例分为10个等级（表6-2）。

表6-2 坝子与地块面积等级分类

等级	坝子面积区间/km²	地块面积区间/km²	地块与坝子面积比例区间/%
等级1	$0.0047 \leqslant S < 1$	$0.0047 \leqslant S_1 < 0.1$	0~10
等级2	$1 \leqslant S < 2$	$0.1 \leqslant S_1 < 0.2$	10~20
等级3	$2 \leqslant S < 3$	$0.2 \leqslant S_1 < 0.3$	20~30
等级4	$3 \leqslant S < 4$	$0.3 \leqslant S_1 < 0.4$	30~40
等级5	$4 \leqslant S < 5$	$0.4 \leqslant S_1 < 0.5$	40~50
等级6	$5 \leqslant S < 6$	$0.5 \leqslant S_1 < 0.6$	50~60
等级7	$6 \leqslant S < 7$	$0.6 \leqslant S_1 < 0.7$	60~70
等级8	$7 \leqslant S < 8$	$0.7 \leqslant S_1 < 0.8$	70~80
等级9	$8 \leqslant S < 9$	$0.8 \leqslant S_1 < 0.9$	80~90
等级10	$9 \leqslant S$	$0.9 \leqslant S_1$	90~100

(2) 利用核密度分析方法分析坝子、地块个数空间分布

核密度分析工具是用于计算要素在其周围邻域中的密度，可以直观地显示出点在空间上的密度分布状况[17]。坝子、地块是一个有边界的连续不规则的曲面，在省域尺度可以将坝子与地块分别抽象化为点状事物，再利用ArcGIS10.2软件的核密度分析工具对坝子与地块个数空间分布进行分析。

(3) 利用Pearson相关系数分析地块与坝子面积的相关性

Pearson相关系数可以用来描述两个服从二元正态分布的变量的线性相关关系[18]。利用SPSS17.0软件，根据Pearson相关系数的公式来分析地块与所在坝子面积是否存在相关关系。

$$r_p(i,j) = \frac{\sum_{k=1}^{n}(x_{ik} - \bar{x}_i)(x_{jk} - \bar{x}_j)}{\sqrt{\sum_{k=1}^{n}(x_{ik} - \bar{x}_i)^2 \sum_{k=1}^{n}(x_{jk} - \bar{x}_j)^2}} \tag{6-1}$$

式中，$r_p(i,j)$为现代农业功能地块i与现代农业功能坝子j在样本量k中的相关系数，n为样本总个数，x_{ik}和x_{jk}分别为地块i和坝子j在第k个样本中的面积值，$\bar{x}_i$和$\bar{x}_j$分别是地块i和地块j在所有样本中面积的平均值。其中$r_p(i,j)$的取值在-1和1之间，当$-1 < r < 0$时，线性负相关；当$0 < r < 1$时，表示线性正相关；当$r = -1$，表示完全线性负相关；当r

=1，表示完全线性正相关；r=0，表示没有线性相关关系。

（4）地块与坝子空间自相关分析

1）首先利用 ArcGIS10.2 软件将研究区域划分为 5km×5km 的规则网格，将划分的规则网格图与现代农业功能地块分布图、现代农业功能坝子分布图叠加，分别计算各个网格内地块面积比例与坝子面积比例。计算公式为：

$$P_{di} = \frac{D_{ij}}{W_i}, P_{bi} = \frac{B_{ij}}{W_i} \tag{6-2}$$

式中，P_{di} 代表第 i 个网格内地块的面积比例；D_{ij} 表示落入第 i 个网格的 j 个地块的面积总和；P_{bi} 代表第 i 个网格内坝子的面积比例；B_{ij} 表示落入第 i 个网格的 j 个坝子的面积总和；W_i 代表第 i 个网格的面积。

2）利用双变量局域空间自相关识别网格内地块与坝子空间集聚区域和空间异质区域的具体位置。双变量局域空间自相关分析结果有高—高、高—低、低—高、低—低 4 种关系类型。其中，高—高、低—低表示局域内地块面积比例与坝子面积比例关系为空间正相关，高—低、低—高表示局域内地块面积比例与坝子面积比例为空间负相关。Anselin 等[19]对双变量局域空间自相关的定义为：

$$I_{kl}^i = z_k^i \sum_{j=1}^{n} w_{ij} z_l^j \tag{6-3}$$

式中，$z_k^i = \frac{X_k^i - \bar{X}_k}{\sigma_k}$，$z_l^j = \frac{X_l^j - \bar{X}_l}{\sigma_l}$，$X_k^i$ 是空间单元 i 属性 k 的值、X_l^j 是空间单元 j 属性 l 的值，$\bar{X}_k$、$\bar{X}_l$ 是属性 k、l 的平均值，σ_k、σ_l 是属性 k、l 的方差，w_{ij} 为空间单元 i、j 之间的空间连接矩阵。

6.1.3 结果分析

6.1.3.1 现代农业功能坝子、现代农业功能地块数量分析

（1）地块面积、坝子面积分布分析

从图 6-2 可以看出以下结果：本研究中，共有 456 个现代农业功能坝子，坝子面积最小的为 0.0221km²，最大面积为 79.4790km²。坝子面积主要分布在等级 1，即 0.0047～1km²，有 246 个坝子。面积在 5km² 以下的坝子个数占到了 88.82%。等级 10，即面积在 9km² 以上坝子个数只占 7.24%。从等级 1 到等级 6，坝子的个数以不同的速度在减少，等级 7 到等级 8 在增加，等级 8 至等级 9 在减少，现代农业功能坝子个数大体上是随面积等级的增高而减少的（图 6-2a）。

本研究中，共有 839 个现代农业功能地块，最大面积为 3.4788km²。地块面积主要在 0.0047～0.1km² 之间，即等级 1，占到总地块个数的 69.49%，等级 2 的地块个数占 13.47%。0.9km² 以下面积的地块占 97.50%。从等级 1 至等级 4，地块个数不断减少，其中等级 1 到等级 2 之间的下降幅度最大。等级 5 的个数大于等级 4 与等级 6 的个数。等级 7 小于左右两边两个等级，等级 8 至等级 9 数量在减少。现代农业功能地块个数变化总体

是随面积等级增大而减少（图6-2b）。

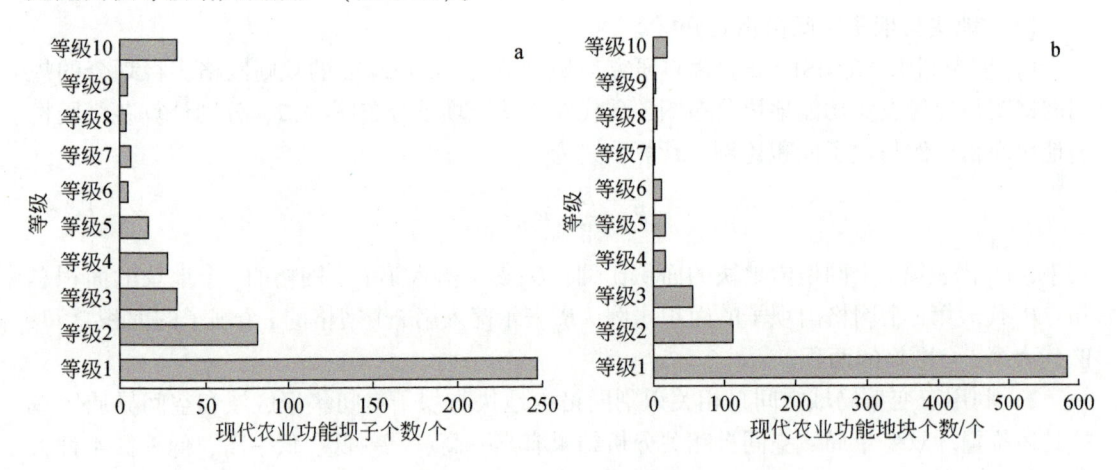

图6-2 坝子与地块在各面积等级的个数分布

（2）贵州省各地级市、自治州现代农业功能坝子和现代农业功能地块数量分布

从坝子数量分布看（图6-3），黔南州坝子在全省坝子面积中的比例最大，为22.03%，其次分别为遵义市和毕节市，比例分别为16.84%和15.61%。坝子面积百分比最小为3.38%，位于六盘水市。毕节市坝子个数最多，坝子个数占全省坝子总个数的比例为22.81%，遵义市的坝子个数小于毕节市，坝子个数比例为19.96%。坝子个数百分比最小值位于贵阳市。从坝子面积和个数分布来看，毕节市和遵义市坝子数量较多。

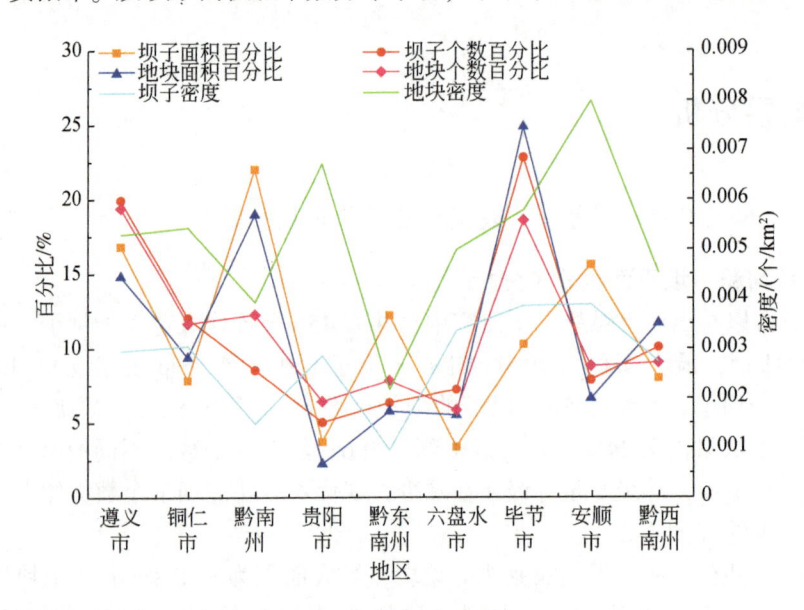

图6-3 贵州省坝子与地块数量分布

黔南州：黔南布依族苗族自治州；黔东南州：黔东南苗族侗族自治州；黔西南州：黔西南布依族苗族自治州。下同

从地块数量分布来看，面积比例最大的3个城市分别是毕节市、黔南州和遵义市，分别为24.86%、19.00%和14.83%。地块面积百分比最小值位于贵阳市和六盘水市。遵义市地块个数最多，比例为19.43%，其次是毕节市，黔南州位于第三，地块个数百分比为12.28%。地块个数百分比最小的两个城市是贵阳市和六盘水市。从总体来看，毕节市、遵义市、黔南州地块面积百分比和个数百分比都比较大，均位于全省前三。贵阳市和六盘水市地块面积和个数百分比均较小。

从密度分布来看，贵州省各城市现代农业功能坝子、现代农业功能地块的密度值小，均未超过0.01个/km²。全省坝子密度最大的两个城市分别是毕节市和安顺市，密度值都为0.0039个/km²。地块密度最大的城市是安顺市，密度为0.08个/km²，其次分别是贵阳市和毕节市。

6.1.3.2 现代农业功能地块、现代农业功能坝子空间特征

(1) 坝子和地块空间位置分析

现代农业功能坝子空间分布总体上为南部和北部少，中部多；东部和西部面积较小，中部面积较大（图6-4a）。全省现代农业功能坝子中面积最大的坝子分布在惠水县；面积第二的坝子跨安顺市平坝区与西秀区，面积为50.3713km²；面积第三分布在天柱县，面积为28.5515km²；面积第四的坝子面积为28.0395km²，分布在贵定县。面积最小的3个坝子的面积分别是0.0221km²、0.0505km²和0.0559km²，分别分布在大方县、威宁彝族回族苗族自治县和安龙县。

现代农业功能地块在全省的分布总体上为中部多，南部和北部少（图6-4b）。面积最大的3个地块分别分布在惠水县、威宁彝族回族苗族自治县和铜仁市碧江区，面积分别为3.4787km²、2.2199km²和1.6175km²。面积最小的3个地块分别位于花溪区、余庆县和安龙县。

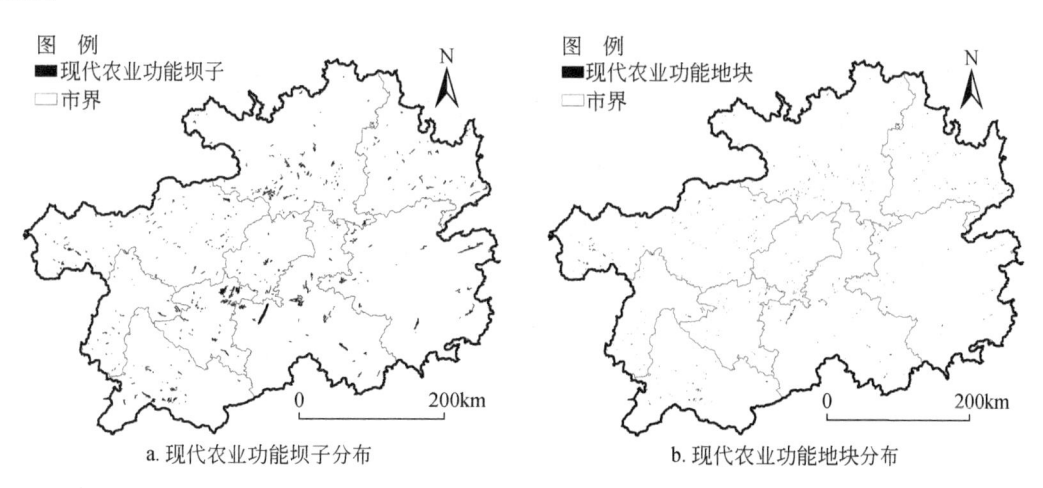

a. 现代农业功能坝子分布　　　　b. 现代农业功能地块分布

图6-4　贵州省现代农业功能坝子与地块的空间位置分布

(2) 地块个数与坝子个数空间分布分析

利用 ArcGIS10.2 软件分别对现代农业功能坝子和地块进行核密度分析，对坝子和地块个数进行空间可视化分析，并且依据自然断点法将坝子和地块的核密度阈值分为9个范围（阈值保留小数点后两位）。

从坝子核密度分布看（图6-5a），南部、北部及东部稀疏，中部和西部集聚。坝子核密度分布最大为 4.47 个/km²。坝子在遵义市播州区与红花岗区交汇处形成一个高密度核心区，核密度的范围为 3.97～4.47 个/km²。其次是安龙县，核密度范围为 3.48～3.97 个/km²。除此之外，核密度值大于 1.99 个/km² 的地区分别有安顺市西秀区、安顺市平坝区、镇宁布依族苗族自治县、普定县、关岭布依族苗族自治县、毕节市七星关区、威宁彝族回族苗族自治县、黔西县、贵阳市花溪区、贵阳市南明区、贵阳市乌当区及遵义市湄潭县。

从整个贵州省地块个数核密度分布来看（图6-5b），南北部稀疏，中部集聚，西部大于东部。地块核密度值最大范围为 8.90～10.01 个/km²，在惠水县、长顺县、安顺市平坝区和贵阳市花溪区4个地区的交汇处形成一个高密度核心区。其次是分布在红花岗区和播州区两区的交汇处。第三个核密度阈值范围为 6.68～7.79 个/km²，分布在安龙县和贵阳市南明区。坝子核密度大于 5.56 个/km² 的地区分别还有遵义市播州区、遵义市红花岗区、湄潭县、贵阳市花溪区、龙里县、贵定县、安顺市西秀区、镇宁布依族苗族自治县、普定县、关岭布依族苗族自治县、六盘水市六枝特区及威宁彝族回族苗族自治县。

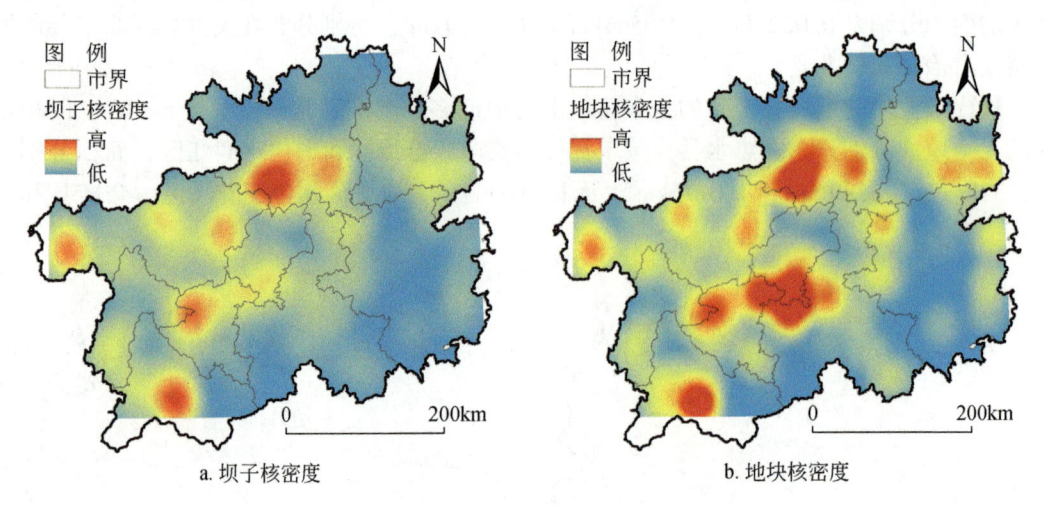

a. 坝子核密度 b. 地块核密度

图 6-5 现代农业功能坝子核密度与地块核密度空间分布

6.1.3.3 现代农业功能坝子与现代农业功能地块关系分析

(1) 地块面积与坝子面积相关性分析

根据 SPSS17.0 软件进行的 pearson 相关系数分析结果（表6-3），可以看出：其显著性 $P<0.05$。根据相关原理可知，现代农业功能地块面积与现代农业功能坝子面积是具有显著关联的。且 r 为 0.702，因此现代农业功能地块面积与现代农业功能坝子面积呈强正相关关系，即地块面积随所在坝子面积的增大而增大。

表 6-3 地块面积与坝子面积相关性分析

类型		结果	
坝子面积与地块面积	Pearson 相关性	1	0.702**
	显著性（双侧）		0.000
	N	456	456

注：** 为在 0.01 水平（双侧）上显著相关

（2）面积比例数量分析

贵州省地块总面积占坝子总面积的比例为 9.29%。坝子内地块面积比例最小为 0.091%，整个坝子均为现代农业功能的有 4 个，即面积比例达到了 100%（图 6-6a）。地块占所在坝子面积的比例主要是在 0~10%，有 224 个坝子；在 10%~20% 的坝子有 81 个，变化幅度较大；80%~90% 的坝子个数最少，只有 3 个坝子；50%~60% 与 60%~70% 的坝子个数相等。地块占所在坝子面积达到一半以上的，占坝子总个数的 7.46%；地块占坝子达 80% 以上的，占坝子总个数的 2.19%，占到 90% 以上的只有 7 个坝子。总体上，坝子个数随比例的增高而减少（图 6-6b）。

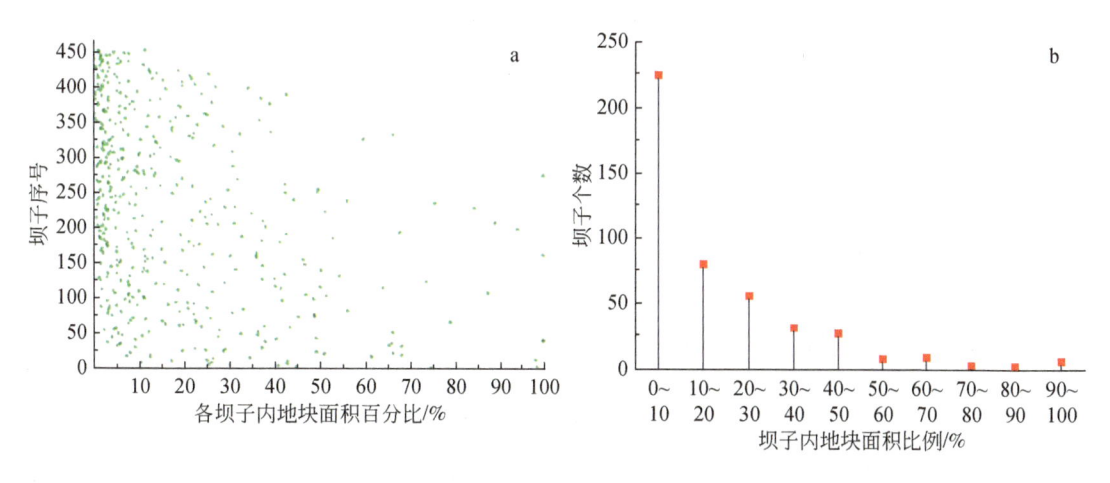

图 6-6 地块与坝子的面积比例分布变化情况

（3）地块与坝子双变量局域空间自相关分析

利用 GeoDA 软件深入分析网格内地块的面积比例与坝子面积比例的空间相关关系（图 6-7），得到以下结果：

1）全省范围内具有高—高正相关关系的网格共有 166 个，主要分布在威宁彝族回族苗族自治县、安龙县、安顺市平坝区、长顺县、惠水县、贵定县、六枝特区、遵义市播州区、红花岗区、绥阳县和黄平县等地区。

2）呈高—低负相关关系的网格有 197 个，主要分布在威宁彝族回族苗族自治县、大方县、盘州市、水城县、六枝特区、兴义市、安龙县、惠水县、长顺县、平坝区、江口县、荔波县、思南县、遵义市播州区、汇川区和绥阳县等地区。可以看出威宁彝族回族苗族自治县、安龙县、安顺市平坝区、长顺县、惠水县、六枝特区、遵义市播州区和绥阳县

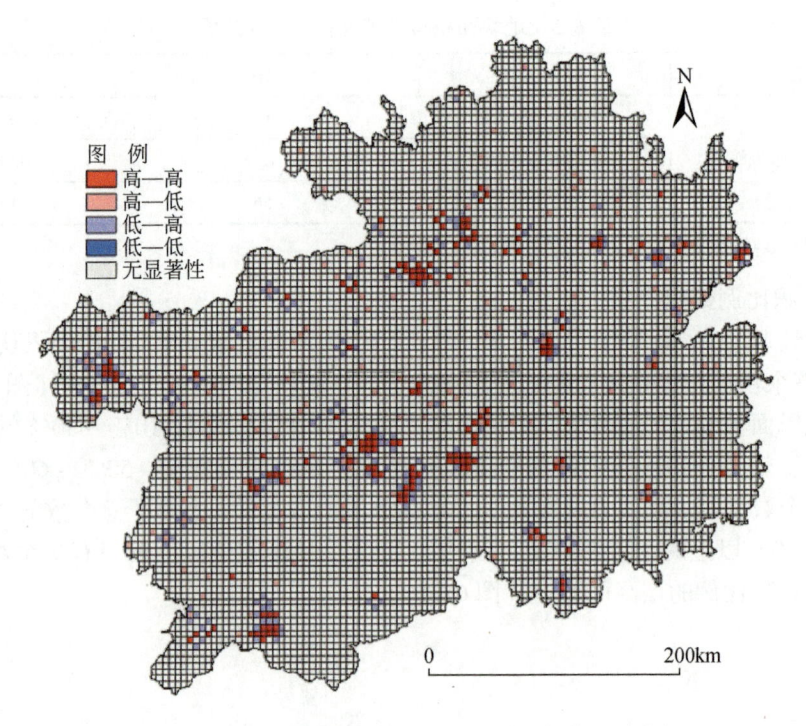

图 6-7　现代农业功能地块与坝子局域空间自相关分析

等地区既是高—高集聚区也是高—低集聚区，这几个区（县）的现代农业功能坝子与现代农业功能地块的面积都较大，故各个区（县）内地块面积与坝子面积的空间相关关系类型较为多样。

3）地块面积比例与坝子面积比例呈低—高负相关关系的网格有164个，在全省的分布较为平均。

4）从整体上看，遵义市、黔南州和毕节市的地块与坝子的空间自相关关系较为密切，主要是因为这三个地级市（自治州）的坝子与地块面积位于贵州省前三。

6.1.4　讨论

6.1.4.1　现代农业功能地块分布驱动机制分析

地块面积百分比与地块个数百分比位于贵州省前三的均是遵义市、黔南州和毕节市。下面从自然条件、社会经济条件、政策三方面分析其驱动机制（图6-8）。

（1）遵义市凭借优良社会经济条件，驱动农业专业化、规模化

遵义市2016年地区生产总值仅次于省会贵阳市。拥有的排灌站、能灌溉的水塘和水库、农用水泵的数量均位于全省第一；拥有电子商务配送站点的村的比例为全省最高；拥有的机电井数量、农业机械总动力、公路里程数均位于全省第二。2013~2017年，遵义市共推进了"中国茶城""四在农家，美丽乡村"、大健康产业、特色产业精准扶贫、美丽

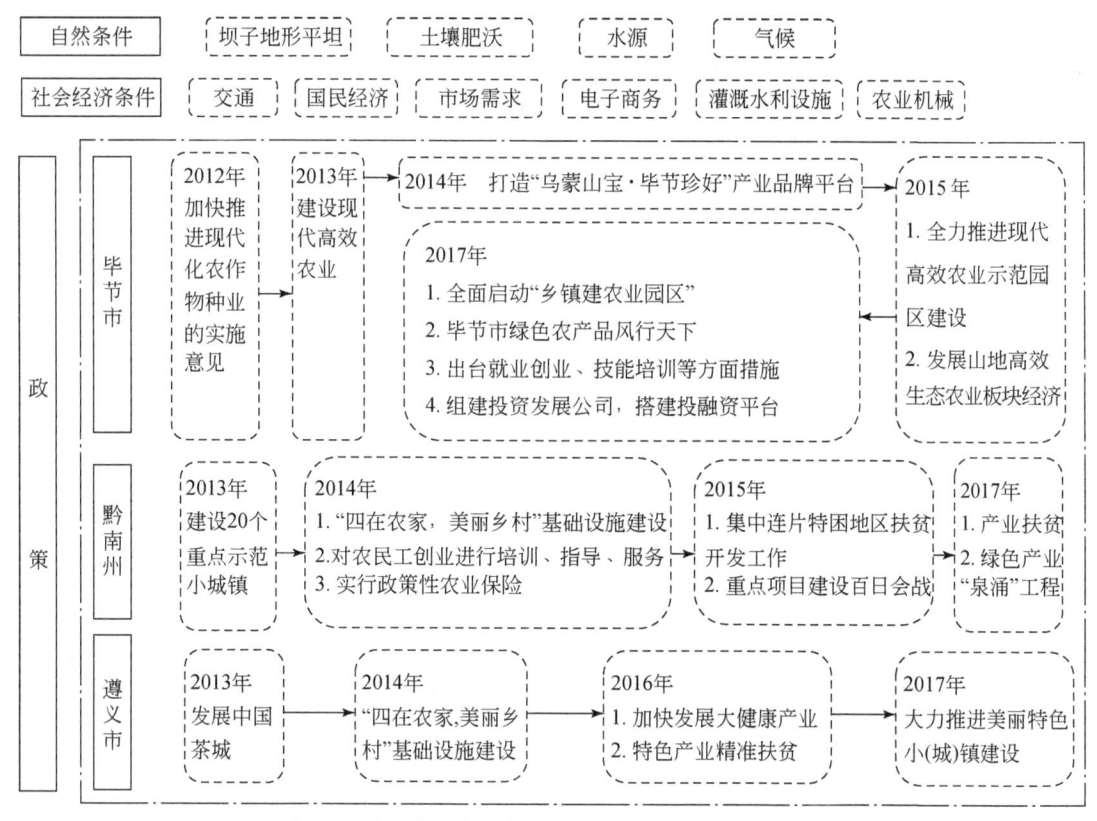

图 6-8　遵义市、毕节市、黔南州地块分布驱动机制图

特色小（城）镇建设等 5 项促进农业产业发展的政策。

（2）毕节市农业发展的主要动力是政策，其农业现代化对政策的依赖性较强

毕节市是贵州省人口最多的地区，公路里程位于全省第一。2012 年加快推进现代农作物种业发展；2013 年建设现代高效农业示范园区；2014 年将"乌蒙山宝·毕节珍好"打造成承载全市农业主导产业品牌和龙头企业品牌的平台；2015 年强力推进现代高效农业示范园区建设，发展山地高效生态农业板块经济；2017 年全面启动"乡镇建农业园区""毕节市绿色农产品风行天下行动"，出台就业创业、技能培训等方面措施，组建投资发展公司、搭建投融资平台。

（3）黔南州自然条件优越，社会需求倒逼农业现代化

黔南州拥有贵州省最大的现代农业功能坝子，位于惠水县。同时，黔南州有 4 个县与省会贵阳市毗邻，受贵阳市市场的辐射带动作用。2013 年推出建设 20 个重点示范小城镇工作；2014 年进行基础设施建设，对农民工进行技术培训，实现政策性农业保险；2015 年推进重点项目建设百日会战；2017 年实行产业扶贫，推进绿色农产品"泉涌"工程。

6.1.4.2　可能存在的问题与建议

从坝子和地块的空间分布可以看出，坝子与地块空间分布格局不一致，坝子与地块个数密度没有直接相关性，某些地区坝子个数少，但单个坝子的面积大，故单位面积内坝子个数少,而单个大坝子内现代农业功能地块较多,所以地块个数密度大。地块面积与坝子面积具有强正相关关系,但仍然存在大坝子内只有小面积现代农业功能地块的现象,这主要是受经济、人口、市场等社会经济条件的制约。

目前,坝子土地利用已出现现代农业转型,未来应充分发挥坝子得天独厚的自然优势,以政府为主导,鼓励支持农户发展现代农业,对发展规模化农业能力有限的农户加大农地经营权流转力度,对土地进行统一规划、连片布局,发展农业适度经营规模,鼓励企业投资,支持农户以土地、资金、劳动力方式入股,建立农业合作社,引发农村经济变革的同时在一定程度上能解决城市菜价贵问题。

6.1.5 小结

1)现代农业功能地块面积百分比最大的3个地区分别是毕节市、黔南州和遵义市,现代农业功能地块个数百分比最大的3个地区是遵义市、毕节市和黔南州,且毕节市、遵义市和黔南州3个地区的地块面积比例与坝子面积比例的空间相关关系最强烈,即空间集聚性最强。

2)现代农业功能坝子在遵义市播州区与红花岗区交汇处形成一个高密度核心区,坝子核密度值范围为 3.97~4.47 个/km²。现代农业功能地块在惠水县、长顺县、平坝区与花溪区交汇处形成一个高密度核心区,核密度值范围为 8.90~10.01 个/km²。

3)现代农业功能地块面积与现代农业功能坝子面积呈强正相关关系,现代农业功能地块面积随坝子面积的增加而增加。

4)现代农业功能地块面积占所在坝子面积的比例主要分布在 0~10%。

6.2 贵州典型县域坝区现代农业功能地块时空演变研究

贵州坝子土地利用由单一功能向多功能转变[20],坝区耕地向现代农业功能转型较为明显。已有研究在省域尺度上揭示了贵州坝子现代农业功能分布特征[21],但仍有必要在省域尺度研究的基础上,进一步从更高的时空分辨率视角,深入系统地揭示典型坝区现代农业功能地块的时空演变规律。惠水县、绥阳县和湄潭县坝子分布较多,是贵州典型的坝区县,本部分利用高清遥感影像为基本数据源,结合实地调查,研究惠水县、绥阳县和湄潭县坝区现代农业功能地块类型结构变化和坝子现代农业功能地块空间分布演变,揭示坝区现代农业功能地块演变的驱动机制,以为坝区耕地功能转型优化和土地资源可持续利用提供指导,为贵州500亩以上坝子农业产业结构调整提供科学参考。

6.2.1 研究区概况

6.2.1.1 研究区的选择

已有研究证实黔南州与遵义市的现代农业功能地块的面积和个数均位于贵州省前三之

列[21]，同时考虑前期研究基础和数据的可获得性，本部分选择贵州省 3 个典型坝区县——惠水县、绥阳县和湄潭县为研究区（图6-9）。惠水县隶属贵州省黔南布依族苗族自治州，绥阳县和湄潭县则是隶属于贵州省遵义市，以期通过对这三个县从 2005 年到 2018 年坝子现代农业功能地块时空变化的研究，为贵州省坝子产业结构调整提供有力的参考。

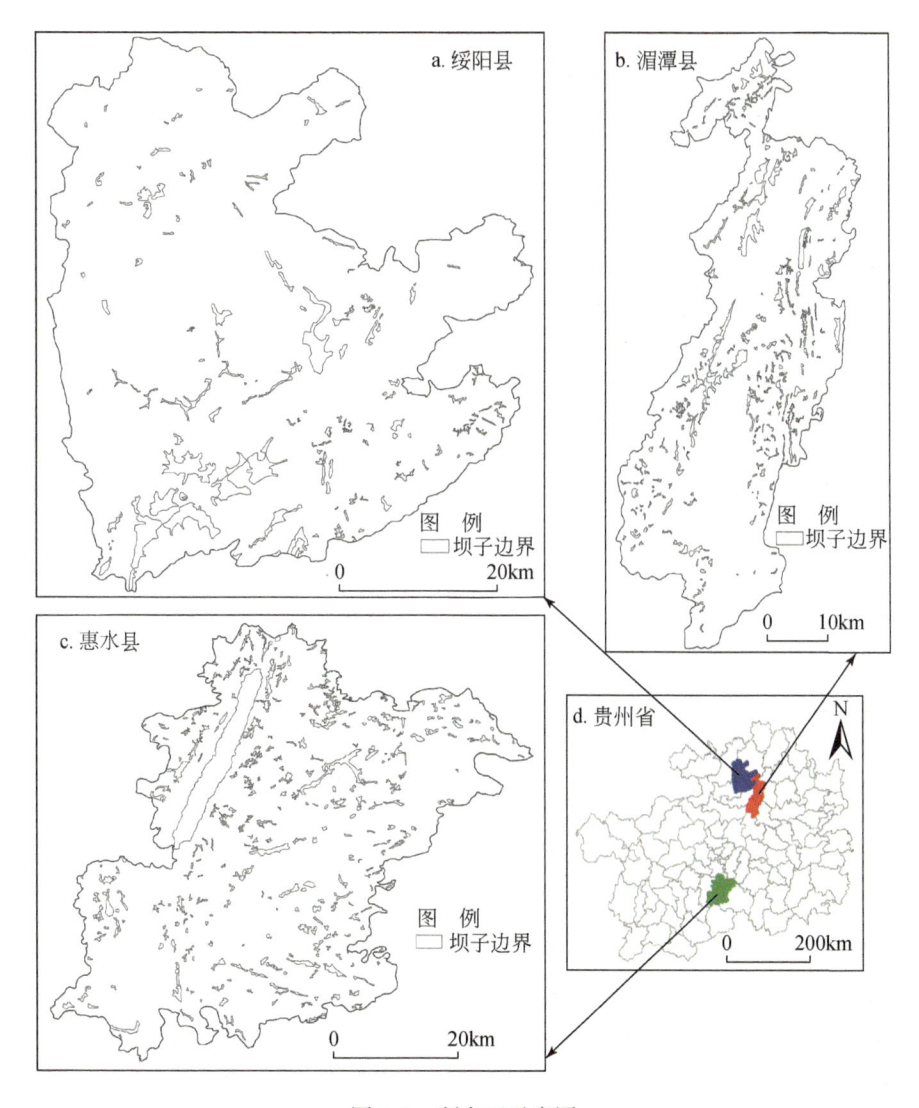

图 6-9 研究区示意图

6.2.1.2 研究区简述

惠水县位于 106°23′E ~ 107°05′E、25°41′N ~ 26°17′N。地势北高南低，平均海拔 1100m，全县土地总面积为 2471.79km²。2018 年，惠水县年末常住人口为 35.85 万人，粮食种植面积为 259.70km²，油料种植面积 45.98km²，蔬菜种植面积 160.58km²，烤烟种植面积 7.94km²，果园种植面积 56.39km²。相较于 2017 年，粮食播种面积、油料播种面积和烤烟种植面积都在减少，而蔬菜种植面积和果园种植面积则在增加。

绥阳县位于 106°95′E ~ 107°51′E、27°82′N ~ 28°49′N，土地总面积约 2566km²，地势西北部高，中南部较低，平均海拔 866m。2018 年，绥阳县年末常住人口有 38.47 万人，实现农业增加值 36.55 亿元，新建农业园区 15 个，建设高标准农田项目 44 个，培育农业经营主体 151 个、专业合作社 73 个、示范农民专业合作社 64 家，现代农业结构不断优化，技术不断创新。

湄潭县位于 107°15′36″E ~ 107°41′08″E，27°20′18″N ~ 28°12′30″N，县域南北狭长，东西较窄，土地总面积 1865.54km²，平均海拔 972.7m。2018 年，年末总人口 38.28 万人；粮食种植面积 392km²，比上年减少 16.06%；油料种植面积 89km²，比上年增加 7.23%；烤烟种植面积 28km²，比上年减少 13.39%。

6.2.2 数据来源与研究方法

6.2.2.1 现代农业功能地块识别与分类

人类对土地需求的多样化引起土地利用方式复杂化，各类型用地间的矛盾越来越突出[22]，集约利用农用地是缓解这些冲突的有效手段。不同土地利用方式提供不同功能，土地利用类型变化导致功能变化[23]，功能的分类可通过土地利用类型不同来划分[24]，因此本部分借鉴土地利用功能分类方式，根据土地实际用途不同对现代农业功能进行分类，再根据对贵州现代农业实际情况的研究，将现代农业功能分为以下 4 类：规则设施农业用地、大棚设施农业用地、地膜设施农业用地、经果林用地，以突出从粮食作物、经济作物到园艺作物的变化。梁鑫源和李阳兵[15]、Herdt 和 Mandac[16]将 0.0047km² 作为农户主体行为下规模农地标准，结合研究的实际情况，因此将 0.0047km² 作为现代农业功能地块最小规模。

6.2.2.2 数据来源

(1) 社会经济数据来源

惠水县、绥阳县和湄潭县土地面积、耕地面积等来自各县人民政府官网。各县人口数量来自《贵州统计年鉴》(2018)。粮食种植面积、烤烟种植面积、蔬菜种植面积、农业园区数量和农业经营主体个数等农业数据来自各县 2018 年国民经济和社会发展统计公报。

(2) 坝子内现代农业功能地块数据来源

分别以惠水县、绥阳县和湄潭县的 2005 年 2.5m 分辨率 SPOT5 影像，2010 年 ALOS (2.5m) 影像，2013 年、2016 年、2018 年分辨率为 0.27m 的 Google Earth 遥感影像为数据源，利用 ArcGIS 软件将坝子空间分布矢量数据覆盖于数据源上，根据表 6-1 人工目视解译 2005 年、2010 年、2013 年、2016 年和 2018 年现代农业功能地块。对于疑似斑块采用实地调查方式来验证（图 6-10），从而提高识别斑块精确性。需要说明的是，图 6-10 中第二组图片为疑似影像斑块（YS），第一组和第三组为对应疑似斑块的实地照片（SD），其中 YS1-SD 为影像图 SY1 的实地调查照片，YS2-SD 为影像图片 SY2 的实地调查照片，依次类推。

图 6-10　现代农业功能影像斑块与实地调查图

6.2.2.3　研究方法

（1）坝子的等级划分

因研究区为三个县，各县内不同面积大小的坝子较多，所以为了简洁分析坝子内现代农业功能地块数量变化，将拥有现代农业功能坝子的面积（S）分为五个等级。

1）等级 1：$S \geq 6.667 \text{km}^2$（10000 亩）。
2）等级 2：3.333km^2（5000 亩）$\leq S < 6.667 \text{km}^2$（10000 亩）。
3）等级 3：0.667km^2（1000 亩）$\leq S < 3.333 \text{km}^2$（5000 亩）。
4）等级 4：0.333km^2（500 亩）$\leq S < 0.667 \text{km}^2$（1000 亩）。
5）等级 5：0.0047km^2（7.05 亩）$\leq S < 0.333 \text{km}^2$（500 亩）。

（2）现代农业功能动态度测算

为了更好地反映惠水县、绥阳县和湄潭县现代农业功能地块的变化速度和幅度，引用单一土地利用动态度[25]来对现代农业功能地块面积和个数的变化进行测度，公式为：

$$D = \frac{S_f - S_e}{S_e} \times \frac{1}{T} \times 100\% \tag{6-4}$$

式（6-4）中，D 为研究期内某区域现代农业功能地块动态度，S_e 和 S_f 分别为研究初期和研究末期现代农业功能地块的数量；T 为研究的时间段长，T 值的单位为年。

（3）网格划分

因各县内的现代农业功能地块面积较小，个数也较少，所以为了更清晰更直观地可视化研究其空间变化，在此借用 ArcGIS10.2 软件的 Greate Fishnet 模块将各研究县划分为 1km×1km 的规则网格，再将各个格网中现代农业功能地块的面积分别赋在网格上。

(4) 现代农业功能重心迁移模型

"重心"是表征要素"高密度"集聚空间位置的重要工具，是由要素的空间状态决定的，重心移动反映要素在区域发展过程中时空变化差异。一般区域的重心坐标有两种方法：一是为政府驻地坐标；二是利用 ArcGIS 软件的"要素转点"工具生成重心坐标[26]。本研究为了更精确获取 2005~2018 年各县现代农业功能地块重心迁移过程，将网格看作区域，测算其重心。重心计算公式为：

$$X = \frac{\sum_{i=1}^{n} W_i X_i}{\sum_{i=1}^{n} W_i}; Y = \frac{\sum_{i=1}^{n} W_i Y_i}{\sum_{i=1}^{n} W_i} \quad (6-5)$$

式 (6-5) 中，X、Y 表示某年现代农业功能地块重心分布的经纬度坐标；W_i 表示第 i 个地块的面积；X_i、Y_i 分别表示第 i 个地块的几何重心的经纬度；n 表示该年地块的总个数。

6.2.3 结果分析

6.2.3.1 现代农业功能地块数量演变阶段

从面积看（图 6-11），2005 年惠水县和湄潭县的现代农业功能地块的面积分别为 0.40km²、0.16km²，面积都比较小，而绥阳县则无现代农业功能地块；2010 年，惠水县和绥阳县现代农业功能地块面积 2010 年明显增加，湄潭县变化不大；到 2018 年，3 个县现代农业功能地块面积都有明显变化，以惠水县尤为突出。

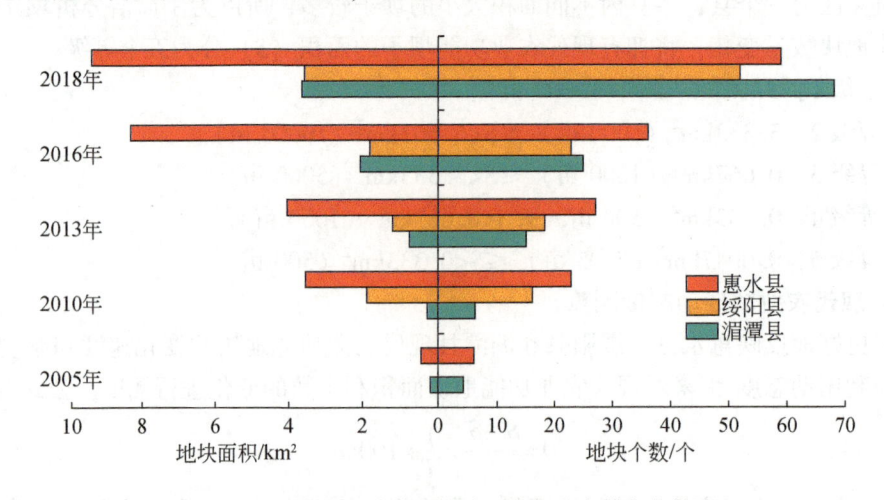

图 6-11 现代农业功能地块总面积与总个数变化情况

从地块的个数来看（图 6-11），2005~2018 年，惠水县、绥阳县和湄潭县坝子内现代农业功能地块的个数都在不断增加。2005~2016 年惠水县现代农业地块数量大于绥阳县与湄潭县，2018 年，惠水县地块数量小于湄潭县，但地块总面积大于湄潭县，说明湄潭县多小面积地块，而惠水县多为大面积地块。综上可以看出，2010 年以前是坝子现代农业功能发展的初始期，主要耕地利用功能转型开始于 2010 年，与相关研究发现 2010 年为坝区生产功能转型拐点的结论一致[27]。

从图 6-12 进一步分析可看出：2016 年是现代农业功能地块发展的转折期。2005～2016 年，惠水县现代农业功能地块的年均变化面积均大于其他两个县，说明其发展早且速度快，在 2016 年达到最大值。2016～2018 年，惠水县地块年均变化面积减少，小于其他两个县，说明其发展速度在变缓。绥阳县和湄潭县的地块年均变化面积在 2016～2018 年的值远高于其他各时间段，说明绥阳县和湄潭县现代农业发展速度在此期间段快速增长，所以 2016 年为三个县现代农业发展的转折点。

惠水县、绥阳县和湄潭县现代农业功能地块动态度均在 2% 以下。2005～2010 年，惠水县动态度最大，为 1.57%。2010～2013 年惠水县动态度减小，湄潭县地块变化幅度增大，动态度变最大值，为 0.68%。2010～2016 年湄潭县变化幅度变小，惠水县和绥阳县动态度增加。2016～2018 年，绥阳县现代农业功能地块变化幅度增加，地块动态度超过湄潭县和惠水县，惠水县动态度最小，为 0.07%。

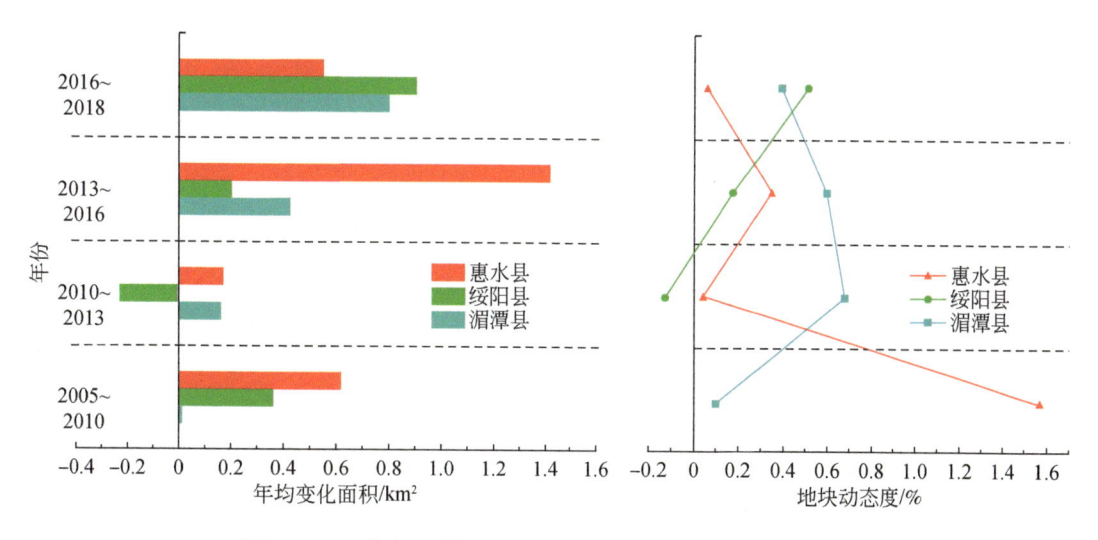

图 6-12　现代农业功能地块年均面积变化与动态度变化情况

6.2.3.2　现代农业功能地块类型结构演变

从图 6-13 可以得出以下结论。

（1）惠水县坝子内的现代农业功能类型朝大棚设施农业用地方向发展

2005～2010 年，大棚设施农业用地的面积在增加；2013 年，面积略微下降；2013～2018 年大棚设施农业用地面积快速增长，到 2018 年，大棚设施农业用地面积达到 6.99km²。2010～2016 年，规则设施农业用地的面积从 0.73km² 增加 0.91km²，但到 2018 年，面积下降了 0.21km²。2005 年地膜设施农业用地的面积为 0.13km²，2010 年面积为

1.66km², 2010~2018年，面积在不断减少，到2018年，面积仅有0.04km²。2013~2018年，惠水县经果林的面积在不断增加，到2018年，面积为0.51km²。

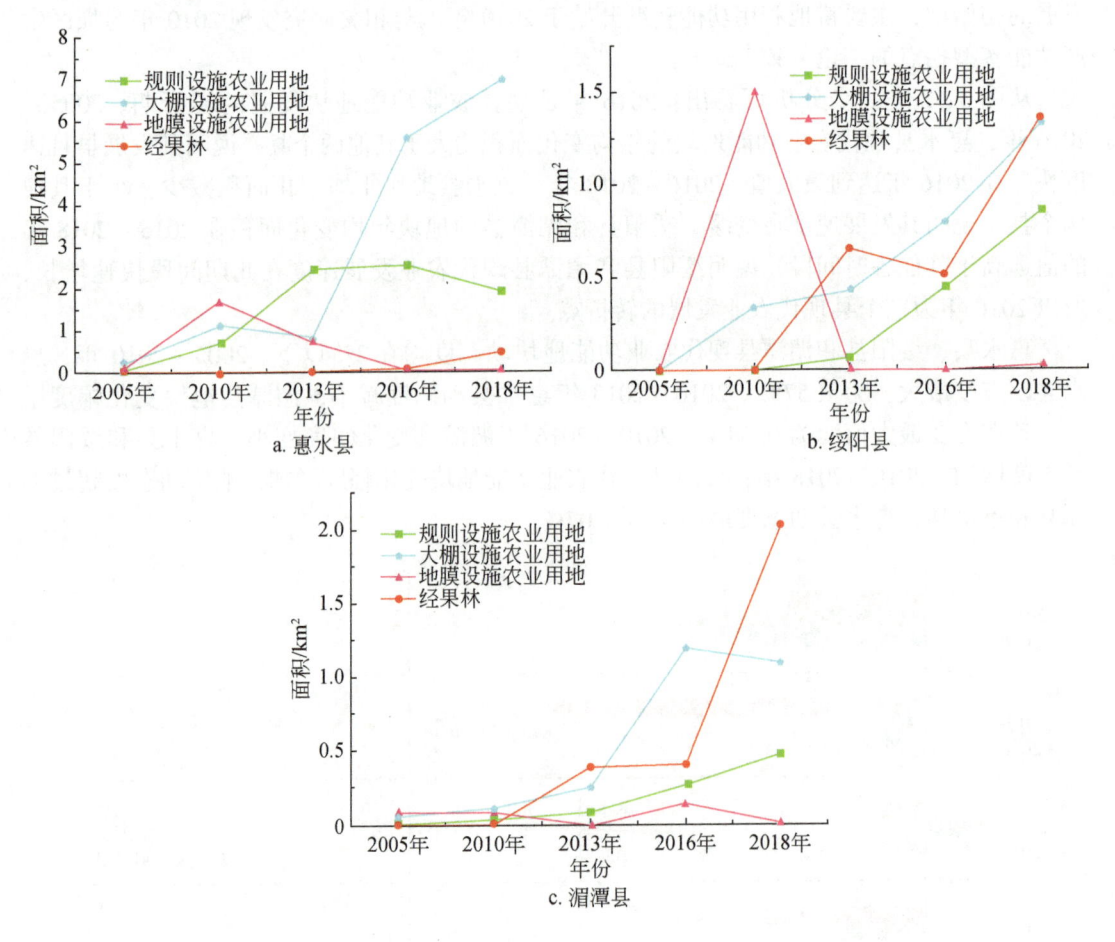

图6-13 各类现代农业功能地块面积变化情况

（2）绥阳县坝子内耕地现代农业功能类型主要为经果林和大棚设施农业用地

2013年，经果林的面积开始增加，2016年面积略微下降，2018年又快速增长，面积达到1.36km²。2010~2018年，大棚设施农业用地面积都在不断增长，2018年，面积为1.33km²。2013~2018年规则设施农业用地面积都在快速增长，到2018年，面积为0.87km²。2010年，绥阳县拥有大面积的地膜设施用地，可以说是"短暂性"的现代化，2010~2013年地膜设施农业用地的面积快速下降，到2018年略微增加，但是面积远远小于其他三类。

（3）湄潭县内现代农业功能类型主要为经果林

2013~2016年，经果林的面积在缓慢增长，2016~2018年经果林面积快速增加，到2018年面积达到2.04km²。2010~2018年，规则设施农业用地面积在不断增加，但是面积比较小，2018年面积仅有为0.48km²。2010~2016年大棚设施农用地面积在不断增加，但

| 92 |

到 2018 年，面积减少了 0.09km²，面积小于经果林。2005~2018 年，地膜设施农业用地面积呈波动减少，从 2005 年的 0.16km² 减少至 2018 年的 0.02km²。

综上所述，随着经济的发展，粮食作物的经济收益逐渐低于蔬菜、瓜果和药材等经济作物，在 3 个县坝子经济作物逐渐替代粮食作物，而地膜等设施也逐渐被淘汰，取而代之是规模化农地和大棚等设施，加上近年来，人们越来越重视"绿色""生态"，景观苗圃和景观苗木等园艺作物需求越来越大，因此现代农业功能类型以经果林和大棚设施农业用地为主。

6.2.3.3 研究区不同等级坝子现代农业功能变化

(1) 不同等级坝子现代农业功能地块数量变化

惠水县现代农业功能开始于万亩大坝内，也主要分布在万亩大坝内，而后向小坝子扩展。2005 年，惠水县现代农业功能地块只分布在等级 1 地块，即面积为 6.667km²（10 000 亩）以上的大坝子内，且 2005~2018 年，等级 1 内的地块面积都在增加，且比例都在 90% 以上。2010 年现代农业功能地块开始向等级 5 的坝子扩展，即向面积 0.333km²（500 亩）以下的小坝子扩展，2010~2018 年，等级 5 内的地块面积和比例都在不断增长（表 6-4）。

表 6-4 2005~2018 年惠水县坝子内现代农业功能地块数量变化

等级	2005 年 地块面积/km²	2005 年 占总地块比例/%	2010 年 地块面积/km²	2010 年 占总地块比例/%	2013 年 地块面积/km²	2013 年 占总地块比例/%	2016 年 地块面积/km²	2016 年 占总地块比例/%	2018 年 地块面积/km²	2018 年 占总地块比例/%
等级 1	0.40	100	3.43	96.85	4.02	99.19	8.25	99.10	8.97	94.92
等级 2	0	0	0	0	0.01	0.15	0	0	0.25	2.60
等级 3	0	0	0.05	1.45	0	0	0.02	0.23	0.08	0.89
等级 4	0	0	0.01	0.19	0	0	0	0	0.03	0.28
等级 5	0	0	0.06	1.51	0.03	0.66	0.06	0.67	0.12	1.31

绥阳县现代农业功能开始并主要分布在 6.67km²（10000 亩）以上的大坝子内，万亩大坝内现代农业功能的变化明显。2010~2016 年现代农业功能都只是分布在等级 1、等级 2 和等级 3 的地块。2010~2018 年，等级 1 内地块面积增加 1.48km²，比例增加 7.46%。2018 年，现代农业功能开始出现分布在等级 5 内地块，说明现代农业开始向 0.333km²（500 亩）以下的坝子扩展（表 6-5）。

湄潭县现代农业功能也始于万亩大坝，其后向面积较小的坝子转移。2005 年，湄潭县现代农业功能地块在等级 1 的比例为 100%，2010 年现代农业功能地块向等级 3 和等级 4 地块转移，2013 年等级 5 地块开始出现代农业功能，2013~2018 年，等级 5 内地块的比例逐步增长，即面积在 0.333km²（500 亩）以下坝子内的现代农业功能地块面积逐步增加，现代农业功能向面积较小的坝子转移和扩张（表 6-6）。

表 6-5　2005~2018 年绥阳县坝子内现代农业功能地块数量变化

等级	2005 年 地块面积/km²	2005 年 占总地块比例/%	2010 年 地块面积/km²	2010 年 占总地块比例/%	2013 年 地块面积/km²	2013 年 占总地块比例/%	2016 年 地块面积/km²	2016 年 占总地块比例/%	2018 年 地块面积/km²	2018 年 占总地块比例/%
等级 1	0	0	1.29	69.94	0.67	58.48	1.26	71.62	2.77	77.30
等级 2	0	0	0.54	29.54	0.38	32.63	0.48	27.18	0.65	18.25
等级 3	0	0	0.01	0.52	0.10	8.89	0.02	1.20	0.14	3.99
等级 4	0	0	0	0	0	0	0	0	0.01	0.21
等级 5	0	0	0	0	0	0	0	0	0.02	0.25

表 6-6　2005~2018 年湄潭县坝子内现代农业功能地块数量变化

等级	2005 年 地块面积/km²	2005 年 占总地块比例/%	2010 年 地块面积/km²	2010 年 占总地块比例/%	2013 年 地块面积/km²	2013 年 占总地块比例/%	2016 年 地块面积/km²	2016 年 占总地块比例/%	2018 年 地块面积/km²	2018 年 占总地块比例/%
等级 1	0.16	100	0	0	0	0	0.52	25.97	0.56	15.38
等级 2	0	0	0	0	0	0	0	0	0	0
等级 3	0	0	0.09	37.28	0.46	64.01	1.10	54.43	1.57	43.27
等级 4	0	0	0.15	62.72	0.24	32.83	0.21	10.20	1.00	27.60
等级 5	0	0	0	0	0.023	3.16	0.19	9.40	0.50	13.75

研究初期万亩大坝中的经济条件较好，有着发展现代农业的良好条件；随着经济、农业技术的发展，加之一些政策的扶持，如精准扶贫政策等，使得面积较小的坝子地区也逐步规模化地发展农业，因此到后期现代农业功能向面积较小的坝子扩展。

（2）现代农业功能空间大坝集聚性

2005~2010 年，惠水县现代农业功能地块的重心都分布在西北部的万亩大坝内。从图 6-14 可以看到，虽然 2005~2018 年重心都在不断地迁移，但是都只是在大坝范围内移动。惠水县现代农业功能地块面积变化也主要是发生在其西北部的万亩大坝内。2005~2016 年，增加的地块主要集中在西北部的大坝中，大坝子周围的小坝子内也有增加面积，但是增加的面积小。2016~2018 年，万亩大坝外的坝子内现代农业功能地块面积增加，说明现代农业从大坝向周围较小的坝子扩展。

绥阳县现代农业功能地块的重心主要在西南部和中东部的几个大坝子之间迁移变化（图 6-15）。2010~2013 年，地块减少的面积主要分布在西南部几个大坝子中，增加的面积主要在中东部，所以在这期间重心往东北方向移动。2013~2016 年，中东部的大坝子内地块的面积增加，重心继续往东北方移动。2016~2018 年，地块增加的面积主要分布在西南部的几个大坝子当中，所以重心往西南方向移动。

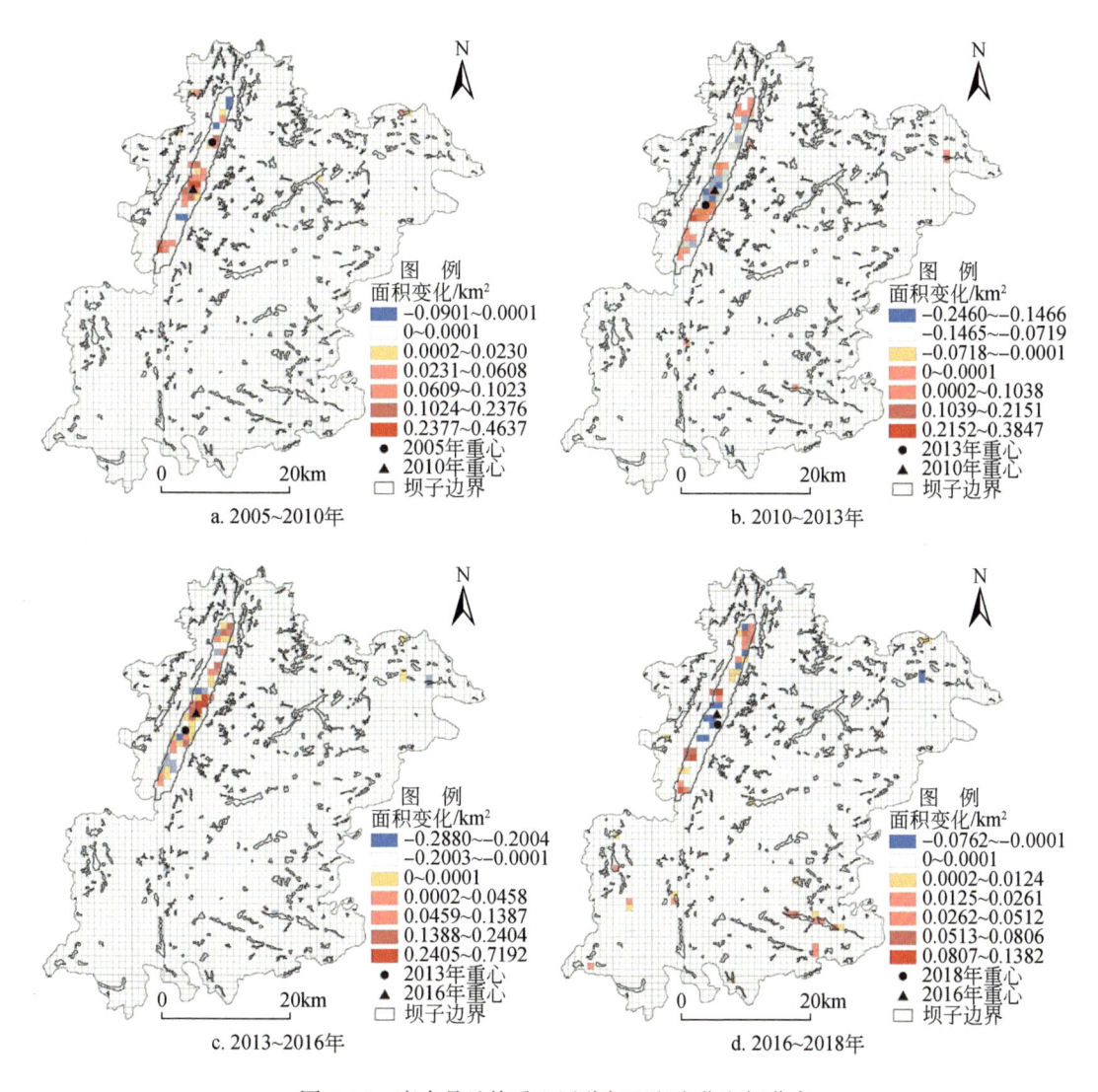

图6-14 惠水县地块重心迁移与面积变化空间分布

2005~2018年，湄潭县地块变化主要分布在中部坝子集聚的地区，重心在2010年以后也主要是在中部移动（图6-16）。2005~2010年，绥阳县西北部地块面积减少，中部和东部地块面积增加，所以地块重心往东南方向移动。2010~2013年，地块重心继续往东南方向移动，在此时间段内，地块变化较小。2013~2016年，北部地块增加面积较多，中部地块面积减少，所以重心往西北方向回移。2016~2018年，相较于其他时间段地块面积变化最为强烈，变化主要集中在中部和东部，所以重心继续往东南方向移动。

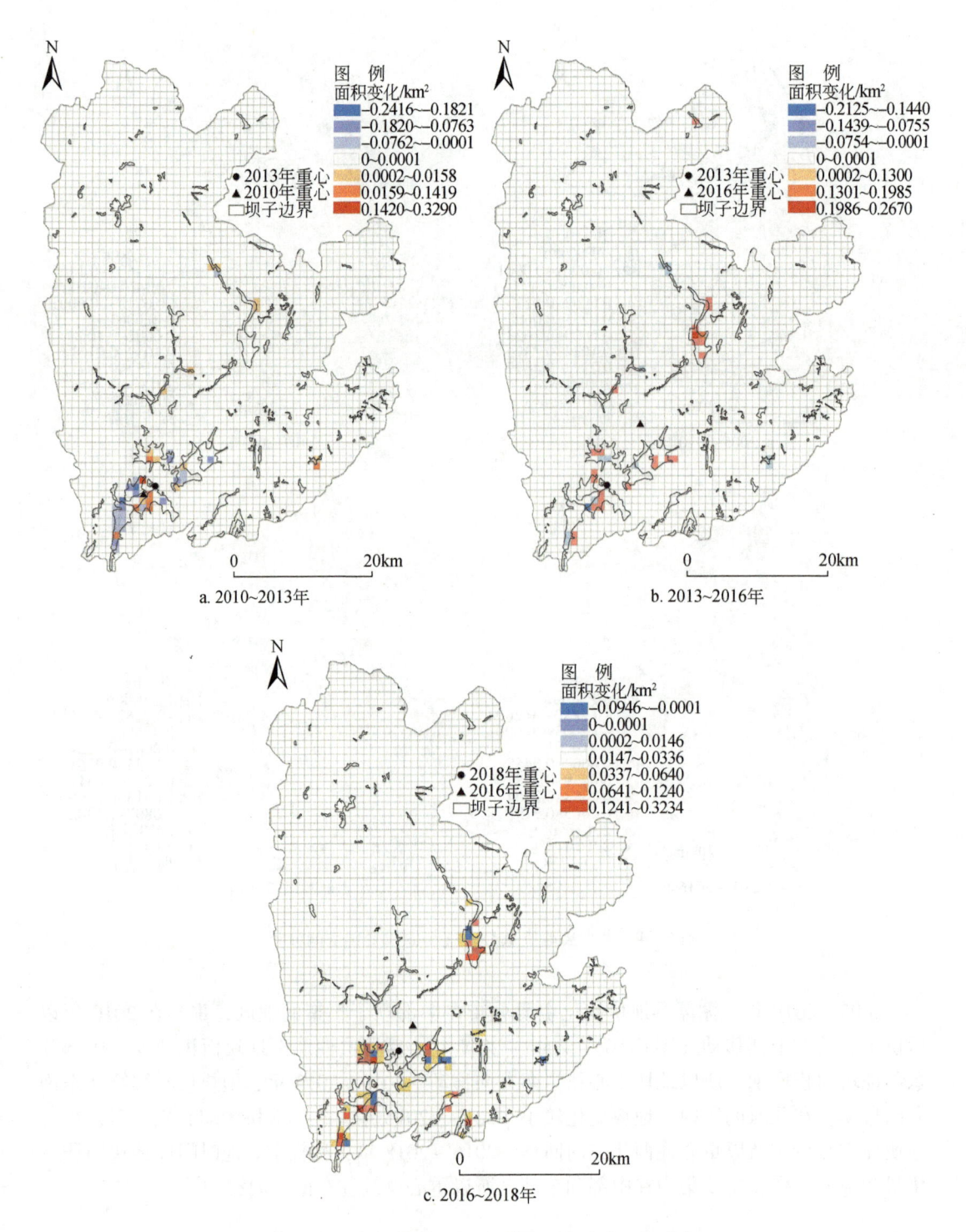

图6-15 绥阳县地块重心迁移与面积变化空间分布

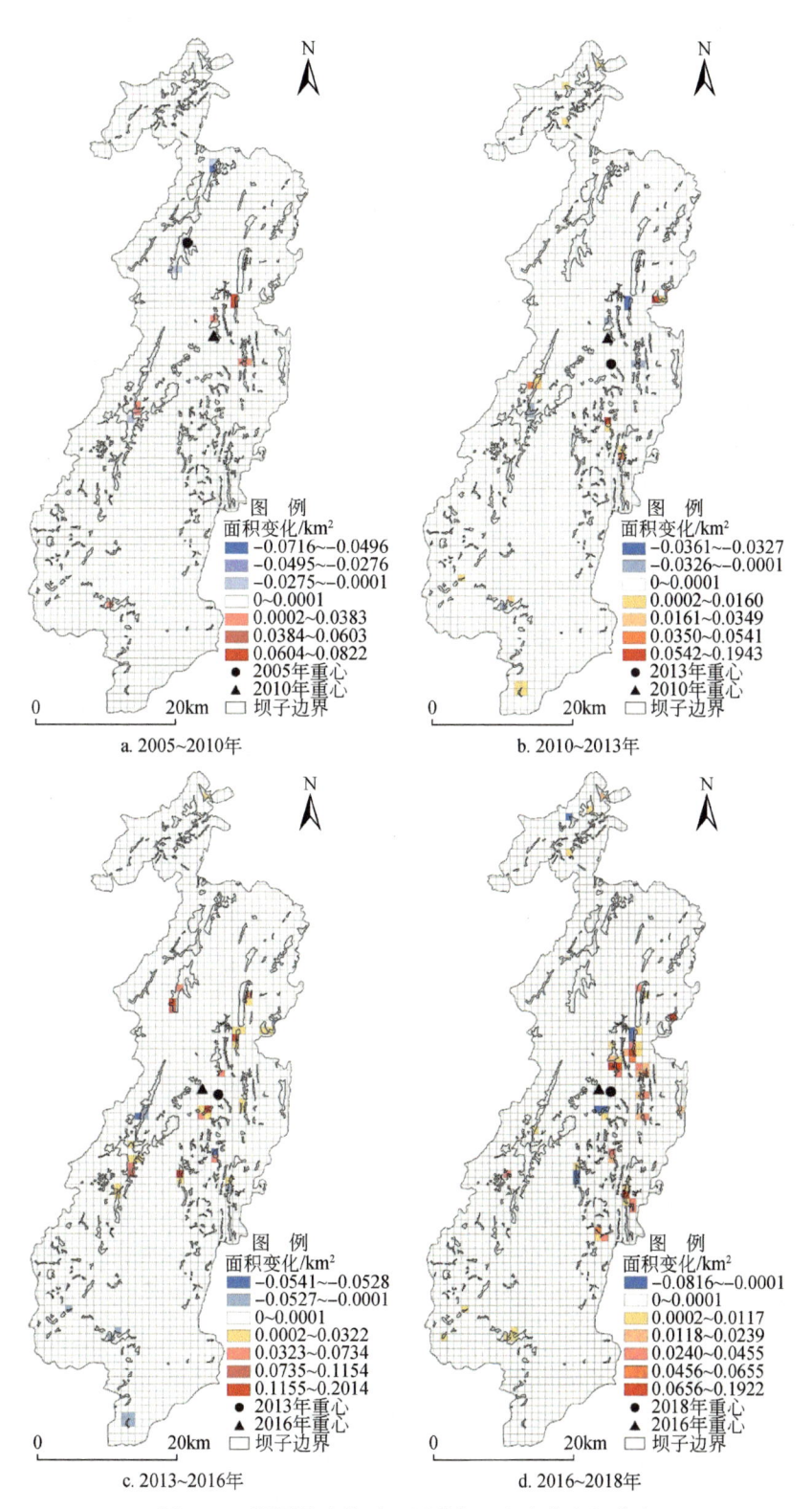

图 6-16 湄潭县地块重心迁移与面积变化空间分布

6.2.4 讨论

6.2.4.1 坝子内现代农业功能变化驱动机制分析

贵州省耕地功能转型从2006年前后开始，经济发展较快的地区在2004年前后已提前转型，经济发展较慢的地区在2012年前后转型[28]。惠水县、绥阳县和湄潭县坝子内现代农业的发展主要是受到四个方面的影响：一是坝子本身所具有的自然资源优势，二是政策，三是本地劳动力市场、土地市场等诱致性因素，四是其他地区的各类需求等远程诱致性因素（图6-17）。

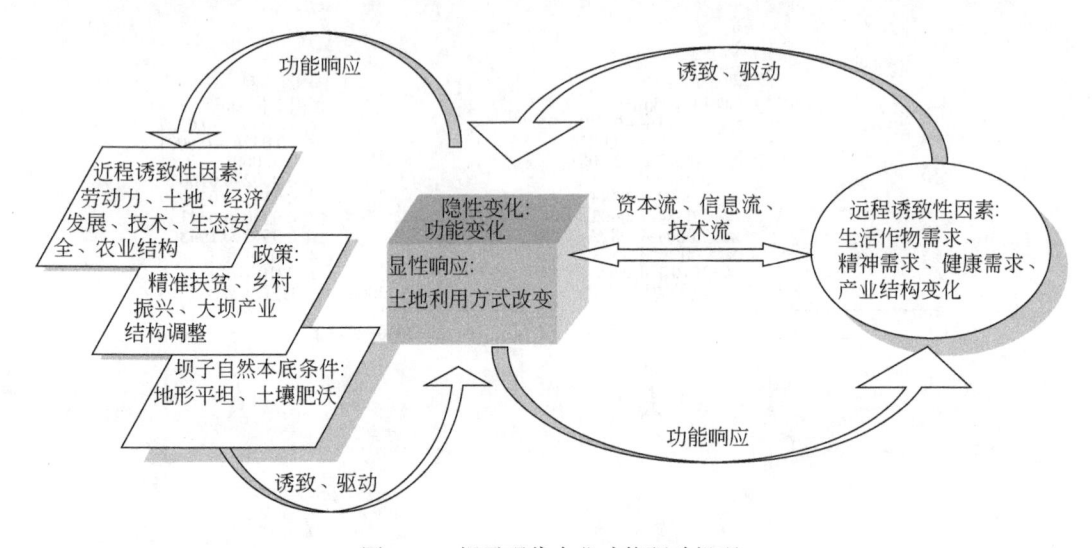

图6-17 坝子现代农业功能驱动机理

坝子地区地形平坦，利于农业规模化经营，便于机械化农业生产，也有利于沟渠等灌溉设施建设，交通便利，利于农产品的运输。精准扶贫等政策使得坝子地区的基础设施更加完善，对农业发展的资金和技术支持力度也在不断加大，贵州对500亩以上坝子的产业结构调整政策更是加速了农业结构转型，让坝子现代农业发展进入了快速发展的时期。

由于当地农民可选择的就业机会增多，农民耕种土地的欲望下降，土地外包面积增加，更易于土地流转，利于规模化农业生产。经济的发展和技术的提高，农户更具有发展现代农业的资本和技术基础，为了经济发展和保护生态环境，经济作物和园艺作物代替传统农作物，现代农业的发展已成为当地一种趋势，也在诱使当地从事现代农业生产，从而诱致和驱动坝子土地利用方式的改变，进而促进功能的变化。从这一点来讲，贵州坝区与中国中部农区和东部发达地区具有相同的乡村转型机制[29]。

随着社会经济的发展，各地之间并不是一个简单的独立系统，而是各系统通过资本流、信息流和技术流等相互作用、相互影响[30-31]。其他地区对蔬菜和水果等生活作物需求使坝子地区的农作物生产具有远程市场，而其他地区对环境安全的需求也使景观苗木和景观苗圃等具有销售市场。当地通过市场信息，灵活地掌握远程市场需求的变化，根据市场需求调整生产结构，从而诱致、驱动坝子地区农业结构调整，土地利用方式也因此会对市场的需求变化进行响应，从而引起功能的变化。

6.2.4.2　问题与建议

在实地调查当中，发现目前坝子内现代农业发展存在两个问题：一是某些农户认为土地流转的价格较低，流转土地的积极性不强；二是企业在大面积地种植经果林和修建大规模的大棚设施以后，由于经果林收益回笼年限长，大棚修建成本高，企业经营压力大，一旦企业出现资金短缺或经营不善，就会造成大规模的经果林撂荒、大棚废弃，造成土地资源的浪费。

贵州省注重特色农业与城乡统筹协调发展，解决区域性农产品需求和农村脱贫解困社会问题[32]。农业规模化经营方式可以通过增加资本、技术等经济要素提高劳动生产率[33]，从保障农地资源可持续利用看，政府应注重促进地块规模扩大[34]。因此，针对这两个问题，笔者提出两个经营模式建议：一种是"政府+合作社+企业或农户"的经营方式，即由政府统一流转土地，再由村里的合作社统一修建大棚，之后将大棚出租给企业或者农户个体，这样不仅调动农户流转土地的积极性，还可以缓解企业前期投资高的问题，大棚也可以循环使用，不会造成浪费；另一种是"政府+企业+农户"的经营模式，即由政府统一流转土地，企业租赁土地后种植经果林，在经果林未挂果之前，企业可以将果林再次出租给个体农户种植低矮蔬菜，这样不仅可以减轻企业在果林挂果之前的租金负担，还可以在一定程度上节约果林管理费用。

6.2.5　小结

本部分以贵州典型坝区——惠水县、绥阳县和湄潭县为研究区，综合高清遥感影像和实地调查，研究了贵州省坝区现代农业功能地块类型结构变化和坝子现代农业功能地块空间分布演变，初步得到以下结论：

1）坝区耕地现代农业功能地块时空演变存在多样性和差异性，表现在耕地现代农业功能地块发展阶段存在差异。2010年以前是坝子现代农业功能地块发展的初始期，2016年是坝子现代农业功能地块快速发展的转折期。

2）现代农业功能地块结构类型存在时空差异。2005年，现代农业功能类型有两类——大棚设施农业用地和地膜设施，2010年增加规则设施农业用地，到2018年，四种类型均有分布，主要以大棚设施农业用地和经果林为主。

3）坝区内现代农业功能地块发展于大坝子内，并逐渐向面积较小的坝子内扩展，表明坝子耕地利用功能转型由大坝子向小坝子扩展。

4）现代农业功能地块重心主要分布在大坝子内或者坝子集聚的地区。惠水县现代农业功能地块的重心主要在其西北部的万亩大坝内移动，绥阳县和湄潭县地块重心主要分布在坝子集聚的地区。

参 考 文 献

[1] 鲁大铭, 杨新军, 石育中, 等. 黄土高原乡村体制转换与转型发展 [J]. 地理学报, 2020, 75 (2): 348-364.

[2] 龙花楼, 戈大专, 王介勇. 土地利用转型与乡村转型发展耦合研究进展及展望 [J]. 地理学报, 2019, 74 (12): 2547-2559.

[3] 龙花楼, 屠爽爽. 土地利用转型与乡村振兴 [J]. 中国土地科学, 2018, 32 (7): 1-6.

[4] 牛善栋, 方斌, 崔翠, 等. 乡村振兴视角下耕地利用转型的时空格局及路径分析——以淮海经济区为例 [J]. 自然资源学报, 2020, 35 (8): 1908-1925.

[5] 刘彦随, 陆大道. 中国农业结构调整基本态势与区域效应 [J]. 地理学报, 2003, 58 (3): 381-389.

[6] 张一达, 刘学录, 任君, 等. 基于耕地多功能权衡与协同分析的耕地利用转型研究——以北京市为例 [J]. 中国农业资源与区划, 2020, 41 (6): 25-33.

[7] 张攀春. 现代农业的主导功能及其可持续发展 [J]. 农业现代化研究, 2012, 33 (5): 548-551.

[8] 乌东峰, 张世兵, 曾栋梁. 基于模糊综合评价的现代多功能农业研究 [J]. 经济地理, 2009, 29 (12): 2075-2079.

[9] Ma L, Long H L, Tu S S, et al. Farmland transition in China and its policy implications [J]. Land Use Policy, 2020, 92: 104470.

[10] 陈秧分, 刘玉, 李裕瑞. 中国乡村振兴背景下的农业发展状态与产业兴旺途径 [J]. 地理研究, 2019, 38 (3): 632-642.

[11] 吴佳俁, 潘洪义, 淳阳, 等. 四川省土地利用多功能性评价及影响因素研究 [J]. 江苏农业科学, 2018, 46 (12): 258-265.

[12] 陈婧, 史培军. 土地利用功能分类探讨 [J]. 北京师范大学学报 (自然科学版), 2005, (5): 536-540.

[13] 党丽娟, 徐勇, 高雅. 土地利用功能分类及空间结构评价方法——以燕沟流域为例 [J]. 水土保持研究, 2014, 21 (5): 193-197, 203.

[14] 朱琳, 黎磊, 刘素, 等. 大城市郊区村域土地利用功能演变及其对乡村振兴的启示——以成都市江家堰村为例 [J]. 地理研究, 2019, 38 (3): 535-549.

[15] 梁鑫源, 李阳兵. 三峡库区规模农地时空变化特征及其驱动机制 [J]. 地理学报, 2018, 73 (9): 1630-1646.

[16] Herdt R W, Mandac A M. Modern technology and economic efficiency of Philippine rice farmers [J]. Economic Development and Cultural Change, 1981, 29 (2): 375-399.

[17] 许泽宁, 高晓路. 基于电子地图兴趣点的城市建成区边界识别方法 [J]. 地理学报, 2016, 71 (6): 928-939.

[18] 张桂萍, 张峰, 茹文明. 旅游干扰对历山亚高山草甸优势种群种间相关性的影响 [J]. 生态学报, 2005, (11): 76-82.

[19] Anselin L, Syabri I, Smirnov O. Visualizing multivariate spatial correlation with dynamically linked windows [C] //Ansenlin L, Rey S. New Tools for Spatial Data Analysis: Proceedings of the Specialist Meeting. Center for Spatially Integrated Social Science (CSISS), University of California, Santa Barbara, CD-ROM, 2002.

[20] 陈会, 李阳兵, 盛佳利. 基于土地利用变化的贵州坝子土地利用功能演变研究 [J]. 生态学报, 2019, 39 (24): 9325-9338.

[21] 陈会，李阳兵，唐家发．贵州坝子现代农业功能分布特征研究［J］．地球科学进展，2019，34（9）：962-973.

[22] 张红旗，许尔琪，朱会义．中国"三生用地"分类及其空间格局［J］．资源科学，2015，37（7）：1332-1338.

[23] 朱琳，黎磊，刘素，等．大城市郊区村域土地利用功能演变及其对乡村振兴的启示——以成都市江家堰村为例［J］．地理研究，2019，38（3）：535-549.

[24] 刘继来，刘彦随，李裕瑞．中国"三生空间"分类评价与时空格局分析［J］．地理学报，2017，72（7）：1290-1304.

[25] 程维明，高晓雨，马廷，等．基于地貌分区的1990—2015年中国耕地时空特征变化分析［J］．地理学报，2018，73（9）：1613-1629.

[26] 葛履龙，董欣．基于ArcGIS和Excel制作"地理重心"图——以中国人口重心图为例［J］．地理教学，2018（14）：56-59.

[27] 刘亚香，李阳兵．乡村转型背景下贵州坝子土地利用生产功能的空间演变［J］．地理研究，2020，39（2）：430-446.

[28] 史小祺，李阳兵．贵州省近40年耕地功能转型评价及演变差异分析［J］．中国岩溶，2018，37（5）：722-732.

[29] 余斌，陈慧，朱媛媛，等．中国中部农区乡村转型机制及其地理效应——以江汉平原为例［J］．地理研究，2020，（9）：2063-2078.

[30] 马恩朴，蔡建明，林静，等．远程耦合视角下的土地利用/覆被变化解释［J］．地理学报，2019，74（3）：421-431.

[31] 任宇飞，方创琳，孙思奥，等．城镇化与生态环境近远程耦合关系研究进展［J］．地理学报，2020，75（3）：589-606.

[32] 刘彦随，张紫雯，王介勇．中国农业地域分异与现代农业区划方案［J］．地理学报，2018，73（2）：203-218.

[33] 牛善栋，吕晓，史洋洋．山东省农地利用可持续集约化的时空格［J］．应用生态学报，2018，29（2）：607-616.

[34] 张连华，霍学喜．农地规模与农户农地质量保护行为研究——基于771个苹果种植户的分析［J］．农业经济与管理，2019，（6）：48-61.

7 贵州省坝子农业土地利用转型适宜性评价

坝子作为贵州土地资源的精华,是人类活动和土地利用强烈的地区,坝子地形平坦、耕地资源丰富,水源充足,交通条件便利,但由于自然禀赋条件和区位条件差异,导致不同坝子受不同影响因素作用不同,优越的自然资源禀赋和区位条件,促进坝子土地利用集约化、规模化;自然资源禀赋和区位条件较差的坝子,土地利用粗放化,耕地逐渐边际化。笔者认为,坝子的资源禀赋情况和坝子土地利用情况影响着坝子农业土地利用转型适宜性类型,进一步影响着坝子农业可持续发展。所以,贵州坝子在不同的影响因素作用下,坝子农业土地利用转型适宜性类型与等级如何?其数量和空间格局如何?农业土地利用转型适宜性类型空间集聚程度格局是什么样?这些问题需要深入研究。然而目前学术界没有对贵州坝子农业土地利用转型适宜性进行研究,因此,本章节将对贵州坝子农业土地利用转型适宜性进行系统的分析研究。

7.1 坝子农业土地利用转型适宜性评价研究方法

7.1.1 评价指标体系构建

坝子的农业生产受自然禀赋条件和社会经济条件影响,不同条件资源禀赋和社会经济条件形成不同的利用方式。从自然资源禀赋方面看,坝子的农业生产效益受坝子大小、土壤质量、区位条件等多因素影响。坝子的自然资源禀赋是坝子利用和农业开发建设的基础,一方面,坝子的自然资源禀赋条件优劣直接影响了坝子农业生产利用水平和产出效益,间接影响了坝子农业生产效率和质量;另一方面,坝子的自然条件影响了坝子农业现代化、规模化、机械化和产业化,进一步影响到区域农业发展和经济发展的速度和水平。例如,从不同坝子大小看,惠水县涟江坝子由于坝子面积大,是发展农业现代化和规模化的重要区域,机械化水平也能够提高,促进了坝子的农业现代化和坝子现代化农业开发建设;在典型山区的剑河县,坝子面积小,受坝子面积的影响,农业机械化限制性较大,因而农业规模化和集约化程度较低,在该县坝子农业开发利用时应该因地制宜地发展粮食作物和特色农产品。因此,在已有研究的基础上,根据科学性、可获取性、典型性、可对比性的原则,构建一套科学性、针对性高的坝子农业土地利用转型综合质量评价指标体系,有助于全面反映贵州省坝子农业土地利用转型适宜性综合质量情况,促进贵州省坝子农业现代化和农业开发建设发展。本章将从坝子的自然质量来反映坝子农业土地利用转型的本底自然状况,从耕作便利程度和区位条件来反映坝子农业土地利用转型的便利程度,从可持续发展条件来反映坝子农业土地利用转型可持续利用的水平(表7-1)。

表 7-1 坝子农业土地利用转型综合质量评价指标含义

因素	因子	因子含义	效应
自然质量	坝子面积	坝子图斑面积，单位：km²	+
	土壤有机质含量	坝子内有机质含量占比，单位：%	+
	土壤质地	坝子内土壤质地类型	无
	灌溉条件	与最近河流的距离，单位：km	−
耕作便利程度	规整度	坝子形状复杂程度	
	连片度	坝子集中连片程度	+
区位条件	交通条件	距主次干线的距离，单位：km	
	中心城镇影响度	距中心城镇的距离，单位：km	
持续发展条件	耕地面积占比	耕地面积占坝子面积百分比，单位：%	+
	生态用地面积占比	生态用地面积占坝子面积的百分比，单位：%	−

选取坝子面积、土壤有机质含量、土壤质地和灌溉条件作为坝子农业土地利用转型自然质量的评价因素。其中，坝子面积影响着坝子农业土地利用转型生产规模化和机械化水平，坝子越大坝子机械化和规模化利用可能性越高、土壤有机质含量影响农业发展，有机质含量越高土壤肥力越高，越有利于坝子农业发展、土壤质地影响土壤肥力，不同质地土壤的保水、保土、有机质含量不同，间接影响了农作物的生长、灌溉条件是限制农业发展的基础性因素之一，农业发展对灌溉依赖程度较大，灌溉条件的好坏影响喀斯特地区农业的抗旱能力。

选取规整度和连片程度作为农业生产耕作便利程度的评价因素。其中，规整度衡量坝子形状复杂程度，规整度影响坝子农业生产机械化操作可行性和可耕作潜力水平高低；连片度衡量坝子集中连片的程度，坝子集中连片有利于机械化和规模化经营，进一步促进坝子内的耕地流转和坝子农业现代化发展。

选取交通条件和中心城镇影响度作为区位条件的评价因素。其中，交通条件选取了坝子距主次干线距离来表征，距离交通干线越近的坝子便利程度就越高，耕作便捷度越高，其次有利于与其他地区进行物质交换。中心城镇影响度对交通运输成本有影响，距中心城镇近运输成本低有利于农业发展；另外，影响区域经济辐射能力大小对坝子非农化、规模化、集约化作用大小。

选取耕地面积占比和生态用地面积占比作为农业生产可持续发展的评价因素，其中耕地面积占比表示耕地面积占坝子面积的百分比，耕地面积占比越大，农业发展潜力越大。生态用地面积占比表示生态用地面积占坝子面积的百分比，农业发展需要侵占生态用地面积，对生态效益造成影响，即生态用地面积对农业开发具有限制性作用。

7.1.2 评价指标权重确定

参考周雪[1]、董光龙等[2]和王红岩等[3]的研究方法，本部分采用主观和客观相结合的方法确定权重。客观的方法采用熵权法确定权值，熵权法通过计算熵值来判断数据的随机性和无序程度，用熵值来判断某个指标的离散程度，指标的离散程度越大，对综合评价的影响越大。根据各项指标的的变异程度来确定指标权重，是一种客观的赋权方法，为了避免主观随意性造成偏差。主观方法采用层次分析法，该方法是一种典型的主观赋权法。层次分析法首先依据系统各指标的相互关系，建立阶梯层次结构；其次对指标之间进行两两对比，建立判断矩阵，从而获取各指标的权重。这种方法的优势是有效地避免逻辑推理在结构复杂和方案较多的情况下错误。

采用熵权法计算各指标的客观权重 W_j^o，j 表示第 j 个评价指标。计算过程如下：

1）对数据进行标准化处理，采用极差法对各评价指标进行标准化处理以消除量纲，计算公式为：

$$B_{ij} = \begin{cases} \dfrac{X_{ij}-\min\{X_{ij}\}}{\max\{X_{ij}\}-\min\{X_{ij}\}}, X_{ij}\text{为正向指标} \\ \dfrac{\max\{X_{ij}\}-X_{ij}}{\max\{X_{ij}\}-\min\{X_{ij}\}}, X_{ij}\text{为负向指标} \end{cases} (i=1,2,\cdots,n; j=1,2,\cdots,m) \quad (7\text{-}1)$$

式中，B_{ij} 表征标准化后的指标值，X_{ij} 表征坝子第 i 个 j 指标的原始值，$\max\{X_{ij}\}$ 和 $\min\{X_{ij}\}$ 分别表示 X_{ij} 的最大值和最小值。

2）计算各指标的信息熵，设第 j 个指标的熵值为 e_j：

$$e_j = \frac{1}{\ln n}\sum_{i=1}^{m} B_{ij}\ln B_{ij} \quad (j=1,2,\cdots,m) \quad (7\text{-}2)$$

3）计算指标差异系数：

$$d_j = 1-e_j \quad (j=1,2,\cdots,m) \quad (7\text{-}3)$$

4）计算指标权重：

$$W_j^o = \frac{d_j}{\sum_{j=1}^{m} d_j} \quad (j=1,2,\cdots,m) \quad (7\text{-}4)$$

采用层次分析法确定各指标的主观权重 W_j^s，j 表示第 j 个评价指标。计算过程如下：

1）建立阶梯层次结构。根据表 7-1 评价指标体系建立阶梯层次结构。

2）对指标之间进行两两对比，建立判断矩阵。

3）计算各指标的权重。本部分运用乘积方根法计算权重，先设 n 阶判断矩阵为 A，再将各元素相乘，并开 n 次方，在求各行元素的几何平均值 b_j，最后将 b_j 进行归一化处理，即求出指标 j 的权重系数 W_j^s。

$$A = \begin{Bmatrix} a_{11} & a_{12} & \cdots & a_{1n} \\ a_{21} & a_{22} & \cdots & a_{2n} \\ a_{31} & a_{32} & \cdots & a_{3n} \\ a_{n1} & a_{n2} & \cdots & a_{nn} \end{Bmatrix} \quad (7\text{-}5)$$

$$b_j = \left(\prod_{j=1}^{n} a_{ij}\right)^{\frac{1}{n}} (j=1,2,3,\cdots,n) \quad (7\text{-}6)$$

$$W_j^s = b_j \Big/ \sum_{k=1}^{n} b_k \quad (j=1,2,3,\cdots,n) \quad (7\text{-}7)$$

4）一致性检验，由式（7-7）可得 A 的个归一化特征向量为 W，同时设判断矩阵 A 的最大特征值为 λ_{max}，一致性指标 CI 的计算公式如下：

$$w = (w_1, w_2, \cdots, w_n)^T \tag{7-8}$$

$$\lambda_{max} = \frac{1}{n} \sum_{i=1}^{n} \frac{\sum_{j=1}^{n} a_{ij} w_j}{w_i} \tag{7-9}$$

$$CI = \frac{\lambda_{max}}{m-1} \tag{7-10}$$

进行一致性检验发现，CR=CI/RI=0.049<0.1，结果具有较好的一致性。然后，将客观权重和主观权重结合，得到各指标的最终权重 λ_j：

$$\lambda_j = 0.5 * W_j^o + 0.5 * W_j^s \tag{7-11}$$

7.1.3 评价指标量化与赋值

7.1.3.1 坝子农业土地利用转型自然质量

（1）坝子面积

借鉴贵州省坝子规模等级的研究成果及结合研究区实际情况[4]，将坝子面积分为 5 个等级：等级 1 为坝子面积大于等于 6.67km²（10000 亩）；等级 2 为坝子面积大于等于 3.33km²（5000 亩），小于 6.67km²（10000 亩）；等级 3 为坝子面积大于等于 2km²（3000 亩），小于 3.33km²（5000 亩）；等级 4 为坝子面积大于等于 0.667km²（1000 亩），小于 2km²（3000 亩）；等级 5 为坝子面积大于等于 0.333km²（500 亩），小于 0.667km²（1000 亩）。

（2）土壤有机质和土壤质地

土壤有机质和土壤质地参考了农用地分等定级、土壤质地分类结果以及已有研究成果分类，最后结合研究区实际情况进行划分[5]。

（3）灌溉条件

灌溉条件选取了与最近河流的距离，参考相关研究成果和研究区实际情况对灌溉条件进行分级并赋值[6]。

7.1.3.2 坝子农业土地利用转型便利程度

（1）规整度

规整度表征坝子形状复杂程度，直接影响坝子农业土地利用转型生产机械化操作可行性和可耕作潜力，间接影响坝子农业生产效益，因此，坝子形状越规整越好，越有利于农业生产转型开发利用。规整度主要用方形指数、分维数以及分形数三种指标来表示，本文对三个指标进行测算挑选出最合适的指标，通过计算得出，方形指数的数值变化较为明显且效果较好。因此，本文采用方形指数对坝子规整度进行测算。计算公式如下：

$$LSI = \frac{0.25E}{\sqrt{A}} \tag{7-12}$$

式中，LSI 为方形指数，E 为周长，A 为面积。其中，LSI 指数大于等于 1，指数越接近 1，形状越规整，指数越大形状越复杂。

（2）连片度

坝子连片度是指一定范围内的坝子相互连接程度，坝子之间距离越近，其连片性越高，当两个坝子之间的距离小于一定阈值则认为其连片。利用 ArcGIS10.2 软件中的分析工具中的缓冲区分析模块，设置缓冲区半径为 50m、100m、200m、300m 和 500m，将每种缓冲区相交或重叠的地块视为一个整体。通过测算和对比，发现缓冲区半径为 100m 的连片性效果较明显。因此，本部分将缓冲区半径为 100m 作为连片性的阈值。参考已有研究，结合研究区实际情况，笔者采用极差法计算坝子的连片度[2]。计算公式如下：

$$F_i = 100(A_i - A_{\min})/(A_{\max} - A_{\min}) \tag{7-13}$$

式中，A_i 为第 i 个坝子面积，$A_{\min}$ 表示研究区连片坝子面积最小值，$A_{\max}$ 表示研究区连片坝子面积最大值。

7.1.3.3 坝子农业土地利用转型区位条件

（1）交通条件

基于 2020 年贵州省 1:25 万道路中提取贵州省五级道路，采用 ArcGIS10.2 软件中的分析工具中的缓冲区分析模块，设置缓冲区半径为 500m、1500m、2000m 和 3000m，将每种缓冲区分别与坝子相交，然后分别对应进行分级并赋值（表 7-2）。

（2）中心城镇影响度

基于 2020 年贵州省 30m 遥感影像监测数据提取建设用地面积，然后与 2020 年贵州省 30m 遥感影像叠加进行修改校正，最后提取建设用地面积单个斑块大于 0.5km² 作为中心城镇点。采用 GIS10.2 软件中的分析工具中的缓冲区分析模块，设置缓冲区半径为 1000m、2000m、3000m 和 4000m，将每种缓冲区分别与坝子相交，然后分别对应进行分级并赋值（表 7-2）。

7.1.3.4 坝子农业土地利用转型持续发展条件

耕地面积占比和生态用地面积占比基于 2020 年贵州省 30m 遥感影像监测数据提取，分别提出耕地面积和生态用地面积，然后与 2020 年贵州省 30m 遥感影像叠加进行修改校正。校正过后的数据与坝子数据相交，汇总统计每个坝子的耕地面积和生态用地面积。最后，分别计算每个坝子的耕地面积占比和生态用地面积占比。

在参考耕地质量、规模农地、基本农田、土地利用等评价的基础上，借鉴了唐嫚[7]和 Zhou 等[6] 的赋值方法，结合实际情况，确定评价指标的赋值。将本部分 10 个评价指标分为五个等级，五个等级分别表征坝子农业土地利用转型综合质量高度适宜、高中度适宜、中度适宜、低度适宜和不适宜，并分别赋值为 100、80、70、60、50（表 7-2）。

表 7-2 坝子农业土地利用转型综合质量评价指标和分值

评价因子	评分标准				
	高度适宜	高中度适宜	中度适宜	低度适宜	不适宜
坝子面积	≥6.67	≥3.33，<6.67	≥2，<3.33	≥0.667，<2	≥0.333，<0.667
土壤有机质分数	≥2	≥1.5，<2	≥1，<1.5	≥0.6，<1	<0.6
土壤质地	壤土	黏土	砂质壤土	轻沙土	—
灌溉条件	<0.5	≥0.5，<1	≥1，<1.5	≥1.5，<2	≥2
规整度	≥1，<1.2	≥1.2，<1.6	≥1.6，<2	≥2，<3	≥3
连片度	≥3.33	≥0.2，<3.33	≥0.1，<0.2	≥0.03，<0.1	<0.03
交通条件	<0.5	≥0.5，<1.5	≥1.5，<2	≥2，<3	≥3
中心城镇影响度	<1	≥1，<2	≥2，<3	≥3，<4	≥4
耕地面积占比	≥0.8，<1	≥0.6，<0.8	≥0.4，<0.6	≥0.2，<0.4	≥0，<0.2
生态用地面积占比	≥0，<0.2	≥0.2，<0.4	≥0.4，<0.6	≥0.6，<0.8	≥0.8，<1
得分	100	80	70	60	50

7.1.4 坝子农业土地利用转型综合质量测算

本部分对贵州省坝子进行农业土地利用转型综合质量评价时，对坝子矢量图斑面积小于500亩的坝子进行剔除，再将坝子与县界相交。利用ArcGIS软件内筛选出面积小于500亩的坝子，然后将其剔除，最后得到4787个坝子作为坝子农业土地利用转型综合质量评价单元。

根据确定的评价单元，结合本部分的评价指标，依据每个评价单元的各评价指标得分进行赋值，通过指数加权模型计算每个评价单元的总分，计算公式如下：

$$S = \sum_{i=1}^{m} w_i v_i \tag{7-14}$$

式中，S 为各坝子农业土地利用转型综合质量得分；m 为评价指标的个数；w_i 为第 i 个指标的权重；v_i 为第 i 个评价指标的量化分值。分别计算出每个坝子的农业土地利用转型综合质量得分，并利用重分类工具中的自然断点法将坝子农业土地利用转型综合质量划分为一类坝子、二类坝子、三类坝子、四类坝子和五类坝子。

7.1.5 坝子农业土地利用转型综合质量适宜性空间集聚分析

空间集聚分析方法主要有空间自相关、冷热点等两种方法[8]。本部分采用空间自相关方法中的局部空间自相关方法，分析坝子农业土地利用转型综合质量在空间上的局部集聚情况，计算公式如下：

$$I_i = \frac{m(x_1 - \bar{x}) \sum_{i=1}^{m} w_{ij}(x_i - \bar{x})}{\sum_{i=1}^{m} (x_i - \bar{x})^2} \tag{7-15}$$

式中，I_i 为局部 Moran's I 指数，m 为研究对象数，x_i 为观测值，$\bar{x}$ 为均值，w_{ij} 为空间权重。

7.2 坝子农业土地利用转型单因子适宜性评价

对坝子农业土地利用转型单因子进行计算，分别得到研究区 4787 个坝子农业土地利用转型自然质量、耕作便利程度、区位条件和可持续发展条件等 4 个单因子的坝子农业土地利用转型适宜性评价结果，并根据自然断点法对坝子农业土地利用转型适宜性进行划分，划分为 5 个等级。

研究区坝子农业土地利用转型的自然质量为中等，空间分异差异显著，西部优于东部，南部由于北部，主要是受坝子面积等因素影响（图7-1）。坝子农业土地利用转型的自然质量适宜性值为 [18.75, 35.61]，其中适宜性等级 1（最高级）的坝子面积和单元个数分别为 1807.20km² 和 122 个，分别约占研究区坝子图斑的总面积和总数的 27% 和 3%；空间上主要分布在贵州省的中西部，呈团块状分布格局。适宜性等级 2 的坝子面积和单元个数分别为 1773.44km² 和 532 个，分别约占研究区坝子图斑的总面积和总数的 27% 和 11%；空间上东部比西部多，北部比南部多，呈零星式分布格局。适宜性等级 3 的坝子面积和单元个数分别为 1956.53km² 和 1785 个，分别约占研究区坝子图斑的总面积和总数的 29% 和 37%；空间上东部较少，其他地区均匀分布，呈零星式分布格局。适宜性等级 4 的坝子面积和单元个数分别为 922.71km² 和 1919 个，分别约占研究区坝子图斑的总

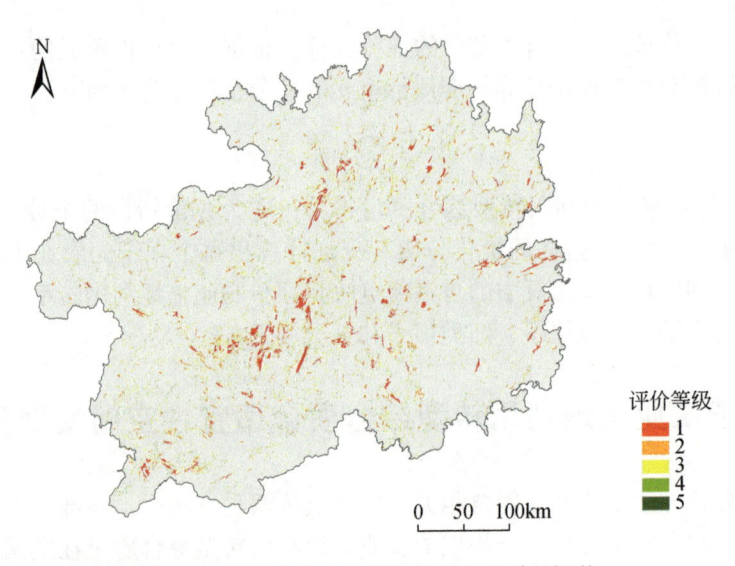

图 7-1 坝子农业土地利用转型自然质量评价

面积和总数的 14% 和 40%；空间上与等级 3 空间分布大致一致。适宜性等级 5 的坝子面积和单元个数分别为 197.70km² 和 429 个，分别约占研究区坝子图斑的总面积和总数的 3% 和 9%；空间上南部多北部少，西部多东部少，呈团块状分布格局。

研究区坝子农业土地利用转型的耕作便利程度良好，空间分布差异大。其中，北部和中部耕作便利程度高，西部和东部耕作便利较差，这是由于坝子的连片程度限制（图 7-2）。坝子农业土地利用转型的耕作便利程度适宜性值为 [15.16, 30.32]，其中适宜性等级 1 的坝子面积和单元个数分别为 2741.35km² 和 387 个，分别约占研究区坝子图斑的总面积和总数的 41% 和 8%；空间上主要分布在贵州省的中部和北部地区，呈条带状分布格局。适宜性等级 2 的坝子面积和单元个数分别为 1404.75km² 和 894 个，分别约占研究区坝子图斑的总面积和总数的 21% 和 19%；空间上主要分布在贵州省的西南部和东北部，呈零星式分布格局。适宜性等级 3 的坝子面积和单元个数分别为 1133.61km² 和 788 个，分别约占研究区坝子图斑的总面积和总数的 17% 和 16%；空间上与等级 2 分布大致相同，呈中部团块状、四周零星式分布格局。适宜性等级 4 的坝子面积和单元个数分别为 555.49km² 和 1037 个，分别约占研究区坝子图斑的总面积和总数的 8% 和 22%；空间上呈分散式分布格局。适宜性等级 5 的坝子面积和单元个数分别为 822.38km² 和 1681 个，分别约占研究区坝子图斑的总面积和总数的 12% 和 35%；空间上西南多，东南少，西北多，东北少，呈团块状分布格局。

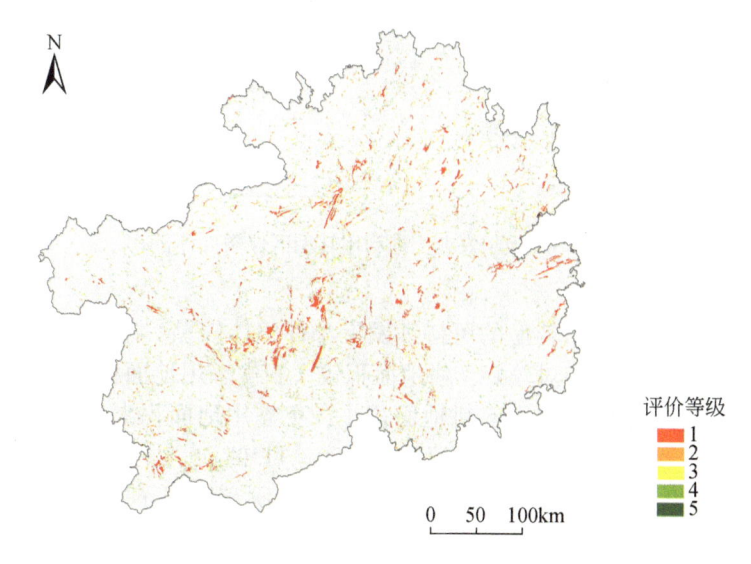

图 7-2 坝子农业土地利用转型耕作便利程度评价

研究区坝子农业土地利用转型的区位条件较好，空间分布差异明显。其中，北部和中部区位条件好，通达性高和距城镇中心近；西部和东部区位条件好较差，这是受交通便利程度和城镇中心辐射能力的影响（图 7-3）。坝子农业土地利用转型的耕作便利程度适宜性值为 [10.74, 21.48]，其中适宜性等级 1 的坝子面积和单元个数分别为 4789.23km² 和 2467 个，分别约占研究区坝子图斑的总面积和总数的 72% 和 52%；空间上主要分布在贵州省的中部和北部，呈团块状分布格局。适宜性等级 2 的坝子面积和单元个数分别为 944.42km² 和 1106 个，分别约占研究区坝子图斑的总面积和总数的 14% 和 23%；空间上西南多，东南少，西北多，东北少，呈团块状分布格局。适宜性等级 3 的坝子面积和单元个数分别为 560.35km² 和 699 个，分别约占研究区坝子图斑的总面积和总数的 8% 和 15%；空间上呈零星状分布格局。适宜性等级 4 的坝子面积和单元个数分别为 122.85km² 和 168 个，分别约占研究区坝子图斑的总面积和总数的 2% 和 4%；空间上与等级 3 分布大致相同，呈零散状分布格局。适宜性等级 5 的坝子面积和单元个数分别为 240.72km² 和 347 个，分别约占研究区坝子图斑的总面积和总数的 4% 和 7%；空间上西南多，东北少，东南多，西北少，呈分散式分布格局。

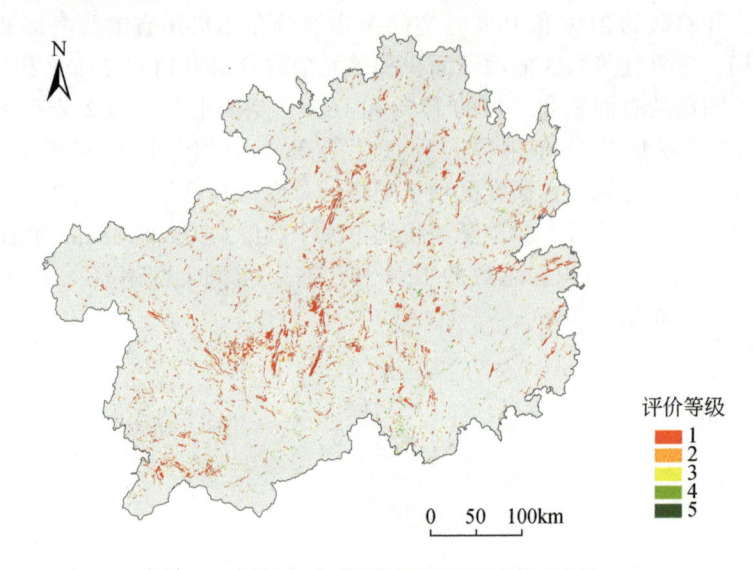

图 7-3 坝子农业土地利用转型区位条件评价

研究区坝子农业土地利用转型的可持续发展条件整体较差，空间分布差异大。其中，北部和中部可持续发展条件相对较好，耕地面积较大，生态用地面积小；西部和东部可持续发展条件相对较差，原因是东南部耕地面积小，生态用地面积大（图 7-4）。坝子农业土地利用转型的可持续发展条件适宜性值为 [5.99, 11.97]，其中适宜性等级 1 的坝子面积和单元个数分别为 182.74km² 和 207 个，分别约占研究区坝子图斑的总面积和总数的 3% 和 4%；空间上主要分布在西南部，呈零星状分布格局。适宜性等级 2 的坝子面积和单元个数分别为 1196.91km² 和 828 个，分别约占研究区坝子图斑的总面积和总数的 18% 和 17%；空间上主要分布在西南和东北部，呈团块状分布格局。适宜性等级 3 的坝子面积和单元个数分别为 2936.94km² 和 1992 个，分别约占研究区坝子图斑的总面积和总数的 44% 和 42%；空间上西南部、东北部和西北部多，东南部少，呈团块状分布格局。适宜性等级 4 的坝子面积和单元个数分别为 1814.95km² 和 1236 个，分别约占研究区坝子图斑的总面积和总数的 27% 和 26%；空间上为均匀分布格局。适宜性等级 5 的坝子面积和单元个数分别为 526.05km² 和 524 个，分别约占研究区坝子图斑的总面积和总数的 8% 和 1%；空间上东南部、东北部多，西南部、西北部少，呈分散式分布格局。

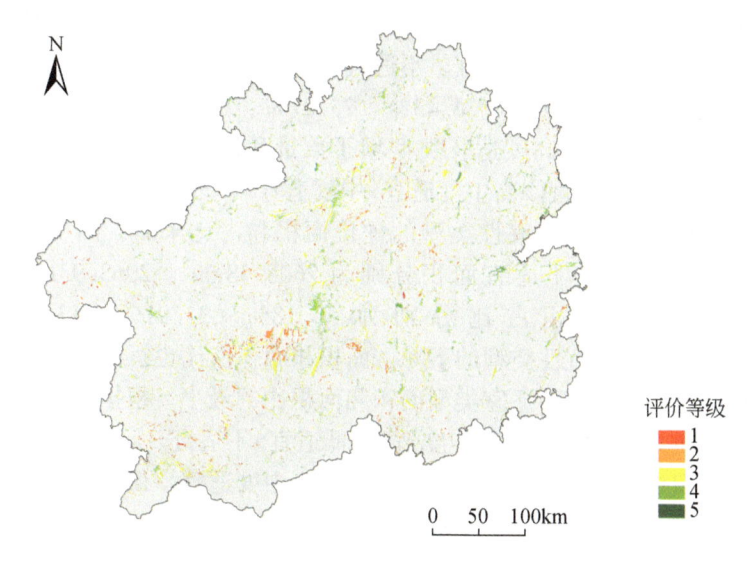

图 7-4 坝子农业土地利用转型可持续发展条件评价

7.3 坝子农业土地利用转型综合质量适宜性评价

7.3.1 省域尺度下坝子农业土地利用转型综合质量适宜性评价

运用公式（7-14）进行坝子农业土地利用转型综合质量计算，可得到研究区 4787 个坝子农业土地利用转型适宜性综合质量，综合质量最大值为 96.26，平均值为 70.07，最小值为 52.28，其值介于 52.28~96.26。利用自然断点法将坝子农业土地利用转型综合质量适宜性进行划分，可划分为高度适宜（96.26~82.80）、高中度适宜（82.79~73.71）、中度适宜（73.70~67.78）、低度适宜（67.77~62.27）、不适宜（62.26~52.28）5 个等级（表 7-3），并分区统计各等级坝子农业土地利用转型综合质量面积和坝子数。

表 7-3 坝子农业土地利用转型综合质量适宜性评价

适宜性类型	坝子数量		坝子面积		坝子平均面积/km²
	数量/个	比例/%	面积/km²	比例/%	
高度适宜	297	6.20	2 608.48	39.18	8.78
高中度适宜	1 265	26.43	2 063.93	31.01	1.63
中度适宜	1 114	23.27	910.3	13.67	0.82
低度适宜	1 346	28.12	713.33	10.71	0.53
不适宜	765	15.98	361.53	5.43	0.47

从坝子农业土地利用转型综合质量适宜性类型的评价坝子数量和占比来看，高度适宜、高中度适宜、中度适宜、低度适宜、不适宜坝子数量分别为297、1265、1114、1346、765，坝子数量占比分别为6.20%、26.43%、23.27%、28.12%、15.98%。其中低度适宜类型坝子数量和比例最大，高度适宜类型坝子数量和比例最小。根据坝子数量大小排序，适宜性类型表现为低度适宜>高中度适宜>中度适宜>不适宜>高度适宜。

从坝子农业土地利用转型适宜性类型的评价面积和占比来看，高度适宜、高中度适宜、中度适宜、低度适宜、不适宜面积分别为2608.48km²、2063.93km²、910.30km²、713.33km²、361.53km²，面积占比分别为39.18%、31.01%、13.67%、10.71%、5.43%。总体呈现出随着适宜性类型的下降，面积和面积占比也逐渐减少的趋势，其中高度适宜类型面积和比例最大，不适宜类型面积和面积比例最小。根据面积大小排序，适宜性类型表现为高度适宜>高中度适宜>中度适宜>低适宜>不适宜。

从坝子平均面积来看，高度适宜、高中度适宜、中度适宜、低度适宜、不适宜面积分别为8.78km²、1.63km²、0.82km²、0.53km²、0.47km²，总体的演变趋势与面积演变趋势相同，其中坝子平均面积最大为高度适宜类型，平均面积最小为不适宜类型。根据坝子平均面积大小排序，适宜性类型表现为高度适宜>高中度适宜>中度适宜>低适宜>不适宜。

从空间分布格局来看（图7-5），坝子农业土地利用转型综合质量适宜性类型整体上表现为高度适宜类型为组团状集中分布，主要分布在中部和北部。高中度适宜类型环状集中分布在高度适宜类型周围，中度适宜类型零散分布在高中度适宜类型周围，低度适宜类型和不适宜类型零星分布在中度适宜类型外围。中部坝子适宜性类型呈现核心-边缘模式，随着距离的增加适宜类型降低，表现为高度适宜类型向不适宜类型梯度过渡。东南部和西北部高度适宜类型分布零散，高中度适宜类型、低度适宜类型和不适宜类型混杂分布。西南部高度适宜类型呈团块状分布，高中度适宜类型集中分布在高度适宜类型和低度适宜类

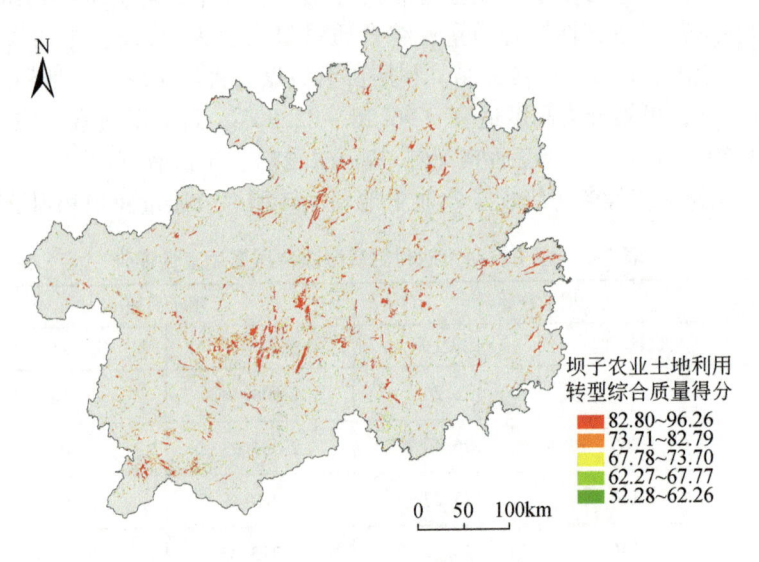

图7-5 坝子农业土地利用转型综合质量评价

型周围，低度适宜类型和不适宜类型零散分布。东北部呈现出核心-边缘模式分布模式，高度适宜类型和高中度适宜类型呈条带状分布，高中度适宜类型环绕分布在高度适宜类型周围，中度适宜类型交叉分布在高中度适宜和低度适宜类型旁边，不适宜类型呈零星分散分布。

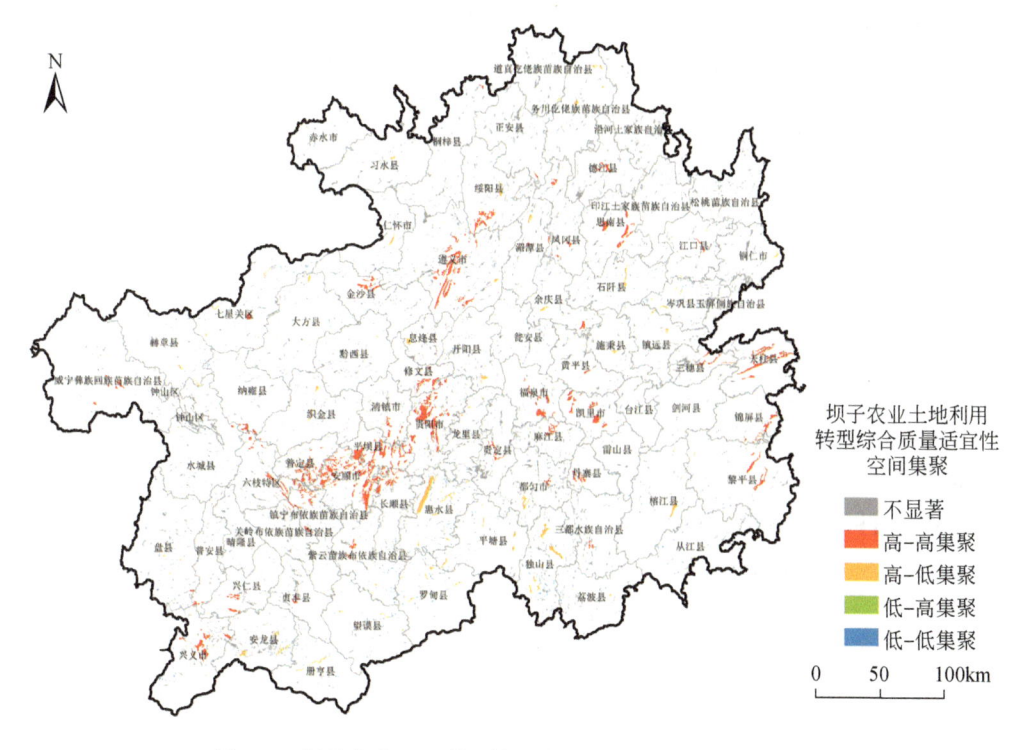

7.3.2 坝子农业土地利用转型综合质量适宜性空间集聚分析

通过 GIS 软件的空间统计软件模块下的局部空间自相关分析方法，得出贵州省坝子农业土地利用转型综合质量空间自相关分析结果，并根据结果进行汇总分析和分区统计。研究结果表明，贵州省坝子农业土地利用转型综合质量空间集聚性显著性不强，其中有 2572.56km² 的坝子农业土地利用转型综合质量存在显著的空间自相关性，占坝子总面积的 38.64%，有 4085.02km² 的坝子农业土地利用转型综合质量呈不显著，占坝子总面积的 61.36%。根据聚类结果划分为高-高集聚、高-低集聚、低-高集聚和低-低集聚及非显著 5 种类型，并以高-高集聚和不显著为主（图 7-6、表 7-4）。

图 7-6 坝子农业土地利用转型综合质量适宜性空间集聚性

坝子农业土地利用转型综合质量空间集聚类型为高-高聚类的坝子总面积有 1898.86km²，占坝子农业土地利用转型综合质量空间显著的坝子面积的 73.81%。坝子农业土地利用转型综合质量适宜性类型以高度适宜类型和高中度适宜类型坝子为主，还有少量的中度适宜类型的坝子，其中高度适宜类型和高中度适宜类型高-高聚类面积分别占高-

高聚类总面积的80.21%和19.60%。主要分布在遵义市、安顺市、贵阳市、平坝区、普定县、天柱县、兴义市、绥阳县、福泉市和凯里市。

表7-4　坝子农业土地利用转型质量空间集聚类型及面积　　　　（单位：km²）

坝子农业土地利用转型综合质量级别	高-高集聚	高-低集聚	低-高集聚	低-低集聚	非显著
高度适宜	1 523.13	375.38			709.97
高中度适宜	372.12	83.89			1 607.92
中度适宜	3.61				906.70
低度适宜			19.28	35.37	658.69
不适宜			23.30	136.50	201.74
合计	1 898.86	459.27	42.58	171.87	4 085.02

坝子农业土地利用转型综合质量空间集聚类型为高-低聚类的坝子总面积有459.27km²，占坝子农业土地利用转型综合质量空间显著的坝子面积的17.85%。坝子农业土地利用转型综合质量适宜性类型以高度适宜类型和高中度适宜类型坝子为主，其中高度适宜类型和高中度适宜类型高-低聚类面积分别占高-低聚类总面积的81.73%和18.27%。主要分布在惠水县、独山县、安龙县、罗甸县和务川县。

坝子农业土地利用转型综合质量空间集聚类型为低-高聚类坝子总面积有42.58km²，约占坝子农业土地利用转型综合质量空间显著的坝子面积的1%。坝子农业土地利用转型综合质量适宜性类型以低度适宜类型和不适宜类型坝子为主，其中低适宜类型和不适宜类型低-高聚类面积分别占低-高聚类总面积的45.28%和54.72%。主要分布在安顺市、兴义市、遵义市、贵阳市和普定县。

坝子农业土地利用转型综合质量空间集聚类型为低-低聚类坝子总面积有171.87km²，约占坝子农业土地利用转型综合质量空间显著的坝子面积的3%。坝子农业土地利用转型综合质量适宜性类型以低度适宜类型和不适宜类型坝子为主，其中低适宜类型和不适宜类型低-低聚类面积分别占低-低聚类总面积的20.58%和79.42%。主要分布在独山县、罗甸县、惠水县、册亨县和紫云县。

7.4　结　　论

贵州省坝子农业土地利用转型自然质量为中等，主要受坝子面积等因素影响；耕作便利程度良好，其空间差异主要受坝子的连片程度限制；农业土地利用转型区位条件较好，主要受交通便利程度和城镇中心辐射能力的影响；农业土地利用转型可持续发展条件较差，主要是受耕地面积制约，各单一因子空间分布差异大。

根据坝子农业土地利用转型综合质量适宜性类型划分为高度适宜、高中度适宜、中度适宜、低度适宜和不适宜；根据坝子数量大小排序，适宜性类型表现为低度适宜>高中度适宜>中度适宜>不适宜>高度适宜；根据面积大小排序，适宜性类型表现为高度适宜>高中度适宜>中度适宜>低适宜>不适宜；根据坝子平均面积大小排序，适宜性类型表现为高度适宜>高中度适宜>中度适宜>低适宜>不适宜。从空间分布格局来看，坝子农业土地利用转型综合质量适宜性类型整体上表现为高度适宜类型和高中度适宜类型呈集中分布，中度适宜类型呈现核心-边缘模式，低度适宜和不适宜类型零散分布。

贵州省坝子农业土地利用转型综合质量空间集聚显著性不强，其中有2572.56km²的坝子农业土地利用转型综合质量存在显著的空间自相关性，占坝子总面积的38.64%，有4085.02km²的坝子农业土地利用转型综合质量呈不显著，占坝子总面积的61.36%。

参 考 文 献

[1] 周雪. 基于农地规模流转适宜性的陕北黄土高原区农业产业布局优化研究 [D]. 杨凌：西北农林科技大学，2020.
[2] 董光龙, 赵轩, 刘金花, 等. 基于耕地质量评价与空间集聚特征的基本农田划定研究 [J]. 农业机械学报，2020，51（2）：133-142.
[3] 王红岩, 刘钰洋, 张晓伟, 等. 基于层次分析法的页岩气储层地质-工程一体化甜点评价——以昭通页岩气示范区太阳页岩气田海坝地区X井区为例 [J]. 地球科学，2022，(1)：1-18.
[4] 李阳兵, 陈会, 罗光杰. 贵州不同规模等级坝子空间分布特征研究 [J]. 地理科学，2019，39（11）：1830-1840.
[5] 吴克宁, 赵瑞. 土壤质地分类及其在我国应用探讨 [J]. 土壤学报，2019，56（1）：227-241.
[6] Zhou X, Chen W, Wang Y N, et al. Suitability evaluation of large: Cale farmland transfer on the Loess Plateau of Northern Shaanxi, China [J]. Land Degradation and Development, 2019, 30: 1258-1269.
[7] 唐嫚. 基于农用地分等成果的耕地流转适宜性评价研究——以成都市温江区为例 [J]. 成都：四川师范大学硕士学位论文，2016.
[8] 姜广辉, 张瑞娟, 张翠玉, 等. 基于空间集聚格局和边界修正的基本农田保护区划定方法 [J]. 农业工程学报，2015，31（23）：222-229.

8 典型坝子土地利用功能转型案例

在乡村振兴和农业现代化的背景下，提高土地资源利用效率和实现产业兴旺是促进区域发展的重要环节。不同区域的资源禀赋导致不同方向土地利用转型，自然资源禀赋和区位条件好的区域土地资源利用效率高，呈规模化集约化经营模式发展；自然资源禀赋差、区位偏远的区域土地，则边际化和撂荒严重，导致土地资源利用效率低、土地资源浪费。贵州省有着数量众多的大大小小的坝子，其自然资源禀赋和区位条件各有差异，具有不同的农业土地利用转型适宜性。因此，探究贵州省不同农业土地利用转型适宜性的典型坝子土地利用转型的演变规律，对于提高坝子土地资源价值和实现农业产业兴旺至关重要。

8.1 研究区概况

8.1.1 研究区选择

本章基于贵州省坝子农业土地利用转型开发建设分区研究成果[1]，选择高田坝子、乌罗坝子、春光坝子和天堂坝子4个不同适宜性类型的典型坝子（图8-1）作为研究案例。从坝子农业土地利用转型适宜性评价和坝子农业土地利用转型开发建设分区研究可以看到，高田坝子和乌罗坝子属于优先农业土地利用转型建设区坝子，适宜性类型属于高度适宜；春光坝子属于适宜农业土地利用转型建设区坝子，适宜性类型属于高中度适宜；天堂坝子属于一般农业土地利用转型建设区坝子，适宜性类型属于中度适宜。鉴于数据可获取、可对比及突出典型的原则，选择以上4个典型坝子作为本章节研究对象，以期通过研究不同适宜性类型和不同农业土地利用转型建设区坝子2005～2021年土地利用转型演变规律，为贵州省坝子产业结构优化升级和农业产业兴旺提供科学参考。

8.1.2 典型坝子概况

高田坝子地处于平坝区天龙镇，距平坝区县城19km，距安顺市29km，距省会贵阳市71km，属于典型的城郊坝子。天龙镇内水库、河流较多，地形平坦，耕地丰富（3087.6hm²），属于亚热带湿润季风气候，水热条件好，交通通达性高，有高铁、铁路和高速公路横穿境内。天龙镇是典型的屯堡旅游、高标准蔬菜基地建设、高标准中药材建设镇。2008年被授予"中国历史文化名镇"称号，2019年被授予"中国民间文化艺术之乡"称号，同年入选全国农业产业强镇。其中高田村入选全国"一村一品"示范村镇，2020年和2021年推介为全国乡村特色产业亿元村。高田坝子主要种植药材、白菜、生菜、

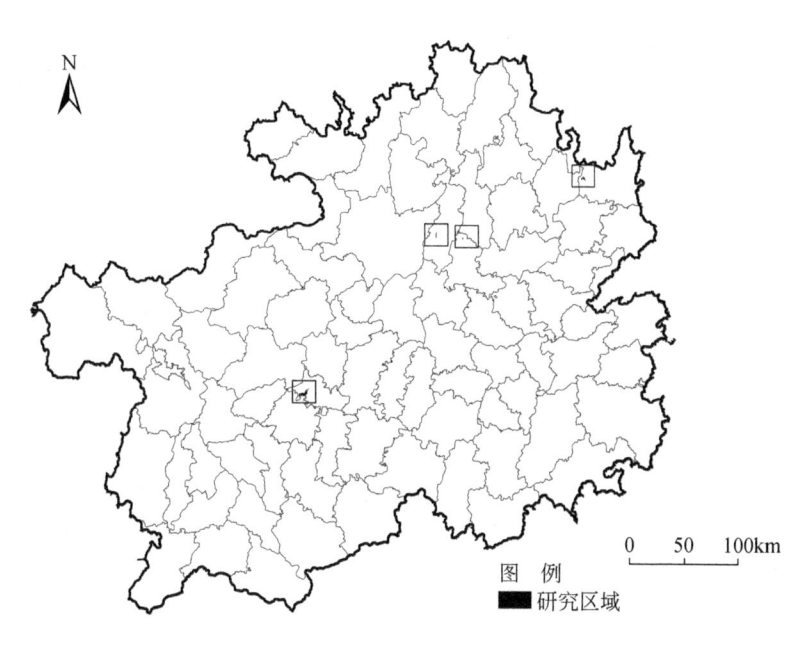

图 8-1 典型坝子区位图

菠菜、西兰花等经济作物。

乌罗坝子地处于梵净山北麓，隶属于松桃县乌罗镇，距松桃县县城52km，距铜仁市108km，距省会贵阳市353km，地理区位偏远。乌罗镇属于亚热带湿润季风气候，雨热同期，气候变化较大，境内耕地资源较为丰富，乌罗司河穿流而过，地理位置和通达性相对较差，主要有一条国道横穿，是农业大镇。种植粮食作物主要是水稻、玉米，种植经济作物主要有高山辣椒、商薯、土豆。

春光坝子地处湄潭县黄家坝镇，距湄潭县县城17km，距遵义市48km，距省会贵阳市192km。春光坝子地势平坝，土壤肥沃，水源充足，青龙河穿流而过，耕地资源丰富，属于亚热带高原气候，水热充足，有326国道贯穿。春光坝子是湄潭县重要的水稻生产基地，同时也是万亩香葱生产基地，坝子内部生产条件较好，生产道、机耕道、喷灌设施等基础设施较为完善，坝子田块平整，地块较大，土地流转率较高。主要种植香葱、大棚西瓜、莲藕、高笋、紫血香米、黑香米等经济作物。

天堂坝子地处余庆县松烟镇，距余庆县县城80km，距遵义市79km，距省会贵阳市198km。天堂坝子地势平坦，土地肥沃，属于亚热带季风气候，水热条件好，交通便利。坝子内部生产条件较好，生产道、机耕道、灌溉沟等基础设施较为完善，通过土地整治坝内地块较大，土地较为平整，土地流转率高。天堂坝子是中国烟草集团重要的烤烟生产基地，坝内主要种植烤烟和园艺作物，有少量的粮食作物。

8.2 典型坝子土地利用转型研究方法

8.2.1 坝子土地利用数据来源

分别以高田坝子、春光坝子、天堂坝子和乌罗坝子2005年15m分辨率的ASTER影像、2010年2.5m分辨率的ALOS影像、2021年分辨率为0.27m分辨率的Google Earth遥感影像为数据源，利用ArcGIS10.2.2软件将坝子边界矢量数据覆盖于数据源上，参照《土地利用现状分类》（GB/T 2010—2017），结合坝子土地利用特点，以及参考已有坝子土地利用研究成果[2]，将土地利用类型划分为9个一级类、13个二级类、23个三级类（表8-1）。根据表8-1人工识别2005年、2010年和2021年四个坝子土地利用类型。在此基础上分别于2020年12月~2021年3月3次进行野外实地核查和调查访谈，对疑似图斑进行现场验证，对错误图斑进行修改（图8-2）。从而提高数据精度。其中，图8-2中第二组图片为疑似影像图斑（YX），第一组和第三组为疑似影像斑块的实地照片（SD），YS1对应SD1，依次类推。

表8-1 典型坝子土地利用分类体系

一级类		二级类		三级类	
代码	名称	代码	名称	代码	名称
01	耕地	0101	水田		
		0102	旱地		
02	园地	0201	果园		
		0202	茶园		
03	林地	0301	乔木林地		
		0305	灌木林地		
		0307	其他林地		
04	草地	0404	其他草地		
06	工矿仓储用地				
07	住宅用地	0702	农村住宅用地		
010	交通运输用地				
011	水域及水利设施用地				
012	其他土地	0121	设施农用地	1211	园艺用地
				1212	大棚草莓种植用地
				1213	高笋种植用地
				1214	辣椒种植用地
				1215	大棚西瓜种植用地
				1216	香葱种植用地

续表

一级类		二级类		三级类	
代码	名称	代码	名称	代码	名称
				1217	蔬菜种植用地
				1218	药材种植用地
				1219	烤烟种植用地
				1221	红薯种植用地
				1222	莲藕种植用地

图 8-2 典型坝子土地利用图斑实地调查示例

8.2.2 坝子土地利用功能划分

土地利用功能与土地利用类型存在密切关系，土地利用类型是表达土地利用功能的直接方式。借鉴已有土地利用功能研究成果[2]，突出坝子土地利用主导功能，根据坝子土地利用类型，结合坝子实际特点对坝子土地利用功能进行分类，分为传统农业生产功能、现代农业生产功能、社会保障功能和生态保育功能4个功能（表8-2）。其中传统农业生产功能指的是以传统耕作方式，主要生产粮食作物和传统农作物等农产品为主，保障粮食安全和生存需要的功能。现代农业生产功能以规模化、集约化经营为主，主要生产非粮和非农作物，受市场供求影响大，向城镇提供农产品或者休闲娱乐等功能。社会保障功能是指提供居住以及政府提供的公共用地，具有保障农村生活的功能。生态保育功能指提供生态产品和服务为主，具有保护生态环境和实现生态环境动态平衡的功能。

表 8-2　典型坝子土地利用功能划分标准

土地利用功能	土地利用小类
传统农业生产功能	水田、旱地
现代农业生产功能	园艺用地、大棚草莓种植用地、高笋种植用地、辣椒种植用地、大棚西瓜种植用地、香葱种植用地、蔬菜种植用地、药材种植用地、烤烟种植用地、红薯种植用地、莲藕种植用地、果园、茶园
社会保障功能	农村住宅用地、工矿仓储用地、交通运输用地
生态保育功能	乔木林地、灌木林地、其他林地、其他草地、水域及水利设施用地

8.2.3　重要度指数

重要度指数用来表征坝子各土地利用功能变化类型的重要程度，揭示坝子土地利用功能主导类型，反映坝子土地利用功能转变方向[3]。计算公式如下：

$$\text{IV} = \left(\frac{D_i}{D} + \frac{B_i}{B}\right) \times 100\% \tag{8-1}$$

式中，IV 表征某种土地利用功能变化类型的重要度；D_i 表征某种功能变化类型图斑数；D 表征全部变化类型图斑总数；B_i 表征该变化功能类型总面积；B 表征所有功能类型变化的总面积。

8.2.4　景观生态学分析方法

景观指数反映土地利用景观格局特征，反映土地利用景观结构组成和空间配置某一方面特点[4]。景观生态学方法能够较好地描述土地利用数据斑块大小、形状、多样性、聚集度等情况，使用景观格局指数能够定量分析坝子土地利用景观格局演变特征。借鉴已有研究成果及坝子实际情况，本章选取景观形态指数（LSI）、聚集度指数（AI）、多样性指数（LSI）、平均斑块面积（MPS），分析坝子景观格局变化。指数计算在 Fragstats 4.2 软件中完成，基于景观水平计算并分析坝子景观格局演变。

8.3　坝子土地利用数量和功能结构演变特征

8.3.1　典型坝子土地利用数量变化特征

根据典型坝子 2005 年、2010 年、2021 年三期土地利用数据得到 4 个坝子的土地利用数量结构演变（图8-3）。从中可以得出以下结论：4个坝子土地利用由单一的传统农业种植向多元化的现代农业种植转变，土地利用数量主要表现为耕地大面积减少，设施农用地大面积增加，农村住宅用地和交通运输用地增加明显，其他地类有增有减，相互转换，变化较小。

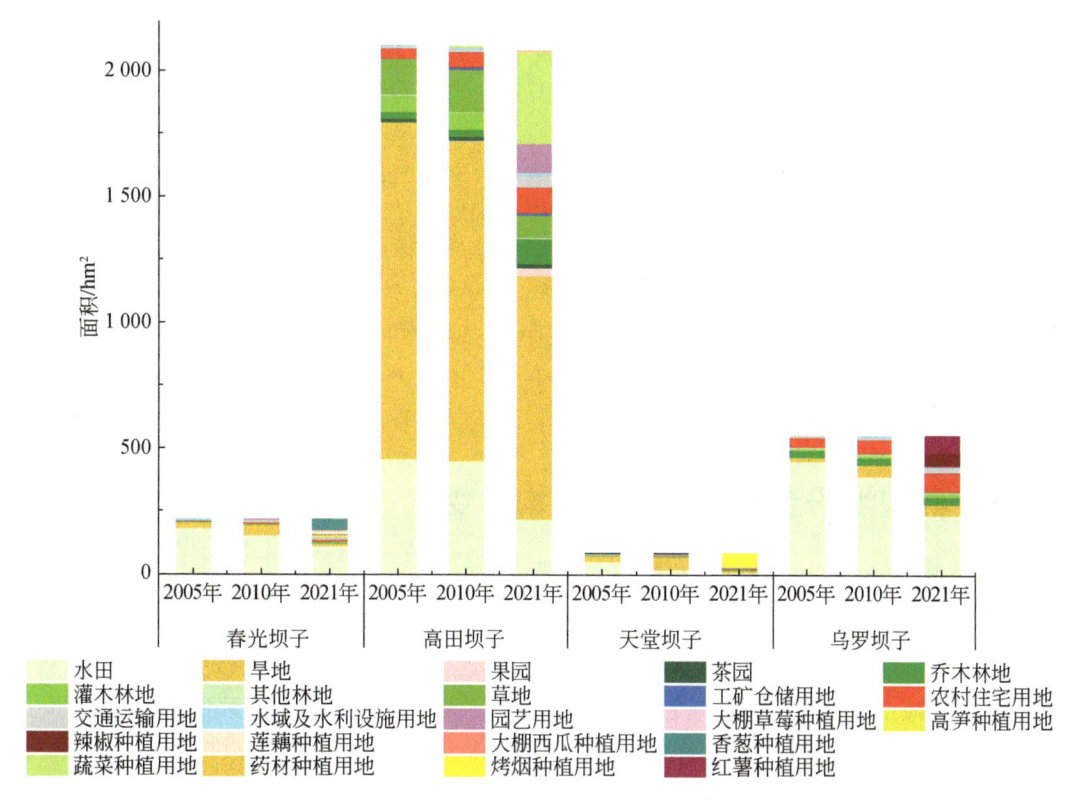

图8-3　2005年、2010年、2021年4个典型坝子土地利用数量变化

2005～2010年，随着新农村建设的实施和社会经济发展，高田坝子耕地大面积减少（75.14hm²），草地、农村住宅用地、水域及水利设施用地大幅增加，分别增加了26.22hm²、18.91hm²、7.27hm²，林地、交通运输用地、蔬菜种植用地小幅增加。该期间耕地转移面积占全部转移面积的93%，其中主要转变为农村住宅用地、草地、工矿及仓储用地。2010～2021年，随着土地整治、乡村振兴和产业结构调整实施，耕地和草地大面积减少，分别减少了535.03hm²、82.77hm²，蔬菜种植用地、农村住宅用地、交通运输用地、园地大幅增加，分别增加了365.14hm²、42.17hm²、33.56hm²、47.03hm²，其他地类变化不显著。该期间耕地转移面积占全部转移面积的70%，其中主要转变为蔬菜种植用地、园艺用地、农村住宅用地等。

2005～2010年，春光坝子耕地有所减少（9.31hm²），林地小幅增加（1.45hm²），农村住宅用地和交通运输用地增加明显，分别增加了2.39hm²、4.13hm²，园地小面积增加（0.81hm²），其他地类变化较小。该期间耕地转移面积占全部转移面积的99%，其中主要转变为农村住宅用地、交通运输用地、园艺用地。2010～2021年耕地大幅减少

(72.87hm^2)，设施农用地大面积增加，该期间耕地转移面积占全部转移面积的94%，其中耕地转移为设施农用地面积占耕地转移面积的97.25%。

2005~2010年，天堂坝子耕地面积小幅减少（5.06hm^2），林地、交通运输用地、农村住宅用地小幅增加，分别增加了1.05hm^2、1.66hm^2、1.191hm^2。该期间耕地转移面积占全部转移面积的92%，主要转变为交通运输用地、农村住宅用地、林地。2010~2021年耕地大幅减少（54.63hm^2），设施农用地大面积增加（52.16hm^2），其他地类变化不显著。该期间耕地转移面积占全部转移面积的97%，主要转变为烤烟种植用地，其中转为烤烟种植用地面积占耕地转移面积的94%。

2005~2010年，乌罗坝子耕地面积大幅减少（30.75hm^2），农村住宅用地大面积增加（18.27hm^2），林地和交通运输用地小幅增加，分别增加了3.91hm^{2}和5.64hm^2。该期间耕地转移面积占全部转移面积的96%，主要转变为农村住宅用地、交通运输用地、林地。2010~2021年，耕地大面积减少（156.72hm^2），农村住宅用地（21.77hm^2）、设施农用地（117hm^2）大面积增加。该期间耕地转移面积占全部转移面积的96%，主要转变为红薯种植用地、辣椒种植用地、农村住宅用地。其中，耕地转为红薯种植用地、辣椒种植用地、农村住宅用地约占耕地全部转移面积的40%、33%、15%。

8.3.2 典型坝子土地利用功能结构演变

由表8-3~表8-6可以看出，2005~2010年传统农业生产功能和社会保障功能是主要功能，2010~2021年现代农业生产功能大幅增加成为主导功能。2005~2010年，4个坝子传统农业生产功能变化最大，均出现不同程度减少，其中高田坝子传统农业生产功能减少面积最大，减少了70.32hm^2，天堂坝子传统农业生产功能减少面积最小，减少了5.06hm^2。该时期4个坝子社会保障功能小幅增加，但增加面积占比幅度均小于五个百分点。其中现代农业生产功能在该时期面积小，面积占比均低于五个百分点。2010~2021年，4个坝子传统农业生产功能逐渐减弱，传统农业生产功能面积大幅减少，现代农业生产功能逐渐增强，且逐渐成为主导功能，其中现代农业生产功能面积增加最大的是高田坝子，面积占比变化最大是天堂坝子。该时期社会保障功能变化显著的是高田坝子和乌罗坝子，原因主要在于这两个坝子是乡镇中心所在地，农村住宅用地大面积扩张，同时交通运输用地也大面积增加。

表8-3 高田坝子土地利用功能结构演变

类型	2005年		2010年		2021年	
	面积/hm^2	占比/%	面积/hm^2	占比/%	面积/hm^2	占比/%
传统农业生产功能	1 796.99	85	1 726.67	82	1 191.64	56
现代农业生产功能	13.20	1	17.47	1	157.73	8
社会保障功能	50.96	2	80.81	4	238.85	11
生态保育功能	241.44	11	277.65	13	528.18	25

表 8-4　春光坝子土地利用功能结构演变

类型	2005 年 面积/hm²	占比/%	2010 年 面积/hm²	占比/%	2021 年 面积/hm²	占比/%
传统农业生产功能	208.47	95	199.16	91	126.28	58
现代农业生产功能	—	—	0.81	0	72.70	33
社会保障功能	4.36	2	10.98	5	11.20	5
生态保育功能	6.75	3	8.63	4	9.39	4

表 8-5　天堂坝子土地利用功能结构演变

类型	2005 年 面积/hm²	占比/%	2010 年 面积/hm²	占比/%	2021 年 面积/hm²	占比/%
传统农业生产功能	80.79	94	75.73	88	21.09	25
现代农业生产功能	—	—	0.15	0	53.15	62
社会保障功能	0.82	1	4.38	5	4.66	5
生态保育功能	4.54	5	5.88	7	7.24	8

表 8-6　乌罗坝子土地利用功能结构演变

类型	2005 年 面积/hm²	占比/%	2010 年 面积/hm²	占比/%	2021 年 面积/hm²	占比/%
传统农业生产功能	472.28	85	441.53	80	284.81	51
现代农业生产功能	—	—	—	—	120.23	22
社会保障功能	42.46	8	66.36	12	99.26	18
生态保育功能	40.43	7	47.29	9	50.88	9

8.3.3　典型坝子土地利用功能演变趋势

根据 2005 年、2010 年、2021 年 4 个坝子土地利用功能数据，得到坝子土地利用功能演变趋势（图 8-4）。2005~2010 年 4 个坝子土地利用功能以传统农业生产功能为主，主要变化方向是社会保障功能和生态保育功能增强，但各坝子演变特征各异。其中，传统农业生产功能转为社会保障功能重要度指数最大的是春光坝子，重要度指数为 144%，传统农业生产功能转为生态保育功能重要度指数最大的是高田坝子，重要度指数为 65%。2010~2021 年 4 个坝子土地利用功能主要以传统农业生产功能和现代农业生产功能为主，主要变化方向是现代农业生产功能和社会保障功能增强。其中，传统农业生产功能转为现代农业生产功能重要度指数最大的是天堂坝子，重要度指数为 152%，传统农业生产功能转为社会保障功能重要度指数最大的是乌罗坝子，重要度指数为 95%。传统农业生产功能转为现代农业生产功能和传统农业生产功能转为社会保障功能面积最大的均为高田坝子，转移面积分别为 469.18hm² 和 113.611hm²。

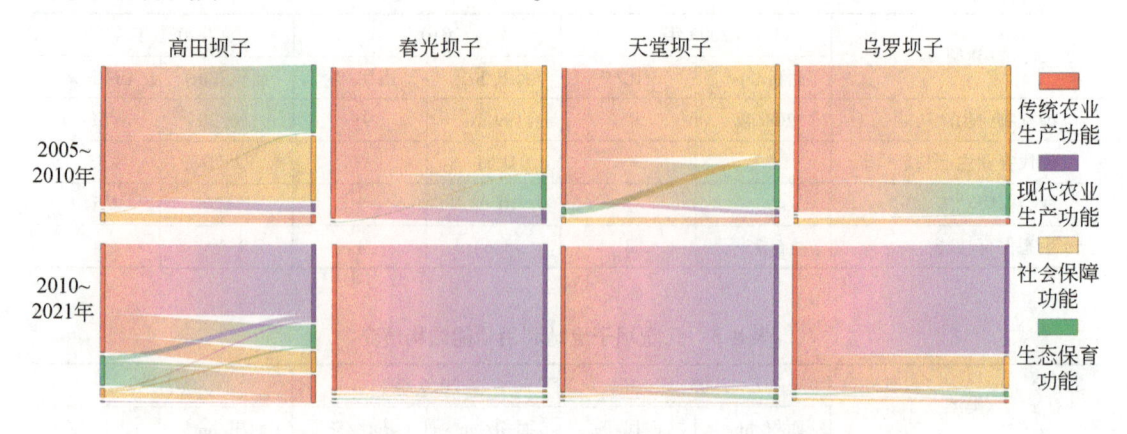

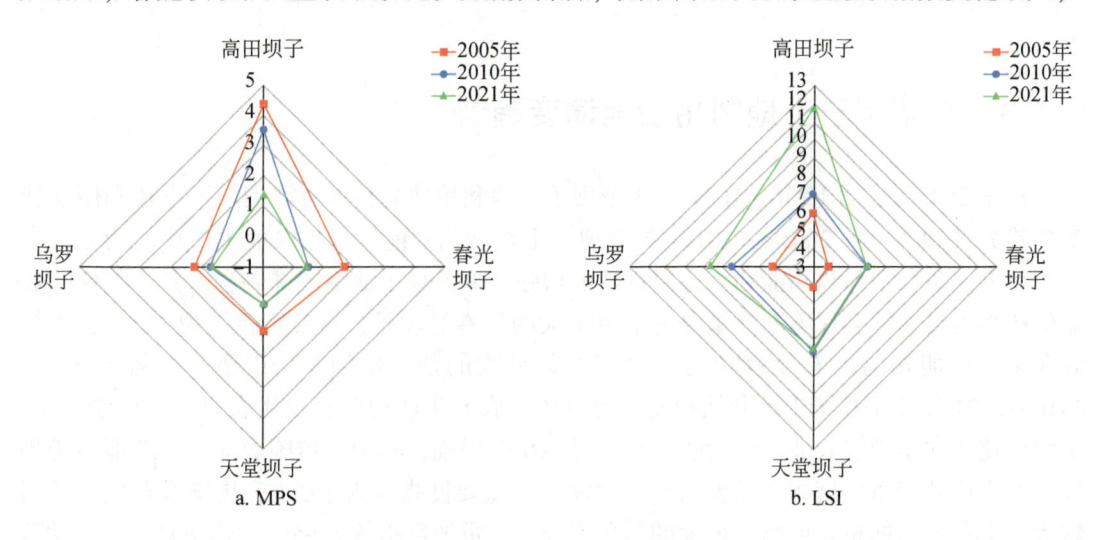

图 8-4　2005~2010 年、2010~2021 年 4 个典型坝子土地利用功能演变趋势

8.3.4　典型坝子土地利用景观格局演变

运用 Fragstats 软件从景观水平上计算平均斑块面积（MPS）、景观形状指数（LSI）、多样性指数（SHDI）及聚集度（AI）得到 4 个坝子景观格局演变（图 8-5）。由图 8-5a 可以看出，2005~2021 年 4 个坝子平均斑块面积逐渐减少，其中 2005~2010 年平均斑块面积减少幅度大于 2010~2021 年。在 2005~2021 年平均斑块面积减少最大的是高田坝子，从 2005 年的 4.39hm² 减少到 2021 年的 1.40hm²，平均每年减少 0.18hm²。由图 8-5b 可以看出，2005~2010 年 4 个坝子景观形状指数增加，其中天堂坝子在该期间景观形状指数变化最大，高田坝子景观形状指数变化最小。2010~2021 年高田坝子和乌罗坝子景观形状指数增加，春光坝子和天堂坝子景观形状指数降低，其中高田坝子景观形状指数变化最大，

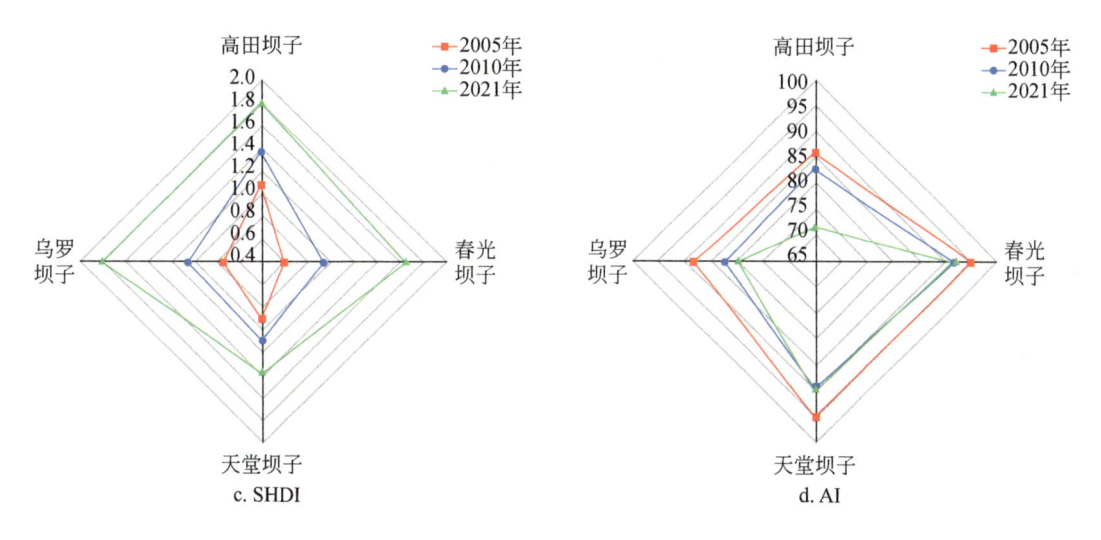

图 8-5　2005 年、2010 年、2021 年 4 个典型坝子景观指数变化

景观形状指数从 2010 年的 7.02 增加到 2021 年的 11.65，增加了 4.63。由图 8-5c 可以看出，4 个坝子多样性指数随着时间增加而增加，2005～2010 年期间春光坝子多样性指数增加最大，增加了 0.34，2010～2021 年乌罗坝子多样性指数增幅最大。由图 8-5d 可以看出，4 个坝子聚集度指数 2005～2010 年期间逐渐减少，其中乌罗坝子聚集度指数减少最大，平均每年减少 1.14。2010～2021 年乌罗坝子和高田坝子的聚集度指数随着时间增加而减少，但春光坝子和天堂坝子该指数随着时间增加而增加。

8.4　典型坝子农业生产演变模式及土地利用转型影响因素

8.4.1　典型坝子农业生产演变模式

在农业生产转型过程中，4 个坝子耕地逐渐减少，设施农用地、交通运输用地和农村住宅用地逐渐增加，耕地利用逐渐集约化、规模化经营，产业发展由传统农业转向现代农业，在各种因素综合作用下形成了独特的土地利用演变模式（图 8-6），主要表现为 3 个阶段。

第一阶段以单一传统农业种植为主，在 2005 年之前耕地主要利用方式是种植传统粮食作物和修建住宅用地，主要是传统农业生产功能和社会保障功能为主。该阶段 4 个坝子是典型的传统农业坝子，主导产业是传统农业，主要种植水稻、玉米、油菜等传统农作物，生产主体是当地居民，该阶段产业发展以生存型导向为主。

第二阶段传统农业与现代农业混合种植，逐渐向多元化种植方向发展。2008 年大力推动新农村建设，农村建设用地扩张，占用坝子耕地，耕地大面积收缩，农村住宅用地大幅

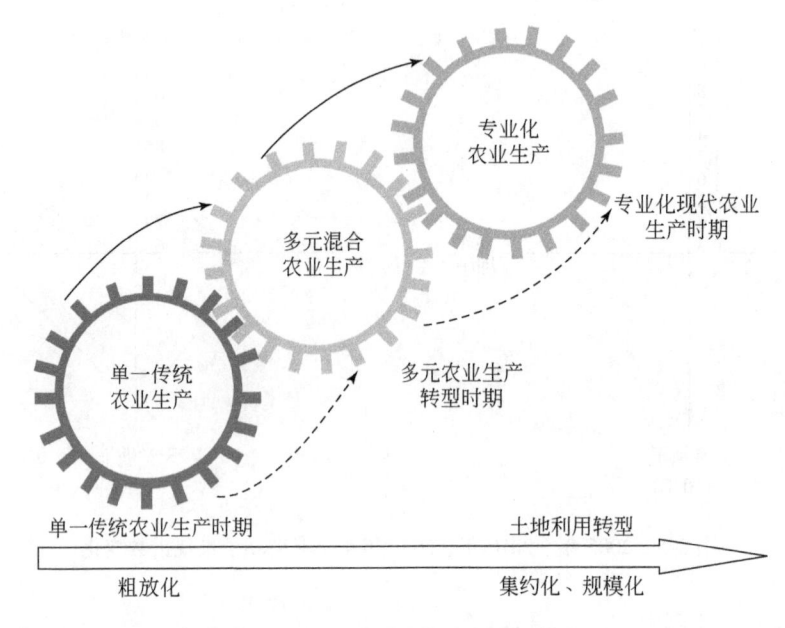

图 8-6 典型坝子农业生产演变模式

扩张；2010年随着土地整治的推进，坝子耕地得到综合开发利用，现代农业初步发展，特色农业种植逐渐形成规模；2013年随着人居环境改善和"四在农家、美丽乡村项目"的实施，促进了坝子交通条件和农村人居环境的改善，进一步促进了特色种植和乡村旅游的发展。该阶段在市场需求的驱动下，区位条件和自然资源禀赋好的坝子吸引部分企业和公司进驻，推动坝子大规模的土地流转以发展现代农业，如大棚草莓、大棚西瓜、优质烤烟等，耕地得到集约利用，产业由传统农业种植转向特色种养转型，产业发展由生存型向市场型转化，经营主体由以当代农户为主向农户与企业混合转化。

第三阶段以现代农业为主，形成专业化、规模化和集约化种植。2015年习近平总书记在贵州调研指出贵州农业应着力发展现代山地特色高效农业，随后2016年贵州省出台了《关于加快推进现代山地特色高效农业农业发展的意见》和编制实施了《贵州省"十三五"现代化山地特色高效农业发展规划》，该项政策和规划极大地推动了贵州省特色优势产业发展和农业供给侧结构性改革。随着精准扶贫、乡村振兴和贵州省500亩以上坝区农业产业结构调整政策实施推进，坝子进行土地整治和整理以及田间工程建设，进一步改善了坝子的农业生产条件，推动了坝子土地流转，为坝子发展特色种养创造条件。与此同时，政府大量引进龙头企业和公司进驻，带动了坝子特色产业发展，实现"一坝一特色""一坝一品"。该阶段坝子主导产业是现代农业生产，主要种植经济作物，产业发展以市场型为导向，以特色、规模、专业为发展方向，耕地利用集约化、规模化经营，经营主体以企业、集体、农户等为主，经营模式有如"企业+合作社+农户""企业+集体+农户""合作社+基地+农户"等多种经营模式。

8.4.2 典型坝子土地利用转型影响因素

坝子土地利用转型是自然资源禀赋、社会经济条件及特定的人文因素等多重影响因素共同作用下的结果，其中影响坝子土地利用转型主要是坝子规模、区位条件、市场需求、政策、经营主体等多重因素（图8-7）。

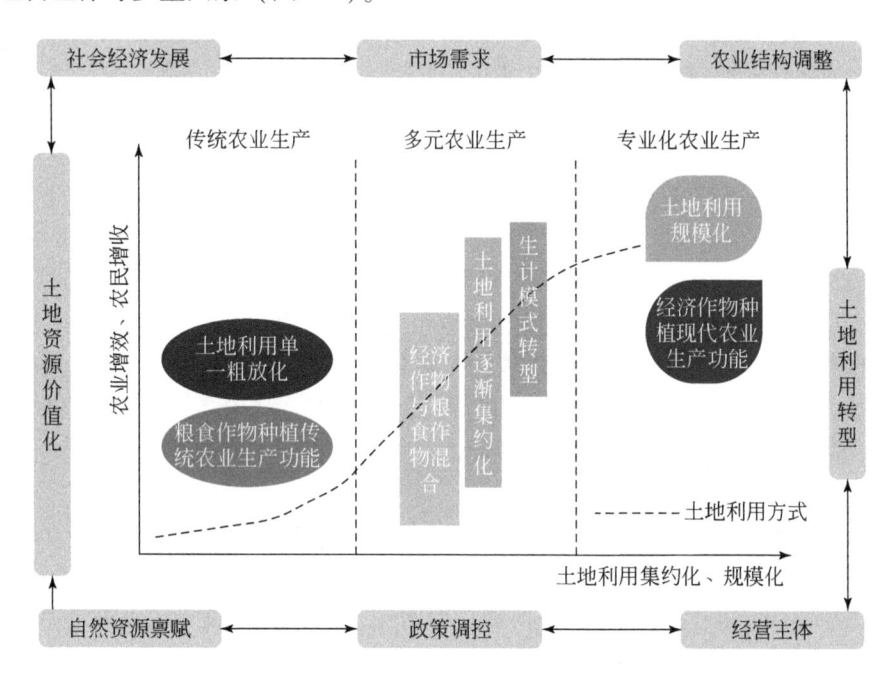

图8-7 典型坝子农业生产影响因素

（1）自然资源禀赋条件对坝子土地利用转型起着基础性作用

坝子作为贵州省重要的土地利用资源，影响着农业分布格局和发展规模。其面积较大，耕地资源较为丰富，地块平整，水源充足，交通便利等优越的自然资源禀赋条件为坝子发展现代农业、推动土地流转和土地利用转型提供基础支撑。

（2）市场需求是推动坝子土地利用集约化的根本性作用

表现为传统农业时期，由于我国人民增长的物质文化需求同落后生产之间的矛盾转化为新时期发展不平衡不充分之间的矛盾，导致产业发展以生存型向市场需求型为导向的转化。新时期人民追求高质产品，巨大的市场需求，驱动坝子大规模种植特色的经济作物，间接提高土地流转率，提升坝子土地资源价值，促进坝子集约化、规模化、产业化发展，持续推动坝区农业产业结构优化升级，实现坝子农业增效，农民增收。

（3）政策是推动土地利用多元化的关键性作用

在国家和政府层面自上而下实施乡村振兴、美丽乡村、精准扶贫、农业结构调整等政策促进坝子土地利用集约，现代农业生产功能增强。政府通过土地整理、土地整治、工程建设等政策改善坝子农业生产条件，完善农业生产基础设施，提高耕地利用效率，促进耕地资源价值化，实现农业规模化和现代化生产。

（4）经营主体多元化是土地利用规模化的内在动力

随着社会经济发展和"四化"快速推进，坝子经营主体变化和农户生计模式发生根本性变化。当地居民由从事传统农业生产为主转变为从事非农服务为主，兼业农业生产，同时大量经营者、游客、外来务工人员涌入坝子，经营主体由以农户为主转变为企业、投资者和农户多元主体为主。多样化的经营主体演变过程中，坝子传统农业生产功能减弱，规模化产业化的现代农业生产功能和观光休闲功能增强，这一演变促进了坝子农业生产功能转型和土地利用转型。

8.5 结 论

4个典型坝子在2005~2021年间土地利用数量变化主要是耕地大面积减少，草地小幅较少，设施农用地大面积增加，农村住宅用地和交通运输用地增加，土地利用功能主要由单一传统的农业生产功能和社会保障功能为主转化为现代农业生产功能为主，社会保障功能得到增强。4个典型坝子景观多样性和破碎化逐渐增加，其中高田坝子和乌罗坝子景观变化显著，表现为土地利用斑块聚集度降低，斑块破碎化，平均斑块面积变小，斑块形状不规则，土地利用景观多样化。

典型坝子农业生产演变模式经历了传统农业生产阶段、传统农业和现代农业混合生产阶段及专业化农业生产阶段，逐渐由粗放化经营转向集约化、规模化和专业化经营，种植作物逐渐由单一粮食生产向经济作物种植为主，经营主体逐渐多元化，组合模式多样化。

坝子土地利用转型是自然、社会等多重因素综合作用的结果，其中自然资源禀赋条件对坝子土地利用转型起着基础性作用，市场需求是推动坝子土地利用集约化的根本性作用，政策是推动土地利用多元化的关键性作用，经营主体多元化是土地利用规模化的内在动力。

坝子农业土地利用转型适宜性类型的差异对坝子土地利用转型具有显著的差异化影响。适宜性质量等级为高度适宜，且是优先农业土地利用转型建设区的高田坝子和乌罗坝子，在土地利用转型过程中相比适宜性质量等级为高中度适宜，且是适宜农业土地利用转型建设区的春光坝子和适宜性质量等级为中度适宜，且是一般农业土地利用转型建设区的天堂坝子，前两者转型类型较多且转移面积较大，而高田坝子和乌罗坝子的社会保障功能比春光坝子和天堂坝子显著增强，景观破碎化和景观多样性均比春光坝子和天堂坝子大。可见，坝子农业土地利用转型适宜性等级差异会不同程度地影响土地利用转型类型、面积、功能和景观变化。

参 考 文 献

[1] 张涵. 贵州省坝子农业土地利用转型适宜性评价[D]. 贵阳：贵州师范大学硕士学位论文，2022.

［2］陈会，李阳兵，盛佳利. 基于土地利用变化的贵州坝子土地利用功能演变研究［J］. 生态学报，2019，39（24）：9325-9338.

［3］朱会义，李秀彬，何书金，等. 环渤海地区土地利用的时空变化分析［J］. 地理学报，2001，(3)：253-260.

［4］刘亚香，李阳兵，易兴松，等. 贵州典型坝子土地利用强度空间演变及景观格局响应［J］. 应用生态学报，2017，28（11）：3691-3702.

9 土地利用功能转型背景下坝区土地系统农作物多样性空间分布

农地种植结构与中国粮食安全直接相关[1]。近年来相关研究逐渐关注种植结构的演变，例如发现1995~2020年间西藏种植业内部结构正由粮食、油料作物二元结构逐渐向"粮经饲"三元种植结构转变[2]；发现耕地细碎化与农户种植多样性呈现空间正相关性，耕地细碎化程度越高，农作物种植样性越高[3]；发现农户兼业导致农作物多样性下滑[4]；发现土地利用转型与农业生产结构调整的特征[5]。贵州坝子土地利用功能也发生了较为明显的演变和转型[6]，其作物多样性时空分布有何响应，值得进一步研究。从乡村坝子种植作物多样性的变化角度，揭示乡村坝子土地利用转型的过程和转型空间分布特征，一方面，有助于丰富土地利用转型理论的研究内容，另一方面，也有利于为坝子土地利用结构优化提供参考。为深入揭示乡村土地利用转型背景下，坝子种植农作物多样性空间分布特征，探究农作物空间多样性的驱动机理，本章以贵州中部坝区为例，深入研究农作物组合类型和空间集聚特征，在不同空间尺度揭示农作物种植多样性的空间变化规律，并揭示自然和社会经济因素对其的影响与驱动，以期为乡村振兴背景下农村种植结构优化调整、特色产业发展，为贵州坝区农业可持续发展提供科学的参考。

9.1 研究区概况

研究区涉及安顺市的西秀区、平坝县、普定县、镇宁县、关岭县、紫云县等6个县（区），包括82个乡镇，总面积9267km²。研究区位于贵州中部高原面，地貌主要以溶丘平坝为主，坝子众多，其中有46个5000亩以上的坝子。研究区属于亚热带季风气候，冬无严寒，夏无酷暑，气候温和宜人，多年均温14~17℃，多年平均降水量1140~1250mm。研究区2020年地区总产值966.74亿元，其中第一产业产值为176.33亿元，年末常住总人口247.18万人，从事农业人员约7.78万人，耕地面积为2926.87km²，谷物播种面积932.42km²，经济作物播种面积1954.05km²，其中蔬菜作物播种面积1188.31km²。安顺市是全国最大韭黄标准化绿色生产基地、"十里五万亩"高标准集中连片蔬菜示范园区和蜂糖李种植基地，拥有1个国家级、13个省级农业科技园区，1个省级农业现代化农业产业园，40个省级现代化山地高效示范园，6个产业强镇和13个全国一村一品示范村镇，59个省级家庭农场，12个粤港澳大湾区"菜篮子"生产基地，是典型的农业强市。

9.2 研究方法

9.2.1 数据来源与土地利用分类

基于 2010 年的 10m 分辨率 Alos 影像、2.5m 分辨率的资源卫星影像、12.5m 分辨率 DEM 数字高程模型，将坡度在 6°以下，地形平坦，形状较为规则，空间上连续的区域识别为坝子，通过 ArcGIS 10.2 软件在高清遥感影像上对坝子进行人工识别，然后与《贵州省 1∶50 000 地形图》进行叠加分析，进行人工精校正控制误差，确保坝区边界数据的精度及可靠性。以 2021 年分辨率为 0.27m 分辨率的 Google Earth 遥感影像为数据源，利用 ArcGIS10.2 软件将坝子边界矢量数据覆盖于数据源上，根据不同作物种植特点，以及参考所在坝区种植作物类型，将坝区耕地种植类型划分为粮食作物、蔬菜作物、经果作物、药用作物、饮料作物、园艺作物和其他作物种植。在此基础上于 2020 年 12 月~2022 年 7 月进行野外实地调查和访谈，对疑似图斑进行现场验证，对错误图斑进行修改。

9.2.2 指标计算

9.2.2.1 农作物种植结构

农作物种植结构首先表现为粮食作物、蔬菜作物、经果作物、药用作物、饮料作物、园艺作物和其他作物种植面积占比，计算公式如下：

$$R_{cg} = S_{cg}/S_c \times 100\% \tag{9-1}$$

$$R_{cv} = S_{cv}/S_c \times 100\% \tag{9-2}$$

$$R_{cf} = S_{cf}/S_c \times 100\% \tag{9-3}$$

$$R_{cm} = S_{cm}/S_c \times 100\% \tag{9-4}$$

$$R_{cb} = S_{cb}/S_c \times 100\% \tag{9-5}$$

$$R_{ch} = S_{ch}/S_c \times 100\% \tag{9-6}$$

$$R_{co} = S_{co}/S_c \times 100\% \tag{9-7}$$

式中，R_{cg}、R_{cv}、R_{cf}、R_{cm}、R_{cb}、R_{ch}、R_{co} 分别为粮食作物、蔬菜作物、经果作物、药用作物、饮料作物、园艺作物和其他作物种植面积占农作物种植总面积占比；S_{cg}、S_{cv}、S_{cf}、S_{cm}、S_{cb}、S_{ch}、S_{co} 分别为粮食作物、蔬菜作物、经果作物、药用作物、饮料作物、园艺作物和其他作物的种植面积；S_c 为农作物种植总面积。

9.2.2.2 平均最邻近指数

采用平均最邻近指数方法测度农作物和主要农作物类型的集聚程度。通过测量每个种植作物质心与其最邻近的作物质心点之间的平均距离，选取平均最邻近指数 R 表征农作物种植面积总体集聚程度。

9.2.2.3 热点分析

利用Getis-Ord G_i^* 识别研究区农作物空间高值簇和低值簇，即冷热点区的空间分布格局，采用 G_i^* 指数和热点分析来表征农作物分布格局，计算公式如下：

$$G_i^*(d) = \frac{\sum_{j=1}^{n} w_{ij}(d) X_j}{\sum_{j=1}^{n} X_j} \tag{9-8}$$

对 $G_i^*(d)$ 进行标准化处理，得到

$$Z(G_i^*) = \frac{G_i^* - E(G_i^*)}{\sqrt{\text{Var}(G_i^*)}} \tag{9-9}$$

式中，$E(G_i^*)$ 和 $\text{Var}(G_i^*)$ 分别为 G_i^* 的数学的期望和变异系数，$w_{ij}(d)$ 为空间权重。如果 $Z(G_i^*)$ 为正，且显著，表示 i 周围的值相对较高，属于高值空间集聚；反之，若 $Z(G_i^*)$ 为负，且显著，表示 i 周围的值相对较低，属于低值空间集聚。

9.2.2.4 农作物种植多样化指数

用农作物种植多样化指数来刻画农作物种植结构的多样化水平，测度安顺市各乡镇农作物种植多样化差异情况。计算公式如下：

$$\text{Sim} = 1 - \sum_{i=1}^{n} p_i^2 \tag{9-10}$$

式中，Sim 为农作物种植多样性指数，Sim 数值越大，表示农作物种植种类越多样；p_i 为第 i 类农作物种植面积占农作物种植总面积的占比，i 为农作物类型；n 为农作物种类数。

9.3 结果分析

9.3.1 乡镇尺度农作物组合类型特征

根据研究区农作物组合类型情况，对研究区农作物组合类型进行如下划分：将农作物类型有1~2种的划分为单一型农作物，将3~5种的划分为多元型农作物，将6~7种的分为多元复合型农作物，再结合三种类型的农作物组合类型，进一步根据其面积比例细分为粮食为主型、蔬菜为主型、经果为主型和均衡型等4种小类（表9-1）。

单一型农作物有1个乡镇，其中农作物组合小类属于均衡型（粮食+蔬菜）。

多元型农作物有33个乡镇，组合小类主要有粮食为主型（粮食为主+经果为辅、粮食为主+蔬菜为辅、粮食为主+药用为辅、粮食为主+其他农作物）、蔬菜为主型（蔬菜为主+粮食为辅、蔬菜为主+其他农作物）、经果为主型、均衡型（粮食+蔬菜、粮食+蔬菜+经果、粮食+蔬菜+园艺、粮食+蔬菜+其他、粮食+其他+经果）五类小类，其中粮食为主型、蔬菜为主型、经果为主型、均衡型类型分别有15个、7个、1个、10个乡镇。粮食为主

型、蔬菜为主型、经果为主型、均衡型类型分别约占多元农作物类型乡镇的46%、21%、3%、30%。

表9-1 农作物组合类型

数量类型	乡镇	农作物组合大类	农作物组合小类（个数）
1~2	坝羊	单一型农作物	均衡型
3~5	白石岩、白岩镇、板当镇、本寨、蔡官镇、大山、丁旗镇、顶云、东关办事处、东屯、朵卜陇、高峰镇、猴场镇、黄果树镇、火花、鸡场坡、江龙镇、乐平、六马、龙场、马场镇、募役、坪上苗族彝族布依族乡、普利、沙营、沙子、上关镇、水塘镇、四大寨、松山镇、岩腊苗族布依族乡、镇宁县、化处镇	多元型农作物	粮食为主型（15）蔬菜为主型（7）经果为主型（1）均衡型（10）
6~7	八德、白水镇、白云镇、扁担山、大西桥镇、断桥镇、关索镇、花江镇、黄腊布依族苗族乡、鸡场布依族苗族乡、轿子山镇、旧州镇、刘官、龙宫镇、马厂、马官镇、猫营镇、宁谷镇、平坝县城、坡贡镇、普定县城、七眼桥镇、十字回族苗族乡、双堡镇、宋旗镇、天龙镇、属西秀区、夏云镇、羊昌布依族苗族乡、杨武布依族苗族乡、幺铺镇、永宁镇	多元复合型农作物	粮食为主型（19）蔬菜为主型（1）均衡型（12）

多元复合型农作物有32个乡镇，组合小类主要有粮食为主型（粮食为主+蔬菜为辅、粮食为主+其他农作物）、蔬菜为主型（蔬菜为主+其他农作物）、均衡型（粮食+蔬菜、粮食+蔬菜+经果、粮食+蔬菜+经果+其他）三类，其中粮食为主型、蔬菜为主型、均衡型类型分别有19个、1个、12个乡镇。粮食为主型、蔬菜为主型、均衡型类型分别约占多元复合型农作物类型乡镇的59%、3%、38%。

9.3.2 农作物空间集聚特征

采用平均最邻近指数方法测度农作物和主要农作物类型的集聚程度。利用GIS中的平均最邻近工具计算出平均最邻近指数，再根据自然断点法将平均最邻近指数划分6个等级，结果表明农作物和主要农作物的集聚程度差异显著（图9-1）。总体上，农作物呈现出较高集聚性（63个乡镇集聚），但不同的类型农作物的空间集聚程度差异明显（图9-1a）。农作物集聚度最高的是板当镇和顶云，平均最邻近指数分别为0.13、0.14。不集聚的乡镇有岩腊苗族布依族乡、坪上苗族彝族布依族乡和四大寨三个乡镇。

从主要农作物类型来看出，粮食作物的集聚程度与农作物集聚程度大致一致，不同的是粮食作物中不集聚的乡镇增加，主要是岩腊苗族布依族乡、坪上苗族彝族布依族乡、东关办事处、猴场镇、顶云和四大寨6个乡镇（图9-1b）。从图9-1c可知，蔬菜作物的集聚程度比粮食作物集聚程度低，不集聚和集聚程度较低的乡镇比粮食作物不集聚的乡镇多。由图9-1d可得，经果作物集聚程度较低，经果作物不集聚的乡镇分别是粮食作物和蔬菜作物不集聚的乡镇的5倍、2.5倍。蔬菜集聚程度较高的主要是鸡场坡、坪上苗族彝族布依族乡、岩腊苗族布依族乡、坝羊、沙子、宗地、猴场镇等乡镇；经果集聚程度较高的主要是板当镇、火花、水塘镇、四大寨、猴场镇、七眼桥镇；马场镇、坪上苗族彝族布依族乡等乡镇。

9.3.3 农作物空间分布热点

以不同农作物类型的斑块面积点为分析变量，采用空间热点探测，计算得到不同农作物种植面积的 Gi-Z 值，根据自然断点法对 Gi-Z 值从大到小划分为 4 类，并绘制不同规模农作物分布格局的热点图（图 9-2）。

在总体空间分布上，研究区农作物种植面积的高值簇主要分布在平坝县的东北部、西秀区东南部以及普定县的西南部，低值簇主要分布在镇宁布依族苗族自治县、关岭布依族苗族自治县和紫云苗族布依族自治县南部。具体从主要农作物类型来看，粮食作物规模分布热点区主要集中在大西桥镇、七眼桥镇、旧州镇、轿子山镇、白云镇等地；次热点区是分布在前者东部的羊昌布依族苗族乡、双堡镇、东屯等地；次冷点区分布在热点区的西部，集中分布在化处镇、马场镇、龙场、蔡官镇等地；冷点区分布在丁旗镇、扁担山和坡贡镇等地（图 9-2a）。

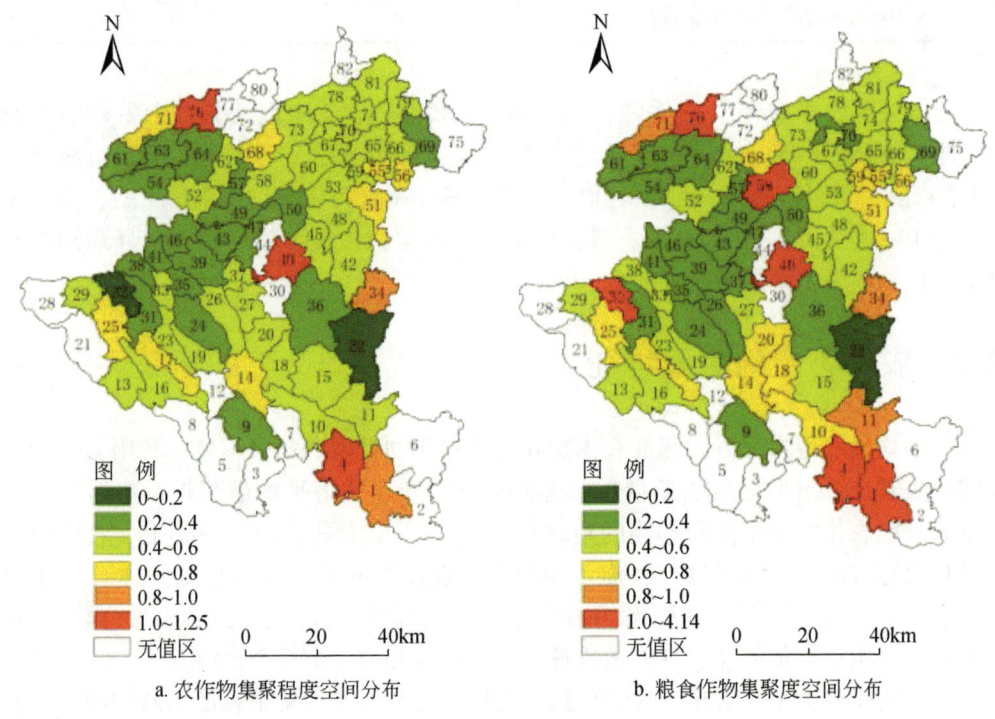

a. 农作物集聚程度空间分布　　　　b. 粮食作物集聚度空间分布

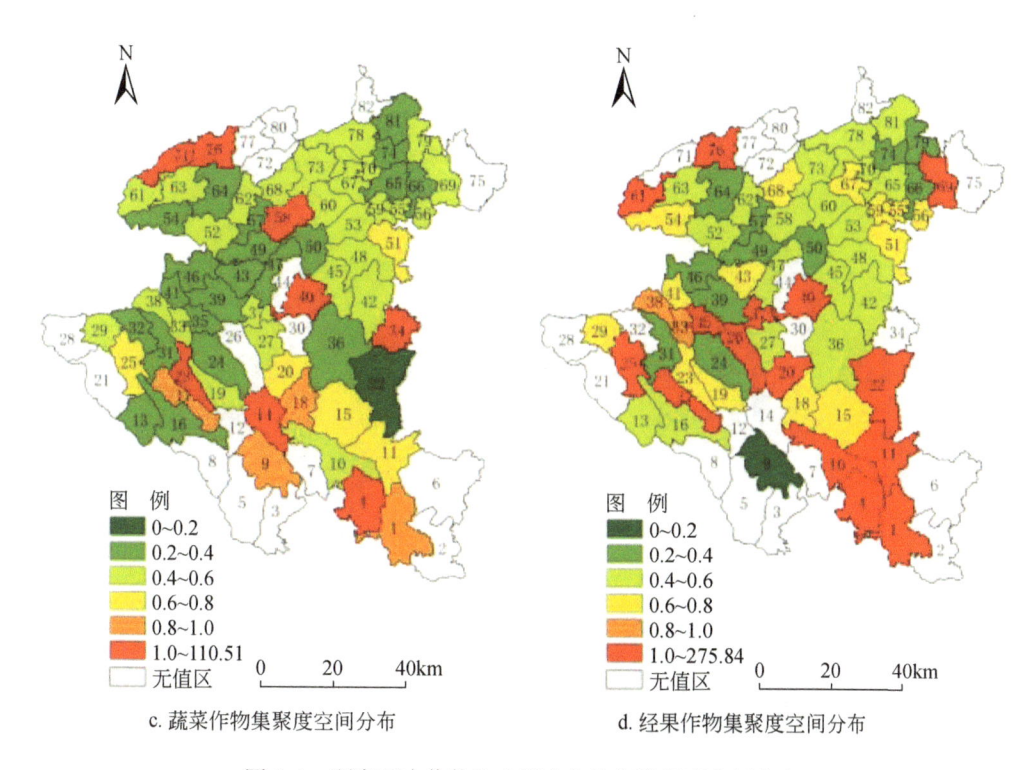

c. 蔬菜作物集聚度空间分布　　　　　d. 经果作物集聚度空间分布

图 9-1　研究区农作物和主要农作物集聚程度空间分布

注：1. 猴场镇；2. 大营；3. 简嘎；4. 四大寨；5. 良田；6. 宗地；7. 达帮；8. 板贵；9. 六马；10. 火花；11. 水塘镇；12. 打帮；13. 普利；14. 沙子；15. 松山镇；16. 花江镇；17. 上关镇；18. 白石岩；19. 八德；20. 本寨；21. 新蒲；22. 板当镇；23. 断桥镇；24. 马场；25. 永宁镇；26. 募役；27. 江龙镇；28. 岗乌镇；29. 沙营；30. 革利；31. 关索镇；32. 顶云；33. 白水镇；34. 坝羊；35. 黄果树镇；36. 猫营镇；37. 朵卜陇；38. 坡贡镇；39. 镇宁县；40. 岩腊苗族布依族乡；41. 扁担山；42. 杨武布依族苗族乡；43. 大山；44. 新场布依族苗族乡；45. 鸡场布依族苗族乡；46. 丁旗镇；47. 龙宫镇；48. 双堡镇；49. 幺铺镇；50. 宁谷镇；51. 东屯；52. 马官镇；53. 旧州镇；54. 化处镇；55. 黄腊布依族苗族乡；56. 属西秀区飞地；57. 宋旗镇；58. 东关办事处；59. 刘官；60. 七眼桥镇；61. 马场镇1；62. 白岩镇；63. 龙场；64. 普定县城；65. 白云镇；66. 羊昌布依族苗族乡；67. 大西桥镇；68. 轿子山镇；69. 高峰镇；70. 天龙镇；71. 鸡场坡；72. 猫洞苗族仡佬族乡；73. 蔡官镇；74. 平坝县城；75. 马场镇；76. 坪上苗族彝族布依族乡；77. 补郎苗族乡；78. 乐平；79. 夏云镇；80. 猴场苗族仡佬族乡；81. 十字回族苗族乡；82. 齐伯

蔬菜作物规模分布热点区主要集中在马官镇、化处镇、轿子山镇以及大西桥镇等地，其地貌以平坝缓丘为主；次热点区是分布热点区周围的在白岩镇、双堡镇等地，其同样有较多平坝；次冷点区分布在次热点区外围的幺铺镇、鸡场坡、黄腊苗族布依族乡等地，冷点区主要集中分布在六马、沙子、坝羊等地（图9-2b）。经果作物规模分布热点区主要集中在白岩镇、双堡镇等地；次热点区是分布热点区周围的东屯、杨武布依族苗族乡等地；次冷点区分布在次热点区外围的坝羊、轿子山镇等地；冷点区零散分布在沙营、普利等地（图9-2c）。其他类型作物规模分布不显著（图9-2d、图9-2e、图9-2f、图9-2g）。

| 贵州坝子土地利用功能演变及山-坝耦合效应 |

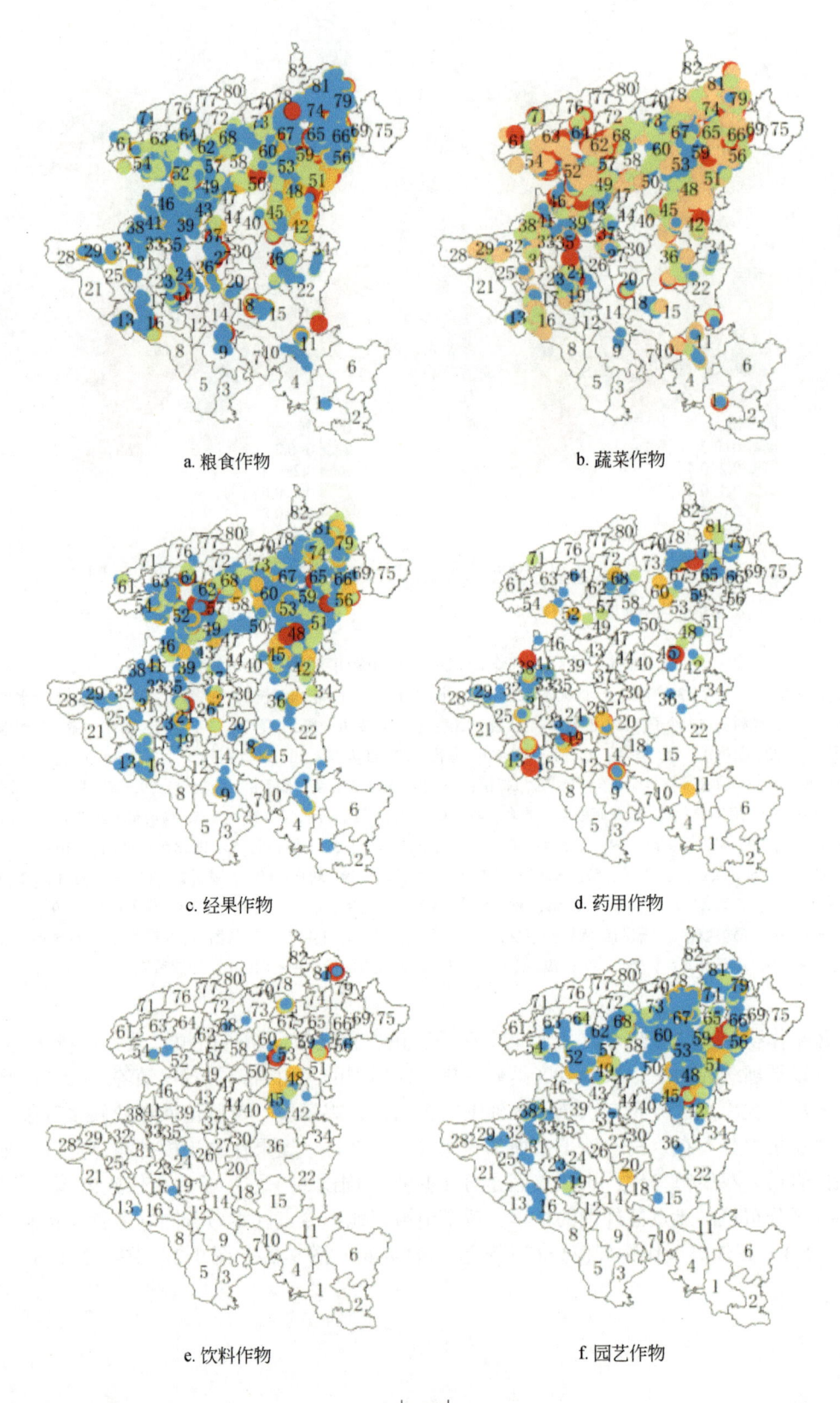

a. 粮食作物

b. 蔬菜作物

c. 经果作物

d. 药用作物

e. 饮料作物

f. 园艺作物

g. 其他作物

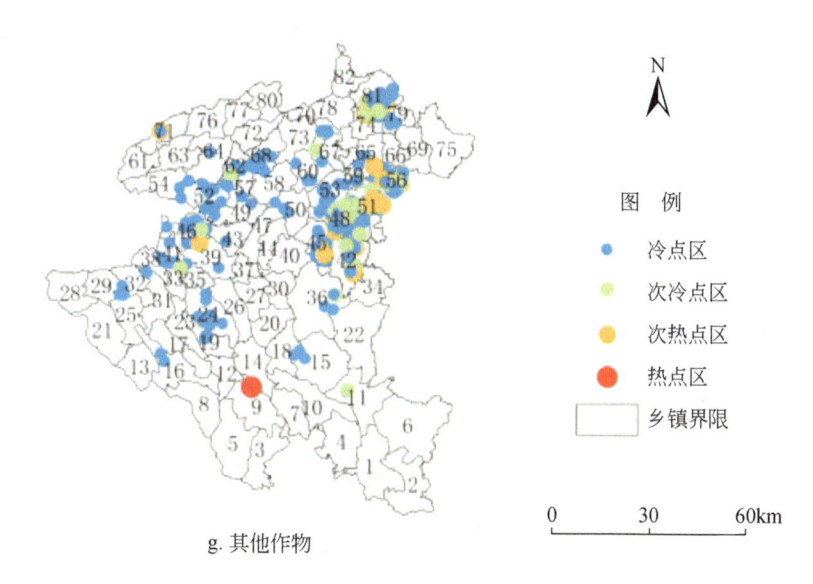

图 9-2 研究区不同类型农作物热点
注：1 到 82 数字含义同图 9-1

9.3.4 农作物多样性空间分布

根据公式（9-10）计算研究区农作物种植多样性指数，根据自然断点法对多样性指数从大到小划分为 3 类，并绘制农作物种植多样性指数空间分布图（图 9-3）。农作物种植多

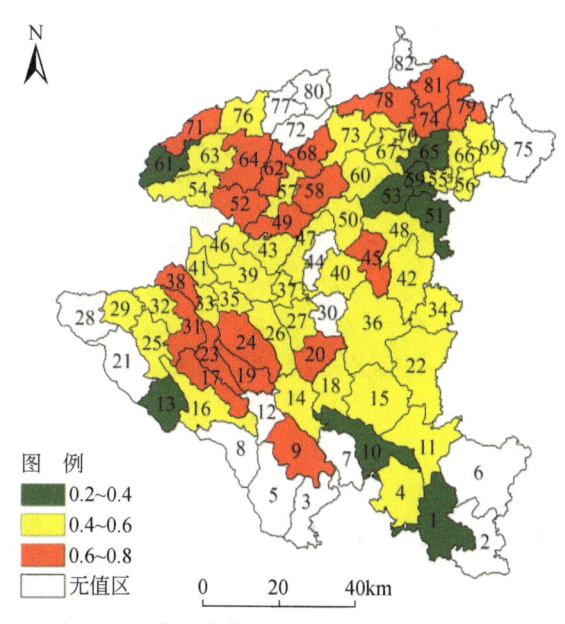

图 9-3 研究区农作物种植多样性指数空间分布
注：1 到 82 数字含义同图 9-1

| 137 |

样性指数在 0.2~0.4、0.4~0.6、0.6~0.8 阶段的乡镇，分别有 8、38、20 个乡镇。农作物种植多样性指数高和较高的乡镇，分别是农作物种植多样性指数较低的乡镇的 2.5 倍和 4.75 倍。农作物种植多样性指数高和较高的乡镇约占有值乡镇的 73%，说明研究区农作物种植类型和种植结构多样。农作物种植多样性指数较低的乡镇零星分布在研究区的南部（猴场镇、火花等）和东北部（东屯、高峰镇等），农作物种植多样性指数较高的乡镇集中分布在研究区的中部（江龙镇、猫营镇等），农作物种植多样性指数高的乡镇呈团块状分布在研究区的东北部［乐平（有部分平坝）、夏云镇（平坝较多）等］和西南部的马官镇、化处镇、轿子山镇以及大西桥镇等。

9.4 讨　　论

9.4.1 研究区农作物空间分布特征的特殊性

从种植作物类型上看，研究区总体上以粮食作物为主，但已有部分乡镇作物种植以蔬菜为主，或者是粮食、蔬菜和经果均衡种植；从分布热点看，蔬菜作物规模分布热点区主要集中在研究区地貌以平坝缓丘为主的地域，与粮食作物、经果和园艺作物的空间热点分布基本一致；蔬菜作物的集聚程度比粮食作物集聚程度低。

野外实地调查发现研究区县城周围乡镇农作物多样性指数较高，种植农作物类型丰富，经济作物面积较大，由传统粮食作物向蔬菜等农作物转型，形成集约化、规模化种植和产业化的坝区土地利用发展趋势（图 9-4）。因此，在上述认识的基础上，可以认为，研究区坝区土地利用存在从单一农作物（粮食）向多种农作物混杂（粮、经、特色），再向单一经济作物转型的趋势；坝区土地利用逐渐形成特色农作物集约化规模种植，部分坝区土地利用形成整体土地利用转型。

陈旗

a. 2007年　　　　　b. 2019年　　　　　c. 2020年

号营

d. 2015年　　　　　e. 2020年

马官

f. 2007年　　　　　　　　g. 2015年　　　　　　　　h. 2020年

图 9-4　普定县后寨河流域作物种植结构变化

9.4.2　农作物多样性空间分布驱动机理

农作物种植多样性空间分布是自然禀赋和社会经济条件相互影响、交互作用的结果，其分布的差异性主要取决于不同影响因素作用的程度。已有研究表明，农作物种植多样性是劳动力、土地、资金及技术等生产资料多重因素调整与组合综合作用的过程[7]。笔者认为自然梯度（坝子系统特征的影响）与社会经济梯度（农业发达程度或经济发达程度的影响）特征耦合作用影响着坝子的作物多样性。借鉴已有农作物种植结构影响因素研究成果[2]，结合安顺市农业种植多样性情况，笔者从自然条件、政策、社会发展等 3 个方面探讨分析各因素对安顺市乡镇农作物种植多样性分布的影响。

9.4.2.1　自然条件是农作物种植多样化的基础条件

农业生产与自然条件密切相关，地理区位、地形地貌、耕地资源、气候条件等，因地制宜、合理利用区域独特的自然条件是农业发展的关键[7]。土地是农业生产的载体，耕地是农业生产的基础，区域耕地面积和地形地貌等条件影响农作物种植面积和规模，自然条件仍是耕地种植结构空间分异过程中重要影响因素[8]。安顺市地处贵州省中部，面积较大且集中连片的坝子在该区分布相对集中，这为农作物种植多样化提供了基础条件[9]。地理区位影响农户决定农作物种植类型和面积，从而导致农作物种植结构的变化。坝区距城市中心远近导致不同坝区耕地种植类型差异明显，距城中心较近的坝区种植类型较为丰富，且以经济作物为主。气候条件是农业生产的重要条件。镇宁县南部是典型的亚热带低热河谷气候区，关岭县是典型的亚热带季风气候，两县利用独特的气候条件发展精品水果（蜂糖李、金刺梨、火龙果等），打造"一县一特色""一地一品"的特色产业。

9.4.2.2　政策条件是农作物种植多样化的重要驱动因素

农业政策和乡村发展政策是农业生产发展的重要驱动因素。贵州省以 500 亩以上坝区产业结构调整为龙头，全面推进全省农村产业发展。2012 年，安顺市政府大力扶持特色农产品（韭黄、辣椒、山药等）、特色精品水果、生态畜禽养殖，推动各区县特色农产品发展。安顺市依托坝区为载体，发展高标准蔬菜、精品水果、韭黄、关岭牛、火龙果等一县一产业发展格局，培育了韭黄、蜂糖李、金刺梨、红心薯、关岭牛等优质特色农产品。在现代农业发展背景下，坝区土地利用规模化、集约化，其推动了农业强、农村美、农民富目标的实现。例如，普定县韭黄种植达 10 万亩，实现韭黄规模化、产业化种植，韭黄产业的发展解决了当地农户就业，促进了农户增收。扁担山坝区种植卷心菜、黄瓜、茄子、辣椒、西红柿等特色农产品，通过多主体经营方式，并与农户建立利益联结机制，扁担山镇实现减贫脱贫。在坝区产业化的驱动下土地流转率增加，公路沿线坡耕地和坝区耕地集中连片流转，坡耕地和坝地利用率提高，推动土地利用集约化实现。

9.4.2.3 社会发展是农作物种植多样化的重要推动力

农户特征、农户经营规模和农户参与非农活动均会对农户的种植多样性具有显著影响[10]。实证结果表明，随着非农就业程度增加，农户越来越倾向于种植机械化程度高的作物（如土地密集型农产品）进而降低农业种植结构多样化指数[11]。随着社会经济的发展，劳动力减少，劳动力老龄化，土地非粮化和非农化程度增加，引发种植结构调整。城镇化水平提高改变了周围乡镇的种植结构，传统粮食作物种植面积减少（玉米、粮食），高效经济作物（蔬菜、精品水果）增加。乡镇经济发展缓慢，劳动力析出严重，用工性农作物减少，省工性和经济效益高的农作物增加，使得传统粮食作物面积减少经济作物面积减少。县县通高速、村村通公路改善了各乡镇的交通条件，缩短了交通运输时间，加强了市场与产地之间的联系，一定程度上推动交通条件优越的乡镇农作物种植转型，以市场需求为导向，促进农作物种植多样性。随着科学技术进步，农业技术在促进农业发展起着不可或缺的作用，通过技术指导和帮扶、校企技术合作，很大程度上助力产业增收增效。

9.4.2.4 市场需求是农作物种植多样化的根本动力

市场需求直接或间接影响农作物种植。随着城市化、工业化的快速发展，人民生活水平和生活质量提高，生活目标从解决温饱向追求美好生活转化，驱使农作物生产结构发生变化。与此同时，由于市场需求的变化，导致粮食作物和经济作物价格呈剪刀式差别，受价格杠杆的驱动，农户和企业扩大了经济作物种植面积而减少粮食作物面积，如从种植水稻、玉米向种植韭黄、刺梨、蜂糖李等转变，在城郊和近郊地区农作物种植多样化受市场影响显著。城郊地区受到城镇经济辐射、大量资金和技术的投入的影响，主要种植经济效益高的农产品，并促进该地区现代农业的快速发展。

9.4.3 农作物多样性空间分布对土地利用转型和乡村振兴的政策启示

农作物多样化种植的空间分布展示了当前中国土地利用转型的过程，反映了坝区土地利用朝着集约化、规模化、产业化的方向发展。坝区农作物的多样化种植可促进坝区和山区土地利用转型，一方面，带动坝区产业结构调整，促进一二三次产业深度融合，加快农村产业发展，是实现乡村振兴的重要组成部分；另一方面，带动山区产业发展，改善山区基础设施条件，促进山区可持续发展。因此，坝区农作物多样性空间分布对促进土地利用转型和乡村振兴具有重要意义。基于此，提出以下建议：①因地制宜，发展特色产业。立足当地的自然条件和社会经济条件，发展特色农产品和生态养殖，将一二三次产业深度融合，实现产业生态化和生态产业化发展。紧紧围绕乡村振兴战略，将产业发展与乡村发展相结合。②稳定粮食生产与保证农民收入并重。但在种粮收益有限的情况下，如何维持小农种粮积极性的问题仍需突出考虑。一方面，面对种粮收益较低的现状，可以增加政策性种粮补贴，提升小农户种粮积极性；另一方面，完善农田基础设施建设，鼓励发展农机服务市场，为小农户经营创造有利条件[1]。

9.5 结　　论

1）研究区农作物组合以多元型农作物和多元复合型农作物为主。

2）蔬菜作物的集聚程度比粮食作物集聚程度低；蔬菜作物规模分布热点区主要集中在研究区地貌以平坝缓丘为主的地域，与粮食作物、经果和园艺作物的空间热点分布基本一致。

3）坝区土地利用逐渐形成特色农作物集约化规模种植，部分坝区土地利用形成整体土地利用转型。

参 考 文 献

[1] 马俊凯，李光泗，李宁．"非粮化"还是"趋粮化"：农地经营规模对种植结构的影响．中国农业资源与区划［J/OL］．https://kns.cnki.net/kcms/detail/11.3513.S.20220920.1313.016.html［2022-09-20］．

[2] 吴芳，潘志芬，李涛，等．西藏县域农作物种植结构时空变化及专业化分区［J］．应用与环境生物学报，2022，28（4）：935-944．

[3] 吴勇，徐亚琼，曾俞森，等．丘陵区耕地细碎化与种植多样性的空间相关性分析——以武胜县鸣钟乡为例［J/OL］．https://kns.cnki.net/kcms/detail/51.1699.N.20220420.1538.002.html［2022-04-20］．

[4] 王晓轩，赵周华，耿天学．政府政策和农户兼业对农作物多样性的影响评价——以宁夏农牧交错带贫困地区为例［J］．农业农村部管理干部学院，2020，38：19-24．

[5] 张悦，邓伟，张少尧．土地利用转型与农业生产结构调整的网络关联性研究——以四川省为例［J］．农业现代化研究，2022，43（3）：379-389．

[6] 张涵，李阳兵．城郊土地利用功能演变——以贵州省惠水县乡村旅游度假区好花红村为例［J］．地理科学进展，2020，12，39（12）：1999-2012．

[7] 安悦，谭雪兰，谭杰扬，等．湖南省农作物种植结构演变及影响因素［J］．经济地理，2021，41（2）：156-166．

[8] 王宇，周忠发，王玲玉，等．基于Sentinel-1的喀斯特高原山区种植结构空间分异研究［J/OL］．https://kns.cnki.net/kcms/detail/10.1759.p.20220525.1741.010.html［2022-05-25］．

[9] 李阳兵，陈会，罗光杰．贵州不同规模等级坝子空间分布特征研究［J］．地理科学，2019，39（11）：1830-1840．

[10] 钟太洋，黄贤金．非农就业对农户种植多样性的影响——以江苏省泰兴市和宿豫区为例［J］．自然资源学报，2012，27（2）：187-195．

[11] 张琛，彭超，毛学峰．非农就业、农业机械化与农业种植结构调整［J］．中国软科学，2022，（6）：62-71．

10 坝子土地利用功能转型的长时间序列研究

土地利用转型最早是由英国利兹大学的 Grainger 在研究以林业为主的国家土地利用时所提出[1]，指在经济社会变化和革新的驱动下，一段时期内与经济和社会发展阶段转型相对应的区域土地利用由一种形态（含显性形态和隐性形态）转变为另一种形态的过程[2]。土地利用隐性形态及其变化将成为今后土地利用转型与土地资源管理研究关注的焦点[3]。在中国，耕地和农村宅基地是土地利用转型的重要源头[4]，特别是在以农业生产活动为主的耕地隐性形态转型中，功能形态格局和结构的转变尤为突出；但在近年地理学的相关研究中对其显性形态讨论较常见[5-6]，而对隐性形态的剖析则较为鲜见[7-8]。功能形态转型是隐性转型的重要部分，但在区域性、综合性和多尺度性方面对功能形态转型表现不足[9]。故进一步探讨耕地功能形态转型对深入构建土地利用转型研究框架具有重要理论实践价值[10]，是农业发展转型和土地利用转型研究的重要组成部分。耕地转型诊断可从空间形态转型与功能形态转型两条路径开展[11]，中国耕地功能总体上于 2006 年开始转型[12]。探讨现代化农区耕地利用功能形态转型的一般特征，可以为区域耕地资源优化配置提供科学依据[13]。

目前，随着工业化、城镇化的快速发展，中国城乡一体化、新型城镇化和城乡转型发展推进效果显著[14]。依托社会经济转型和区域各要素重组与产业重构，中国城市和乡村发展正处于转型时期[15]。在此大背景下，地处西南岩溶山区的贵州坝子作为当地人类活动最强烈地区和区域生产生活活动的主要载体，通过土地流转、种植结构调整、发展现代特色农业与休闲农业等多元路径的发展，其土地利用正由传统农业向现代农业模式转移。据此趋势，坝区土地资源管理面临着如何在保护坝区基本农田红线不动摇前提下提高坝子土地资源的绿色经济产出？坝子边缘坡耕地弃耕与农村居民点空心化导致的区域耕地保有量减少和生产功能弱化趋势怎样缓解？坝区内部城镇建设用地扩张和工矿区的开发如何实现内部土地产业空间功能优化调控？回答这一系列亟待解决的问题，需要深入了解坝区土地功能空间格局和转型阶段过程特征。基于此，本章针对在土地利用转型发展的前提下，缺少对典型地貌区土地利用功能形态演变进行长时间序列研究的现状，通过长达 50 年的高分影像解译数据和实地调查，探讨乡村转型背景下贵州坝子土地利用功能的空间演变，旨在厘清坝区土地功能空间分布及演化状况，进而揭示典型地貌类型——坝子乡村土地利用转型对该区域乡村转型发展的影响机制。

10.1 坝子土地利用功能空间定量综合诊断

10.1.1 坝子功能分类及诊断指标体系构建

在土地系统这个"人类-环境耦合系统"[16]的大背景下，贵州省山地-坝地自然系统与坝区人文经济发展系统这两个子系统相互作用相互影响，其在近50年研究时间尺度上所产生结果的一大重要方面则体现在坝子整体功能多样性的阶段变化。定量研究区坝子土地利用功能的基础是对其所表征功能的空间数值化，这就要涉及对贵州坝子土地利用功能分类体系的确立和功能指标体系的典型化构建。

10.1.1.1 坝子功能分类体系构建

坝子土地利用系统内在复杂性是由其自然和半自然系统交相组合和作用的多方面客观特征构成，以此为基础的土地利用功能必然就存在体系上的综合性和系统性。土地的每种功能不是由某种单一的土地利用方式决定，而一种土地利用方式也可能包含了两种甚至多种土地功能。因此针对坝子内部土地利用的类型和演变特征，本书尝试借鉴"生产—生活—生态"三生空间的定量分类体系[17-19]以及国内外基于土地利用的生态系统多功能[20-21]、农业多功能（主要是耕地）[22]、景观多功能[23]等研究成果，结合研究区"岩溶山地坝子面积大小差异，均小于县级行政区且无规整边界、坝区土地利用的典型特点、坝区人类活动主体（人）和经济发展的主要需求导向"这三个方面的具体情况，提出一套适合岩溶山区无规则行政边界坝子的较为系统和完善的土地利用功能分类体系。同时依据坝子土地利用需求组合模式的不同，进行坝区土地利用多功能程度分级类别的判定，确定了贵州省坝区不同层级土地利用功能的分类体系（表10-1）和坝区三生功能贡献强弱程度标准（表10-2）。以此为基础，最终构建反映贵州坝子土地利用功能定量诊断指标体系（表10-3）。

本章从坝子土地利用多功能的角度将坝子土地利用功能划分为三个层级，分别是第一层级为总体多功能性，第二层级为生产功能、生活功能、生态功能三类，第三层级为现代规模设施农业生产功能、传统农业生产功能、工业生产功能、自然生态功能、半自然生态功能、城镇居住生活功能、农村生活居住功能、交通运输承载功能、公共休闲生活功能九类。

（1）坝子生产功能

主要指坝区内部土地系统满足当地人类主体生存的物质资料生产并获得经济收入需求的能力，包含以农业高新科学技术和集中性资本为主要投入，以地缘范围内市场供求为价格驱动的现代规模设施农业生产功能、始终以传统耕作方式（水田旱地）获取粮食作物的传统农业生产功能，以及以工业加工各级产品产出的工业生产功能，功能强弱程度上不同土地利用类型主要有生产功能（工矿仓储用地）、半生产功能（耕地、园地、公共管理与公共服务用地、部分水域及水利设施用地、设施农用地）和弱生产功能（草地、部分水域及水利设施用地）[24]。

表 10-1　坝子土地利用功能分类体系

大类		一级类		二级类	
土地利用需求		代码	名称	代码	名称
生产需求用地	生产需求用地	6	工矿仓储用地	61	工业用地
	半生产需求用地	1	耕地	11	水田
				13	旱地
		2	园地	21	经果林种植基地（桃李）
		8	公共管理与公共服务用地	85	文体娱乐设施用地
				89	景观度假休闲区
		10	交通运输用地	102	公路用地
				103	街巷用地
				104	农村道路
		11	水域及水利设施用地	117	沟渠
		120	设施农用地	12011	花卉基地
				12012	景观园林苗木基地
				12013	草坪种植基地
				12021	莲藕种植基地
				12022	大棚蔬菜种植基地
				12023	公司承包露天蔬菜基地
				12031	大棚草莓种植基地
				12032	葡萄种植基地
				12033	火龙果种植基地
				12034	蓝莓种植基地
				12035	大棚西瓜种植基地
				12051	设施鱼塘
	弱生产需求用地	4	草地	41	天然牧草地
		11	水域及水利设施用地	114	坑塘水面
生活需求用地	生活需求用地	7	住宅用地	71	城镇住宅用地
				72	农村宅基地
	半生活需求用地	8	公共管理与公共服务用地	85	文体娱乐设施用地
				89	景观度假休闲区
		10	交通运输用地	102	公路用地
				103	街巷用地
				104	农村道路
	弱生活需求用地	6	工矿仓储用地	61	工业用地

续表

大类	一级类		二级类	
土地利用需求	代码	名称	代码	名称
生态需求用地 / 生态需求用地	3	林地	31	有林地
			32	灌木林地
	4	草地	41	天然牧草地
	11	水域及水利设施用地	111	河流水面
	12	其他用地	121	空闲地
生态需求用地 / 半生态需求用地	1	耕地	11	水田
			13	旱地
	2	园地	21	经果林种植基地（桃李）
生态需求用地 / 弱生态需求用地	8	公共管理与公共服务用地	85	文体娱乐设施用地
			89	景观度假休闲区
	11	水域及水利设施用地	114	坑塘水面
			117	沟渠
	120	设施农用地	12011、12012、12013、12021、12022、12023、12031、12032、12033、12034、12035、12051	花卉基地、景观园林苗木基地、草坪种植基地、莲藕种植基地、大棚蔬菜种植基地、公司承包露天蔬菜基地、大棚草莓种植基地、葡萄种植基地、火龙果种植基地、蓝莓种植基地、大棚西瓜种植基地、设施鱼塘

（2）坝子生态功能

主要指坝区生态系统和不同生态过程所形成的用以维持人类生存[18]、保护和发展区域生态系统可持续，直接或间接进行生态调节和生物支持等生态服务的能力[24]，可满足当地人类主体生存环境的生态需求，包含天然生态系统用地（林地、天然牧草地、天然水域）所带来的自然生态功能和人工生态系统用地（耕地、园地、公共管理与公共服务用地、部分水域及水利设施用地、设施农用地）所带来的半自然生态功能和弱自然生态功能。

（3）坝子生活功能

主要指坝区土地用于满足人们居住休憩、消费、娱乐休闲和交通扩展需求的空间承载功能和一些特殊需求（健康保障、教育支持、军事、宗教等）的物质精神保障功能[18]。其中，居住用地（城镇住宅用地、农村宅基地）是坝区具有重要生活功能的土地利用类型；而公共管理与公共服务用地（文体娱乐设施用地、景观度假休闲区）和交通用地主要为坝区人类生活提供公共福利和便利，提高生活质量而存在，是一般生活功能用地的代表；坝区工矿仓储用地主要由工业用地构成，虽然该用地类型主要是以工业生产活动为主提供生产性产品，但是大部分工业园区内同样具有一定范围的工人生活区，具有较弱的生活功能属性，应严格区分。

表 10-2 坝子土地利用类型功能强弱程度和综合功能识别结果

	一级类		二级类	土地需求类型	主导功能	具体功能识别		综合功能识别	综合功能代码
1	耕地	11	水田	半生产-半生态	A	A	C	传统农业生产功能	A1
		13	旱地	半生产-半生态	A	A	C	传统农业生产功能	A1
2	园地	21	经果林种植基地（桃李）	半生产-半生态	A	A	C	传统农业生产功能	A1
3	林地	31	有林地	生态	C		C	自然生态功能	C1
		32	灌木林地	生态	C		C	自然生态功能	C1
4	草地	41	天然牧草地	生态-弱生产	C	A	C	自然生态功能	C1
6	工矿仓储用地	61	工业用地	生产-弱生活	A		B	工业生产功能	A2
7	住宅用地	71	城镇住宅用地	生活	B		B	城镇居住生活功能	B1
		72	农村宅基地	生活	B		B	农村居住生活功能	B2
8	公共管理与公共服务用地	85	文体娱乐设施用地	半生产-半生活-弱生态	B	A	C	公共休闲生活功能	B3
		89	景观度假休闲区	半生产-半生活-弱生态	B	A	C	公共休闲生活功能	B3
10	交通运输用地	102	公路用地	半生活-半生产	A	A		交通运输承载功能	A3
		103	街巷用地	半生活-半生产	A	A		交通运输承载功能	A3
		104	农村道路	半生活-半生产	A	A		交通运输承载功能	A3
11	水域及水利设施用地	111	河流水面	生态	C		C	自然生态功能	C1
		114	坑塘水面	弱生态-弱生产	C	A	C	半自然生态功能	C2
		117	沟渠	半生产-弱生态	A	A	C	传统农业生产功能	A1
12	其他土地	121	空闲地	生态	C		C	自然生态功能	C1

续表

一级类		二级类		土地需求类型	主导功能	具体功能识别	综合功能识别	综合功能代码
120	设施农用地	12011	花卉基地	半生产-弱生态	A	C	现代规模设施农业生产功能	A4
		12012	景观园林苗木基地	半生产-弱生态	A	C		
		12013	草坪种植基地	半生产-弱生态	A	C		
		12021	莲藕种植基地	半生产-弱生态	A	C		
		12022	大棚蔬菜种植基地	半生产-弱生态	A	C		
		12023	公司承包露天蔬菜基地	半生产-弱生态	A	C		
		12031	大棚草莓种植基地	半生产-弱生态	A	C		
		12032	葡萄种植基地	半生产-弱生态	A	C		
		12033	火龙果种植基地	半生产-弱生态	A	C		
		12034	蓝莓种植基地	半生产-弱生态	A	C		
		12035	大棚西瓜种植基地	半生产-弱生态	A	C		
		12051	设施鱼塘	半生产-弱生态	A	C		

表10-3 坝子土地利用功能指标体系

一级功能	二级功能	指标识别	土地利用类型识别	单位	贡献性质	指标计算
生产功能	现代规模设施农业生产功能	蔬菜种植用地年产值 X1	大棚蔬菜用地、公司承包露天蔬菜基地、莲藕种植基地	元	+	格网蔬菜种植用地面积×蔬菜地均年产值
		大棚水果种植用地年产值 X2	草莓种植基地、西瓜种植基地、葡萄种植基地、火龙果种植基地、蓝莓种植基地	元	+	格网大棚水果种植用地面积×大棚水果地均年产值
		露天经果林种植年产值 X3	桃李种植用地	元	+	格网露天经果林种植用地面积×露天经果林种植地均年产值
		景观园艺种植年产值 X4	花卉基地、景观苗木种植基地、人工草坪种植基地	元	+	格网景观园艺种植用地面积×景观园艺种植地均年产值
	传统农业生产功能	耕地面积占比 X5	水田、旱地	%	+	格网水田旱地面积/格网总面积
		农业生产总值 X6	水田、旱地	元	+	坝子单位耕地农业总产值×格网耕地面积
	工业生产功能	工业生产总值 X7	工业用地	元	+	工业GDP系数×格网工业用地面积
生态功能	自然生态功能	林草面积占比 X8	林地、灌木林地、天然牧草地	%	+	格网林地、灌木林地、天然牧草地面积
		水域面积占比 X9	河流水面、坑塘水面、沟渠、设施鱼塘	%	+	(格网内河流水面、坑塘水面、沟渠、设施鱼塘面积)/格网总面积
		负生态用地占比 X12	城镇住宅用地、农村宅基地、工业用地、公路用地、街巷用地、农村道路、空闲地	%	−	坝子耕地化肥地均用量Bi×格网耕地面积

续表

一级功能	二级功能	指标识别	土地利用类型识别	单位	贡献性质	指标计算
生态功能	半自然生态功能	耕地面积占比 X5	水田、旱地	%	+	格网水田旱地面积/格网总面积
		园地面积占比 X10	经果林种植基地（桃李）面积	%	+	格网经果林种植基地（桃李）面积/格网总面积
		公管公服及水利设施用地占比 X11-1	文体娱乐设施用地、景观度假休闲区、坑塘水面、沟渠	%	+	格网公服及水利设施用地面积/格网总面积
		现代规模设施农业生产用地占比 X11	大棚蔬菜用地、公司承包露天蔬菜基地、草莓种植基地、火龙果种植基地、蓝莓种植基地、桃李种植基地、景观苗木种植基地、花卉基地、人工草坪种植基地、西瓜种植基地、莲藕种植基地、葡萄种植基地	%	+	现代规模设施农业生产用地/格网总面积
生活功能	城镇居住生活功能	城镇居民人口密度 X13	城镇住宅用地	人	+	单位面积城镇住宅人口数 Ci×格网城镇住宅用地面积
		城镇住宅用地面积占比 X14-1	城镇住宅用地	%	+	格网城镇住宅用地面积/格网总面积
	农村居住生活功能	农村居民人口密度 X13-1	农村宅基地	人	+	单位面积农村人口数 Di×格网农村宅基地面积
		农村宅基地面积占比 X14-2	农村宅基地	%	+	格网农村宅基地面积/格网总面积
	交通运输承载功能	路网密度 X15	公路用地、街巷用地、农村道路	m²/m²	+	格网公路用地、街巷用地、农村道路总长度/格网总面积
	公共休闲生活功能	单位景观休闲区面积占比 X16	景观生态度假休闲区、文体娱乐用地	%	+	格网景观生态度假休闲区、文体娱乐用地总面积/格网总面积
		工业用地占比 X17	工业用地	%	+	工业用地面积/格网总面积

注：1. 坝子单位耕地面积农业总产值=坝子农业总产值/坝子耕地面积；2. 坝区工业 GDP 系数 Ai=坝区规模以上工业增加值/坝区工业用地面积；3. 坝子耕地化肥用量 Bi=坝子化肥用量/坝子耕地面积；4. 单位面积城镇人口总数 Ci=坝子城镇人口总数/城镇住宅用地面积；5. 单位面积农村人口总数 Di=坝子农村人口总数/农村宅基地总面积。

10.1.1.2 坝子功能定量诊断指标体系构建

上述坝子功能分类体系建立完全后，只是得到了研究区的定性的功能区分，要从空间和时间这两个具体定量的角度研究区坝子土地利用功能的演变，就需要选取适合研究区有效且全面的定量诊断指标，建立起一套岩溶山区坝子土地利用功能定量诊断体系。结合前述坝子功能分类体系和坝区土地利用功能强弱分级、综合功能识别的研究，同时考虑贵州省坝子面积大小、各坝区社会经济发展条件与土地利用方式地区差异的典型特征等重要影响方面的情况，以坝区土地利用为主、社会经济发展状况为辅，构建符合贵州岩溶山区坝子微观土地利用功能变化研究的定量诊断指标体系（表10-3）。

指标体系中，土地利用类指标有 11 个，根据其土地利用类型的识别结果计算占比数值，所得结果的大小贡献相应大小的功能值；社会经济发展类指标有 9 个，主要指示坝子土地系统对人类活动的承载能力[16]。指标体系所遵循的选取原则为以下几点：①系统性，所选取指标能较为全面地反映坝子土地利用功能的各个方面；②动态可量化性，能直接获取或者通过一定的模型计算和纠正得到具体数值，并且该数值能在时间变化和空间分布上存在年际或者研究期间不同时间段的动态变化特征；③独立性，所选取的指标需满足指示坝子不同功能之间的相对不包含或者重复的要求；④可获得性，指标原始数据的渠道来源权威可靠，且满足研究区要求的时间。

10.1.1.3 坝子功能定量诊断指标权重确定

考虑到本书坝子土地利用功能分类体系和功能定量诊断指标体系的建立，遵循目标层—准则层—要素层这一多层级贡献的特点，在将各层级功能测算指标进行逐层聚合的过程中选取了功能值测算的"一对一"聚合模式，该种模式下的指标只能贡献相邻高一层级的功能特性值，一层级的贡献率返上一层级以此类推，具体如下图10-1所示。

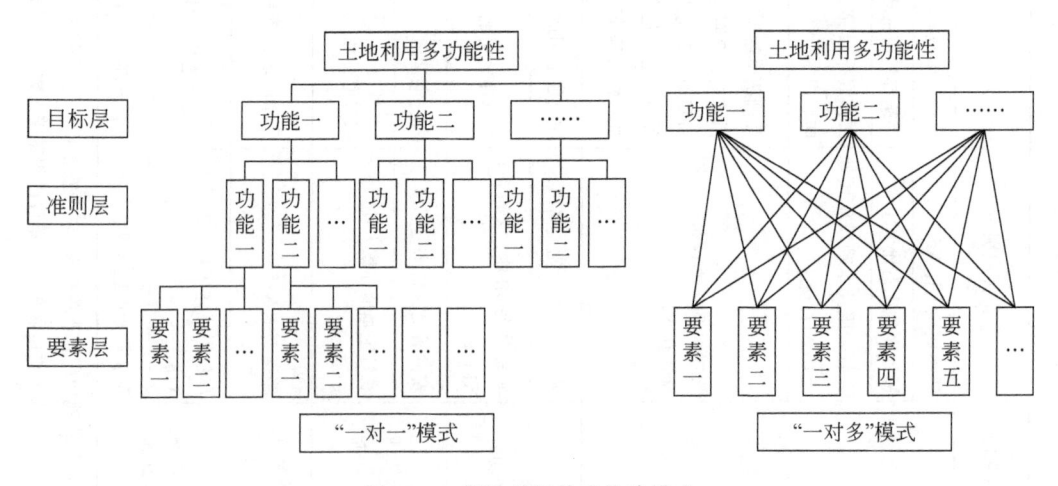

图 10-1 评价指标体系构建模式

坝子功能的各指标对坝区不同类型功能的影响重要性不同，在功能量化上存在个体主次强弱差异。目前，该研究领域对评价指标的这种贡献差异确定多用主观赋权的层次分析法[25]、专家打分法[24]、熵权法[26]；客观赋权主要有灰色关联投影法[27]、神经网络模型[28]、聚类分析[29]、主成分分析[30]等数学方法。但是适用后者的实验数据样本必须严格遵循指标——对应且不可重复，本部分的坝子功能指标体系和需求强弱程度分级的构建过程中涉及某种地类有两种或者两种以上的功能分布和强弱等级分布，功能和指标之间存在较为复杂的相互关系，如果单靠客观数学方法赋权，容易忽略各因素指标之间的不确定性和多样综合值。由此本部分增添了专家判断的层次分析法（AHP）来确定各指标在不同指示功能层级上的权重贡献（表10-4、表10-5），实验结果经验证可行。

表10-4 贵州坝子三生功能土地利用功能指标权重

目标层	准则层	权重	指标层	单排序权重（E1）	总排序权重（F1）
生产功能	现代规模设施农业生产功能	0.433	X1	0.108	0.047
			X2	0.308	0.133
			X3	0.051	0.022
			X4	0.533	0.231
	传统农业生产功能	0.467	X5	0.750	0.350
			X6	0.250	0.117
	工业生产功能	0.100	X7	1	0.100

目标层	准则层	权重	指标层	单排序权重（E2）	总排序权重（F2）
生态功能	自然生态功能	0.800	X8	0.405	0.364
			X9	0.405	0.364
			X12	0.190	0.072
			X5-1	0.319	0.064
	半自然生态功能	0.200	X10	0.518	0.104
			X11-1	0.101	0.020
			X11	0.062	0.012

目标层	准则层	权重	指标层	单排序权重（E3）	总排序权重（F3）
生活功能	城镇居住生活功能	0.587	X13	0.667	0.391
			X14-1	0.333	0.196
	农村居住生活功能	0.218	X13-1	0.667	0.145
			X14-2	0.333	0.073
	交通运输承载功能	0.072	X15	1	0.072
	公共休闲生活功能	0.123	X16	0.875	0.107
			X17	0.125	0.016

表 10-5　贵州坝子土地利用多功能性指标权重（总功能）

目标层	第一准则层	权重	第二准则层	权重	指标层	单排序权重	总排序权重（G）
多功能性	生产功能	0.751	现代规模设施农业生产功能	0.727	X1	0.241	0.131
					X2	0.241	0.131
					X3	0.049	0.027
					X4	0.469	0.256
			传统农业生产功能	0.200	X5	0.143	0.022
					X6	0.857	0.129
			工业生产功能	0.073	X7	1	0.055
	生态功能	0.087	自然生态功能	0.125	X8	0.125	0.001
					X9	0.125	0.001
					X12	0.750	0.008
			半自然生态功能	0.875	X5-1	0.045	0.004
					X10	0.201	0.015
					X11-1	0.378	0.029
					X11	0.378	0.029
	生活功能	0.162	城镇居住生活功能	0.432	X13	0.667	0.047
					X14-1	0.333	0.023
			农村居住生活功能	0.091	X13-1	0.667	0.010
					X14-2	0.333	0.005
			交通运输承载功能	0.091	X15	1	0.016
			公共休闲生活功能	0.386	X16	0.889	0.056
					X17	0.111	0.007

10.1.2　坝子土地利用功能空间动态演变监测模型构建

10.1.2.1　坝子土地利用功能得分计算模型

按照表10-4、表10-5的坝子功能所确定的权重，采用加权求和法构建坝子第一层级和第二层级的功能得分计算模型：

$$F_n = \sum_{j=1}^{n} X_{nj} \times w_{nj}(n=1,2,\cdots,9;j=1,2,3,\cdots,21) \tag{10-1}$$

式中，F_n 为坝子第 n 种土地利用功能得分，X_{nj} 为第 n 种功能的 j 指标标准化后的无量纲值，w_{nj} 为 X_{nj} 对应指标的权重。

10.1.2.2 坝子土地利用功能变化监测模型

为监测分析研究期间坝子的土地利用功能的空间动态变化，需要直观地从空间格局的时间分异角度掌握其变化特征，以便进行坝子功能随时间变化的区际对比分析。在前述功能得分计算模型上采用加权相减，得到长时间序列贵州坝子功能的空间变化监测模型。

$$\Delta F_{n(b-a)} = F_{nb} - F_{na} = \sum_{j=1}^{n} X_{bnj} \times w_{nj} - \sum_{j=1}^{n} X_{anj} \times w_{nj}$$

$$= \sum_{j=1}^{n} [(X_{bnj} - X_{anj}) \times w_{nj}] \quad (10\text{-}2)$$

式中，$\Delta F_{n(b-a)}$ 为坝子第 n 种功能值在 a 时期到 b 时期的变化量，X_{anj} 与 X_{bnj} 为坝子第 n 种功能的 j 指标在 a 时期与 b 时期的量纲值。多功能性变化强弱分级，分级标准参考相关研究[15]，结合各功能值的变化阈值，建立分级评价标准：分值为最大值的 0.8~1 倍表示功能强，为一级区；最大值的 0.6~0.8 倍表示功能较强，为二级区；0.4~0.6 倍表示功能一般，为三级区；0.2~0.4 倍表示功能较弱，为四级区；0~0.2 倍表示功能弱，为五级区。

10.1.3 坝子功能定量空间化方法

本书对贵州省坝子功能的定量测定研究拟根据系统网格的连续微观分割作为评价的基本尺度，根据研究区坝子的功能变化路径特点和坝区土地利用景观斑块面积大小及连续性作为判定标准确定研究时段的长短与系统格网边长。前期工作结束后可按照表 10-3 的指标类型计算出科学准确的结果，再经过量纲统一和权重赋值（表 10-4、表 10-5），将实验区域的功能值一一对应落实到相应的系统格网上，从而实现贵州坝子土地利用功能空间动态定量化、定位化和微观精确化研究。

10.1.3.1 土地利用类指标

实现坝子土地利用功能的定位网格化离不开对坝子本身土地系统利用方式的空间差异化表达，因此，需要获取坝区内高分辨率土地利用类型矢量数据，以体现在不同研究时段的空间格局变化。完成目视解译贵州各个坝子的土地利用矢量数据后，构建覆盖坝子全区的系统网格（不完全网格面积要大于或等于标准网格面积的 0.5 倍），利用网格逐一裁剪坝子各研究时段的土地利用矢量数据，按照表 10-3 功能贡献指标的计算方法，提取坝区每个格网内不同指标所包含的土地利用类型面积，得到贡献相应土地利用功能的土地利用类型面积所占格网面积比，最后根据表 10-4 和表 10-5 确定的坝子功能指标权重赋值计算，实现坝区内每个格网内九大二级功能、三大一级功能和总体多功能性的格网化数值，实现该类指标指示功能的定量化表达。

10.1.3.2 社会经济类指标

坝区社会经济类指标所涉及的社会发展与经济数据来自于各年份贵州省统计局公布的

《贵州统计年鉴》,年份较早的数据来自于贵州省统计局和国家统计局贵州调查总队编写出版的《贵州六十年 1949—2009》和《辉煌 50 年·贵州》。

(1) 现代规模设施农业生产用地年产值

贵州坝子的现代规模设施农业生产功能主要体现在一系列现代规模设施用地类型的出现。该用地类型背景下的年产值空间分布与坝子经济中心周围的新型现代产业发展水平因素显性相关,其中坝区内现代规模设施用地一级类型主要有蔬菜种植用地、大棚水果种植用地、露天经果林种植用地、景观园艺种植用地 4 类。根据每类一级用地中所包含的二级土地利用类型的基地种植对象当年产出商品的年均价格与年均产量,算出一级类用地商品产出的地均年产值,再明确每个格网中该一级类用地中现代规模设施农业生产用地的面积大小,即可求出格网内该种用地的年产值。

(2) 农业生产总值 GAP

相关研究表明生产总值的分布主要与土地利用类型、产业发展水平和人口分布等因素有关[16],基于土地利用数据,选取第一产业中的农业模拟、分县总量控制的方法比单纯利用人口密度进行模拟的精度要高[31-32]。本章中研究区承载坝子传统农业产值的土地利用为旱地和水田这两种主要类型,对于网格的 GAP 而言:

$$\text{GAP} = \frac{\frac{S_{pi}}{S_{pj}} \times G_{pmj} \times P_{pi}}{S_{pi}} \times S_{pw} = \frac{G_{pmj} \times P_{pi} \times S_{pw}}{S_{pj}} \quad (10\text{-}3)$$

式中,GAP 为坝子格网中农业生产总值;S_{pi} 为 p 时期坝子耕地面积;S_{pj} 为坝子所在县级行政区耕地面积;G_{pmj} 为坝子所在县级行政区第一产业中农业生产总值;P_{pi} 为坝子耕地系数,该系数由 p 时期坝子耕地面积占比决定;S_{pw} 为 p 时期格网耕地面积。

(3) 工业生产总值 GIP

基于工业用地类型,考虑到 2000 年以前的第二产业生产总值主要变化在工业总产值变化上的比重较大,2000 年之后第二产业生产总值变化主要体现在区域规模以上工业增加值上,对于坝区网格而言:

$$\text{GIP} = \frac{G_{pnj} \times Q_{pi}}{E_{pi}} \times E_{pw} \quad (10\text{-}4)$$

式中,GIP 为坝子格网中工业生产总值;G_{pnj} 为 n 时期坝子所在县级行政区工业总产值或者规模以上工业增加值;Q_{pi} 为坝子工业用地系数,该系数由 n 时期坝子工业用地面积占比决定;E_{pi} 为 n 时期坝子工业用地总面积;E_{pw} 为 n 时期格网工业面积。

(4) 格网人口密度 PD

人口密度的分布可以非常直观反映居民地的分布,进而指示重要的居住生活功能。坝区内人口类型主要存在城镇居民人口和农村居民人口两种主要类型,相应的土地利用类型为城镇住宅用地和农村宅基地。贵州坝子属于岩溶山区坡度较平且土壤层较厚的生产力较强的土地,是贵州土地资源的精华所在,从古至今坝区不管是在传统农业生产还是人类聚居上,相比于周围山地都是承载人类活动的最主要载体,也是人类活动较强范围的集中地区。本章将坝区分所在县级行政区各时间年份的年末常住城镇总人口和年末常住农村总人口的最新统计信息分别落入该行政区,用历年坝区城乡人口占县级行政区总人口的平均百分比求得坝区城乡人口总数，再将各年份城镇住宅用地和农村宅基地的总面积分别统计，最后用坝区城乡人口总数分别除以城乡居民地总面积，得到坝区内城乡人口密度。单位格网城乡人口密度 PD 可用前述求得的坝区城乡人口密度分别乘以格网内城镇住宅用地和农村宅基地的面积得到。

（5）路网密度 RD

路网密度大小是表示坝区交通运输承载力强弱的重要方面，是研究区居民日常生活出行的交通通达度和便利程度的量化指标。本章基于前期坝子全境解译的交通用地（公路用地、街巷用地、农村道路）矢量面文件的提取，通过 GIS 技术平台实现矢量面转中心线，再叠加到坝子的全境覆盖格网裁切，得到每个格网内的交通线路总长度，最后用各个格网交通线路总长度除以相应格网的面积得到坝子的路网密度 RD。

10.2 案例验证：惠水涟江坝子土地利用多功能时空动态演变

贵州省坝子功能随时间的变化不仅受到当地自然环境的影响，更为重要的是受每个历史时期人类活动和土地系统的相互作用关系变化的驱动，这个变化不能单方面地从某个因素考虑，它是一个多时期、多层次、多因素、多系统综合耦合形成的结果。贵州坝子功能的时空演变过程的耦合可在一定程度上通过空间变化的差异来反演时间发展过程，但是本章研究中提出的贵州坝子功能演变时间和空间两者之间的替代契合程度是否能通过前期研究确立的"贵州省坝子土地利用功能分类体系、功能定量诊断指标体系和功能时空演变监测模型"这一理论得到有效实现，以及能否对坝子功能微观演化进行规律性模拟，还需要进一步验证。因此，本章研究中的案例分析主要通过在贵州一万多个不同类型坝子数据当中选取一种类型坝子，以此作为在长时间序列功能上有明显特征的典型实验对象，分析其在研究期间土地利用转型的显性数量和空间变化特征与其功能演变过程的规律，探索这两者之间的动态关联过程，明晰不同时期坝子功能转型与土地利用转型的相互关系。以此为基础，在微观上明晰不同时期坝子功能转型与土地利用转型相互关系，从而厘清两者之间的耦合机制。

10.2.1 微观实验区选择背景与概况

10.2.1.1 选择背景

前期研究成果表明，贵州省境域内坝子在不同面积和经济发展水平梯度上的数量总共有 13 894 个[33]，这些坝子有的地处贵州较为偏远的乡村，有的分布在云贵高原山区海拔较高的平面，有的则分布在靠近地区经济发展中心或者本身就是该地区经济发展中心所在地，所以某些涉及该地区早期的经济数据难以获取，或者能获取的数据不全，难以支撑全贵州省域坝子功能所有长时间序列的微观分析和解剖。为此考虑到长时间准确数据获取的难度和完整性，选择了贵州省域内面积最大，同时是惠水县城所在地的涟江坝子作为贵州省坝子土地利用功能时空演变长时间序列微观分析在市县中心坝子这一类型的典型案例。

10.2.1.2 实验区概况

涟江坝子地势北高南低,地貌上属喀斯特盆地地貌,是涟江冲积平原所在地,土地肥沃;亚热带季风气候,年均温 15.8℃,年均降水量 1213.4mm。坝区东部紧邻贵惠高速,惠兴高速贯穿中部,坝区中部 101 省道等南北贯通,是惠水县重要的水稻生产基地,是贵阳市的"后备粮仓"。目前,坝区内除传统农业种植以外,大棚蔬菜水果基地、花卉苗木产业、网络蔬菜直供基地等现代规模设施农业也占据很大比例,是贵州省重要的现代高效农业示范基地(图 10-2)。

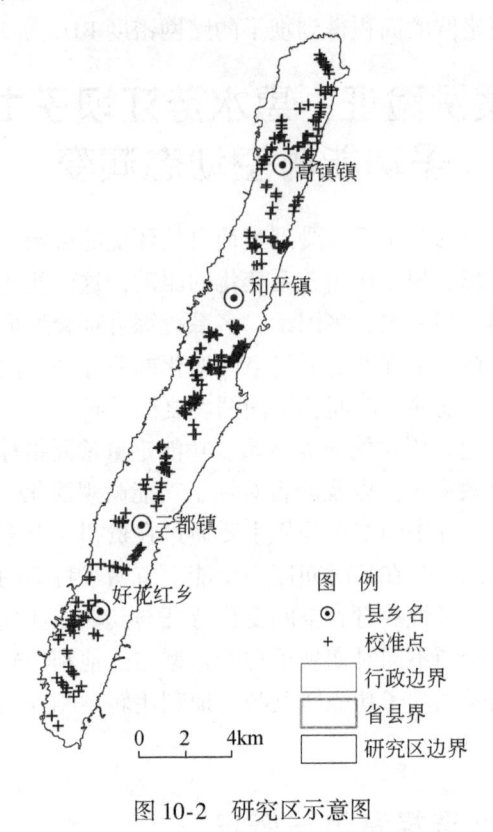

图 10-2 研究区示意图

10.2.2 网格定量识别分析

10.2.2.1 研究区系统网格构建

地理上的系统网格分析是目前 GIS 技术在区域分析中的热点应用领域之一[34],地理格网这种按照一定数学法则对土地表面按照一定规则划分而成的格网[35],生成格网中心点,再将统计数据和土地利用数据为基础,最终计算的目标值赋值在格网矢量面和中心点上，通过 GIS 平台对其进行空间插值生成连续的栅格表面和矢量面，实现目标数据多元异构同形和数据变化的动静关联[36]。这种分析方法不同于以往行政界线为单元研究的限制，它将研究尺度缩小到每一个格网范围，不但能消除行政界线变动的影响[37]，而且可在多种研究对象的区域分析上实现微观动态表达的可能。本章研究中，坝子土地利用功能评价理论上与坝区的自然、社会、经济不同层面息息相关，由此在获取基础数据前提下，各统计数据和土地利用数据的数据格式和相互之间的转换难度较大。但是宏观来看，这些统计数据在用地类型上有一定联系，如人口仅分布在建设用地上，土地的年生产总值也由用地类型决定，路网密度也是以交通用地为载体，由此便可将各指标通过以土地利用数据为基础进行计算，在格网上进行空间差异化表达[38]。结合涟江坝子 6 期的土地利用的景观格局特征，计算各地类的平均斑块面积。景观样本面积为斑块平均面积的 2~5 倍能较好地反映样区周围土地利用景观的格局信息[39]，多次计算试验倍数得到坝区覆盖全境正方形样方格网的等积边长为 253m，单位面积为 66 009m²，总计数为 1341 个格网，组成本章研究对象（图 10-3）。

图 10-3 研究区样方网格结构

10.2.2.2 坝子功能指标原始数据计算

在对坝子各层级功能进行统一标准化之前，要对 6 期指标数据进行指标网格化计算。通过前期贵州坝子土地利用多功能时空动态演变的理论探索成果，在涟江坝子内部土地利用数据和每年的经济统计数据基础上，利用坝子土地功能分类体系（表10-1）和坝区三生功能贡献强弱程度标准（表10-2），构建反映涟江坝子土地利用功能定量诊断的指标体系，各层级功能下的指标原数据计算方法和过程，主要见表10-3。

10.2.2.3 坝子功能网格化

（1）数据标准化

本章研究中测度涟江坝子功能的指标数据值不在同一比较水平，坝子各定量评价指标对功能识别的归一化贡献作用也存在较大差异，因此采取极差标准化法对指标实验原始数值进行无量纲化处理，极差变换后无量纲化指标值满足 $0 \leq X_{nj} \leq 1$，最优值为1，最劣值为 $0^{[40]}$。

若为正向作用，则

$$X_{nj} = \frac{x_{nj} - \min(x_{nj})}{\max(x_{nj}) - \min(x_{nj})} \tag{10-5}$$

若为负向作用，则

$$X_{nj} = 1 - \frac{x_{nj} - \min(x_{nj})}{\max(x_{nj}) - \min(x_{nj})} \tag{10-6}$$

式中，X_{nj} 为坝子第 n 种功能 j 指标标准化值，x_{nj} 为格网内第 n 种功能 j 指标初始值，为便于两个时期坝子土地利用功能的变化分析，其中 $\min(x_{nj})$ 和 $\max(x_{nj})$ 分别代表两个时期内出现的指标原始最小值和最大值。

（2）指标权重确定与功能网格化

经前期坝子功能定量诊断指标的权重确定结果（表10-4、表10-5），利用所构建的坝子土地利用功能得分计算模型（式10-1）计算出每个格网在研究时段的6个时期各个不同层级的归一化功能值，然后依靠GIS的叠加分析模块将不同时期每两个年份之间的功能值相减，得到各个功能值具体变化量的空间展布，实现坝子土地利用功能变化监测模型（式10-2）验证。最后将每个格网不同时期的功能值和功能变化值赋值填充到初始格网和格网所在中心点上（图10-3），根据需要再进行空间插值计算生成连续表面。

10.2.3 坝子土地利用功能动态演变

涟江坝子在不同时期的历史社会和经济背景差异较大，各时期的土地利用现状相应呈现出类型和分布上的地域差异。综合1966年到2016年的土地利用变化情况，前述指标权重（表10-4、表10-5）确定，将最终计算结果网格可视化，获得了涟江坝子9大二级功能——现代规模设施农业生产功能、传统农业生产功能、工业生产功能、自然生态功能、半自然生态功能、城镇居住生活功能、农村居住生活功能、交通运输承载功能、公共休闲生活功能，3大一级功能——生产功能、生活功能、生态功能，以及总体多功能性的6期空间格局分布图和5期空间动态变化量分布图，以此得到研究区涟江坝子不同层级多种功能近50年来的定量格局特征和空间动态演化规律。

10.2.3.1 九大二级功能空间格局与演变

涟江坝子作为贵州省境内平地面积最大的坝子，由其所处的区域位置紧邻贵州省省会贵阳市，由早期的传统农耕粮食产出功能单一坝子逐渐过渡为新时期依靠地缘优势和市场导向的以传统农业生产为后备、现代高效农业为龙头、农业景观度假休闲为台阶的多功能集成坝子。这期间，以传统农业生产功能的阶段性减弱为变化基底，后期其他功能的阶段性增强是涟江坝子功能变化有效获取和补偿的重要前提。其中，这种此消彼长的变化带来最为明显的结果就是坝子整体多功能性的不断增加，正向贡献增加变化主要体现在包括现代规模设施农业生产功能、工业生产功能、自然生态功能、半自然生态功能、城镇居住生活功能、农村居住生活功能、交通运输承载功能、公共休闲生活功能等的增强，而负向贡献增加变化则主要体现在传统农业功能的减弱。

（1）现代规模设施农业生产功能

现代规模设施农业生产功能在空间格局上（图10-4），1966~1990年无分布，从2006年开始出现，总体上分布在涟江坝子北部、中部和靠近南部地区，空间小范围不连续展布；高功能值集中分布在雅羊村以西、大坡村以南（最高值0.5330）；高功能值为中心外围分布少量较高值和一般值，随时间推移呈现以高值为中心逐渐向外扩展增强的趋势，最低值为0。该功能值时空演变上（图10-5），总体趋势为1966~1990年无变化，2006年开始沿主干道——101省道大坡村以南、雅羊村以北逐渐增强变化，程度在2010~2016年最

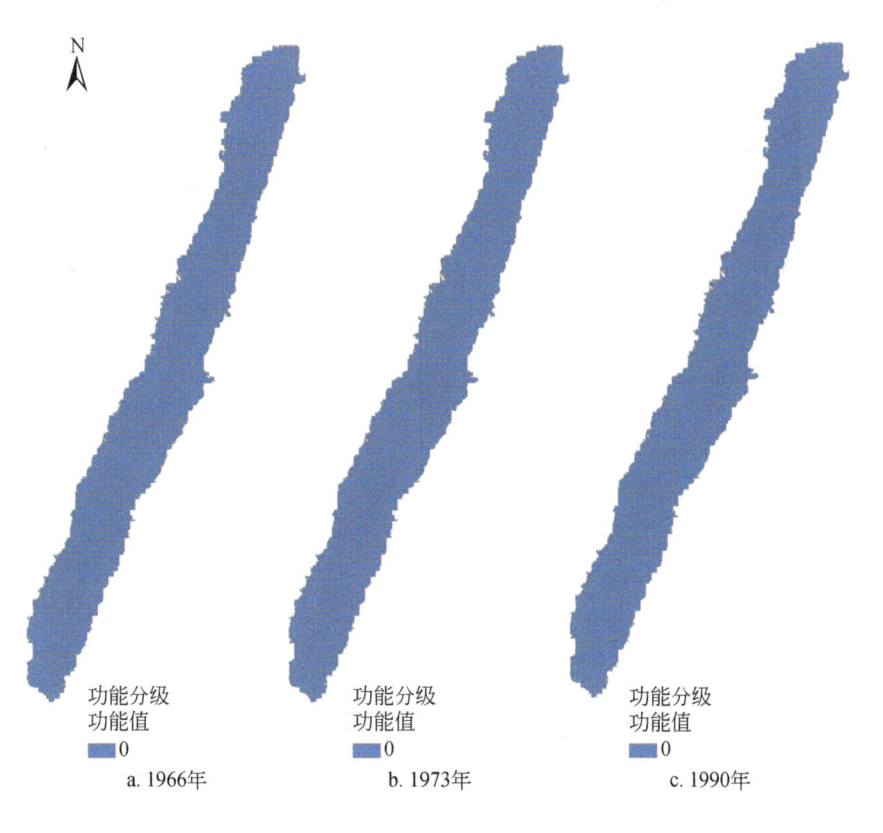

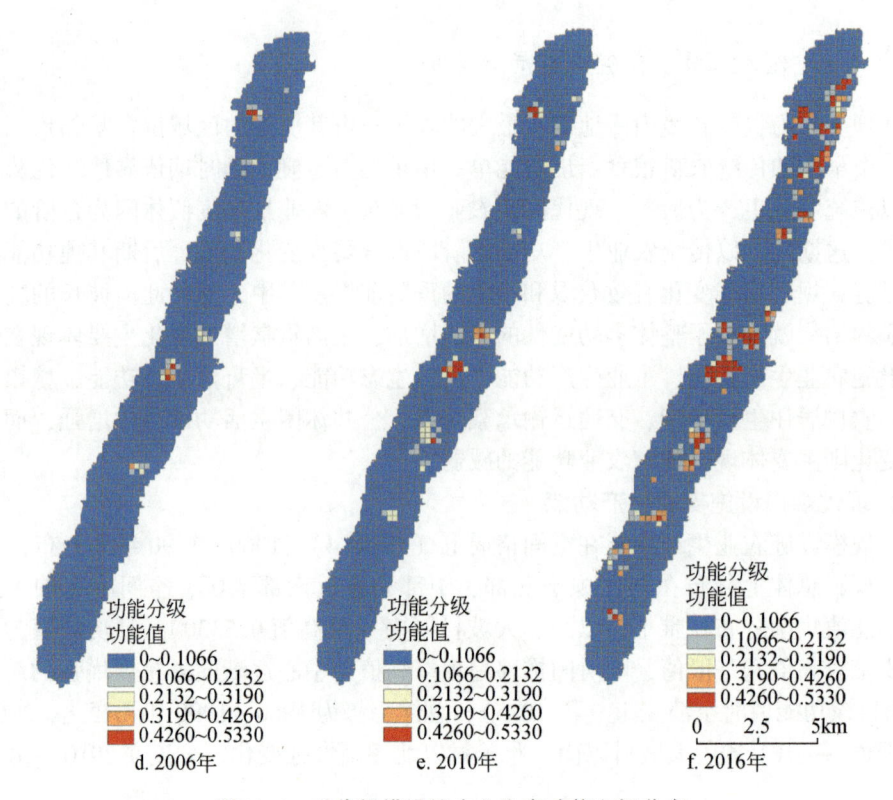

| 贵州坝子土地利用功能演变及山-坝耦合效应 |

d. 2006年　　e. 2010年　　f. 2016年

图 10-4　现代规模设施农业生产功能空间分布

a. 1960~2006年　　b. 2006~2010年　　c. 2010~2016年

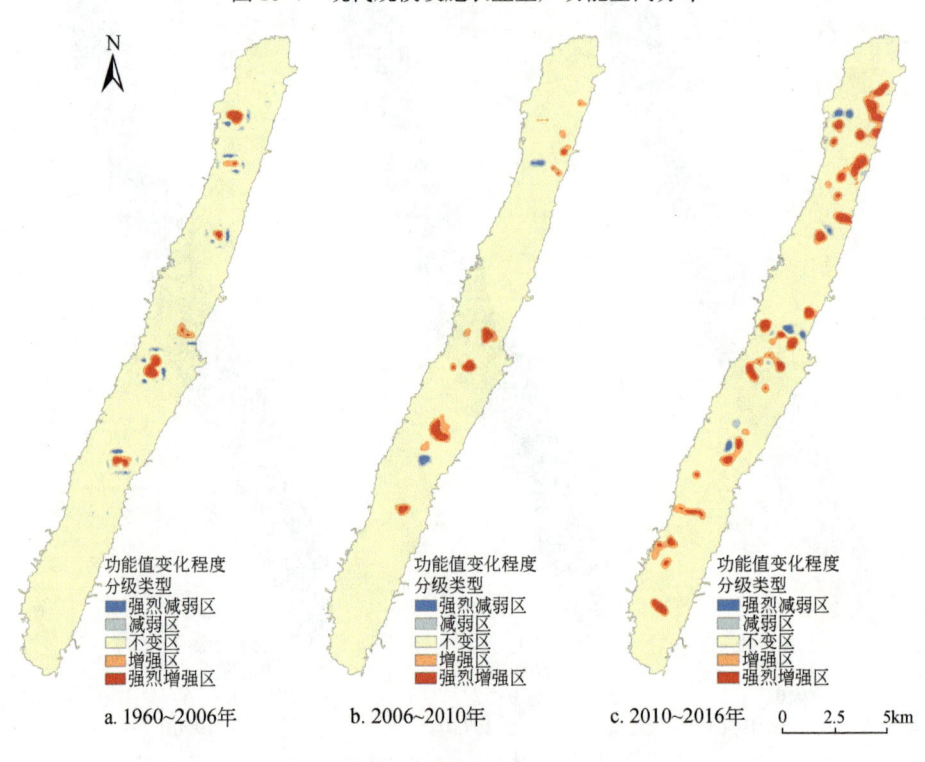

图 10-5　现代规模设施农业生产功能空间演变

为剧烈。其中，1990~2006年开始出现强烈增强区，变化区间为-0.0325~0.5399，与同期该功能值的空间格局分布位置同区展布；2006~2010年强烈增强区在上一期的基础上向外范围扩展增加，强烈减弱区小部分出现在小龙坝附近，范围较小，变化区间为-0.3816~0.4861；2010~2016功能强度变化以强烈增强变化为主，沿坝区主干道的现代设施农业产业园（花卉苗木、大棚蔬菜水果等）规模大小差异明显，变化区间扩大到-0.2297~0.5329。

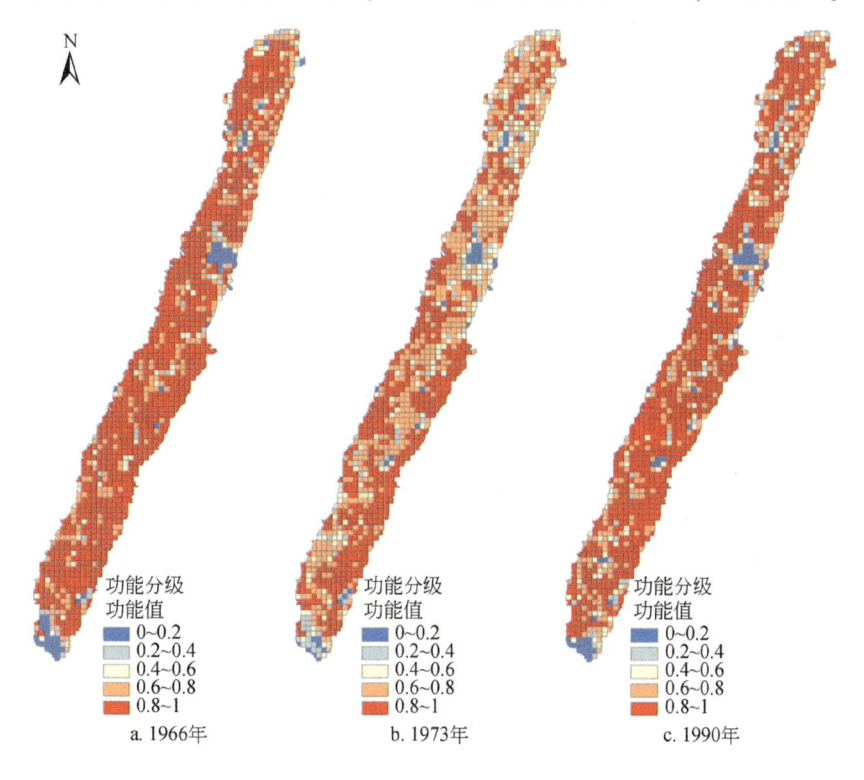

（2）传统农业生产功能

传统农业生产功能空间格局上（图10-6），总体分布在各个年份的耕地所在地，空间大范围较连续，功能高值区主要分布整个连续坝地，最高值为1，高功能值连片分布的外围和中部零散少量分布较高值区和一般值区；功能低值区主要分布在以坝子中心城镇住宅用地和农村宅基地地类所在区域，最低值为0；随时间推移高值区和较高值区分布占比减少，低值区和较低值区围绕坝中现代设施农业产业园区、城镇中心和北部工业园区逐渐扩散。该功能值时空演变上（图10-7），总体趋势为1973年前后功能强度变化先增强后急剧减弱，传统耕作转为现代设施农业产业园（花卉苗木、大棚蔬菜水果等）和城镇用地（2006年少量开始，2010~2016年大量转化）。其中，1966~1973年以强烈减弱区和减弱区为主，坝子最南部由林地转为旱地，功能值增强，年际变化区间为-0.5842~0.8504；1973~1990年以增强区和不变区为主（-0.8885~0.7791），坝子沿线主干道传统农业生产功能呈现增强变化，其中以南部靠西的破苕寨增加幅度最大，从1990年开始，坝区内部该功能值明显大幅呈强烈减弱和减弱变化为主，直至2010~2016年减弱幅度最大（-1~0.7823），传统农业生产功能大范围转为现代设施农业功能、城镇居住生活功能和工业生产功能，且变化斑块分散不连续，坝子最南端增强范围变小，程度减弱。

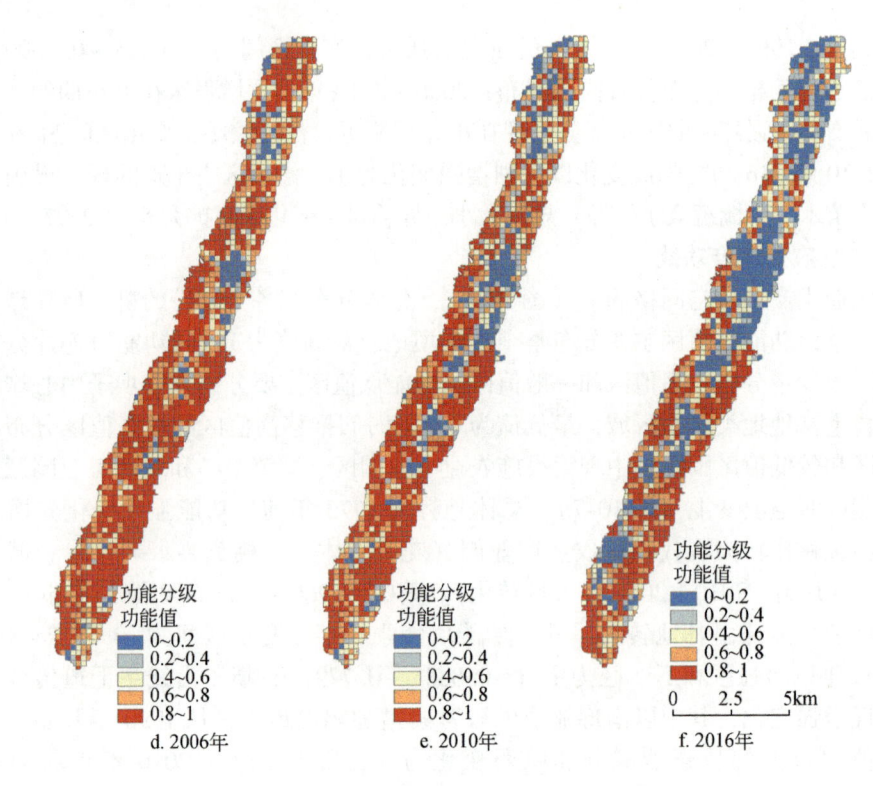

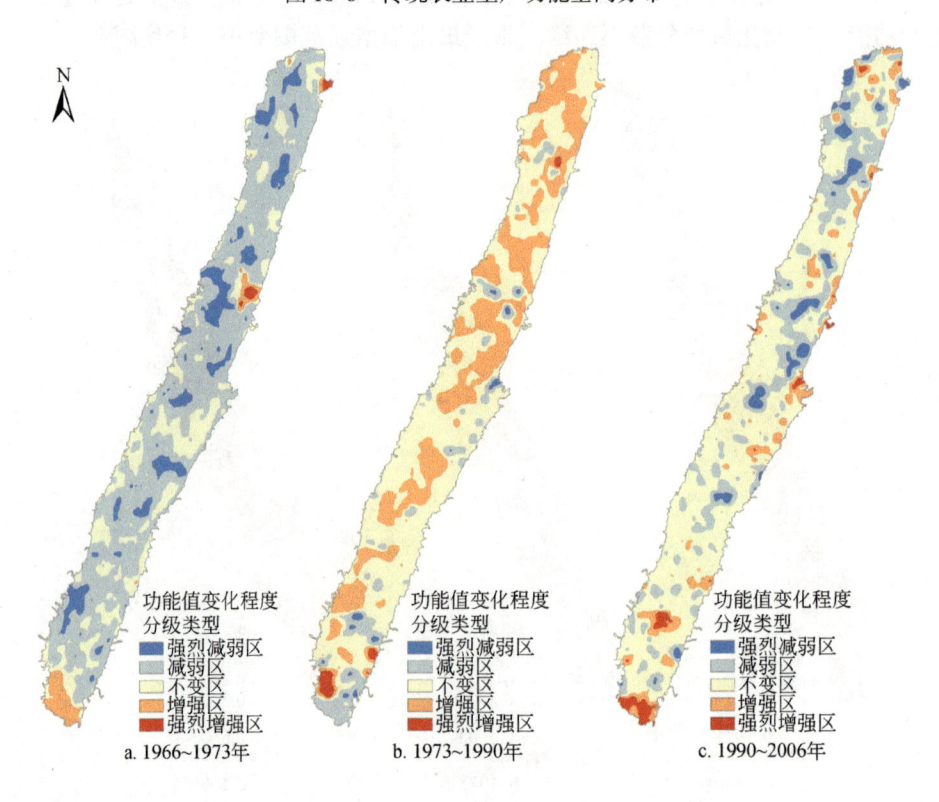

| 贵州坝子土地利用功能演变及山-坝耦合效应 |

d. 2006年　　　　　e. 2010年　　　　　f. 2016年

图 10-6　传统农业生产功能空间分布

a. 1966~1973年　　　b. 1973~1990年　　　c. 1990~2006年

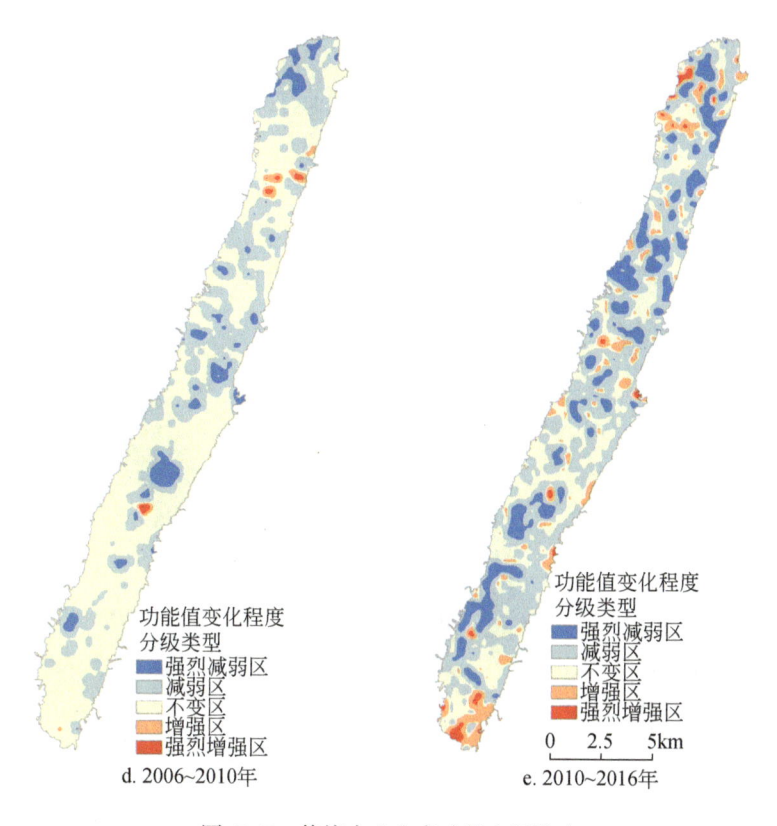

图 10-7　传统农业生产功能空间演变

（3）工业生产功能

工业生产功能值空间格局上（图10-8），总体功能高值区主要零散分布在坝子北部的高镇镇（险峰机床厂、兴安电器厂、永安变压器厂）及其以北的新建工业园区（最高值1），功能中值区分布在坝子中部靠近惠水县城边缘以南和坝子最南端，其余为该功能低值区（最低值0）；随时间变化1990年以前该功能值空间格局和强度基本无变化，1990年后坝子北部和中南部功能值范围小幅增加，北部最强烈。在空间演变上（图10-9），总体呈现1990年以前主要以不变区为主（−0.0044～0.0716），1990～2010年北部和中部变化主要以增强区为主（−0.0008～0.5824），到2010～2016年北部增强区明显增大（−0.3382～0.9988），工业园区面积范围扩展，工业生产功能快速加强。

（4）自然生态功能

自然生态功能值空间格局上（图10-10），总体功能高值区少量分布在坝子最南端龙协寨以西和最北端大坡脚以北，主要指示地类为林地和灌木林地及天然牧草地（最高值0.6051）；中值区主要分布在河流沿线所在地，整个坝子大部分为耕地指示的较低值区分布，在城镇所在地主要分布该功能的低值区（最低值为0）；研究期间随时间推移高值区范围逐渐减少，尤其是城镇中心的功能低值区不断扩大且集中连片。空间演变上（图10-11），研究期间呈现波动状态，总体趋势为1990年以前，功能强度大范围变化不明显，南部减弱；1990年后减弱区靠近城镇和工业园区扩张。其中，1966～1973年以小范围增强

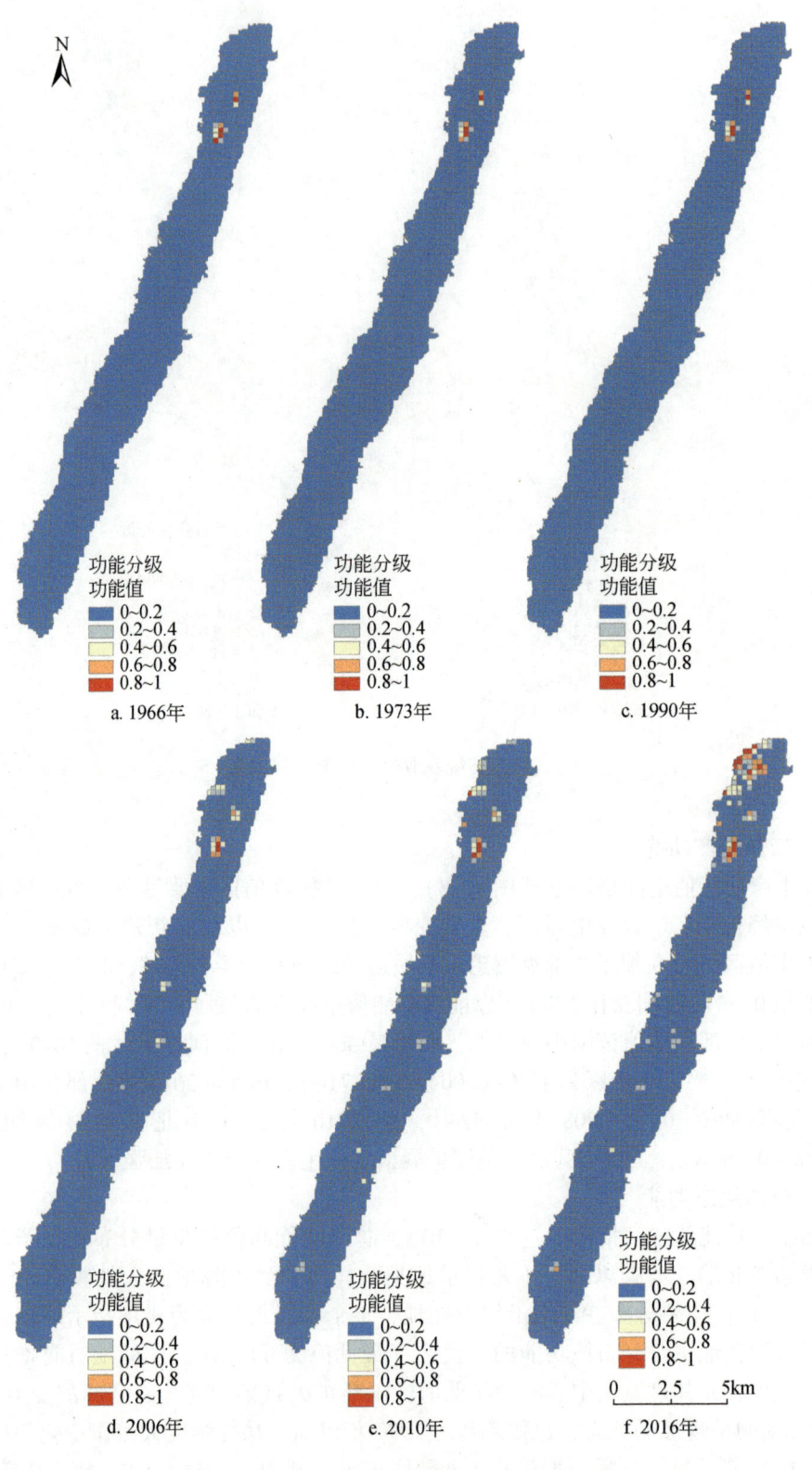

图 10-8 工业生产功能空间分布

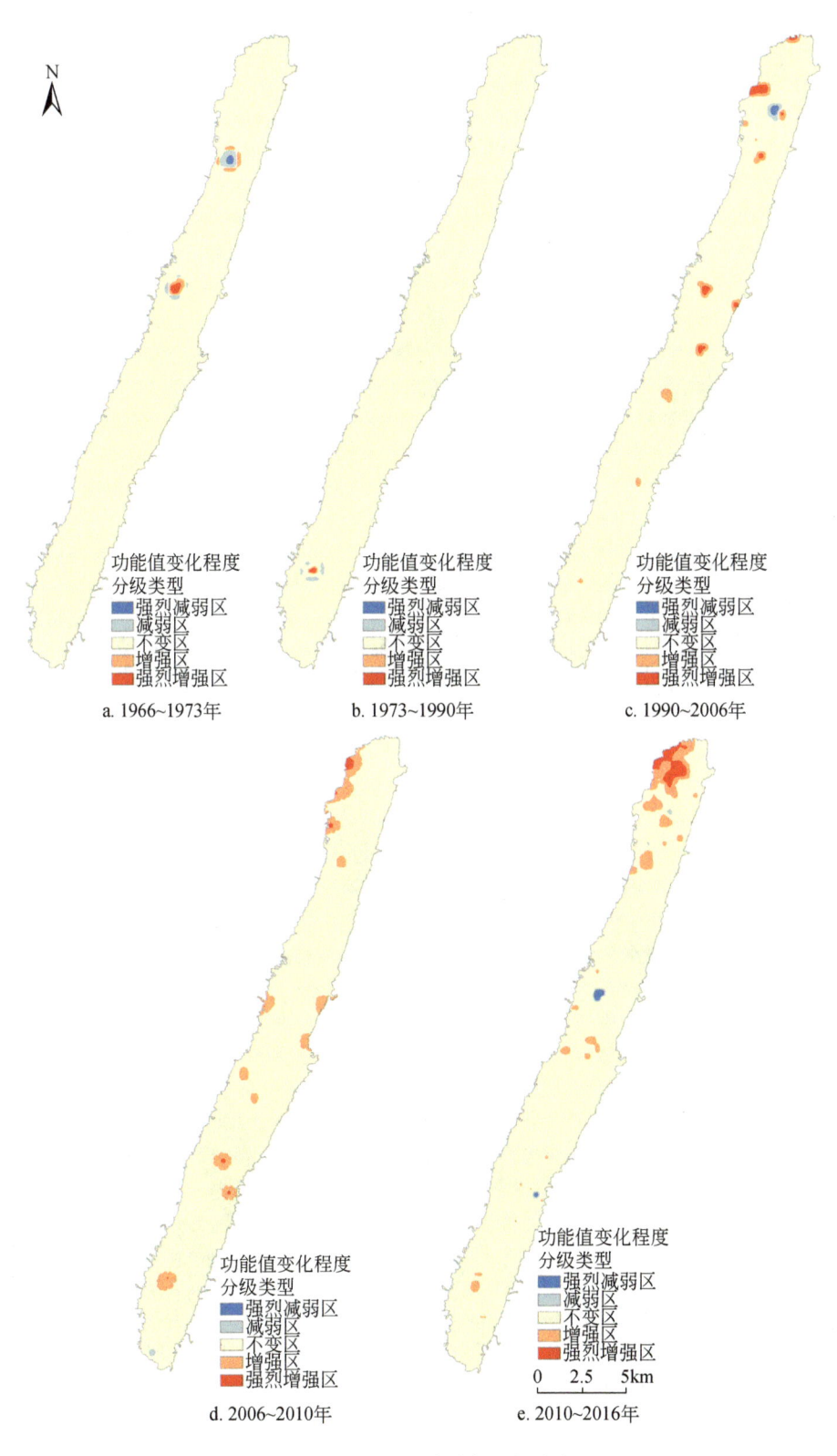

图 10-9　工业生产功能空间演变

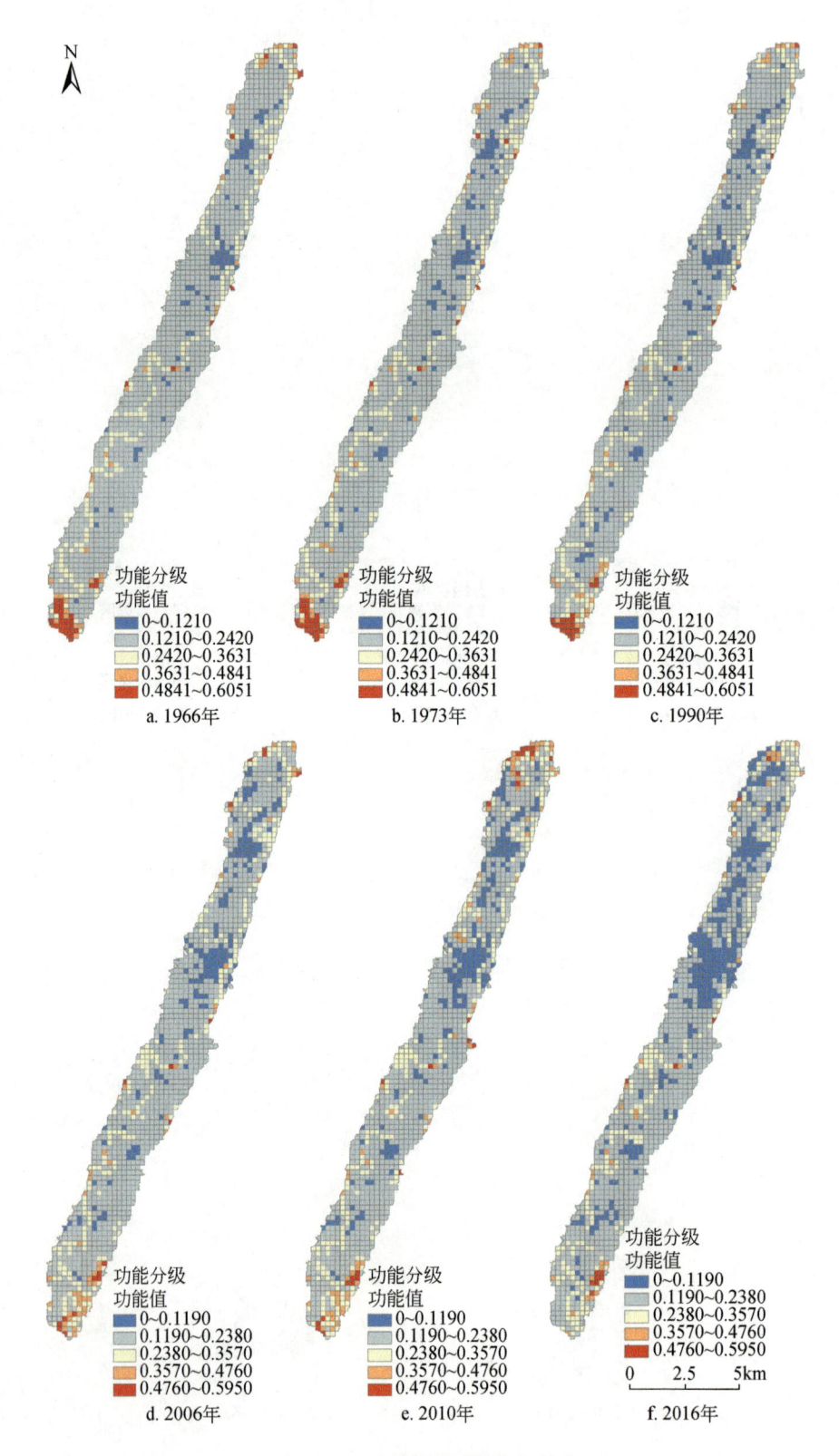

图 10-10 自然生态功能空间分布

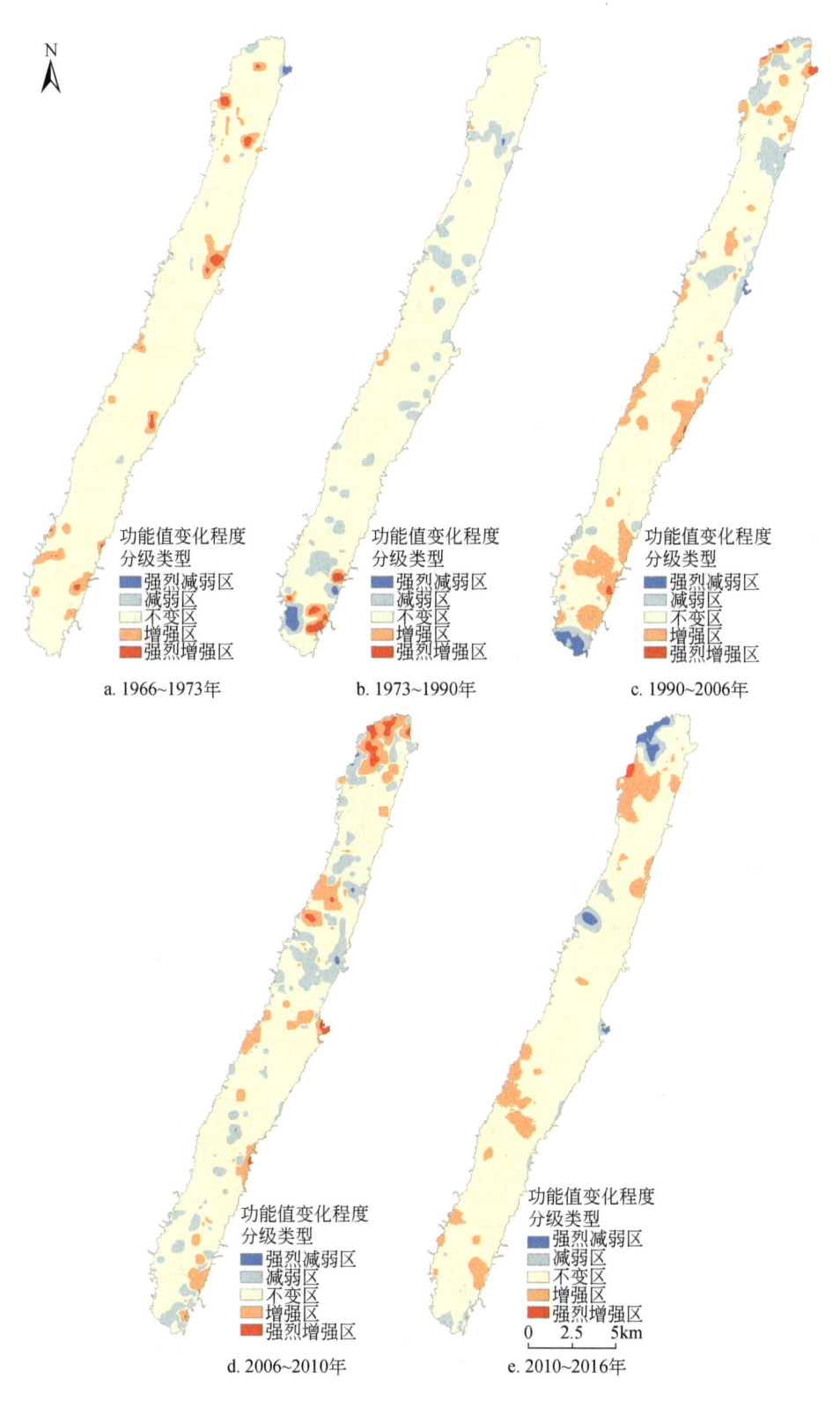

图 10-11 自然生态功能空间演变

区为主（-0.4030~0.2214）；1973~1990 变化主要以减弱区为主，城镇中心往外扩展致周边耕地减少，半自然生态功能减弱，南部偏西林地转变为耕地，为强烈减弱区，南部偏东少部分旱地转为灌木林地，为强烈增强区（-0.4236~0.2877）；1990~2006 年减弱区持续增大与增强区间断分布，强烈减弱区依然集中在坝子最南端（林灌地变为耕地），部分增强区集中在中寨、新门村（南部）、坡上寨（中部）和山河村（北部），由耕地转变为灌木林地和草地（-0.3617~0.3143）；2006~2010 减弱区持续围绕城镇中心（惠水县城）范围不断增大，耕地逐渐被建筑用地蚕食，该功能减弱，坝子北部农民弃耕，灌木林地大量增加；2010~2016 年，空间变化主要集中在坝子北部的强烈减弱区，新增工业园区代替原来的灌木林地，从坝子北部往南，功能增强区逐渐增大（-0.4626~0.1637）。

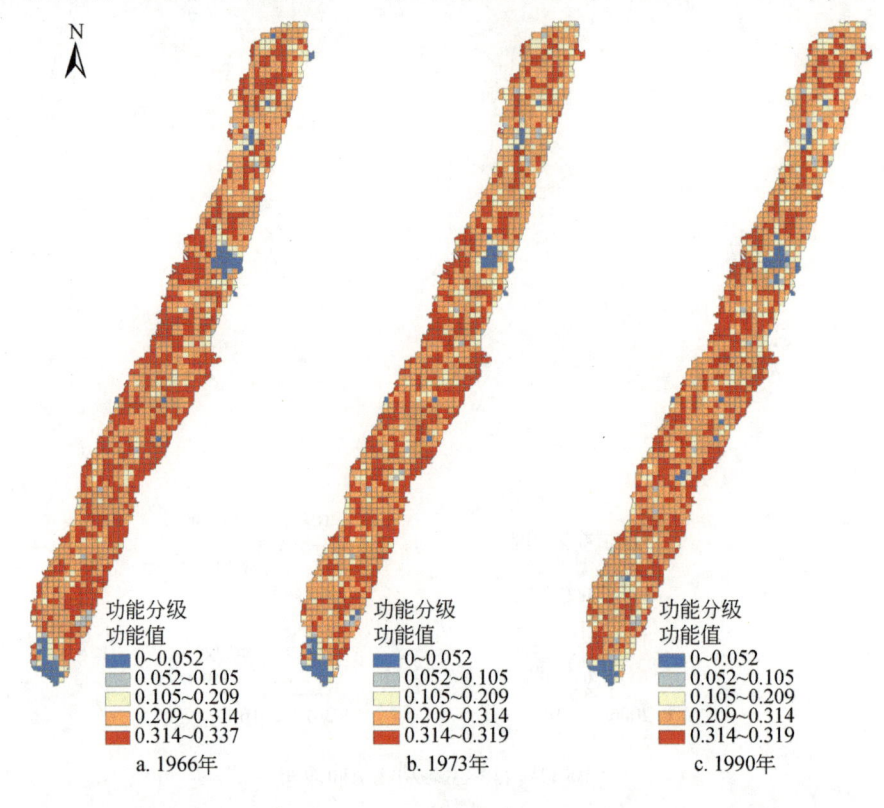

（5）半自然生态功能

半自然生态功能空间格局上（图 10-12），在坝子全区均有分布的格局呈减少趋势，除北部工业园区、城镇中心和南部有林地为低值区和较低值区分布，坝区其余部分均分布高值区和较高值区。其中，高值区和较高值区主要分布在坝子内部耕地（旱地+水田）以及现代设施农业所在地（最高为 0.523），低值区主要集中在工矿用地和人类居住用地及林灌草地，较低值小范围区分布在低值区外围（最低为 0）。随时间推移坝子高值区和较高值区范围逐渐减少，坝子中心低值区范围逐渐增大。空间演变上（图 10-13），全区坝子总体上 1973 年前该功能变化不明显（-0.2202~0.3165），1973 年后呈现强烈减弱变化。其中，在变化明显时期（1973~1990 年）强烈减弱区主要分布在城镇的扩展边缘和农村居民点的增加地块，功能减弱区以耕地为主要来源（-0.2202~0.3165）；1990~2016

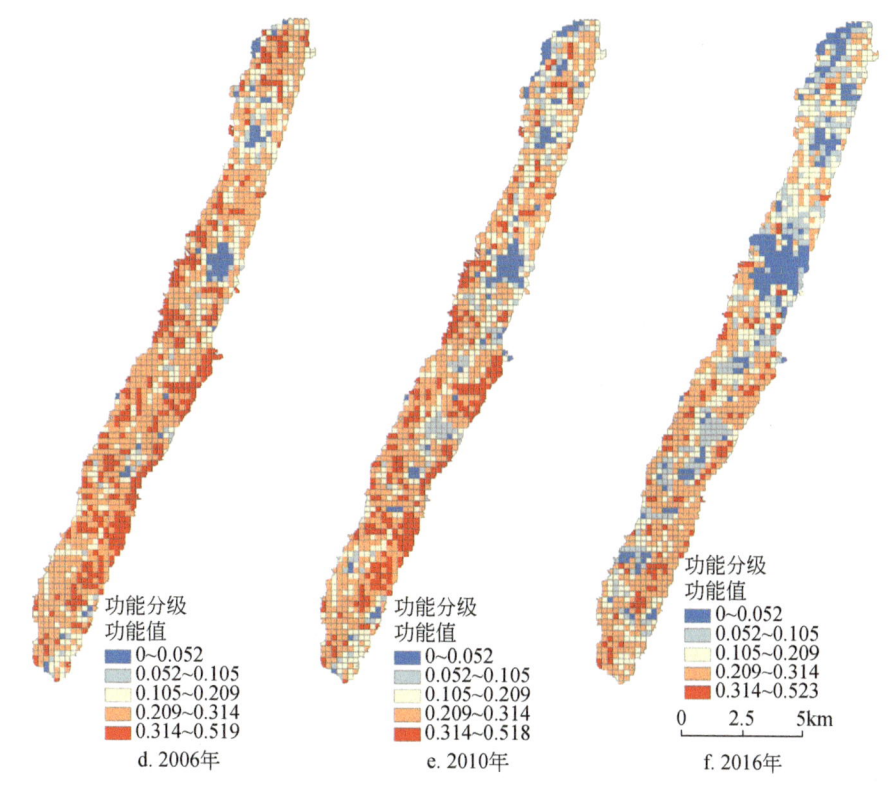

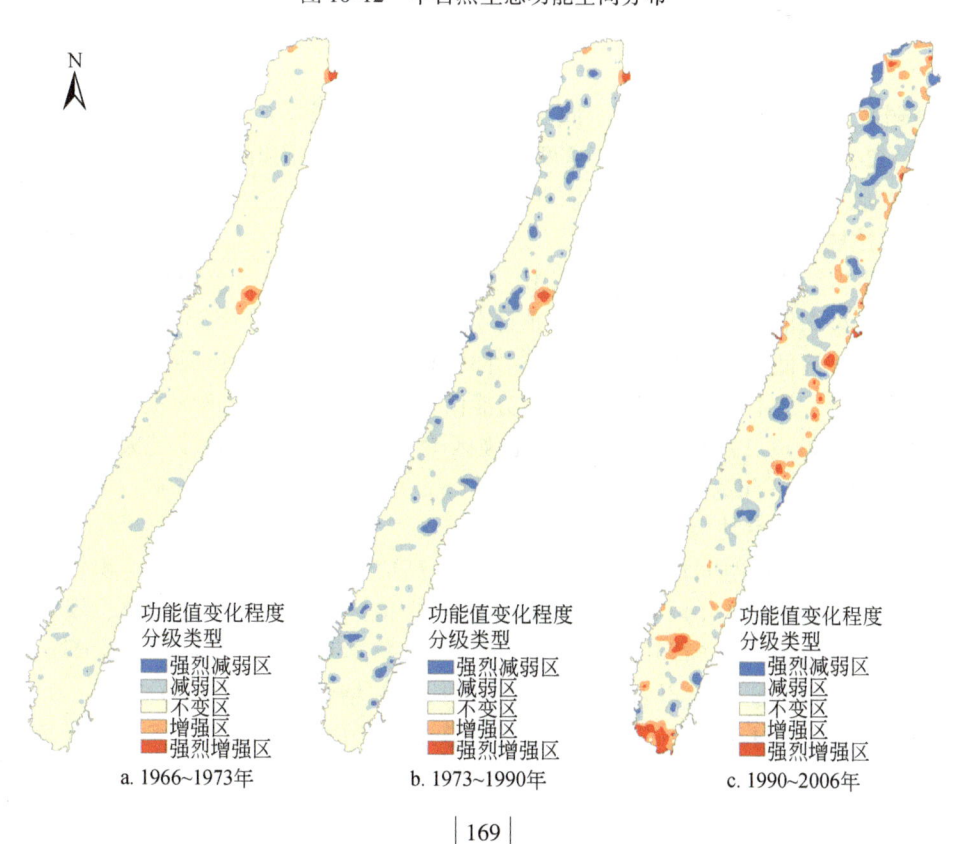

10 | 坝子土地利用功能转型的长时间序列研究

d. 2006年 e. 2010年 f. 2016年

功能分级功能值
- 0~0.052
- 0.052~0.105
- 0.105~0.209
- 0.209~0.314
- 0.314~0.519/0.518/0.523

图 10-12 半自然生态功能空间分布

a. 1966~1973年 b. 1973~1990年 c. 1990~2006年

功能值变化程度分级类型
- 强烈减弱区
- 减弱区
- 不变区
- 增强区
- 强烈增强区

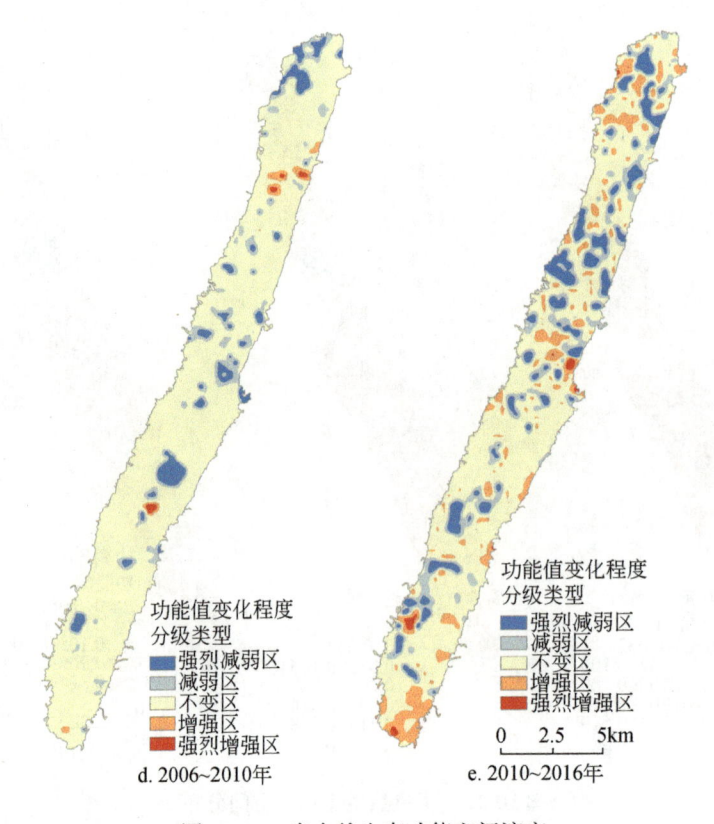

图 10-13　半自然生态功能空间演变

年强烈减弱区同样分布在居住生活用地和工业用地的增加区（-0.3713~0.4689），不同的是 1990~2006 年和 2010~2016 年这两个时期的北部、中部和南部有小范围增强区零散分布在有林地减少区和现代规模设施农业用地增加区。

(6) 城镇居住生活功能

城镇居住生活功能空间格局上（图 10-14），高值区集中连片分布在坝子中部的惠水县城所在地（最高值 1），较高值区和中值区分布在北部高镇镇和南部三都镇、好花红乡，其余为零值区（最低值 0）。空间演变上（图 10-15），总体趋势为以县城为中心随时间推移逐期往外扩展。其中，1966~1990 年该功能值变化以小范围增强区为主，变化程度较小（-0.2260~0.8950）；1990~2016 年强烈增强区围绕城镇边缘范围逐步扩大，变化程度剧烈，尤以 2010~2016 年为最剧烈（-0.7845~1）。

(7) 农村居住生活功能

农村居住生活功能空间格局上（图 10-16），高值区分布在坝区各个面积较大的农村居民点所在地（最高值为 1），大部分较低值区和中值区，分散于坝区中部、坝子边缘的缓坡脚下（最低值为 0）。空间演变上（图 10-17），总体变化趋势为逐年小幅增加。其中，1966~1990 年，该功能变化以农村居民点为依托小幅增强区为主（-0.2263~0.4279）；1990~2010 年，变化主要集中在坝子北部强烈增强区和中南部增强区，变化程度最为剧烈（-0.7333~0.6283）；2010~2016 年，该功能的增强区范围逐渐减少，甚至有些地区（坝

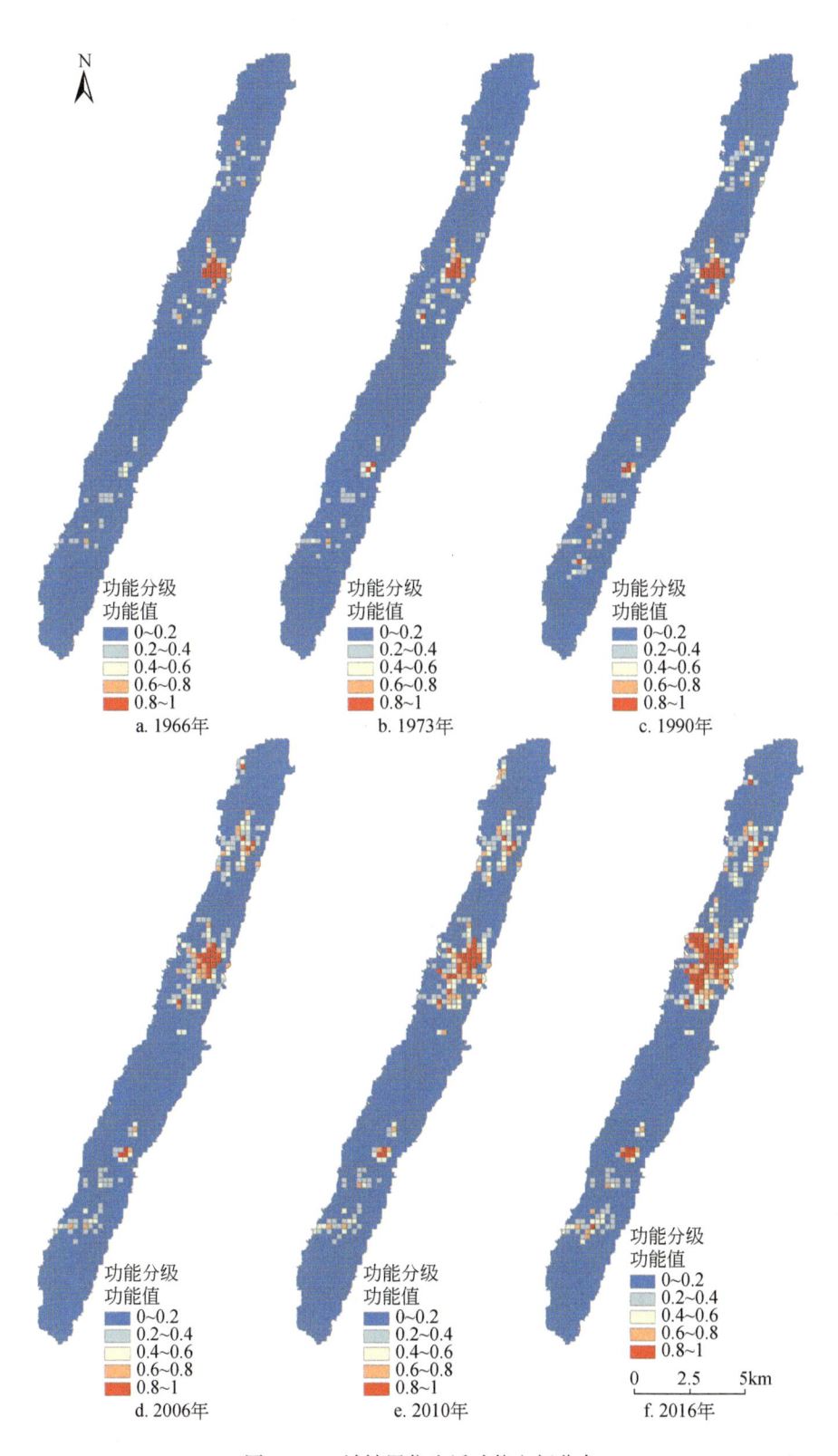

图 10-14　城镇居住生活功能空间分布

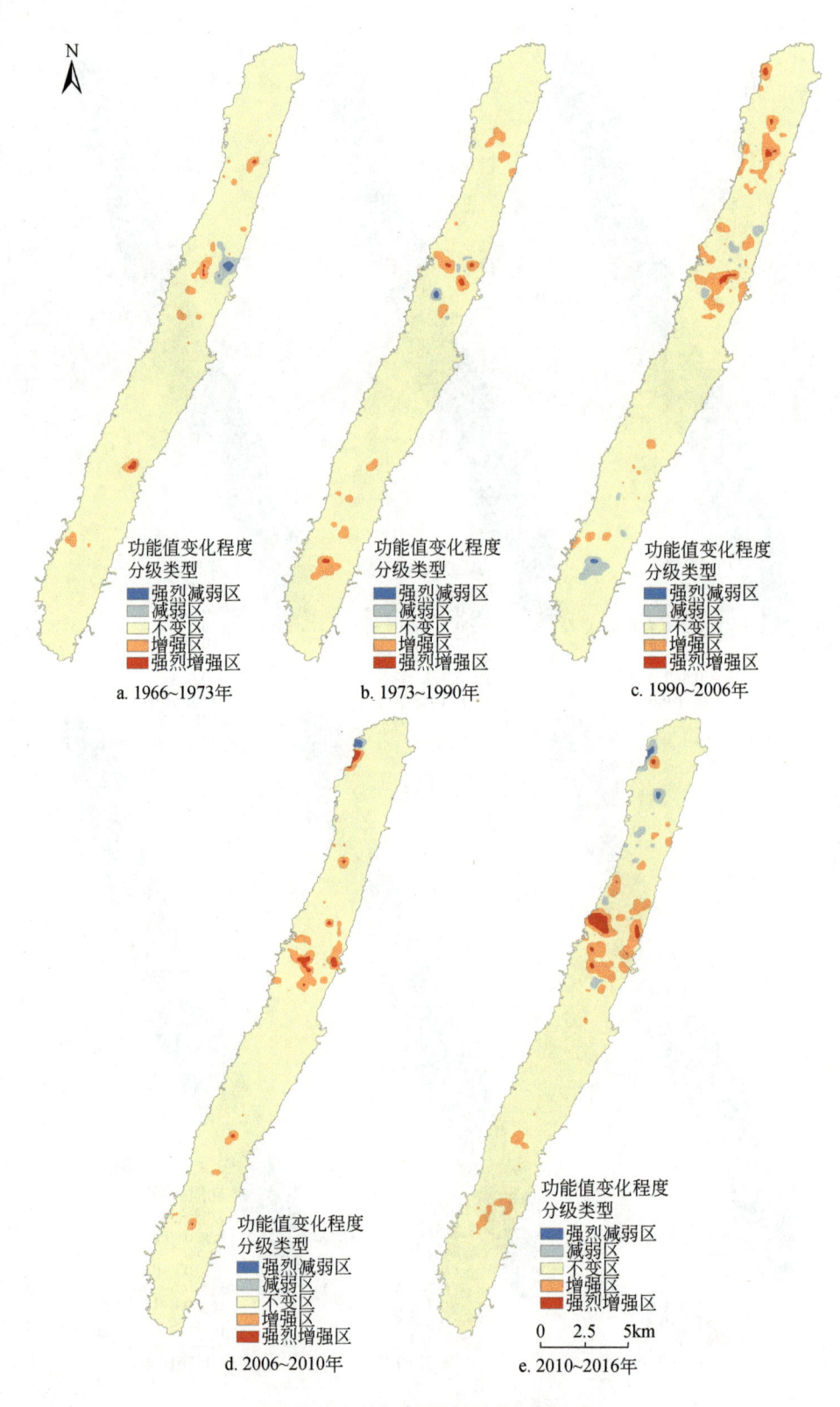

图 10-15　城镇居住生活功能空间演变

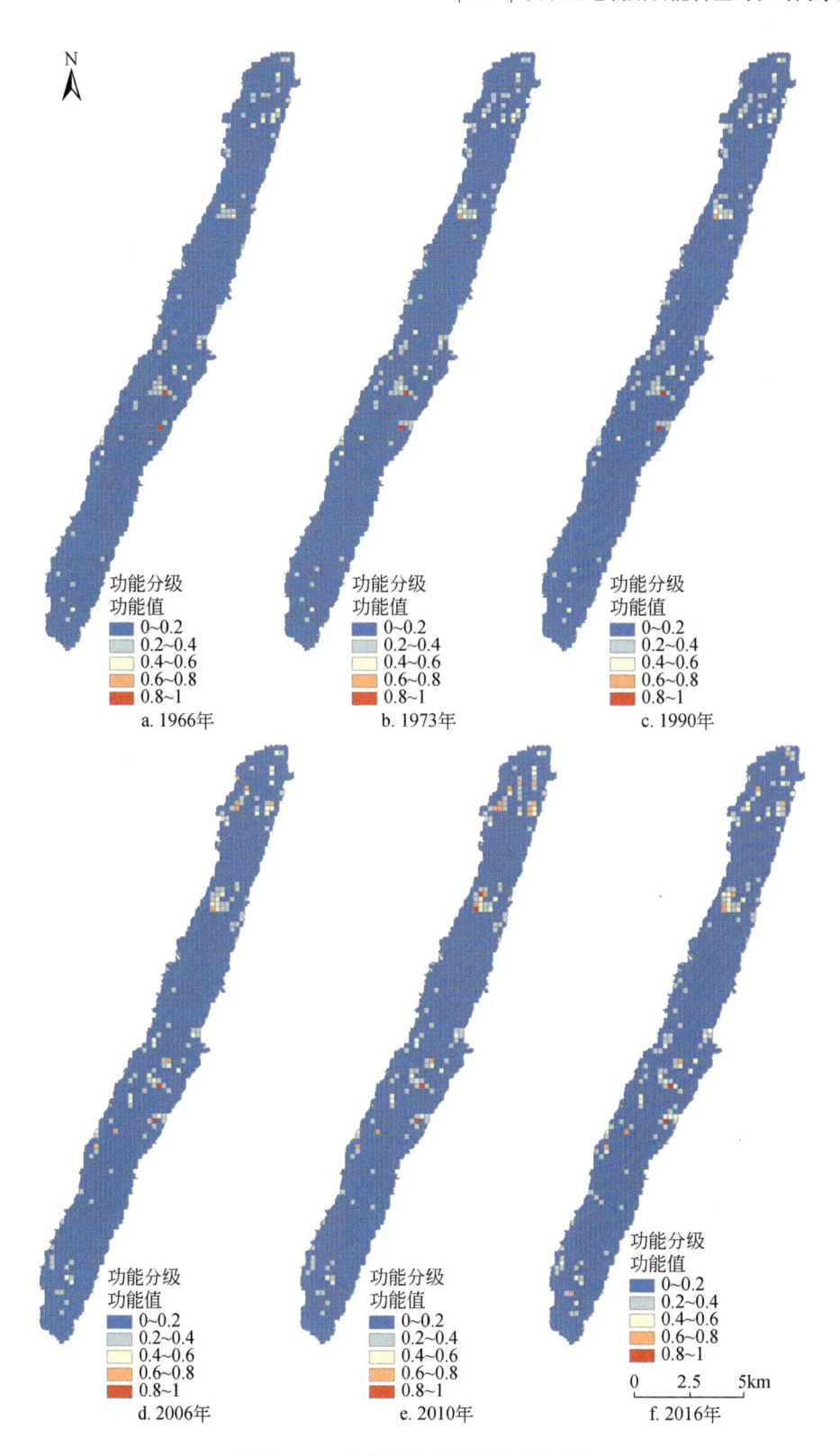

图10-16 农村居住生活功能空间分布

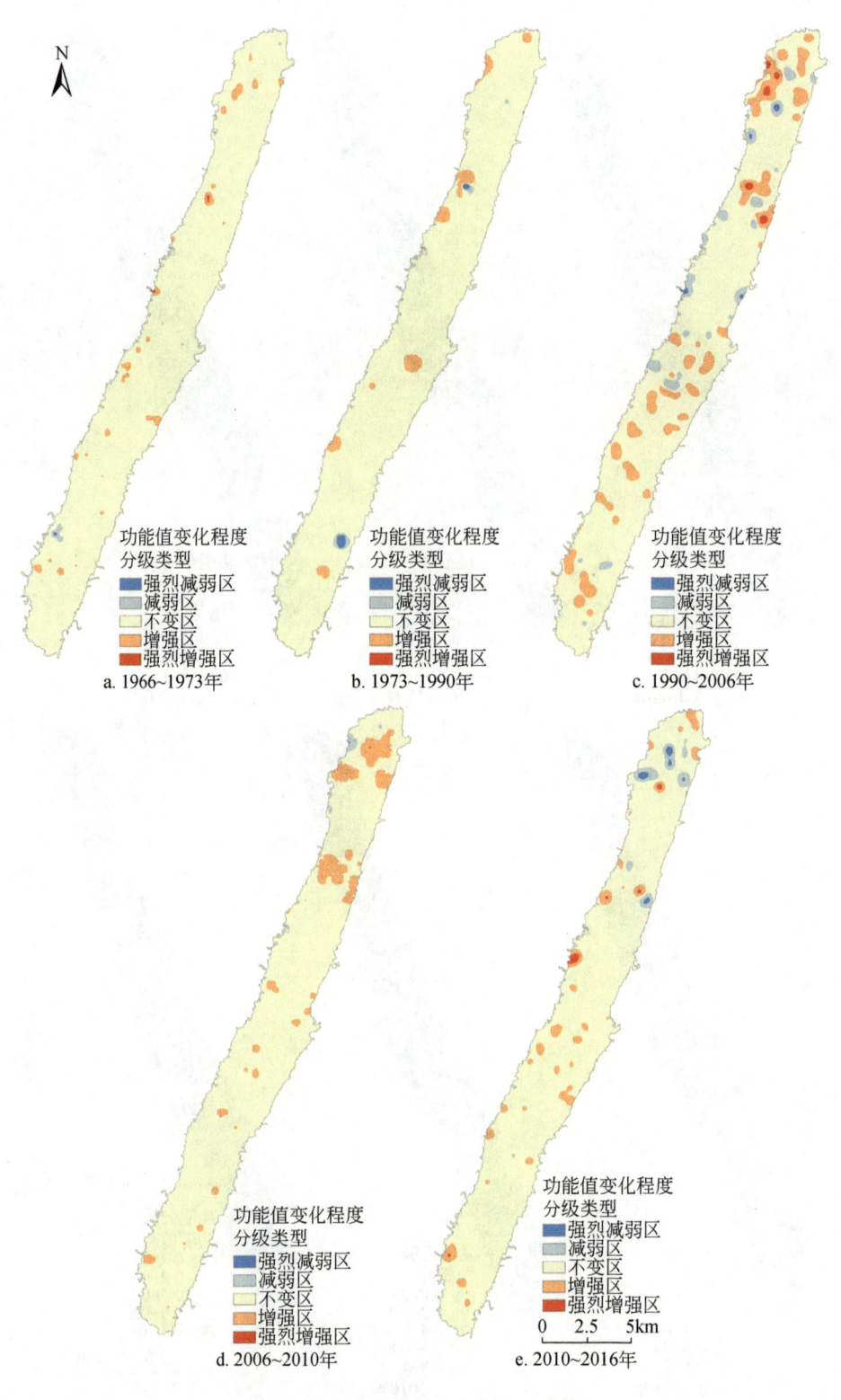

图 10-17 农村居住生活功能空间演变

子北部新工业区）出现了小范围减弱区和强烈减弱区，其贡献来源为某些空心村和在工业园区规划范围内的农村居民点（-0.2266~0.2233）。

（8）交通运输承载功能

交通运输承载功能空间格局（图10-18）总体上主要以沿坝子中部南北贯穿的公路用地、街巷用地和农村道路这三种主要地类的中值区和较低值区分布为主（最低值为0），高值区和较高值区分布极少（最高值为1）。其中，1990年以前该功能值分布较为集中在主要交通干线，1990年以后中值区和较低值区范围快速增大。空间演变上（图10-19），总体变化趋势为1990年前该功能值变化不明显，以小范围增强区为主，1990年以后坝区内沿新增道路大量出现该功能值变化主要集中在增强区和强烈增强区，其中强烈增强区主要分布在城镇所在地，以1990~2006年和2010~2016年这两个时期的增强区扩大变化最为剧烈。

（9）公共休闲生活功能

公共休闲生活功能空间格局上（图10-20），高值区主要分布在坝子中北部的文体娱乐用地和中南部的景观生态度假休闲区（最高值0.875）；较高值区主要分布相应工矿用地区域，与工业生产功能的分布格局具有空间协同性，基本一致，主要分布在坝子北部的高镇镇（险峰机床厂、兴安电器厂、永安变压器厂）及其以北新建的工业园区。空间演变上（图10-21），总体变化趋势为先稳定不变—局部小幅增强—局部剧烈增强。其中，1966~1990年该功能值无明显变化；1990~2010年，在工业用地局部增加区域该功能值主要以小范围增强区为主（-0.2729~0.2246）；2010~2016年，该功能值变化主要集中在强烈增强区和增强区（-0.0785~1），特别是最北部的工业园区罗新村附近、中北部高镇镇的老工业区和新建公园绿地、南部好花红乡的"最美贵州风车园"和"水乡竹韵农业景观度假区"所在地，是该功能强烈增加的三大主要贡献地块。

10.2.3.2 总体多功能演变

涟江坝子总体多功能值在空间格局上（图10-22）呈中值区（多功能性中等）和低值区（多功能性单一）连片分布，高值区（多功能性最高）和较高值区（多功能性较高）小范围缓布其中的分布特征。其中，多功能性高值区和较高值区主要分布于坝子现代规模设施农业用地地块上，包括北部高镇周边、中部和中南部（最高值0.3573）；低值区分布在土地功能单一、多功能较弱的城镇中心至外围扩展边缘以及全部工业园区和林灌地（最低值0.009）；较低值区和中值区主要连贯分布于整个坝区的耕地所在区域。不同时期坝子多功能值的基质分布区间由前期的中值区为主到后期转为低值区和较低值为主，其中高值区在现代规模设施农业基地小范围聚集，该种地块既满足现代农业生产的经济需求，同时又可部分实现坝区环境生态改善和当地居民生活休憩水平的提升，具有生产-生活-生态三方面的综合功能价值。

空间演变上（图10-23），坝子在研究期间总体多功能呈小范围分散减弱后又在特定区域持续增强的波动趋势。其中，1966~1973年减弱区和增强区的变化在范围和幅度上均较小（-0.0851~0.1251），坝子北部靠东的山河村和惠水县城以北新民村附近为土地多

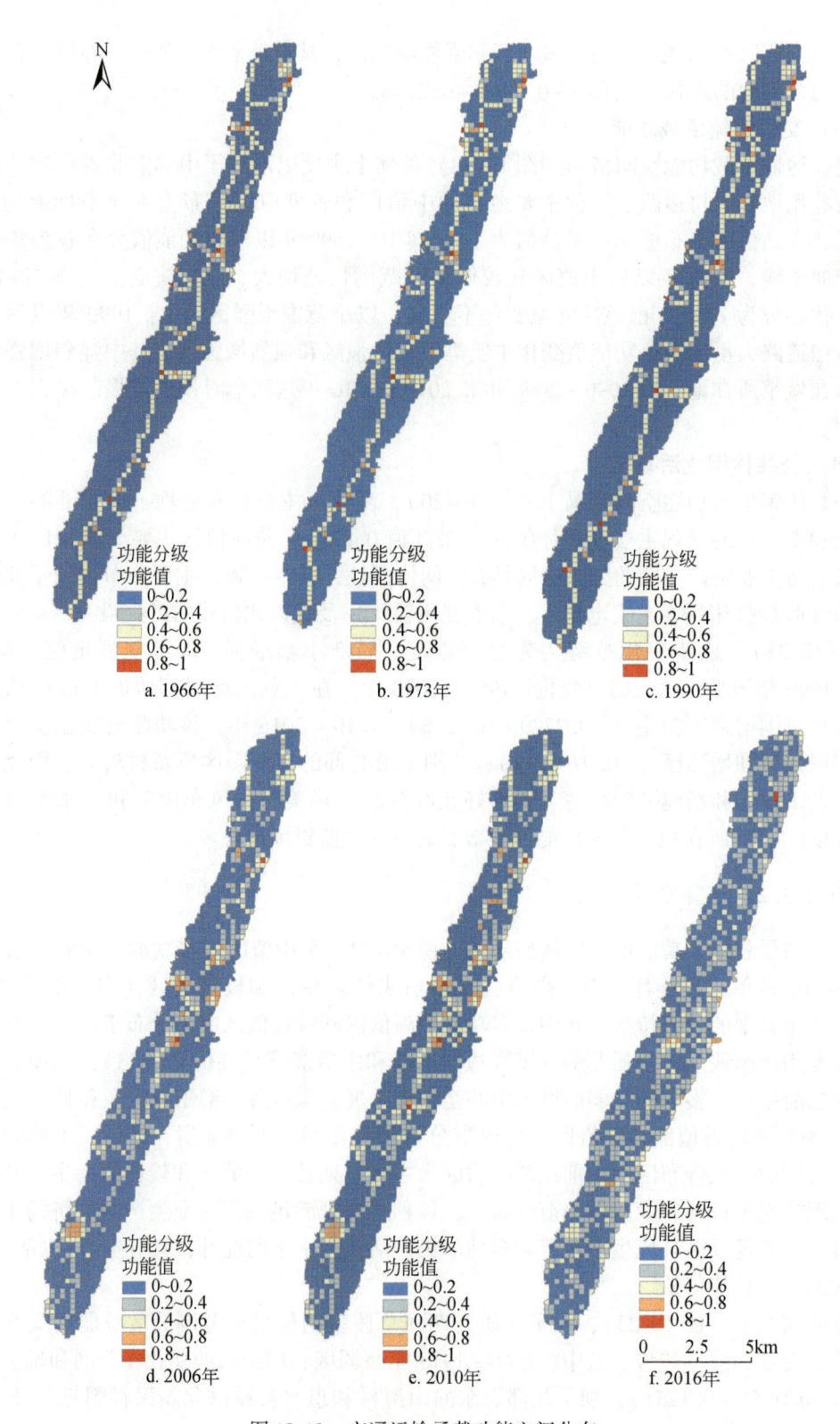

图 10-18 交通运输承载功能空间分布

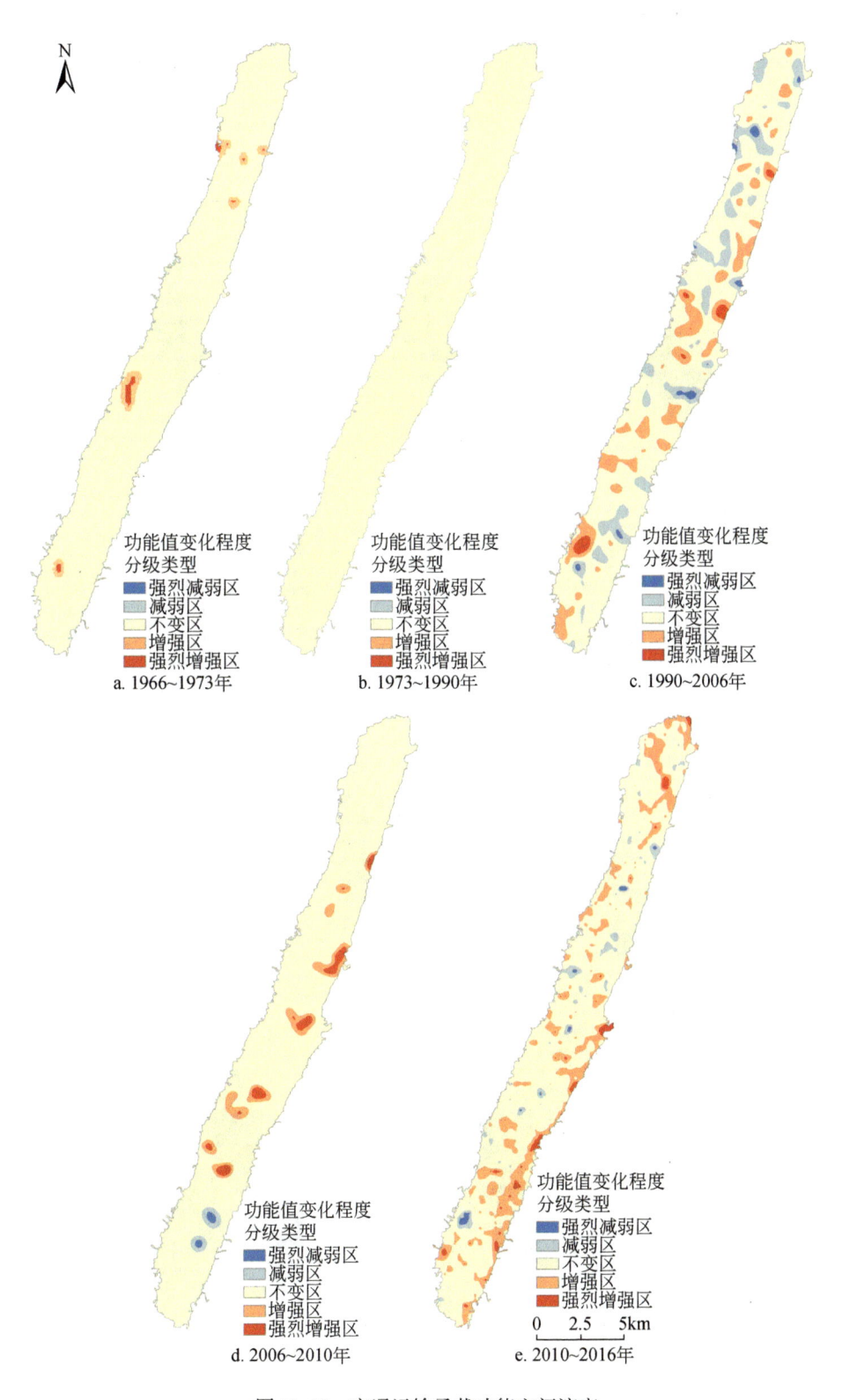

10 | 坝子土地利用功能转型的长时间序列研究

图 10-19 交通运输承载功能空间演变

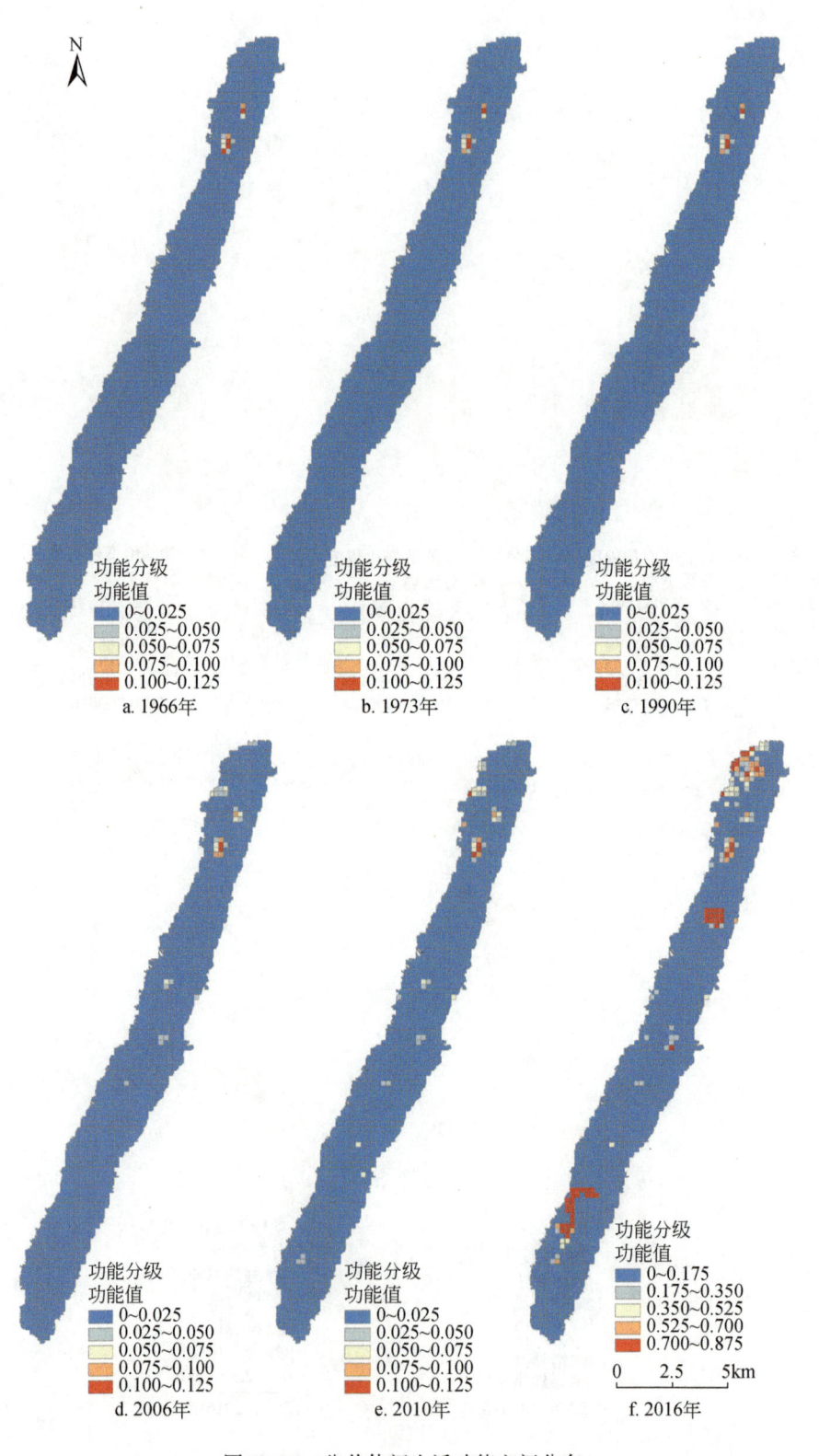

图 10-20 公共休闲生活功能空间分布

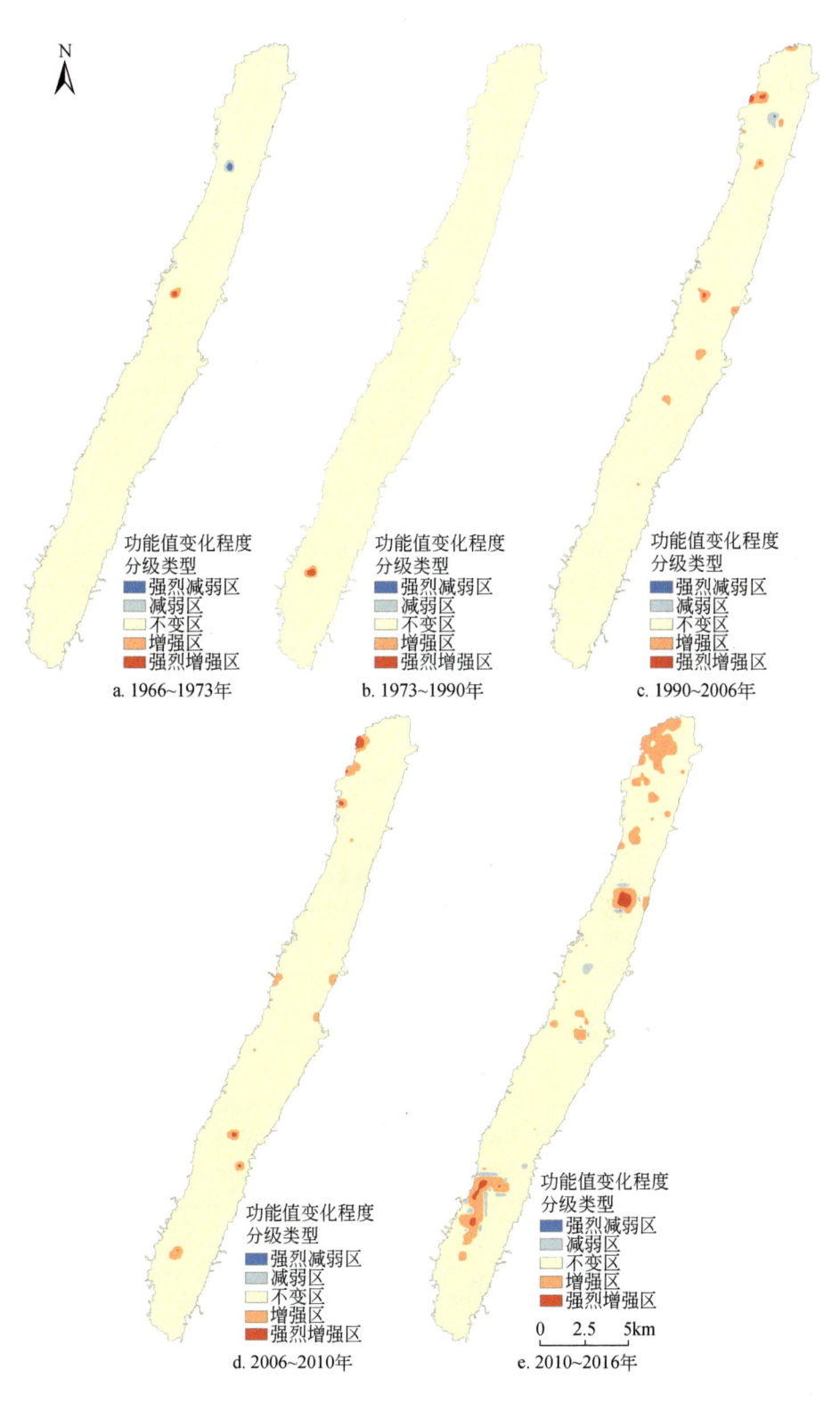

图10-21 公共休闲生活功能空间演变

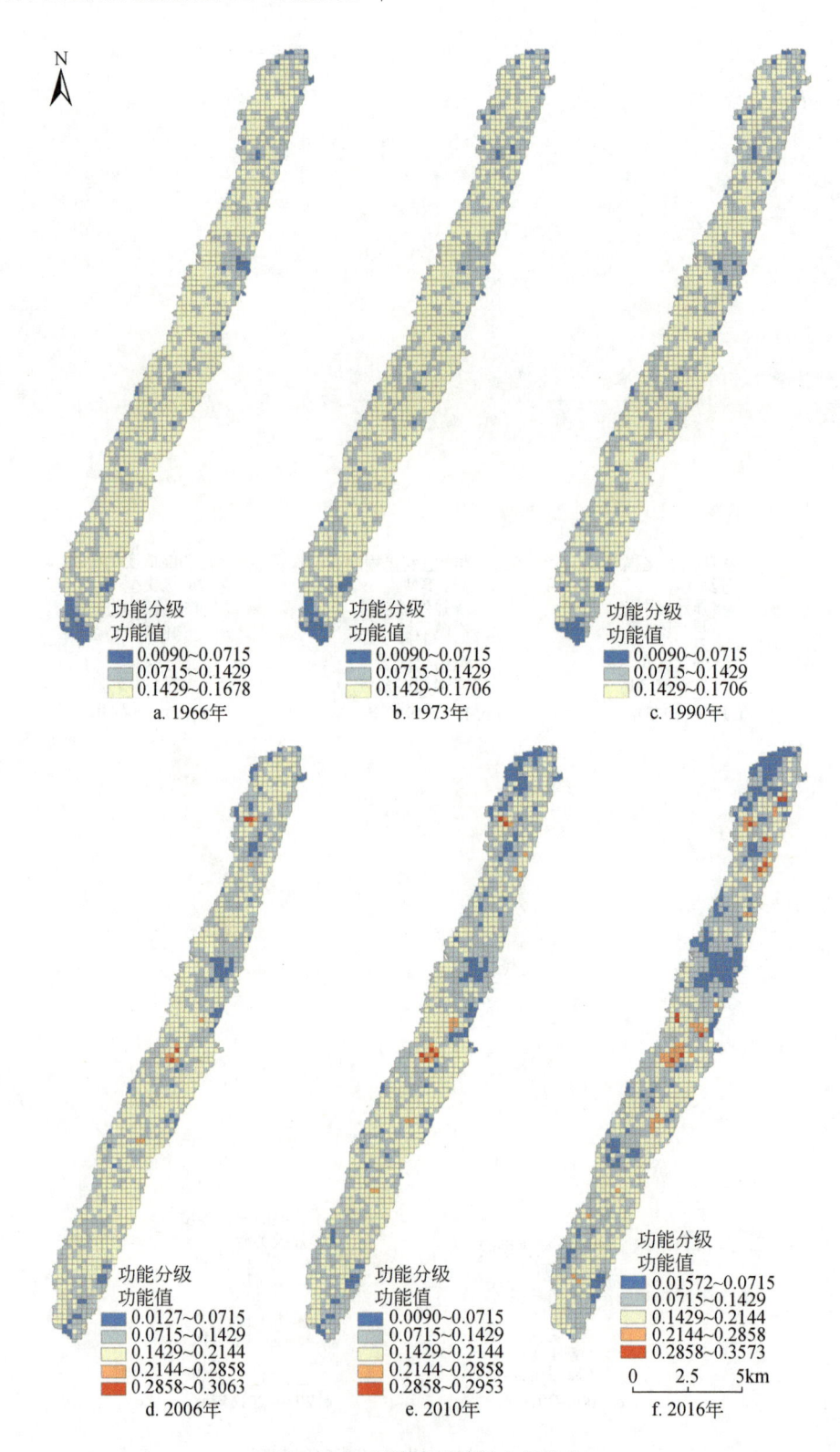

图 10-22　总体多功能性空间分布

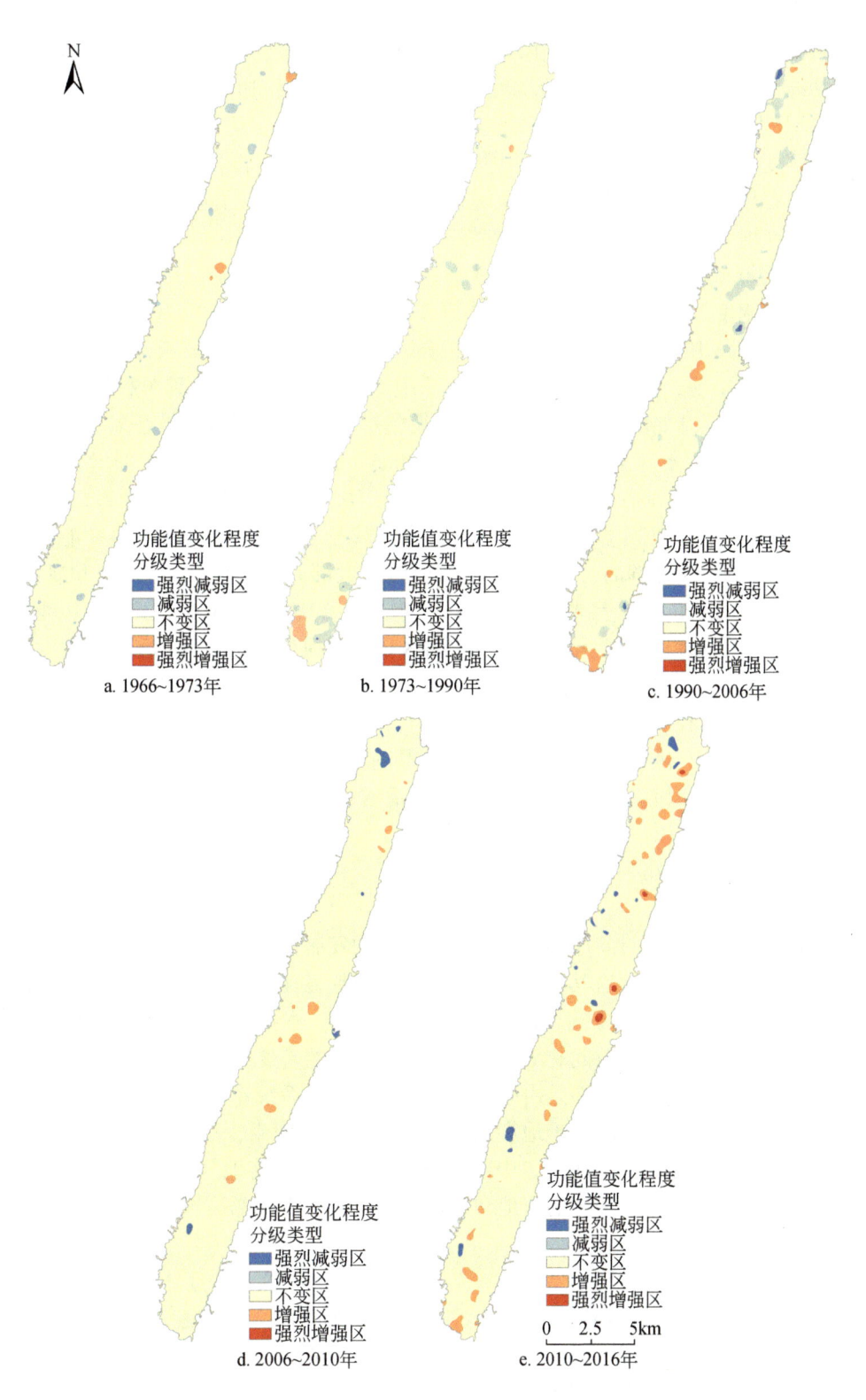

图 10-23　总体多功能性空间演变

功能增强区（有林地转为耕地，在原具有生态功能的前提下，增加了半生态功能和生产功能，多功能性增强），坝子北部大坡脚、三合村和南部三都镇边缘为多功能减弱区（耕地转为建设用地，半生态和生产功能转变为生活居住功能，多功能性减弱）；1973~1990年，增强区变化明显，减弱区整体范围较小，均集中在坝子南部（-0.1092~0.1593），唯一增强区在坝子最南端（有林地减少转化为旱地，单一生态功能转变为生产-生态双功能，多功能性增强），减弱区在坝子中部靠近惠水县城以东，以及坝子最南端以东的中联村（耕地转为城镇住宅用地和农村宅基地，多功能性减弱）；1990~2006年，多功能的增强和减弱变化幅度开始增大，坝子全区均出现变化区域（-0.1190~0.1469），坝子北部老羊界、明田村及中部县城边缘分别为强烈减弱区和减弱区（耕地和天然草地转为农村宅基地、城镇住宅用地，多功能性减弱），坝子中部101省道经过的雅羊村附近为增强区（原有传统耕作方式开始转变为现代农业规模设施作业，生产-生活-生态多功能地类开始出现，如景观园林苗木基地，花卉基地等）；2006~2010年，坝子中南部增强区持续扩大，减弱区在北部和南部各有一小范围强烈初显（-0.1496~0.1092），北部高镇村以东、大围村以西、小龙坝附近为多功能增强区（多种现代设施农业地类增加，多功能性继续增强），北部大坡脚和南部辉油村以南为强烈减弱区（大部分旱地撂荒转为草地和灌木林地，多功能性由多重减弱转为单重减弱，多功能性减弱）；2010~2016年，坝子多功能减弱区较上一时期变化位置和程度差异不大，但增强区在整个坝子开始出现大范围多程度区间的增加（-0.1355~0.2512），北部大坡脚、南部辉油村以南及鸣钟村以东为强烈减弱区（耕地撂荒转为草地和灌木林地，多功能性减弱），坝子北部底下寨以东以北、中部高旺村以南为多功能增强区与强烈增强区（耕地和灌木林地被现代规模设施用地取代，多功能性强烈增强），南部龙联村以南为多功能增强区（灌木林地转为旱地，多功能性增强）。

10.2.4 讨论

土地利用转型指在长时间序列下，受经济社会的发展，由一种土地利用形态转变为另一种土地利用形态的过程，这其中土地利用形态要包括显性形态（数量和空间结构）和隐性形态（质量、产权、经营方式、投入产出和功能）[2]。本章研究主要涉及功能视角，同时强调了土地利用变化的长时间趋势性规律，这种趋势的转变背后不是单一地由某一种或者某几种因素单独作用形成，而是由多层次多级别多因素系统作用的结果，并且该功能转型结果达成后又可反作用于坝区土地利用显性形态和驱动因素，达成坝区特有的驱动-反馈机制。贵州坝地具有"周高中低，中部丘陵缀布"这一岩溶地区山地-坝地系统的共同典型地形特征，因此将坝地地区的土地利用功能变化集中于中部平坦地区，其变化程度对社会经济的发展变化最为敏感。

土地利用和功能的转型驱动是一个非常复杂的过程，本文对坝子土地利用转型和功能演变的驱动机制分析只侧重在具体的历史发展标志事件背后，从宏观社会经济视角进行系统定性分析。参考宋小青[10]的表层和深层驱动因素研究框架，明确深层驱动因素通过作用于表层驱动因素来影响土地利用的转型过程[41-42]，依据贵州地区的社会经济发展特点和坝子的地形特征，科学构建了贵州坝子的土地利用转型和功能转型的驱动动力系统（图

10-24），并以贵州最大的坝子惠水涟江坝子为典型研究对象，实地分析了在贵州不同的历史背景标志事件下该坝子的土地利用和功能转型的具体驱动过程和阶段特征（图10-25）。

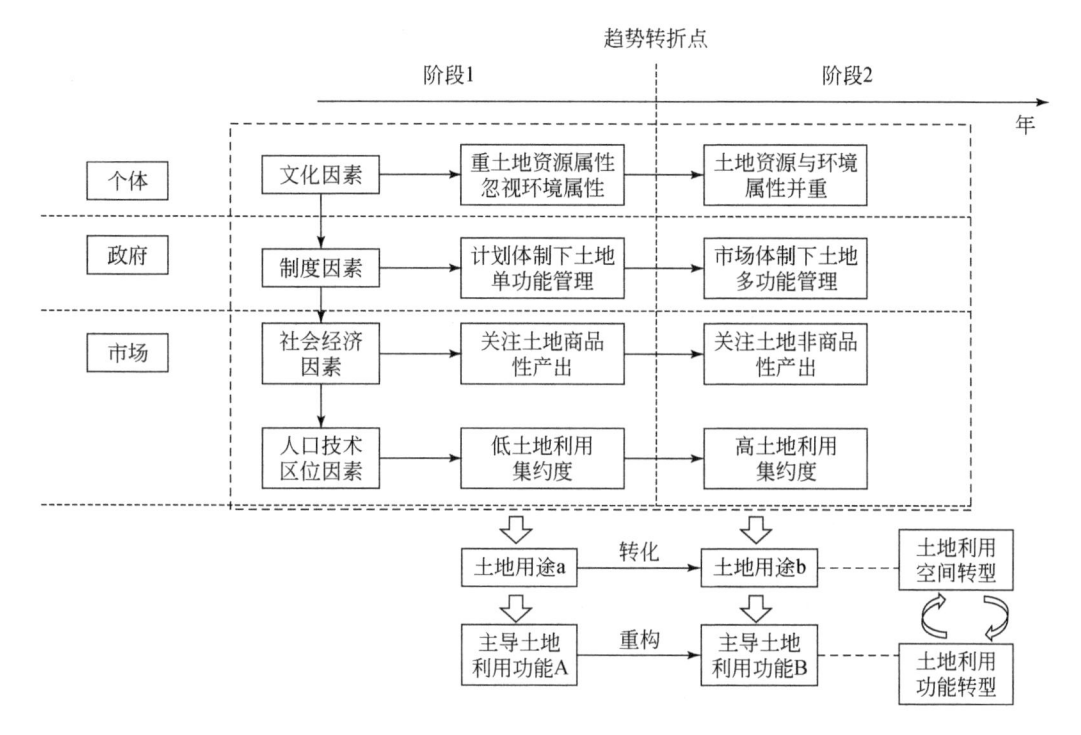

图 10-24　坝区功能转型利用驱动机制

总体来看，影响坝区土地利用和功能转型的重要控制因素主要表现在区域"个体、政府和市场"三个层面，"文化、制度、社会经济和人口技术区位"四个支点上[43]。其中，坝区居民个体以及由个体组成的群体对土地资源的价值取向称为文化因素，该因素以不可忽视的方式在社会经济发展的各个阶段作用于后续土地政策和管理制度的制定和实施，从而影响土地利用和功能转型的路径。中华人民共和国成立以来，贵州坝子作为区域粮食主要产区和居民的生活用地，对土地最初的价值在于满足农户生存需要和城市化工业化的原始资本积累。这一时期"重土地的资源属性、忽视其环境属性的地域文化"成为主流价值认同，在政府调控为主的计划体制下坝区土地资源统用统配，由此在土地政策制度的制定实施上就偏向鼓励土地资源的商品性产出，使坝区土地利用呈专业化和单一化（传统粮食作物种植），注重投入-产出缺少对不同土地利用的系统联合管理。随时间推移传统农业生产获取的经济效益相对减少，内部居民开始放弃传统农耕进入到城市谋取更好的收入和生存条件，坝区内部优势条件不突出的耕地开始撂荒，坝区内部总体的土地利用集约程度走低。坝区社会经济不断向前发展过程中，在谋求经济收入的同时对土地资源的高效多元化和可持续利用认知水平提升，此时"土地资源与环境属性并重"的文化认同开始占据主流；政府的宏观调控更倾向于在鼓励土地资源的商品性产出同时，更加注重其背后的非商品性产出（如生态环境产出效应）。在此背景下，贵州的部分坝子开始由传统的农耕坝子

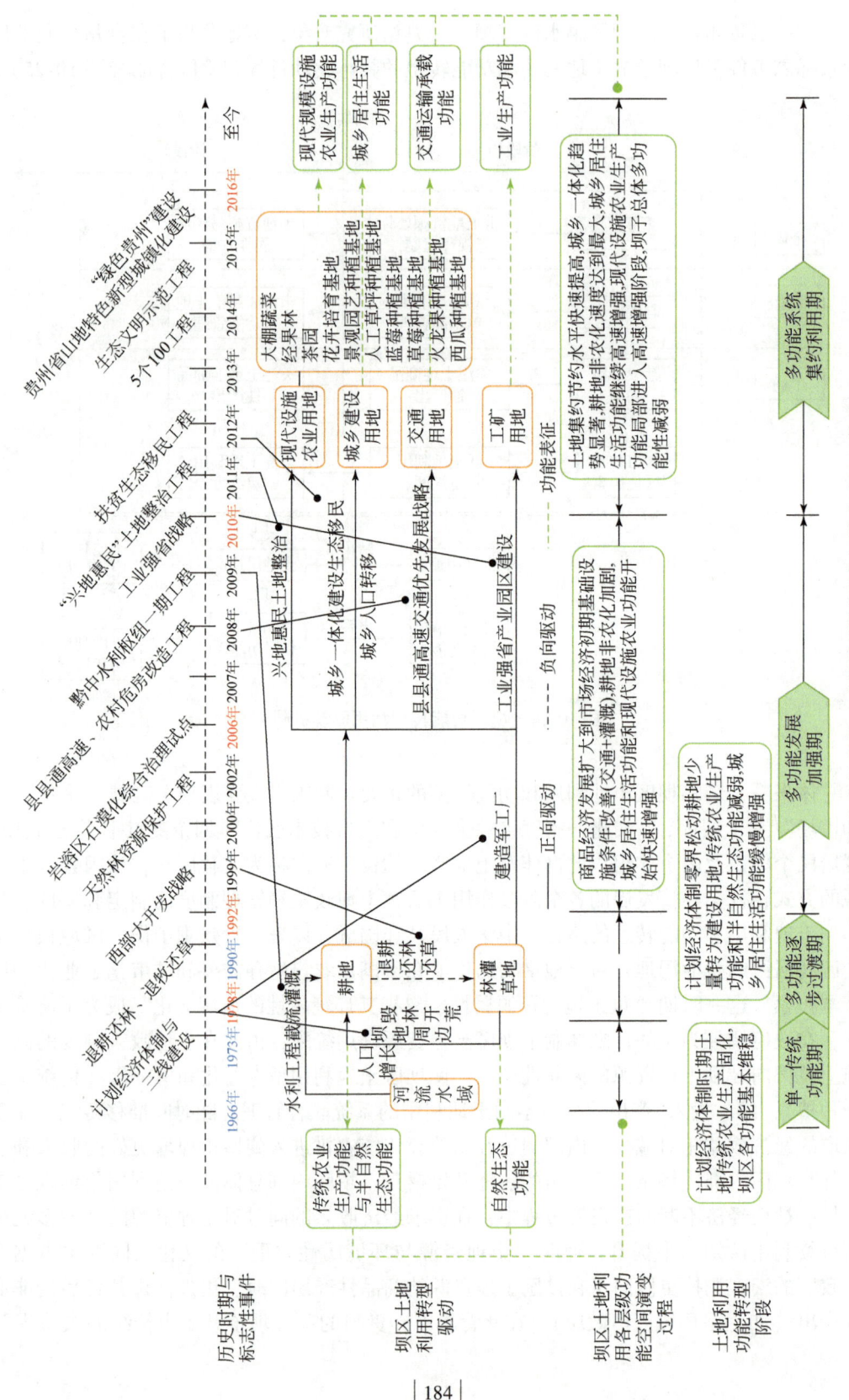

图10-25 坝区历史标志事件背景下功能转型利用动力驱动过程与阶段

开始向现代设施农业坝子、农业景观度假休闲坝子、工业坝子、城市居住生活坝子等主导类型开始转化，或者在一个坝子中由这些功能按不同的比例形成不同的空间格局，使坝子在具有较高程度集约土地利用的同时，兼顾当地居民家庭经济增收和生态环境条件的改善，实现土地的多功能管理。此时的坝区土地资源在以上多重因素的影响下（图10-24），两个时期的微观土地用途和宏观土地功能势必发生转化和重构，实现坝子土地利用的空间转型和功能转型；并且空间转型和功能转型并不是独立存在于坝区土地利用变化的过程当中，两者之间存在相互作用的关系（空间转型达到一定的结构和数量水平，坝地地块的功能随之开始转变；功能转型完成之后背后相应的土地利用新的空间组构和现行的土地多功能管理模式将成为下一阶段转型之前土地优化配置的原始动力[10]）。

具体来看，贵州坝子在不同的社会经济发展背景下内部受动力系统内各因素耦合作用、外部表现为不同历史标志性事件节点共同驱动土地利用空间和功能发生转型。以惠水涟江坝子为例，剖析贵州从1966年到2016年现代规模农业主导坝子土地利用转型的宏观动力驱动过程，通过政策反演其空间和功能典型转型阶段特征（图10-25）。

1978年以前涟江坝子处于计划经济时期，城乡二元在户籍和土地上分割开来，政府大力开展三线建设和"文化大革命"，实行统购统销开始积累原始工业化资本，特别是大炼钢铁时期，坝子周边靠坡脚边缘的林灌地被大量砍伐部分转为旱地，与此同时各种工厂和交通设施建设，城镇开始初步发展，耕地开始小部分转为工业、交通设施、城镇居住用地；相应的传统农业生产功能强度和半自然生态功能慢慢开始减弱，城乡居住生活、交通承载和工业生产功能开始增强，但幅度均不大。

1978年以后到1991年，家庭承包经营制度的实施，城乡二元结构由最初固化状态开始松动，家庭食物消费由自给开始转变为自给与市场购买相结合，城市用地继续扩张，同时对坝子周边缓坡耕作条件较差的土地实行退耕还林、退牧还草措施。耕地面积继续小幅减少，转为其他非农用地，居民对坝区土地提供的生活保障粮食供给需求开始减弱，传统农业生产功能和半自然生态功能持续小幅减弱，城乡居住生活功能继续小幅增强。此阶段共同特征为功能的变化幅度总体偏小，且主要以传统农业生产功能占绝对主导以满足生存需要，其他非传统农业生产功能占比较小，此为该坝子的单一传统功能期。

1992年后全面推行市场化改革，农业基础性地位逐步夯实，耕地地位开始提升，设立耕地保护红线，劳动力大量地从乡村转移到城市。这一期间坝区的土地集约程度开始增强，在保证基本农田面积的基础上，坝子土地多功能性呈局部增加的趋势。

2006~2010年，土地管理的改革快速深化，农业结构逐步调整，坝区居民对土地资源的价值认同由以前的注重土地商品性产出轻环境效益转变为经济产出与环境保护并重的阶段。2006年首次出现现代规模设施农业，到2010年该地类面积占比和次一级种类快速增加，原有的传统农业生产功能部分逐渐转变为多样化管理的现代规模设施农业生产功能和公共生活休闲功能；县县通高速的交通设施条件进一步改善，坝区内的交通通达度空前增加，带动坝区中心惠水县城的城市化水平增强，坝子北部工业园区的扩张修建，由此坝区产生传统农业生产主导单向功能向集工业生产、交通承载、城乡居住生活功能的多路径转化。这一整个时期的涟江坝子已经慢慢从传统农业生产功能中逐渐演化为既能满足家庭经济收入的需要，又能兼顾生态环境稳定的多功能并重阶段，此为坝子多功能发展加强期。

2010年以来，为打造涟江坝子优势农产品品牌，土地集约利用趋势凸显，土地效益产出更加高效和绿色。对涟江坝子"贵阳的后花园""乡村景观农业旅游生态风情小镇""西南片区最大的花卉生产交易腹地"等品牌的打造，坝子内部的公共休闲生活功能、现代规模设施农业生产功能、城镇居住生活功能、交通运输承载功能以及自然生态和半自然生态功能增强，地块空间交错分布，内部不少居民生存环境和经济收入得到保证，城乡一体化日趋明显。从这一时期一直到2020年以后，涟江坝子现代高效农业示范园区不断实施坝区全覆盖，花卉苗木产业进入到一个前所未有的高速发展时期，坝区土地集约度长足增加，多功能管理迈上新的台阶，此时便是坝子土地的多功能集约利用期。

10.2.5 结论

1）基于土地利用多功能和耕地多功能性内涵基础上，建立岩溶山区贵州坝子土地利用功能分类体系、坝区三生功能贡献强弱程度标准和坝子土地利用功能定量诊断指标体系，有效识别了岩溶山区坝子的耕地利用功能的空间格局；坝子土地利用功能空间动态演变监测模型敏感反映了贵州坝子耕地功能随时间推移，由原来的传统农业生产功能主导向现代规模设施农业生产功能、居住生活功能、公共休闲生活功能等多路径动态演化。

2）岩溶山地地貌背景下坝子土地利用功能多样化发展既是客观存在也是未来趋势。根据坝区土地利用的典型特点、区域人类活动主体（人）与经济发展的主要需求导向，不同历史时期坝子的土地利用功能类别、特性和空间分布格局存在较大差异：总共有三级水平下的13种功能类别，坝子功能空间分布特征总体上以传统农业功能为主要基质，在惠水县城中南部沿101省道至好花红乡一带中南部分布现代规模设施农业生产功能和公共休闲生活功能，北部工业生产功能等小范围交错缀部。

3）坝区各层级耕地功能除传统农业生产功能、自然生态功能、半自然生态功能持续减弱外，其余全部呈快速增强趋势，总体关于符合坝子土地利用功能的一般性演变趋势的前期假设，以农业功能为主但耕地功能多样性不断增加。其中，生态功能减弱的趋势由坝区周边地势较缓、坡度较低、旱作范围不断扩大侵占林灌草地导致，演化规律随时间推移展现明显的四个阶段和空间分异特征，耕地总体多功能性主要来源于现代规模设施农业生产用地。

参 考 文 献

[1] Grainger A. National land use morphology: Patterns and possibilities [J]. Geography, 1995, 80 (3): 235-245.

[2] 龙花楼. 论土地利用转型与乡村转型发展 [J]. 地理科学进展, 2012, 31 (2): 131-138.

[3] 龙花楼. 论土地利用转型与土地资源管理 [J]. 地理研究, 2015, 34 (9): 1607-1618.

[4] 龙花楼, 李婷婷. 中国耕地和农村宅基地利用转型耦合分析 [J]. 地理学报, 2012, 67 (2): 201-210.

[5] 李全峰, 胡守庚, 瞿诗进. 1990—2015年长江中游地区耕地利用转型时空特征 [J]. 地理研究, 2017, 36 (8): 1489-1502.

[6] 刘纪远,匡文慧,张增祥,等.20世纪80年代末以来中国土地利用变化的基本特征与空间格局[J].地理学报,2014,69(1):3-14.

[7] 曲艺,龙花楼.基于开发利用与产出视角的区域土地利用隐性形态综合研究——以黄淮海地区为例[J].地理研究,2017,36(1):61-73.

[8] 杨忍,刘彦随,龙花楼.中国环渤海地区人口-土地-产业非农化转型协同演化特征[J].地理研究,2015,34(3):475-486.

[9] 曲艺,龙花楼.中国耕地利用隐性形态转型的多学科综合研究框架[J].地理学报,2018,73(7):1226-1241.

[10] 宋小青.论土地利用转型的研究框架[J].地理学报,2017,72(3):471-487.

[11] 宋小青,吴志峰,欧阳竹.耕地转型的研究路径探讨[J].地理研究,2014,33(3):403-413.

[12] Song X Q, Huang Y, Wu Z F, et al. Does cultivated land function transition occur in China [J]. Jounal of Geographical Science, 2015, 25(7): 817-835.

[13] 杜国明,马敬盼,春香.现代化农区耕地利用形态转型研究[J].中国农业资源与区划,2018,39(3):185-192.

[14] 刘彦随.中国新时代城乡融合与乡村振兴[J].地理学报,2018,73(4):637-650.

[15] 龙花楼.中国乡村转型发展与土地利用[M].北京:科学出版社,2012.

[16] 李德一,张树文,吕学军,等.基于栅格的土地利用功能变化监测方法[J].自然资源学报,2011,26(8):1297-1305.

[17] 刘继来,刘彦随,李裕瑞.中国"三生空间"分类评价与时空格局分析[J].地理学报,2017,72(7):1290-1304.

[18] 李广东,方创琳.城市生态—生产—生活空间功能定量识别与分析[J].地理学报,2016,71(1):49-65.

[19] 杨清可,段学军,王磊,等.基于"三生空间"的土地利用转型与生态环境效应——以长江三角洲核心区为例[J].地理科学,2018,38(1):1-10.

[20] 王静,王雯,祁元,等.1996—2012年中国生态用地分类体系及其时空分布[J].地理研究,2017,36(3):453-470.

[21] Costanza R, d'Arge R, de Groot R, et al. The value of the world's ecosystem services and natural capital [J]. Nature, 1997, 387: 253-260.

[22] Wilson G A. The spatiality of multifunctional agriculture: A human geography perspective [J]. Geoforum, 2009, 40(2): 269-280.

[23] Mander U, Helming K, Wiggering H. Multifunctional Land Use: Meeting Future Demands for Landscape Goods and Services [M]. Berlin: Springer, 2007.

[24] 刘继来,刘彦随,李裕瑞.中国"三生空间"分类评价与时空格局分析[J].地理学报,2017,72(7):1290-1304.

[25] 甄霖,魏云洁,谢高地,等.中国土地利用多功能性动态的区域分析[J].生态学报,2010,30(24):6749-6761.

[26] 杜国明,孙晓兵,王介勇.东北地区土地利用多功能性演化的时空格局[J].2016,35(2):232-244.

[27] 王枫,董玉祥.基于灰色关联投影法的土地利用多功能动态评价及障碍因子诊断——以广州市为例[J].自然资源学报,2015,30(10):1698-1713.

[28] 齐建超,刘慧平,伊尧国.应用自组织映射方法的北京市2005—2013年土地利用时空演变分析[J].生态学报,2017,37(19):1-9.

[29] 尹珂, 肖轶. 基于空间聚类分析法的土地利用主体功能分区——以重庆市渝北区为例 [J]. 水土保持通报, 2011, 31 (6): 181-185.

[30] 张丽君, 符蓉, 张敬波. 国土多功能利用评价指标体系构建及全国分区评价 [J]. 国土资源情报, 2015, (9): 3-6.

[31] 刘红辉, 江东, 杨小唤, 等. 基于遥感的全国 GDP1km 格网的空间化表达 [J]. 地球信息科学, 2005, 7 (2): 120-123.

[32] 黄莹, 包安明, 陈曦, 等. 新疆天山北坡干旱区 GDP 时空模拟 [J]. 地理科学进展, 2009, 28 (4): 494-502.

[33] 盛佳利. 贵州省坝子的空间分布规律及坝子–山地耦合类型 [D]. 贵阳: 贵州师范大学硕士学位论文, 2018.

[34] 赵荣, 董春. 统计信息与空间信息按地理格网集成的方法研究 [J]. 测绘科学, 2007, 32 (4): 69-71.

[35] 李德一, 张树文, 吕学军, 等. 主体功能区情景下的土地系统变化模拟 [J]. 地理与地理信息科学, 2011, 27 (3): 50-54.

[36] 李建春, 袁文华. 基于 GIS 格网模型的银川市土地生态安全评价研究 [J]. 自然资源学报, 2017, 32 (6): 988-1001.

[37] 杨小唤, 刘业森, 江东, 等. 一种改进人口数据空间化的方法: 农村居住地重分类 [J]. 地理科学进展, 2006, 25 (3): 62-69.

[38] 段锦, 康慕谊, 戴诚, 等. 基于格网的东江流域生态安全空间综合评价 [J]. 生态学杂志, 2012, 31 (8): 2075-2081.

[39] 傅伯杰, 吕一河, 陈立顶, 等. 国际景观生态学研究新进展 [J]. 生态学报, 2008, 28 (2): 798-804.

[40] 周瑞平, 吴全, 于艳华, 等. 呼和浩特市土地综合承载力区域差异分析 [J]. 内蒙古师范大学学报: 自然科学汉文版, 2013, 42 (5): 590-596.

[41] Lambin E F, Turner B L, Geist H J, et al. The causes of land-use and land-cover change: Moving beyond the myths [J]. Global Environmental Change, 2001, 11 (4): 261-269.

[42] VlietJ V, Groot H L F D, Rietveld P, et al. Manifestations and underlying drivers of agricultural land use change in Europe [J]. Landscape & Urban Planning, 2015, 133: 24-36.

[43] 刘亚香, 李阳兵. 乡村转型背景下贵州坝子土地利用生产功能空间演变案例研究 [J]. 地理研究, 2020, 39 (2): 430-446.

11 山-坝土地利用耦合转型理论与案例

乡村转型背景下山地与坝地景观格局如何演变？山-坝系统土地利用演变与转型是否存在差异、耦合？诸如此类问题值得深入探讨。因此，本章旨在揭示西南山地乡村转型背景下，尤其是在城乡演变与乡村快速转型的驱动下，山-坝系统土地利用景观耦合演变过程、特征及其耦合模式，探究山-坝系统中山地与坝地景观格局演变的共同性、差异性及其耦合协调，建立山-坝系统土地利用景观耦合演变理论框架，并进行典型案例研究，以回答社会经济转型背景下西南山地乡村人地关系的变迁，以期为推动实现西南山地乡村振兴、乡村可持续发展、缓解人地矛盾及土地利用优化提供理论依据和科学参考。

11.1 山-坝土地利用耦合演变的理论分析

11.1.1 西南山地山-坝系统

11.1.1.1 山-坝系统定义

山-坝系统是以一定规模大小且地形相对平坦的坝地和坝地周围山区一定范围为基础的[1-2]，以人地关系为核心[3-4]，由坝地和山地两个子系统在自然地理环境与社会经济背景下交错构成的一种综合、动态、开放的系统（图11-1），具有非线性、复杂性、开放性、动态性、综合性等特征[5-6]。山-坝系统是人类活动和自然环境综合作用的结果，具备经济、社会、生态意义的概念，山-坝系统中坝子和山地的社会经济相互影响，土地利用相互作用，生态过程相互联系，其两个子系统交互耦合互馈互促，在不同时间和空间发生着紧密的内在作用，集中表现为人口流动、社会经济、土地利用、生态过程的相互作用，以及不同影响因素对山-坝系统耦合作用随时间变化的动态过程。

山-坝系统主要是在通过人流、物流、信息流、能量流、资金流、技术流等多种要素流动和自然地理过程将坝区与山区之间土地利用、经济社会发展、生态环境等联系起来[2][5][7]，坝地土地利用集约化引导山地土地利用转型，山地土地利用转型则为坝地提供生态保障（图11-2）。坝子内部要素整合和结构重组变化驱动着山区空间结构、经济结构、生计结构及生态环境发生转型，通过坝地-山地核心边缘的功能作用，带动坝地-山地由内而外地发展。山区生计结构、人口结构、农业生产结构转变，驱动坝子内部产业结构、人口结构、就业结构变化，形成山区-坝子整体由外向内的发展。

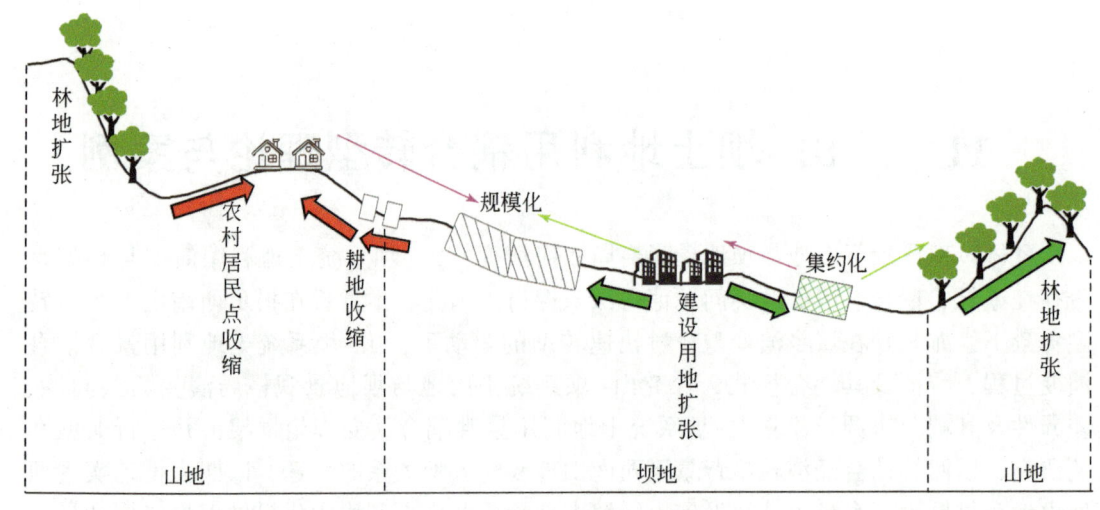

图 11-1　山-坝系统示意图

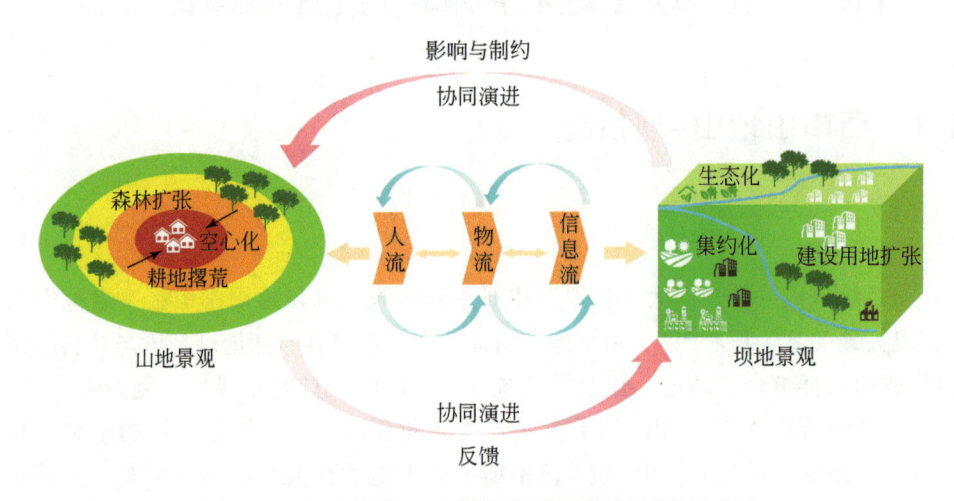

图 11-2　山-坝系统土地利用景观协同演进过程示意图

11.1.1.2　山-坝系统类型

根据山-坝系统土地利用类型差异化[5][8]，本章将西南山地山-坝系统的类型按照土地利用主导类型划分为四类：工业主导型、农业主导型、商旅服务型和综合发展型（表11-1）。再根据不同主导类型影响因素进一步细分为六类：坝子以县城、城镇为主的山-坝系统，坝子以工业园区为主的山-坝系统，坝子以传统农业为主的山-坝系统，坝子以集约利用现代农业为主的山-坝系统，坝子以自然风光、民族村寨、农旅结合为主的乡村旅游山-坝系统，坝子以集聚农业、工业、商业、旅游业等多种产业一体的山-坝系统等。下面从不同山-坝系统的内涵、特征两个层面分析,梳理不同山-坝系统类型的特点。

表 11-1 山-坝系统的土地利用类型

山-坝系统主导类型	山-坝系统小类	内涵	特征	典型案例
工业主导型	坝子以县城、城镇等为主的山-坝系统	主要是县城或者城镇的中心地,承载着城镇居住功能、区域经济发展功能、交通枢纽功能、政治文化功能	坝区:区位好、交通便利、工业基础好、农业发展水平高	绥阳县的蒲场、洋川山-坝系统
			山区:交通便利,基础设施较完善,以第一和第三产业为主	
	坝子以工业园区为主的山-坝系统	主要承载经济发展功能和居民居住功能	坝区:交通便利、资源较为丰富、工业发展基础好	修文扎佐山-坝系统
			山区:人口流失严重,缺乏主导产业,通达性高	
农业主导型	坝子以传统农业为主的山-坝系统	承载着农业生产、粮食安全保障、生态保育功能	坝区:偏僻、交通闭塞、农业基础设施落后、耕地资源较为丰富	松桃县乌罗镇乌罗山-坝系统
			山区:交通闭塞,生计农业为主,人口以析出为主,人居环境差	
	坝子以集约利用现代农业为主的山-坝系统	承载农业生产功能、粮食安全保障功能、休闲娱乐功能、生态安全功能	坝区:特殊地理区位、耕地面积大、基础设施完善、交通便利	遵义泗渡镇山-坝系统
			山区:乡村旅游发展迅速,以现代农业为主,主要种植经济作物	
商旅服务型	坝子以自然风光、民族村寨、农旅结合为主的乡村旅游的山-坝系统	承载农业生产功能、生活居住功能和休闲娱乐功能	坝区:区位条件好、自然风光好、农业集约化	江口太平镇云舍村山-坝系统,贵定盘江音寨(金海雪山)山-坝系统
			山区:乡村旅游为主,基础设施和人居环境好,交通便利	
综合发展型	坝子以集聚农业、工业、商业、旅游业等多种产业一体的山-坝系统	承载着农业生产功能、生活居住功能、经济发展功能、休闲娱乐功能	坝区:工业发展基础好、区位优越、交通便利、旅游业和现代农业较发达	惠水县的涟江山-坝系统,余庆县城所在山-坝系统
			山区:以第二产业和第三产业为主,交通便利,距城镇和交通干线近	

11.1.2 山-坝系统土地利用景观耦合演变模式

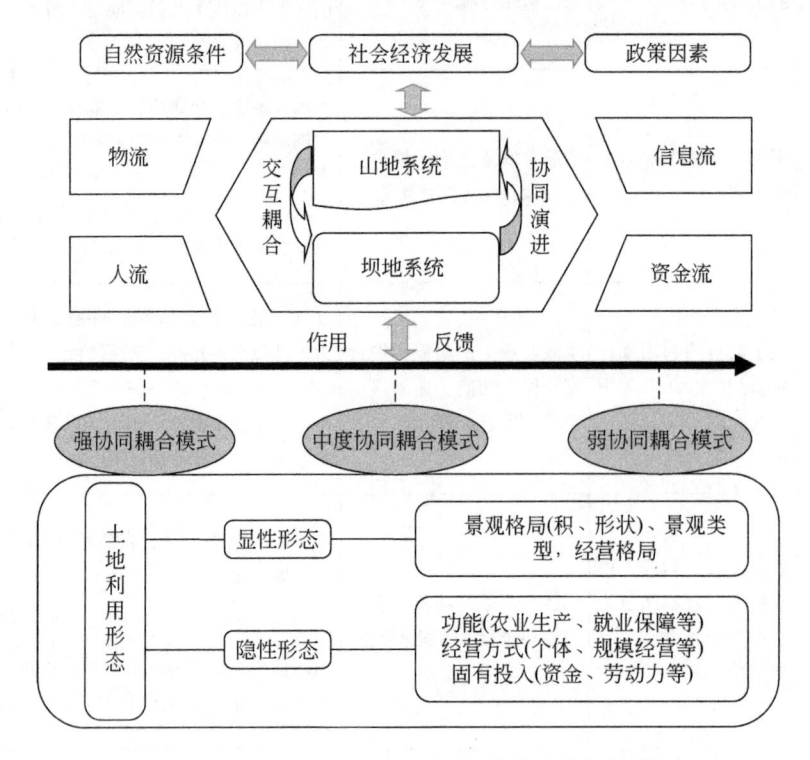

11.1.2.1 山-坝系统土地利用景观耦合协同演变分析框架

山-坝系统土地利用与景观耦合演变受乡村自身发展的内生动力和城镇化、社会经济等外源因素的交互影响，是自然资源条件、社会经济发展、政策背景、人口流动等多重因素共同驱动的结果。基于土地利用转型理论和系统耦合理论[9-12]，依据不同山-坝系统土地利用景观耦合演变差异化的动力机制，结合研究区实际情况（图11-3），本章将山-坝系统土地利用景观耦合演变模式划分为三类：强协同山-坝系统景观耦合模式、中度协同山-坝系统景观耦合模式、弱协同山-坝系统景观耦合模式。以下分别从耦合发展路径和典型案例进一步分析不同山-坝系统类型土地利用景观耦合演变模式。

图11-3 山-坝系统土地利用景观耦合协同演变分析框架

11.1.2.2 山-坝系统土地利用景观耦合模式

A. 强协同山-坝系统土地利用景观耦合模式

(1) 城镇型山-坝系统耦合发展路径

随着社会经济高速发展和城镇化快速的推进，城镇型山-坝系统景观变化剧烈，产业上从单一的农业向多元的非农业转型，聚落从乡村型转为城镇型，社会构成上农民逐渐市民化、乡村文化转型、乡村空间多元分化，土地利用类型和结构多元化、地类空间分布复杂化。坝子经济发展条件好，业态结构多元化，土地利用类型与结构多样化，耦合水平较高。与此同时山区受坝子经济发展的影响，人口向城镇流动，从事非农生产活动，农户生计模式发生转型，受人口和经济因素的双重影响下，农业生产结构调整，传统的粮食作物转变为经济效益较高的生态经济作物，从以前自给自足到满足城镇居民生活需要。随着人口流出人口压力减弱，毁林开荒现象转变为弃耕抛荒现象，人地矛盾得到缓解。

典型案例分析

蒲场、洋川山–坝系统属于坝子以县城、城镇等为主的山–坝系统，景观耦合类型是强协同模式（图11-4）。洋川镇是绥阳县的县城所在地，地势平坦且开阔，交通便利，区位条件好，距遵义市较近，受大城市经济辐射能力较强，经济发展水平较高，人口往坝区迁移和流动，建设用地不断扩张；城镇周边的农地逐渐建成高标准农田，承担向城镇提供粮食和农产品功能和满足城镇居民休闲娱乐功能，景观类型由传统单一农业转变为现代化农业多元农业景观。受坝区土地利用转型影响，山区传统农业景观逐渐收缩和退化，坡耕地广泛撂荒，景观类型以森林和灌丛为主。

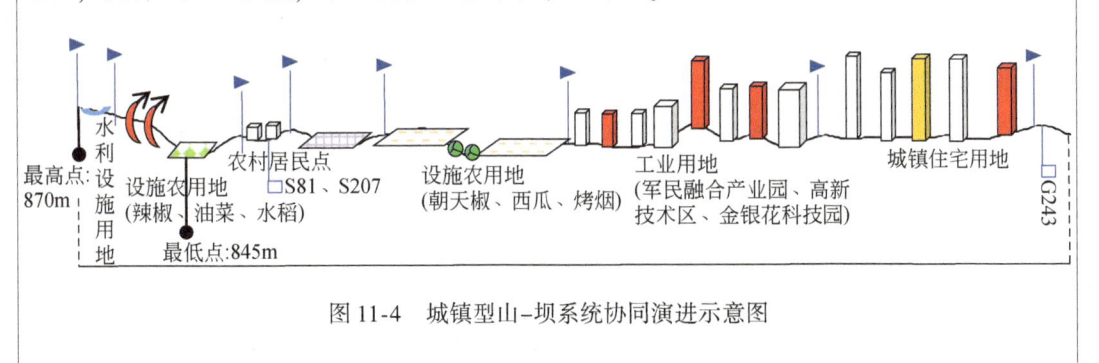

图11-4 城镇型山–坝系统协同演进示意图

（2）综合发展型山–坝系统耦合发展路径

集约农业带动坝区一产和三产发展，旅游业逐渐成为主导产业。乡村旅游发展，吸引外来人口和当地居民涌入坝区，带动坝区经济发展和产业结构调整。山区在坝区经济带动下，人口逐渐回流，发展旅游服务业，为旅游者提供餐饮、住宿、购物等旅游服务活动，经济得到发展，同时促进山区产业结构调整、生计模式改变，但增加了人口压力和生态环境问题。

典型案例分析

惠水县涟江山–坝系统属于综合发展型山–坝系统，景观耦合类型是强协同模式（图11-5）。涟江坝子地形平坦、耕地资源和水资源丰富、通达性高、地理位置优越，距离贵阳近。目前耕地已由水稻生产向花卉苗木种植转型，同时驱动当地农户生计方式转型，由农业生产向旅游服务转化。坝区景观类型由传统单一农业景观演变为花卉苗圃等现代化农业景观和现代化城镇景观。周边山区，依托坝区的农业景观和布依村寨特色发展乡村旅游，耕地逐渐转为园地和林地，主要种植经济价值高的经果林和花卉苗圃，景观类型主要是森林景观为主。

图 11-5 综合发展型山–坝系统协同演进示意图

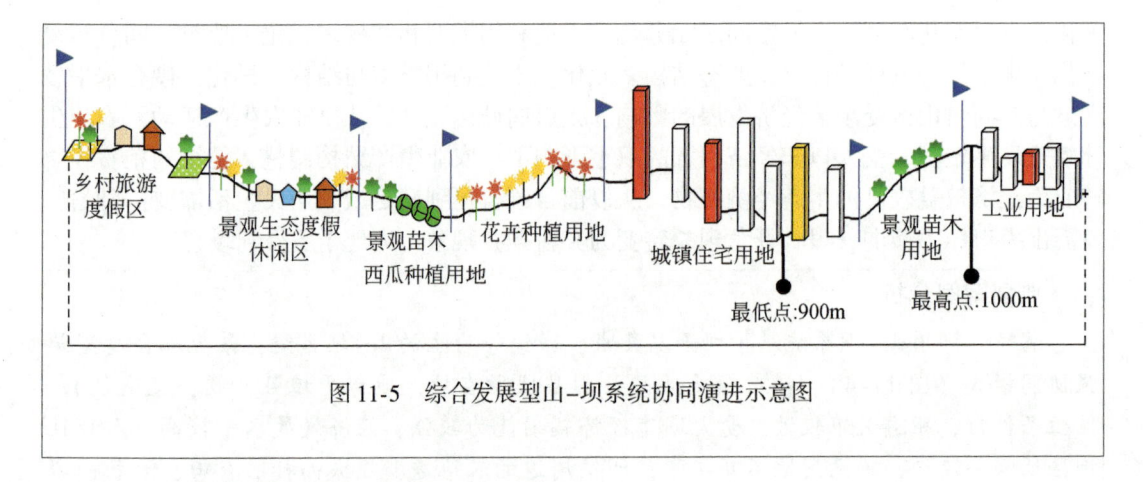

（3）工业园区型山–坝系统耦合发展路径

坝区区位条件、交通条件好，近年来工业化迅速发展，对产业结构产生一定的影响，吸引山区人口进入工业园区从事非农生产活动，一定程度上促进山区和坝子的经济发展。

典型案例分析

修文扎佐山–坝系统属于工业园区为主山–坝系统，景观耦合类型是强协同模式（图 11-6）。扎佐坝区地形平坦，是贵阳市和修文县发展的重点城镇、贵州省示范小城镇和贵州山地特色新型城镇化试点镇。坝区工业发展水平高，就业机会多，对区域经济辐射能力较强，吸引山区人口、资金、技术等要素向工业园区集聚，同时也带动山区经济发展，山区主要依托"旅游+"民族特色、农耕体验、农家乐等服务业，山区产业结构和就业方式发生变化，缓解山区人口压力，发展生态型经济，森林逐渐成为山区主要景观类型。

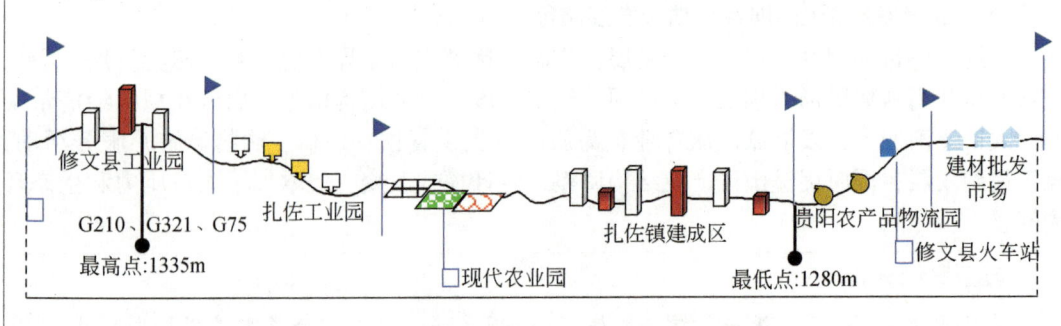

图 11-6 工业园区型山–坝系统协同演进示意图

B. 中度协同山–坝系统景观耦合模式

（1）商旅型山–坝系统耦合发展路径

基于自身资源优势，山–坝一体化发展乡村旅游和农业观光游，对坝区内部生产结构和产业结构调整起重要作用，同时带动山区农业生产结构和种植结构的转变。坝区现代化农业发展带动坝区旅游业发展，由第一产业向第三产业转变，当地居民兼业化，主要从事服务业。该地区人口逐渐增加（如投资者、游客、外来务工人员等），促进该地区的经济发展，驱动该山坝系统可持续发展。

> **典型案例分析**
>
> 贵定盘江音寨（金海雪山）山–坝系统属于商旅型山–坝系统，景观耦合类型是中度协同模式（图11-7）。坝区依托独特的自然条件，优越的地理区位以及便捷的交通发展乡村生态旅游，依靠政策支持改善区域的人居环境和基础设施。同时山区依据山区特色自然资源和独特的人文风情发展旅游业（主要是农家乐或者农耕体验园），改变山区产业结构，缓解山区人口压力和环境压力，促进山区经济发展和生态环境保护。
>
> 图 11-7　商旅型山–坝系统协同演进示意图

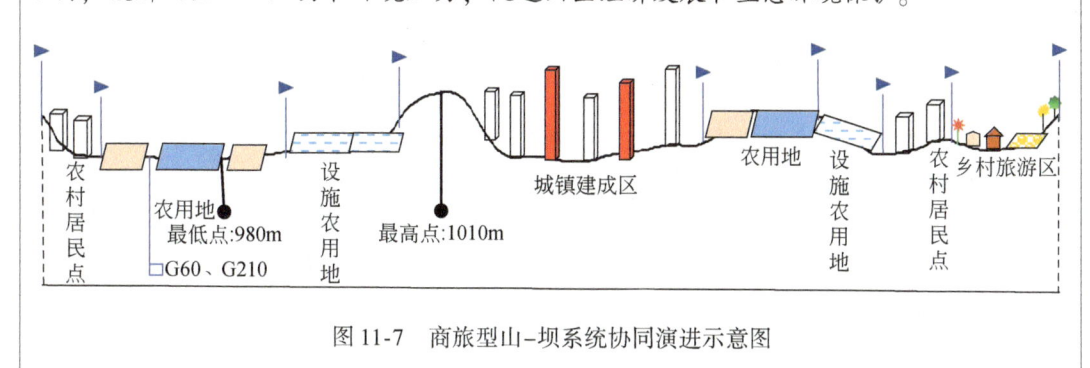

（2）集约农业型山–坝系统耦合发展路径

坝子主要承载农业生产和休闲娱乐功能，坝区发展现代化农业，坝子面积大，土地利用集约，规模化经营，经济和产业结构得到调整，带动坝区经济发展。坝子地区经济状况较好，对周围山区有较大的辐射作用，吸引周边山区劳动人口到坝区从事农业生产和非农业生产活动，在一定程度上带动山区经济发展，也驱动山区生计方式和农业生产结构改变，同时还缓解了山区人口压力，生态功能逐渐突出。

> **典型案例分析**
>
> 遵义泗渡镇山–坝系统属于农业主导型中的坝子以集约利用现代农业为主的山–坝系统，景观耦合类型是中度协同模式（图11-8）。坝区传统农业转型，发展集约化、规模化、标准化的科技农业，土地流转率高，农户成立合作社种植蔬菜，并创建工厂进行加工，带动了坝区经济发展也增加了就业机会。景观类型由传统农业景观转为现代化大棚农业景观。自给自足的小农种植转变为规模化、集约化现代农业种植，从而导致山区大面积耕地弃荒、退耕，林地逐渐扩张，耕地逐渐收缩，山区景观类型以森林为主。

图 11-8 集约型农业山-坝系统协同演进示意图

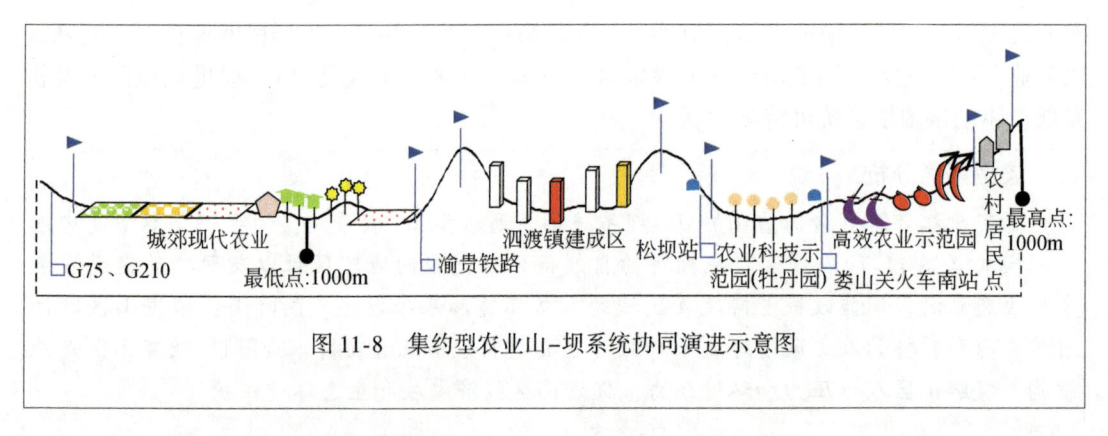

C. 弱协同山-坝系统景观耦合模式

坝子承载农业生产功能、粮食安全功能、生态安全功能。经济发展功能较弱，对山区经济辐射效果不显著，产业以农业为主，坝子和山区农户生计模式呈兼业化，农忙时在家从事农业生产，闲时就近务工，坝子土地利用方式逐渐集约化，影响山区人口向坝区转移，减轻山区生态脆弱压力。山区在坝区土地利用方式、经济发展、森林恢复政策影响下逐渐退耕还林，植树造林，山区的生态环境得到保护，生态功能提升增强。

典型案例分析

松桃县乌罗镇乌罗山-坝系统属于农业主导型中的坝子以传统农业为主的山-坝系统，景观耦合类型是弱协同模式（图 11-9）。该类型坝区地理位置较为偏远，耕地集中连片分布，土壤肥力好，是贵州省万亩大坝之一。坝区的景观类型以传统农业景观为主。坝区由于区位条件差，经济发展水平较弱，对山区带动能力差，山区发展受坝区影响较小，两者耦合水平较低。山区景观以森林景观为主。

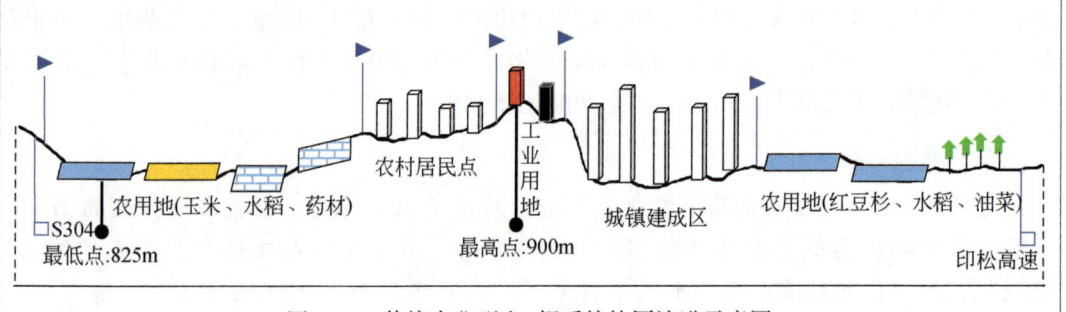

图 11-9 传统农业型山-坝系统协同演进示意图

11.1.3 讨论

11.1.3.1 山-坝系统土地利用景观差异化演变

山-坝系统中山地子系统与坝地子系统因土地资源禀赋、功能和区位等的差异，在乡村转型背景下，总体上传统农业景观逐渐向现代农业景观和城镇景观转型，但山地和坝地在不同阶段经济发展方式各异，生产要素组合和构成差异显著，进而导致山地子系统与坝地子系统演变路径存在着差异演变（图11-10），发挥着各自的优势功能。

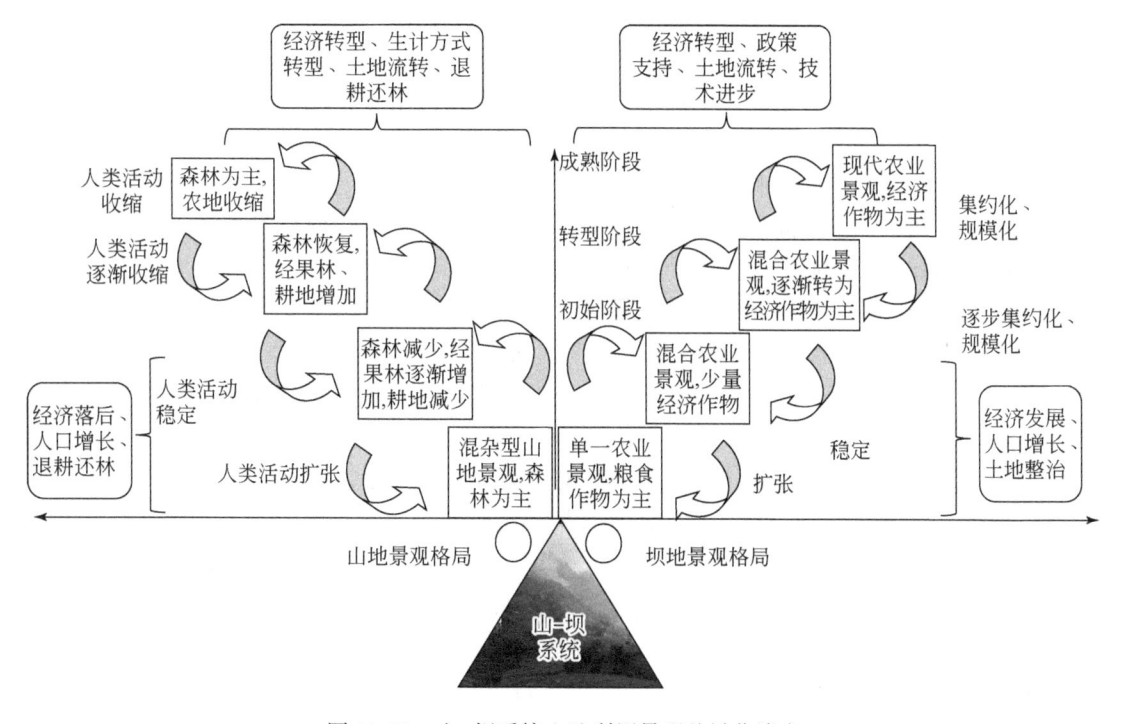

图 11-10　山-坝系统土地利用景观差异化演变

坝地子系统随着快速城镇化和乡村振兴战略的推进，加速坝区经济转型，驱动坝区土地利用转型。坝地系统土地利用转型过程中农业景观变化显著，整体上呈现规模化和集约化演变，进一步可分为以下三个阶段。

1）初始阶段：经济低速增长，人口快速增加，毁林开荒，耕地规模扩张、数量增加，林地和草地规模收缩，该阶段坝地系统景观主要是单一的农业景观，传统农业作物为主。

2）转型阶段：经济快速发展，农业机械化水平提升，部分耕地开始流转，且集约化利用，坝地农业景观由单一农业景观向混合农业景观转化，由传统农产品生产转向经济作物和非农作物。

3）成熟阶段：随着现代化进程加快，经济转型，农业政策扶持，土地流转推进，耕地规模化和集约化经营，以现代化农业景观为主，传统农业生产向多功能农业、规模化经营转型。

山地子系统经济发展相对缓慢，人口析出，耕地收缩，逐渐向林、果、药材等生态型或生态经济型景观演变；山地子系统中森林景观增加，进一步同样可分为以下三个阶段。

1）初始阶段：人口数量和需求增加，人类活动扩张，毁林开荒，耕地数量增加，规模扩张，以混杂型山地景观为主，林地为主要土地利用类型。

2）转型阶段：市场需求为导向，人口流动大，人类活动收缩，陡坡弃耕撂荒，林地增加,森林景观占主导,种植结构逐渐向经果林转变。

3) 成熟阶段:随着城乡转型发展,山地系统中农户生计方式转型,由传统农业向非农业转型,人口向经济发达的地区流入,退耕还林,人类活动收缩,森林景观为主。

11.1.3.2 山-坝系统土地利用转型多样性

土地利用转型是在特定的社会经济发展阶段下土地利用形态在时间和空间上的趋势性变化[13]。土地利用转型与社会、经济、政治、文化等多重因素相关联、共同作用,影响着乡村地区的社会经济形态和地域空间格局。反之乡村转型发展作用于土地利用转型,不同类型乡村发展影响着不同的土地利用转型,可见,土地利用转型具有显著的多样性。不同类型山-坝系统土地利用转型空间形态和功能形态差异化明显。工业型山-坝系统农用地转为工业用地和城镇建设用地,耕地数量减少,就业保障功能和工业生产功能增强。农业型山-坝系统传统农用地转为设施农用地,现代农业逐渐占据主导,逐渐集约化、规模化、非农化,单一农业生产功能转向农业多功能。商旅型山-坝系统休闲娱乐用地增加,单一居住功能逐渐转向生产-居住复合型功能,就业保障功能和休闲娱乐功能增强。综合型山-坝系统工业生产、商业服务和休闲娱乐等用地增加且相互作用,由单一功能向复合型功能转变,如社会-生态复合型和社会-经济复合型[14]。

11.1.4 结论

本节对西南山地山-坝系统的定义、类型进行了探讨,总结了三种山-坝系统土地利用景观耦合演变模式;选取贵州省六个典型的山-坝系统作为案例,对不同类型山-坝系统进行划分并解析了不同类型山坝系统耦合演变路径;探讨了山-坝系统土地利用景观差异化演变阶段和演变路径多样化,为实现西南山地乡村可持续发展和乡村振兴提供科学参考价值。初步得到以下几点结论:

1) 山-坝系统以一定面积规模且地形相对平坦的坝子和坝子周围一定范围山地为基础,以人地关系为核心,是由坝子和山区两个子系统在自然地理环境与社会经济背景下交错构成的一种综合、动态、开放的系统。根据山-坝系统土地利用类型差异化,按照土地利用主导类型划分为工业主导型、农业主导型、商旅服务型和综合发展型等四类。

2) 根据不同山-坝系统景观耦合演变差异化的动力机制,将山-坝系统景观耦合演变模式划分为三类:强协同山-坝系统景观耦合模式、中度协同山-坝系统景观耦合模式、弱协同山-坝系统景观耦合模式。

3) 不同类型的山-坝系统内部结构、功能差异显著,导致不同的山-坝系统景观与土地利用类型演变路径和发展阶段特征各异;相同的山-坝系统类型由于系统内部各要素多元分化导致山、坝演变路径存在着差异演变。

4) 西南山地地区的山地景观和坝地景观具有地带性差异,山-坝系统演变路径各不相同,但两者又相互联系,相互作用;西南山区的山地景观与坝地景观在土地利用不同阶段具有不同的演变特征,其演变路径也呈多样性。

11.2 西南山地山-坝系统土地利用耦合转型：基于村域尺度的案例研究

中国西南山区是人地矛盾最突出的区域之一[15-16]，表现为岩溶地貌分布广泛，山多平地少，地形起伏和坡度大，正负地形交错。在山多平地少的岩溶山地地区，坝地承载着社会经济发展、城镇化建设和生态保护等重要功能，山地承载着资源支撑、生态服务和环境调节等功能[17-18]。近年来城镇化和工业化的推进，坝地和山地受自然地理条件、社会经济条件、区位条件等多种因素交互作用，其土地利用转型发展模式、耦合过程、驱动机制是否与其他区域有所差异，有必要进行探究。

为填补此研究不足，本章首先建立山-坝系统土地利用功能耦合演变模式，并以中国西南贵州省普定县9个典型山-坝系统为例，从山-坝系统土地利用转型入手，分析9个山-坝系统2009~2019年间土地利用数量、功能、景观格局特征并进行定量分析，探究其土地利用转型功能相互作用关系、发展模式及其机制，并在地域和社会经济条件差异化背景下，从村域尺度对比不同因素驱动对乡村土地利用转型的作用，以从本质上揭示西南山地山-坝系统人地关系的动态变化，以及不同类型山-坝系统对土地利用转型的不同响应，以期为深入开展中国西南山地山-坝系统土地利用转型与乡村转型发展耦合研究，以及山-坝系统土地优化利用提供科学参考，对助推乡村转型发展和乡村可持续发展具有重要的现实意义。

11.2.1 山-坝系统土地利用功能耦合模式假设

近年来，在快速城镇化、工业化、农业现代化背景下自然-社会-生态系统之间的联系日益密切，以"流"为主要特征的区域联系日益加强[5][19-20]。土地利用变化的远程耦合效应是在城镇化、全球化等多重背景下，不同系统之间通过正负反馈效应驱动远端和本地人流、物流、信息流、资金流等对流出与流入区域土地利用作用的过程[21]。远程耦合理论认为，城镇化和社会经济发展等外部环境对土地利用权衡或协同效应有影响，在中国西南山区，特殊的地理条件和社会经济条件对土地利用的影响更加凸显[22]。山-坝系统土地利用耦合是通过山地系统和坝地系统土地利用之间相互反馈、相互作用，通过尺度效应反馈到山-坝系统整体的土地利用变化。山地系统和坝地系统耦合程度和过程影响山-坝系统的土地利用方式，并直接影响整个系统的生态服务功能的稳定性和可持续性，是山区土地利用和人地关系调控的重要依据。

基于上述分析，笔者认为西南山地山-坝系统在不同资源禀赋、自然区位、社会经济条件等耦合要素差异化显著的背景下，山地和坝地在土地利用转型过程中表现出不同的土地利用发展模式，并且相互影响。其中，生产功能和生态功能变化显著，即土地利用功能呈多样性演化模式：坝地以生产功能为主，逐渐转向市场导向型集约化土地利用；山地以生态功能为主，逐渐转向生态-经济导向型规模化的土地利用。在理想状态下，不同山-坝系统山、坝生产-生态功能耦合发展模式共有四种类型（图11-11），分别为双向增强型发展模式（图 11-11a）、增强-减弱型发展模式（图 11-11b）、双向减弱型发展模式（图 11-11c）、减弱-增强型发展模式（图 11-11d），并且这些发展模式可以从土地利用的功能、数量和格局变化中得到体现。因此本章主要探讨山-坝系统的生产功能和生态功能的耦合演变，对生活功能不做讨论。为对此假设进行验证，笔者选择位于中国西南贵州省普定县的 9 个典型山-坝系统，从山-坝系统土地利用的数量转型、功能转型和景观格局转型等三个方面的转型来验证西南山地山-坝系统土地利用耦合协调演变模式。

a. 双向增强型发展模式

b. 增强-减弱型发展模式

c. 双向减弱型发展模式

d. 减弱-增强型发展模式

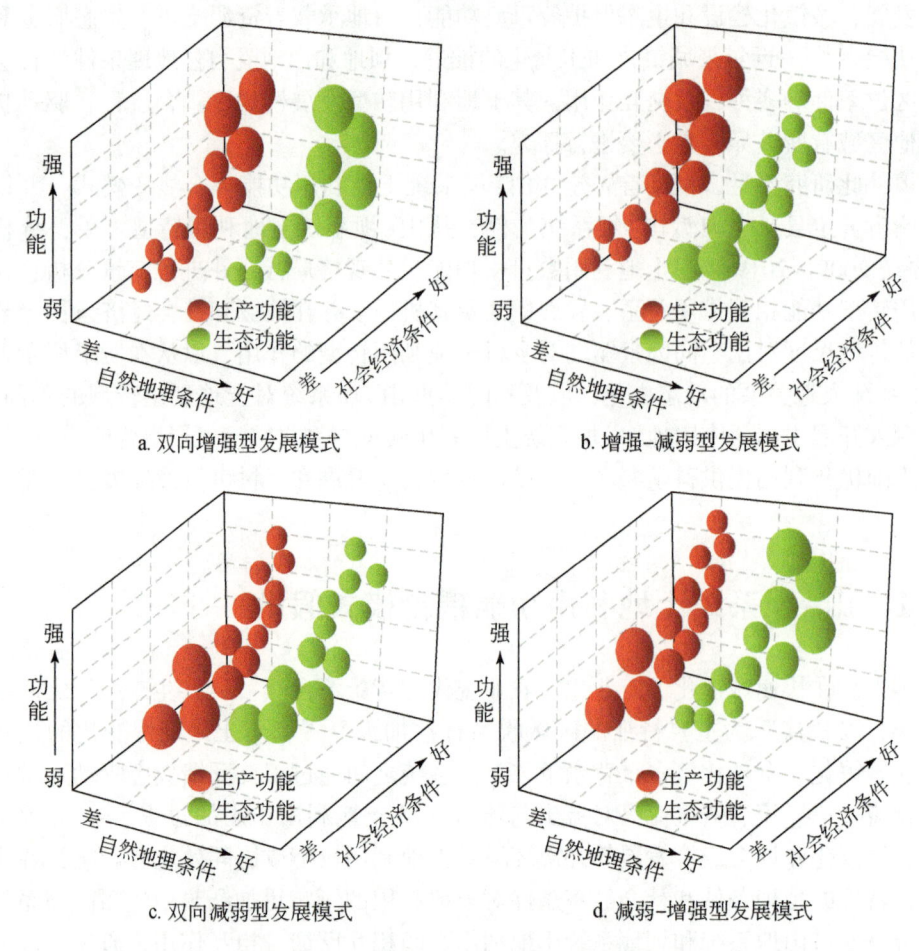

图 11-11 理想状态下山-坝系统山、坝土地利用功能耦合发展模式
注：红球表示坝地的生产功能；绿球表示山地的生态功能；球的大小表示功能强弱

11.2.2 研究区概况

研究区域选取中国西南贵州省普定县号营村、打油寨村、陶家寨村、木乃村、陈家寨村、猛舟村、朵贝村、陈旗堡村和柴新寨村，9 个行政村地处 105°34′E ~ 105°58′E、26°14′N ~ 26°27′N（图 11-12）。该区域属于亚热带季风湿润气候，水热条件较好，年平

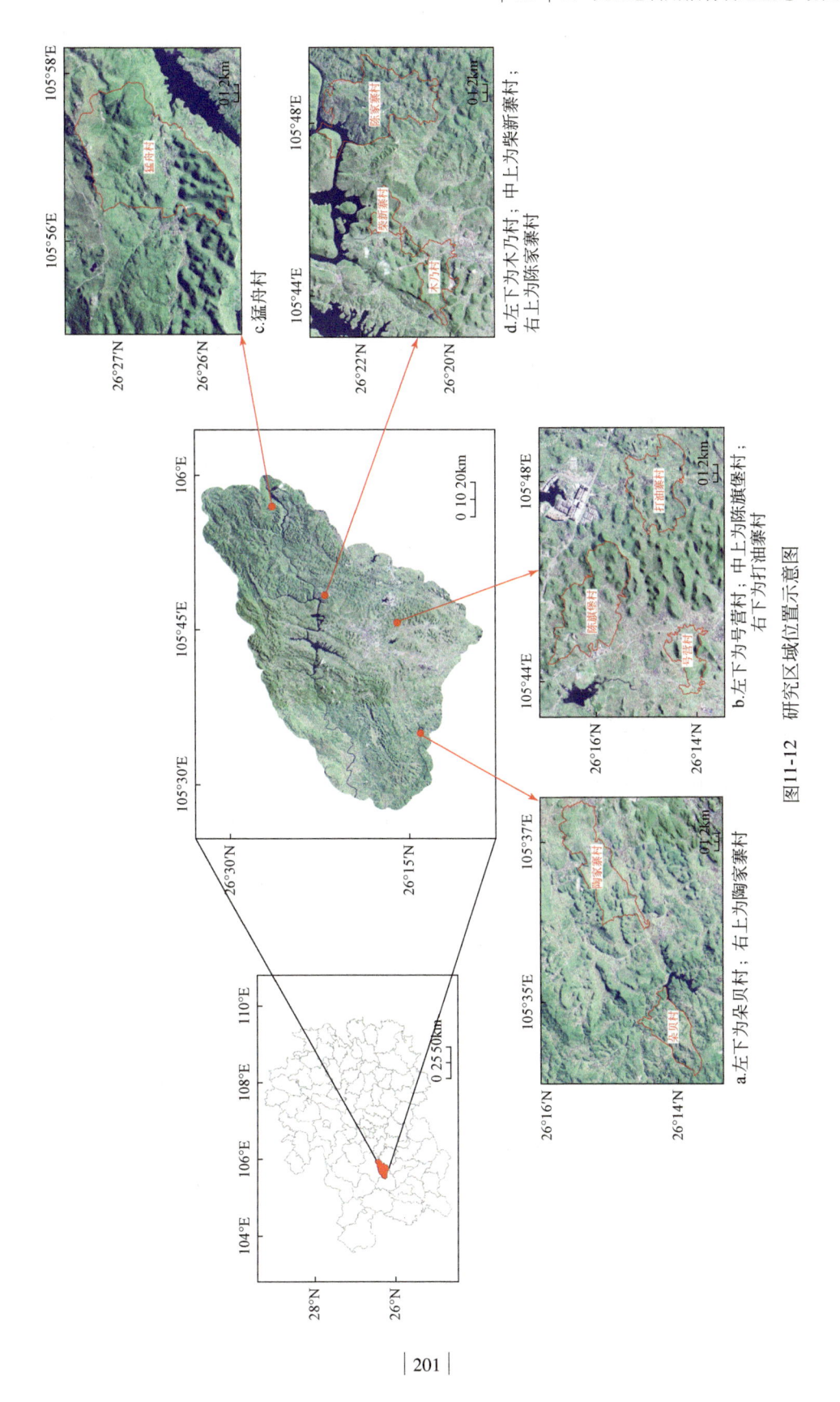

图11-12 研究区域位置示意图

均气温为15℃，年平均降水量为1378mm。区域内地形以峰丛-洼地为主，石漠化严重。2000年以前9个村主要是以传统农业为主，农户收入来源于粮食种植。2000年以后，在经济发展和政策双向驱动下，促进了乡村生产、生活、生态转型。打油寨村和陶家寨村依托良好的区位条件及坝地面积相对较大的优势，积极发展特色种植，韭黄、捧瓜尖等经济作物极具规模。柴新寨村依托民族特色和现代观光农业，发展乡村旅游，配套餐饮、购物、住宿等旅游服务业日趋发展成熟。朵贝村积极发展茶叶种植和林果种植业，其发展已形成规模。号营村和陈旗堡村积极发展特色种植、特色养殖和林下经济，西红柿、茄子、韭黄等经济作物发展初具规模。木乃村、猛舟村和陈家寨村由于地形条件和地理位置限制，加之资金、人口、技术投入等限制了农业生产，出现大面积耕地边际化和撂荒。9个研究区在社会经济方面和区位条件方面包括了城镇带动型（号营村、陈旗堡村、木乃村）、农业发展型（打油寨村、陶家寨村）、乡村旅游型（柴新寨村）、远离城镇和交通干线的岩溶山地腹地（朵贝村、猛舟村、陈家寨村）等不同经济发展类型，区位条件也有显著差异。以上研究区基本涵盖了中国西南岩溶地区山-坝系统的主要自然和社会经济背景类型，是西南山地山-坝系统典型区域。

11.2.3 研究方法

11.2.3.1 研究区分类

不同的地貌类型中山地系统和坝地系统地貌组合存在显著差异，通过坝地系统类型特征，结合山地系统地形地貌特征，对山-坝系统组合类型划分具有重要的意义[23]。因此，本部分以实际考察和地形特征为依据，将山-坝系统分为以坝为主的山-坝系统、以山为主的山-坝系统及山-坝相当的山-坝系统。其中，以坝为主的山-坝系统包括号营村、陈旗堡村、陈家寨村；以山为主的山-坝系统有朵贝村、陈家寨村、猛舟村；山坝相当的山-坝系统有木乃村、打油寨村、柴新寨村（表11-2）。

表11-2 研究区的特征差异

山-坝系统一级类	山-坝系统二级类	研究区	坝地系统面积占比/%	山地系统面积占比/%	区位
山-坝系统	以坝为主型	号营村	22	78	靠近县城
		打油寨村	25	75	靠近县城
		陶家寨村	29	71	偏僻
	以山为主型	木乃村	9	91	靠近县城
		陈家寨村	9	91	偏僻
		猛舟村	6	94	偏僻
	山坝相当型	朵贝村	12	88	偏僻
		陈旗堡村	15	85	靠近县城
		柴新寨村	10	90	靠近县城

11.2.3.2 坝地系统和山地系统的识别

在参考李阳兵等[24]、杨广斌等[25]、童绍玉等[26]等学者研究的基础上，根据研究区高分辨率遥感影像和DEM，结合野外调查，进行坝地系统和山地系统识别和判读（图11-13、图11-14）。

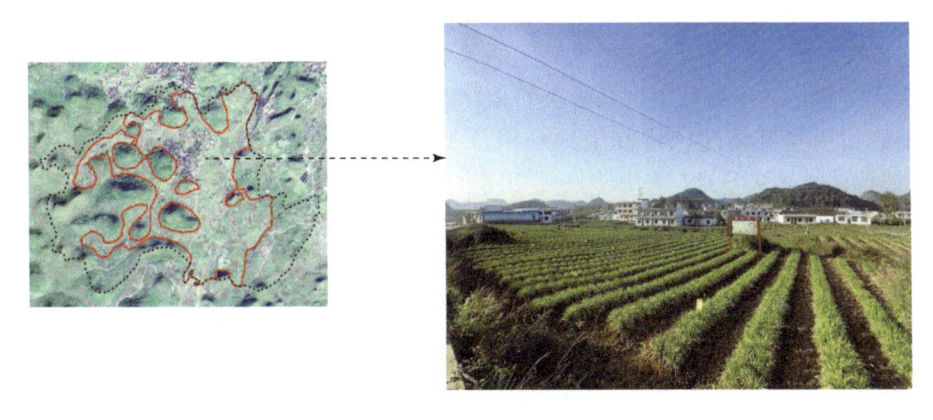

图11-13 坝地系统的识别和提取

图11-14 山地系统的识别和提取

注：黑色线是研究区范围；红色是山地系统或坝地系统范围

11.2.3.3 数据来源与预处理

9个研究区2009年的土地利用数据分别来源于2.5m分辨率SPOT影像，2015年、2019年的土地利用数据来源于相应时期的0.5m分辨率Google Earth高清影像。以1∶50000地形图对9个研究区2009年SPOT影像进行精校正，再以校正后的2009年SPOT影像对2期9个研究区Google Earth高清影像进行配准以确保控制误差。利用ArcGIS 10.2地理信息系统软件对影像进行人工目视解译，建立3个时期相应的土地利用矢量数据层，得到9个研究区土地利用矢量图斑。笔者在此基础上，于2020年10月24日至25日进行野外抽样检查和调查访问，对图斑进行现场抽样验证调查，对个别误判图斑进行了属性修改，最终获得9个研究区3个时期土地利用数据，解译精度达到90%以上。

11.2.3.4 山-坝系统土地利用类型划分与土地利用功能分类体系

土地利用方式决定土地利用类型，不同的土地利用类型是不同土地利用方式最直接体现[27]。由于土地利用方式和强度的差异，导致土地利用类型存在显著的差异。因此，正确识别村域尺度的土地利用类型是本研究的重要基础。针对村域山-坝系统土地利用方式和变化特征，借鉴《土地利用现状分类》GB/T 2010—2017，参考已有研究成果[28]，结合研究区土地利用实际情况，将其土地利用分类系统分为两级，12个一级土地利用类型（耕地、园地、林地、草地、商服用地、工矿仓储用地、住宅用地、公共管理与公共服务用地、特殊用地、交通运输用地、水域及水利设施用地、其他土地）和17个二级土地利用类型（表11-3）。

表11-3　村域山-坝系统土地利用类型划分

代码	一级类	代码	二级类
01	耕地	0101	水田
		0102	旱地
02	园地	0201	果园
		0202	茶园
		0203	其他园地
03	林地	0301	乔木林地
		0305	灌木林地
		0307	其他林地
04	草地	0403	其他草地
05	商服用地	0501	商业服务业设施用地
06	工矿仓储用地		工矿仓储用地
07	住宅用地	0702	农村住宅用地
08	公共管理与公共服务用地		公共管理与公共服务用地
09	特殊用地		特殊用地
10	交通运输用地		交通运输用地
11	水域及水利设施用地		水域及水利设施用地
12	其他土地	1202	设施农用地

不同的土地利用类型折射出不同的土地利用功能[29]，不同土地利用方式和利用强度会形成不同的主导功能。因此，以"三生"功能划分为基础[30]，基于"乡村多功能"[31]"农业多功能"[32]"耕地多功能"[33]的研究成果及结合本部分研究内容构建村域山-坝系统土地利用功能分类体系（表11-4）。村域山-坝系统土地利用功能划分为生产功能和生态功能两个大类，传统农业生产功能、现代规模设施农业生产功能、经济发展功能、生态保

育功能四个小类。

1）传统农业生产功能：以传统耕作方式，主要生产粮食作物和农作物等农产品为主，保障粮食安全和生存需要的功能。

2）现代规模设施农业生产功能：以规模化、集约化经营为主，高科技和资金投入，主要生产非粮和非农作物，受市场供求影响大，向城镇提供农产品或者休闲娱乐等功能。

3）经济发展功能：以商品性产出为农户家庭经营提供经济收入及促进国民经济的发展。

4）生态保育功能：维护生态安全为主要目标，具有以提供生态产品和服务为主的生态维护功能。

表 11-4 村域山-坝系统土地利用功能分类体系

土地利用功能大类	土地利用功能小类	地类
生产功能	传统农业生产功能	旱地、水田、其他园地
	现代规模设施农业生产功能	设施农用地、果园、茶园
	经济发展功能	工矿仓储用地、商业服务业设施用地、特殊用地、交通运输用地
生态功能	生态保育功能	其他草地、灌木林地、乔木林地、其他林地、水域及水利设施用地

注：本部分主要探讨生产功能和生活功能，其中农村住宅用地和公共管理与公共服务用地属于生活用地，在本部分生活功能不做讨论

11.2.3.5 计算指标

（1）面积转移率

山-坝系统土地利用空间分布格局演变直接体现在 LUCC 变化，本部分采用面积转移率分析山-坝系统在演变过程中的土地利用变化状况，公式为：

$$R = \frac{T_i}{S_T} \times 100 \tag{11-1}$$

式中，T_i 为目标土地利用类 i 型的面积，本部分指各土地利用类型用地之间的转入转出；S_T 为发生转移的总面积。

（2）研究方法

根据景观生态学的分析方法，本部分研究采用聚集度指数（AI）、蔓延度指数（CONTAG）、斑块密度（PD）、香农-维纳多样性指数（SHDI）来定量分析不同类型山-坝系统村落山地、坝地空间分布特征。

用聚集度表示斑块连续分布或聚集程度。聚集度指数计算公式为：

$$AI = \left[\frac{g_{ii}}{\max \to g_{ii}} \right] (100) \tag{11-2}$$

式中，AI 为聚集度指数；g_{ii} 相应景观类型的相似邻接斑块数量。

用蔓延度表示景观中不同斑块类型的团聚程度或延展趋势。蔓延度指数计算公式为：

$$\mathrm{CONTAG} = \left[1 + \frac{\sum_{i=1}^{m} \sum_{k=1}^{m} \left[(p_i) \left[\frac{g_{ik}}{\sum_{k=1}^{m} g_{ik}} \right] \right] \left[\ln(p_i) \left[\frac{g_{ik}}{\sum_{k=1}^{m} g_{ik}} \right] \right]}{2\ln(m)} \right] (100) \qquad (11\text{-}3)$$

式中，CONTAG 为蔓延度指数；p_i 中 i 类型斑块所占的面积百分比；g_{ik} 中 i 类型斑块和 k 类型斑块毗邻的数目；m 为景观中斑块类型总数目。

斑块密度表示单位面积上斑块数，描述景观破碎化。斑块密度计算公式：

$$\mathrm{PD} = \frac{n_i}{A}(10000)(100) \qquad (11\text{-}4)$$

式中，PD 为斑块密度；n_i 为第 i 类景观要素的总面积；A 为景观的总面积。

香农-维纳多样性指数反映景观异质性和多样性。香农-维纳多样性指数计算公式为：

$$\mathrm{SHDI} = -\sum_{i=1}^{m} p_i \times \ln p_i \qquad (11\text{-}5)$$

式中，SHDI 为香农-维纳多样性指数；m 为网格内斑块类型总数；p_i 为网格内类型 i 所占的比例，其取值为 0~1。

11.2.4 结果分析

11.2.4.1 土地利用数量的转型

9 个村自然条件、地形地貌、社会经济条件、地理位置差异明显，其用地结构也存在显著差异。总体上，2009~2019 年山-坝系统的土地利用变化的趋势呈现生产用地减少，生态用地增加。具体表现为耕地和草地显著减少，其中耕地转移面积占比 63%，转移面积达 651 830.84m²，主要转为园地和林地。林地明显增加，增加了 755 634.47m²。住宅用地、交通运输用地、水域及水利设施用地及其他用地小幅增加（图 11-15）。

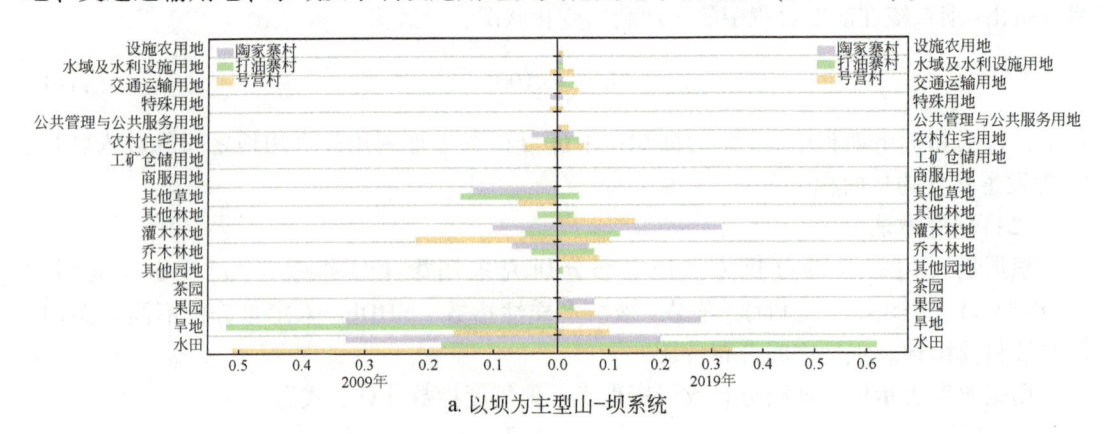

a. 以坝为主型山-坝系统

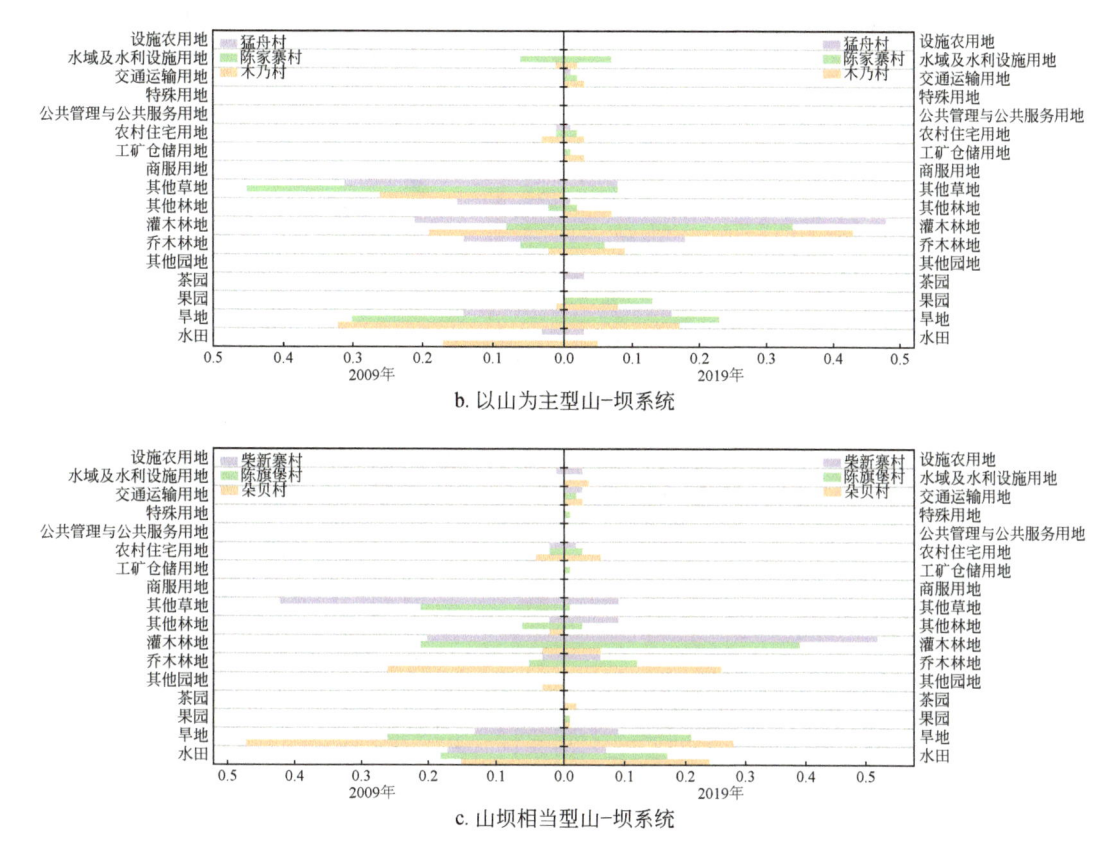

图 11-15 不同类型山–坝系统土地利用面积占比情况

以坝地为主型山–坝系统转型最显著，耕地和草地显著减少，林地、果园、设施农用地等地类增加（图 11-15a）。由图 11-15 可知，土地利用变化关系呈现号营村>陈家寨村>打油寨村。以山地为主型山–坝系统耕地和草地减少，林地、设施农用地及交通运输用地增加（图 11-15b），其中木乃村土地利用转型最显著。山坝相当型山–坝系统耕地和草地减少，林地增加（图 11-15c），其中朵贝村土地利用转型不明显。

坝地系统耕地主要有两种变化：一是显著减少，大面积弃耕抛荒；二是小幅减少，但集约化和规模化逐渐增加。草地显著减少，林地、果园、农村宅基地、交通运输用地、水域及水利设施用地增加明显（图 11-16）。木乃村耕地变化幅度最大，耕地面积占比从 2009 年的 88% 减少到 2019 年的 53%，共减少了 208 678.35m^2。号营村耕地面积在 11 年间减少了 366 159.74m^2，其中转移了 38 326.3m^2 为现代规模设施农业生产用地。打油寨村草地面积减少最多，共转移了 82 190.67m^2。号营村、打油寨村、陈家寨村、柴新寨村等 4 个村落林地增加明显，增加幅度为 2%~6%。9 个村的农村宅基地都呈现不同程度增加的趋势，其中变化幅度最大是陈家寨村，增加面积最大的是打油寨村。果园、交通运输用地、水域及水利设施用地呈现小幅增加的趋势，其他地类变化不显著。因此，坝地系统生产用地总体趋势减少，一种类型面积大幅减少并伴随生产功能相应减弱，另一种类型面积小幅减少，但因集约化和规模化程度提高使得其生产功能逐渐增强；生态用地显著增加，生态功能显著增强。

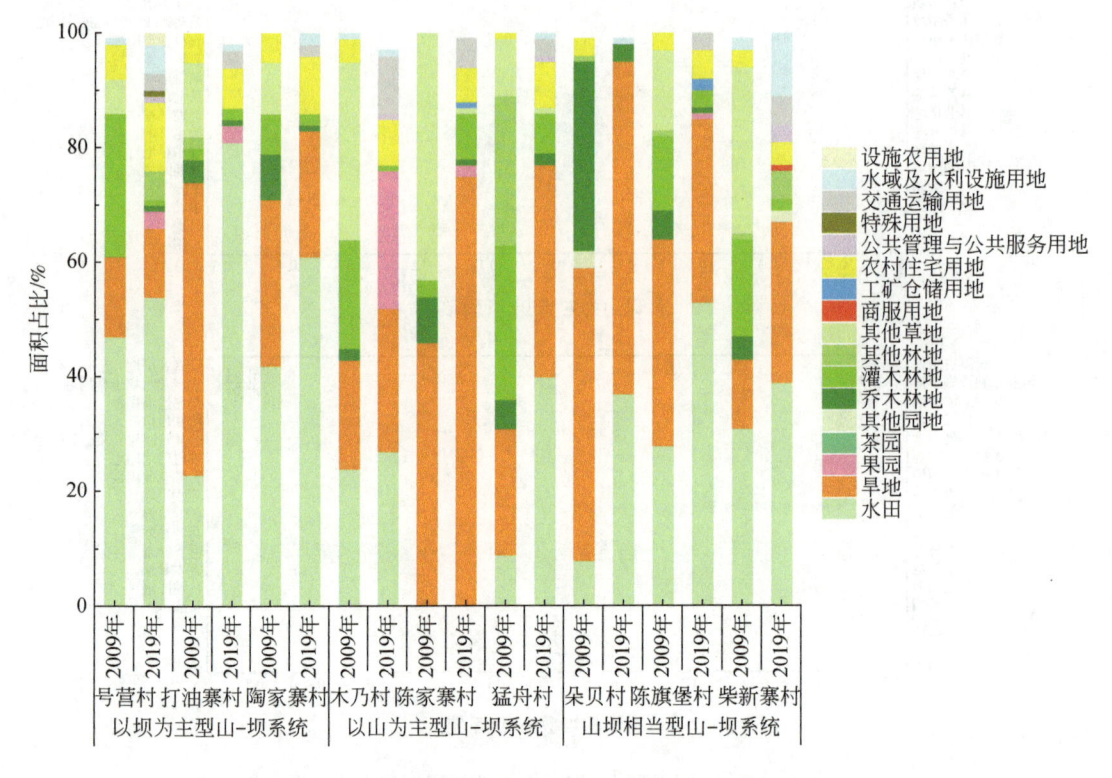

图11-16 坝地系统土地利用面积占比情况

山地系统耕地和草地收缩，林地扩张，果园、农村宅基地、交通运输用地等地类面积呈增加趋势（图11-17）。其中耕地的平均减少幅度为11.2%，山地系统的耕地收缩幅度比坝地系统耕地平均减少幅度大。草地平均减少幅度约为22.3%，是变化幅度最大的地类。林地面积扩张明显，其中陈家寨村增加面积最大，增加了 3 331 218.38m²，主要由耕地和草地转移而来，分别贡献了23%和66%。号营村、陶家寨村、陈家寨村果园面积增长幅度均大于10%，其他村落小幅增长。农村宅基地和农村道路用地变化幅度均在1%左右。其他地类变化不显著。可见，山地系统生产用地显著减少，生产功能减弱，生态用地显著增加，生态功能增强。

11.2.4.2 土地利用景观格局的转型

2009~2019年，研究区土地利用景观格局变化各异（图11-18）。9个研究区山-坝系统的香农-维纳多样性指数（SHDI）均表现为增加。其中，以坝为主型山-坝系统变化幅度最大，山坝相当型山-坝系统类型最小。

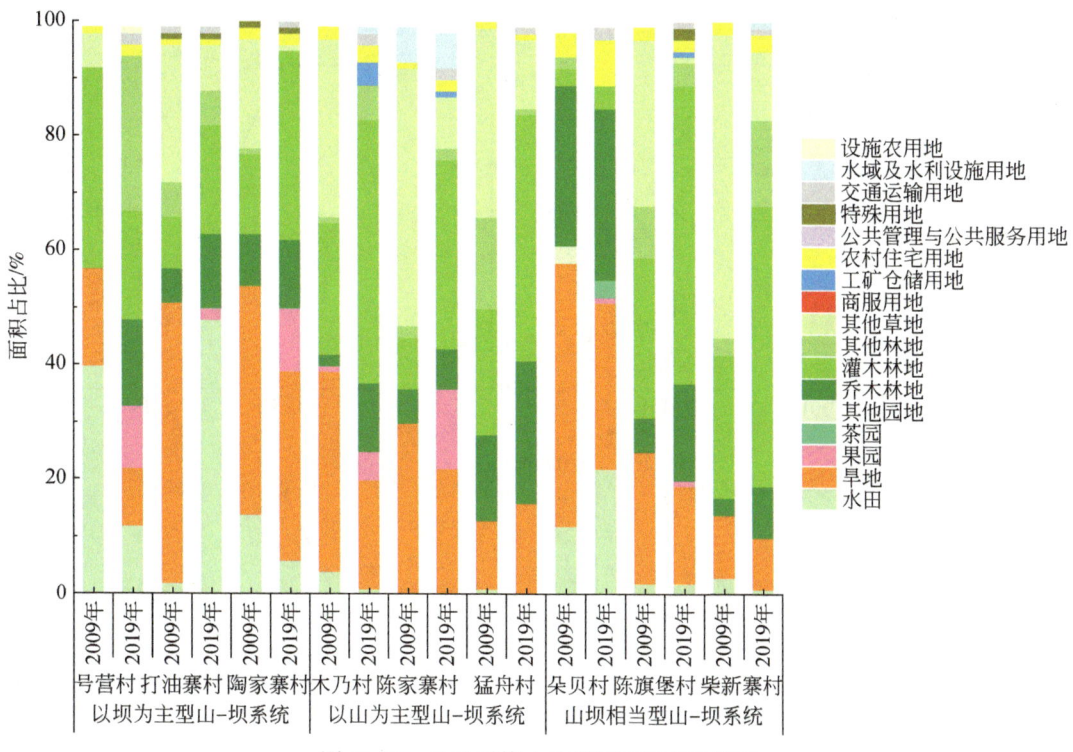

11 | 山-坝土地利用耦合转型理论与案例

图 11-17 山地系统土地利用面积占比情况

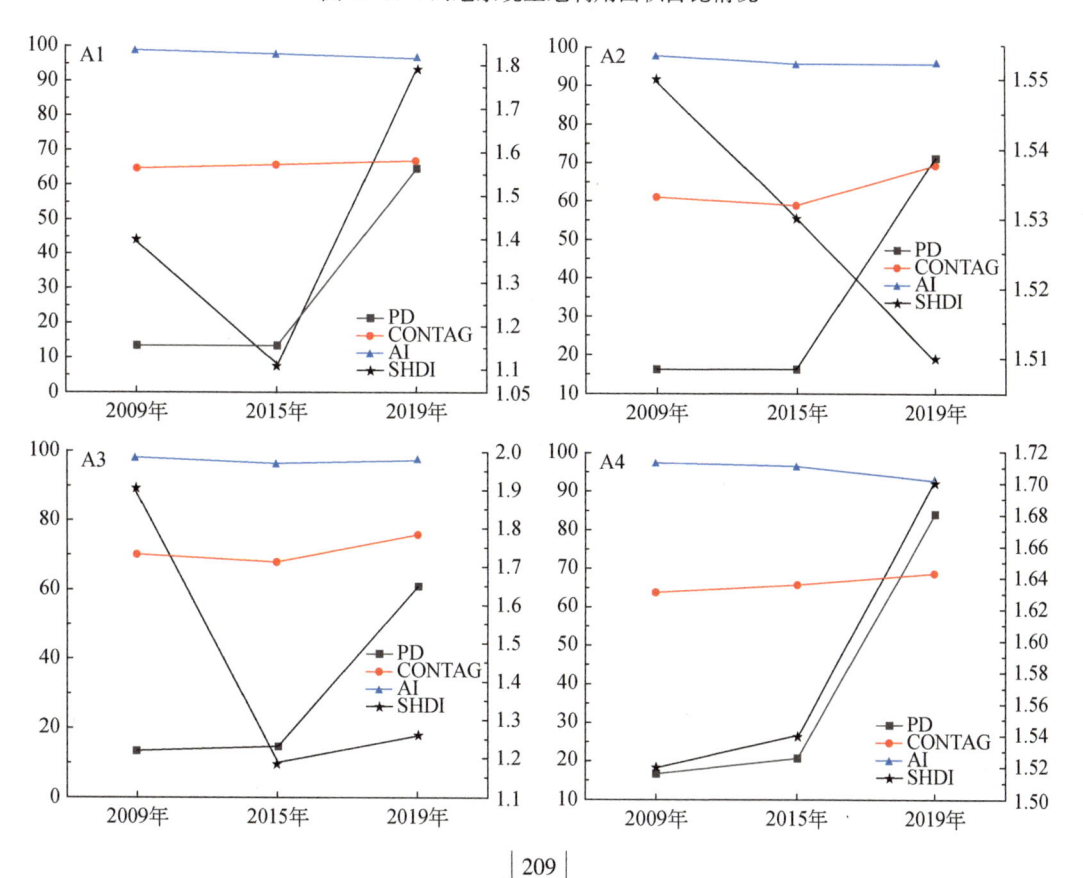

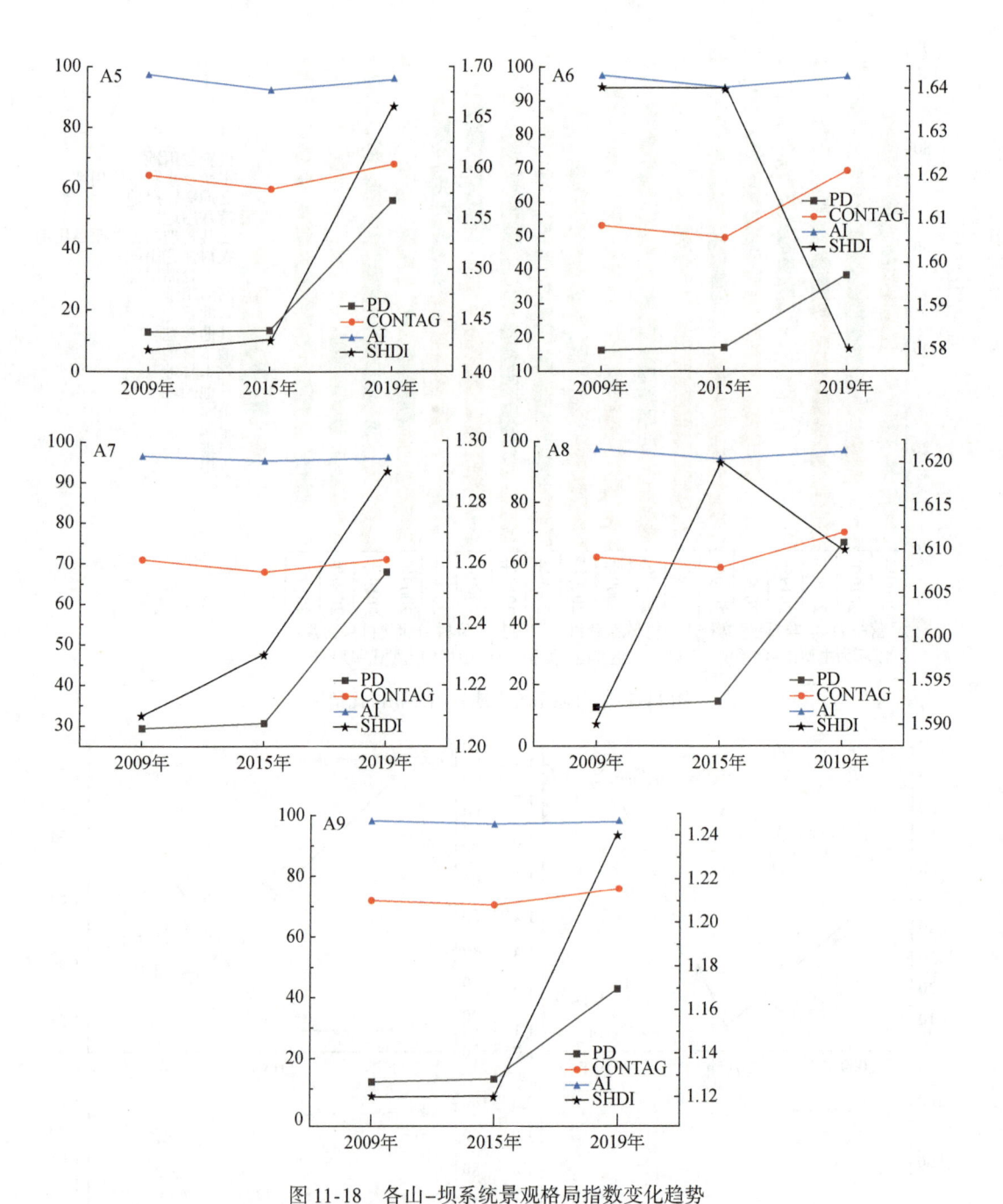

图 11-18　各山-坝系统景观格局指数变化趋势

A1：号营村；A2：打油寨村；A3：陶家寨村；A4：木乃村；A5：陈家寨村；A6：猛舟村；A7：朵贝村；A8：陈旗堡村；A9：柴新寨村

2009~2019 年，9 个研究区整体上聚集度指数（AI）表现为先减少和增加。其中，聚集度指数变化幅度以山为主型山-坝系统类型>以坝为主型山-坝系统类型>山坝相当型山-坝系统类型。

2009～2019年，9个研究区的斑块密度（PD）增加。其中，以坝为主型山-坝系统变化幅度最大，平均变化幅度为51.09。

蔓延度指数（CONTAG）在11年间表现为先减少再增加，以山为主型山-坝系统类型蔓延度指数增加幅度最大，其中猛舟村增加幅度最大，增加幅度为16.01。

（1）坝地系统

在大面积弃耕抛荒坝地系统的香农-维纳多样性指数（SHDI）呈波动减少；在集约化和规模化的坝地系统香农-维纳多样性指数增加。坝地系统聚集度指数（AI）在9个研究区呈现持续减少趋势，其中以坝为主型山-坝系统中的坝地系统类型减少幅度最大，平均减少1.32（图11-19）。坝地系统斑块密度（PD）呈增加趋势，其中打油寨村、木乃村、陈旗堡村等集约化程度高的坝地系统类型变化幅度较大，变化幅度为50～80；偏远的、土地利用粗放的坝地系统（朵贝村、陈家寨村）变化幅度较小，变化幅度小于20。9个研究区蔓延度指数（CONTAG）整体上表现为增加趋势，其中以坝为主的坝地系统平均增加幅度为4.92。以山为主的山坝系统中的坝地系统类型中的陈家寨村蔓延度指数在三个时期最高，2019年达到91.66。

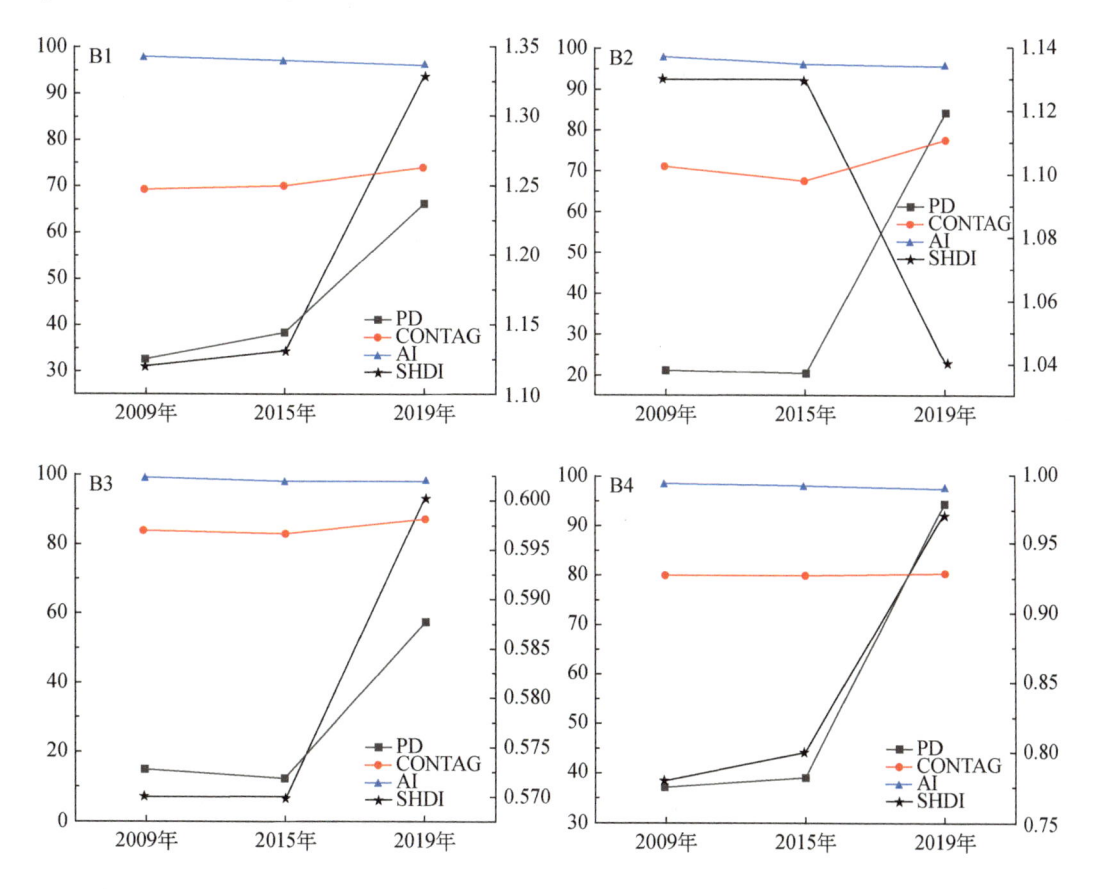

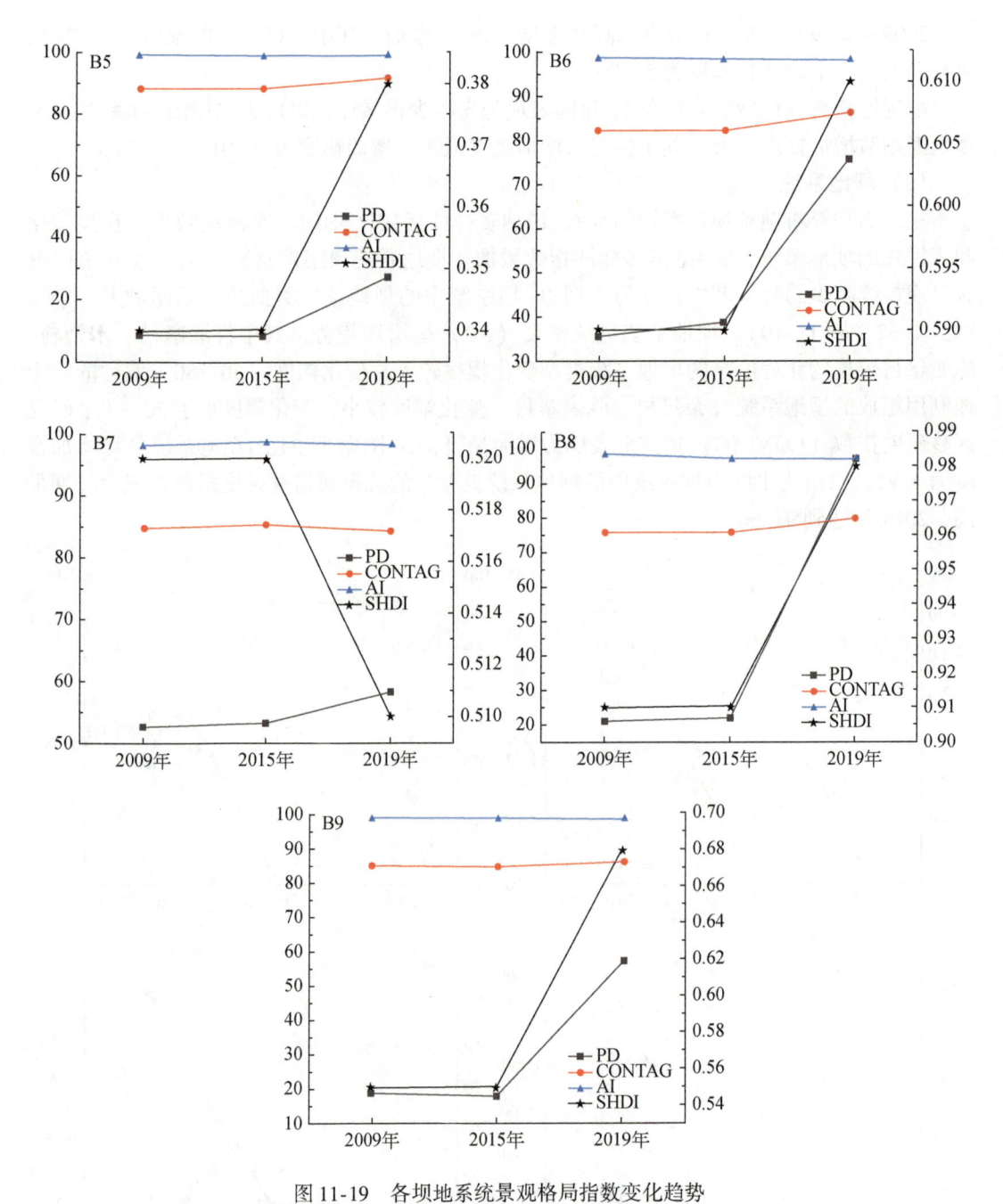

图 11-19　各坝地系统景观格局指数变化趋势

B1：号营村；B2：打油寨村；B3：陶家寨村；B4：木乃村；B5：陈家寨村；B6：猛舟村；B7：朵贝村；B8：陈旗堡村；B9：柴新寨村

（2）山地系统

9个研究区山地系统的香农-维纳多样性指数（SHDI）均整体上表现为增加趋势（图11-20）。9个研究区聚集度指数（AI）整体上是减少，变化幅度大小表现为以山为主型山-坝系统>以坝为主型山-坝系统>山坝相当型山-坝系统。其中，陈家寨村2009~2019年聚集度指数减少最多，减少了1.44。山地系统斑块密度（PD）在2009~2019年总体上表现为增加的趋势。其中，以山为主的山地系统增加最大，平均增加了34.68；山坝相当的山地系统变化最小，平均增加了24.62。9个研究区的蔓延度指数（CONTAG）总体上在2009年至2015年表现为减少，2015年至2019年表现为增加。以山为主的山地系统变化幅度最大，其中猛舟村增加幅度最大，11年间增加了14.92。由于坝地系统带动山地系统发展经果林、茶叶等绿色经济，带动山地系统土地利用类型丰富，土地利用破碎化程度提高。

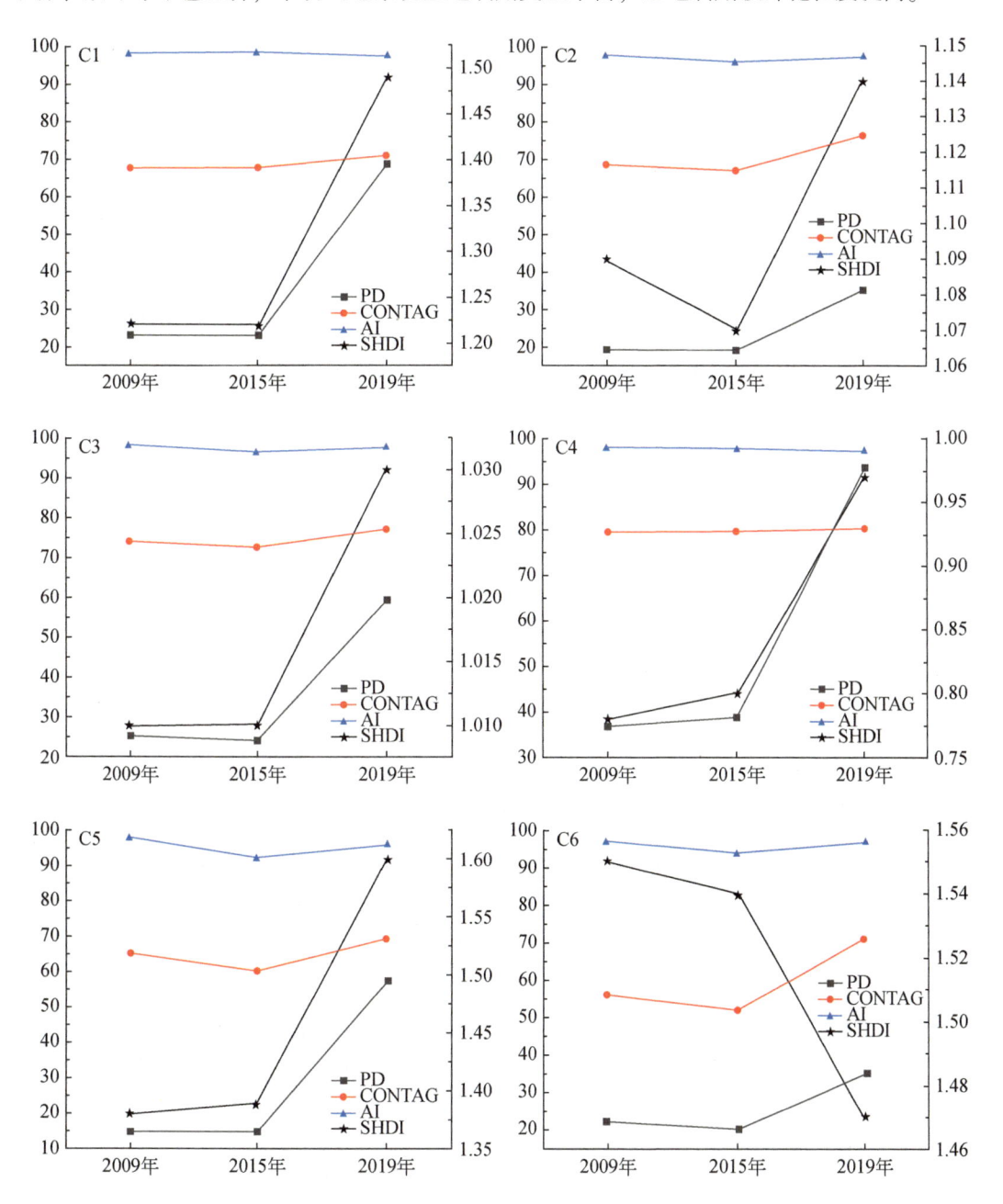

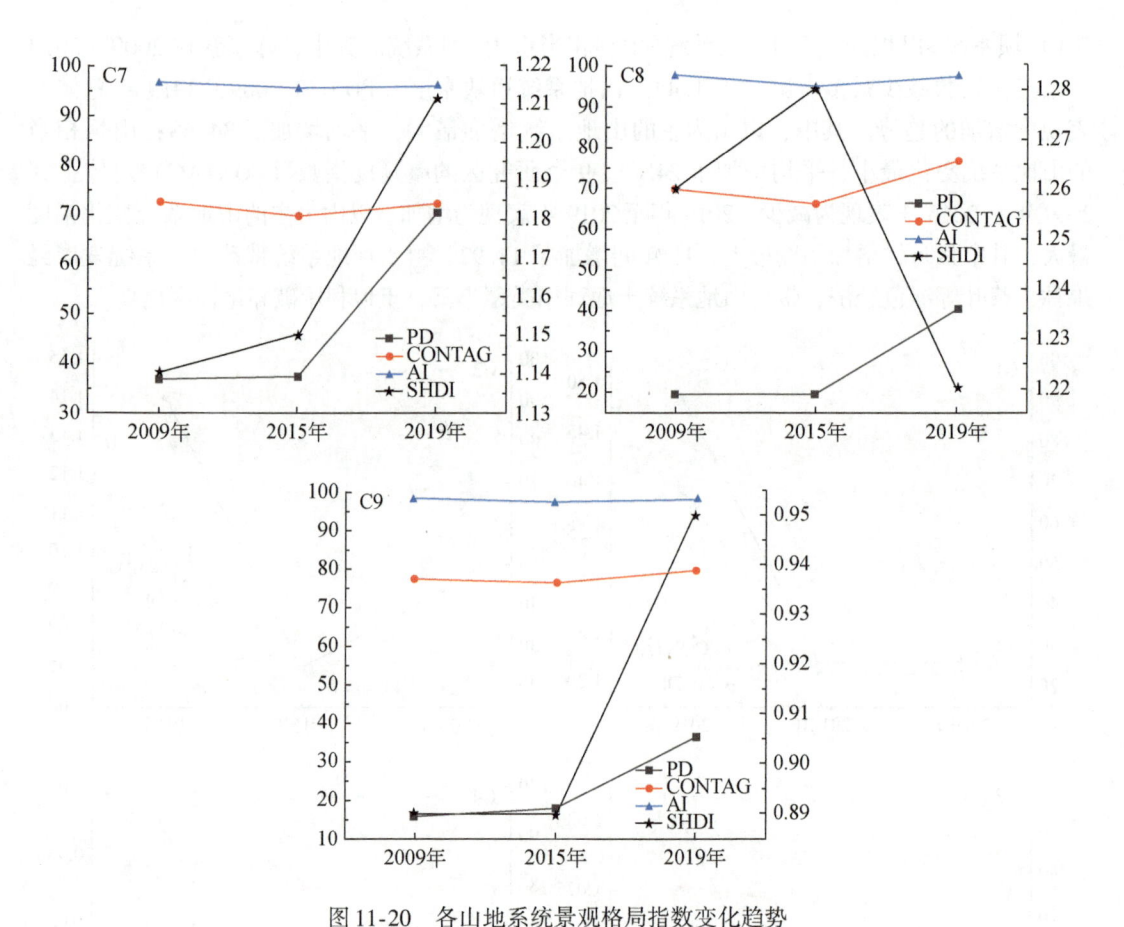

图 11-20　各山地系统景观格局指数变化趋势

C1：号营村；C2：打油寨村；C3：陶家寨村；C4：木乃村；C5：陈家寨村；C6：猛舟村；C7：朵贝村；
C8：陈旗堡村；C9：柴新寨村

11.2.4.3　土地利用功能的转型

功能演变趋势由单一、简单向多元、复杂转化，单一生产功能和生态功能向生产-生态复合功能转型，复合型功能日益凸显（图 11-21）。农业生产功能一方面表现为传统农业生产功能减弱；另一方面现代规模设施农业生产功能逐渐增强，经济发展功能从无到有，功能逐渐强化，生态保育功能逐渐强化（图 11-22）。传统农业生产功能减弱，除猛舟村以外，8 个村传统农业生产用地平均减少了 18.04hm^2，传统农业生产功能面积占比变幅呈现以坝为主型山-坝系统>以山为主型山-坝系统>山坝相当型山-坝系统。2009~2019 年，现代规模设施农业生产用地在 9 个村平均增加了 26.53hm^2，且现代规模设施农业生产功能逐渐增强。9 个村经济发展用地平均增加了 9.40hm^2，以山为主型山-坝系统的经济发展功能转型最明显。9 个村生态保育功能都明显强化。

（1）坝地系统

一方面传统农业生产功能减弱，另一方面现代规模设施农业生产功能逐渐增强。经济

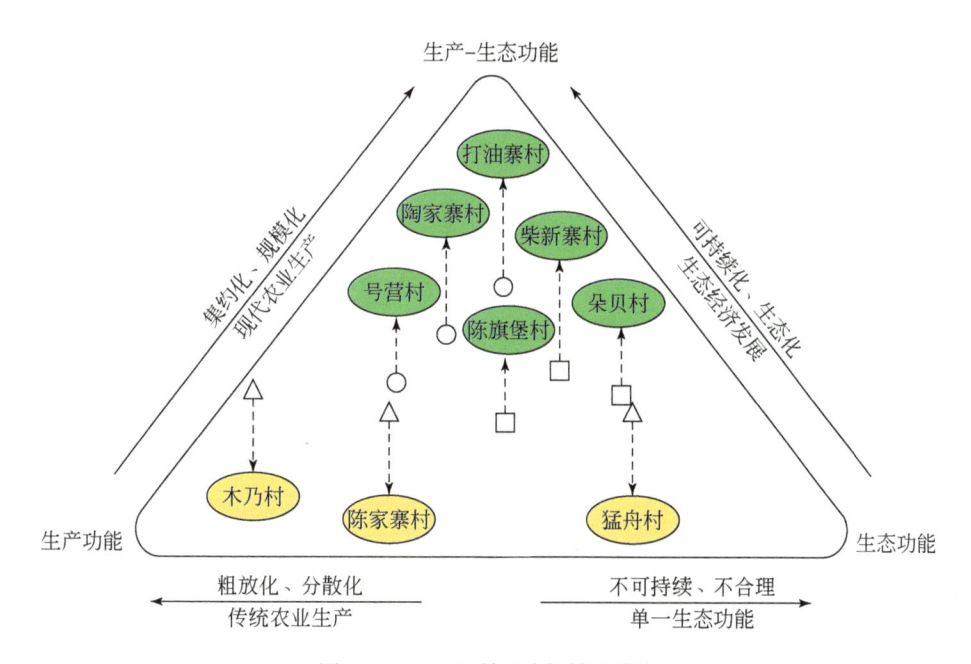

图 11-21　土地利用功能转型演变

注：黄圈表示生活或生态功能；绿圈表示生产-生态复合功能；箭头大小表示转型强弱；箭头向上表示转型较好；箭头向下表示转型较差；小圆圈表示以坝为主型山-坝系统的相对应村；三角形表示以山为主型山-坝系统相对应的村；正方形表示山坝相当型山-坝系统

发展功能逐渐增强，生态保育功能呈增加趋势。传统农业生产用地平均转移面积占比占总转移面积61%，主要转为林地、农村住宅用地、交通运输用地。现代规模设施农业生产功能从无到有，且功能逐渐增强。生态用地转型突出，每个村平均转移 146 114.60m^2，主要转为传统农业生产用地、农村宅基地、果园等地类。

（2）山地系统

传统农业生产功能持续弱化，经济发展功能和生态保育功能显著增强，基本无现代规模设施农业生产功能。山地系统的传统农业生产用地平均转移面积比坝地系统传统农业生产用地平均转移面积多1266.06hm^2，主要转为林地、果园。9个村其他用地转为设施农用地平均转移面积为308.71hm^2。山地系统生态用地转型比坝地系统生态用地显著，山地系统生态用地主要转为传统农业生产用地和果园、茶园等地类。

11.2.5　讨论

11.2.5.1　山-坝系统土地利用转型耦合

有研究结果表明，在地形异质性的背景下，平地和坡地土地利用存在显著差异[34]，在地形平坦区域土地利用类型转换中耕地转出方向主要为城镇和农村居民点用地，生产、生活功能不同程度提升，生态功能明显下降；在高海拔地区，耕地转为草地、林地、未利

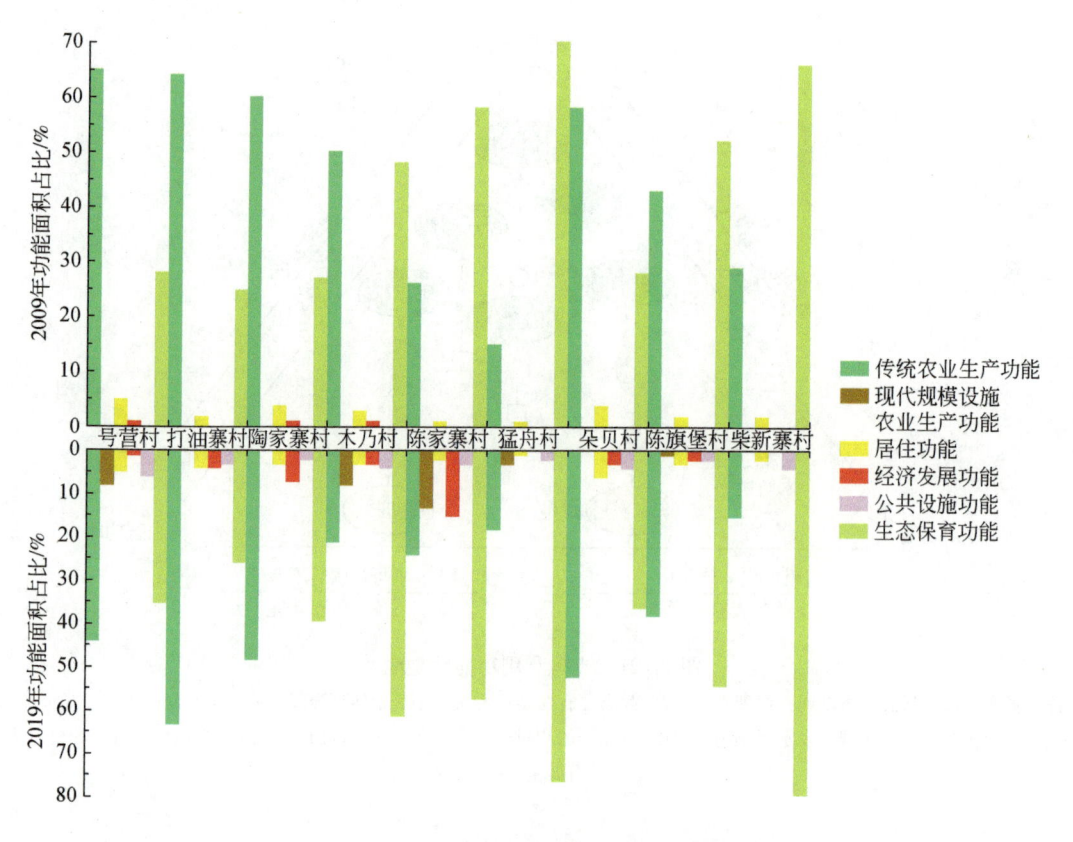

图 11-22 土地利用功能面积占比情况

用地以转出为主，转出方向主要为耕地、林地、草地、城镇和农村居民点用地，生产、生态功能减弱，生态功能显著提升[35]。

通过对9个山-坝系统土地利用数量的转型、功能的转型、景观格局的转型研究，发现尽管自然条件和社会经济条件差异显著，西南山地山-坝系统在土地利用转型中表现出与黄淮海地区[36]、黄土高原区[37]、长江经济带地区[38]的一些共性，表现为林地面积增加，耕地面积减少，生态环境变好，生产空间被挤压。然西南山地山-坝系统自然条件和社会经济条件差异较大，西南山地山-坝系统土地利用转型也具有特殊性，有利的自然条件促进山地系统和坝地系统协调演进，反之起制约作用。区位条件好的坝地系统社会经济条件相对较好，带动山地系统功能单一的生态保育功能向文化生态功能和生态系统服务功能转型。在农业政策支持、生计模式转型、产业发展转变的驱动下，坝地系统的土地利用类型由传统单一的农业生产用地转变为复合多样化的现代农业生产用地。坝地系统的土地利用集约化、规模化引起山地系统土地利用粗放化，两个反差现象并存。坝地系统耕地集约利用程度越高、生产功能越强，与之对应的山地系统的生产功能就越弱、生态功能就越强，坝地系统表现为耕地向设施农用地、宅基地、旅游用地、园地等地类多元分化，山地系统表现为耕地退耕还林、弃耕撂荒（图 11-23）。山-坝系统通过山地系统和坝地系统之间的社会经济和环境相互作用，促进了山-坝系统整体的社会经济发展，推动山地系统生态系统服务功能增强,山地系统和坝地系统之间通过生态系统服务流为载体两者相互耦合反馈,共同推动实现山-坝系统社会-经济-环境系统可持续发展。

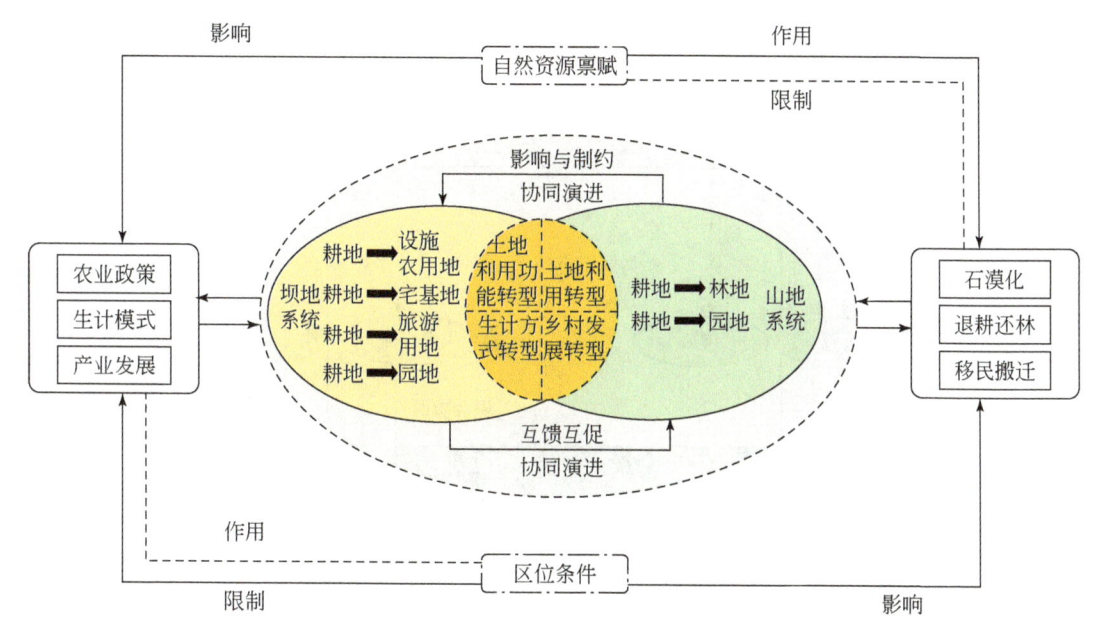

图 11-23 山地系统和坝地系统协同演进过程

11.2.5.2 西南山地村域尺度上乡村山-坝系统土地利用转型发展模式

理论分析认为,在理想状态下,西南山地山-坝系统其土地利用存在着 4 种耦合演变模式。但我们针对 9 个典型村组成的 3 种不同类型的山-坝系统进行了土地利用数量、功能及其景观格局的研究表明,当前西南山地山-坝系统土地利用以两种耦合发展模式为主。

(1) 双向增强型发展模式

双向增强型发展模式(图 11-24),即生产功能和生态功能均增强。该模式以以坝为主型山-坝系统类型(号营村、打油寨村、陶家寨村)和山坝相当型山-坝系统类型(朵贝村、陈旗堡村、柴新寨村)为代表。

坝地生产功能增强,山地生态功能增强,主要变现为自然条件和社会经济条件均较好的区域,坝地土地利用规模化、集约化,生产用地扩张,以"流"为载体,坝地系统和山地系统协同演化,相互作用,山地受坝地影响优质耕地发展为林、果等经济作物用地,较远耕地逐渐退耕。以打油寨村为例,打油寨村又名韭黄村,距县城近,交通条件好,韭黄是该村主导产业,种植历史悠久,经验成熟,已成为当地成熟的产业链,带动村内经济发展,保障就业,减少人口析出,耕地大部分流转租赁给公司或者个人种植韭黄。村民收入来源以集体分红和个体经营收入为主,村内大部分村民都在从事相关韭黄产业(种植、收购、运输、销售),外出务工现象少;坝地土地利用集约化、规模化,驱使山地土地退耕还林、弃耕,林地大面积扩张,生态用地大幅增加,生态功能增加。

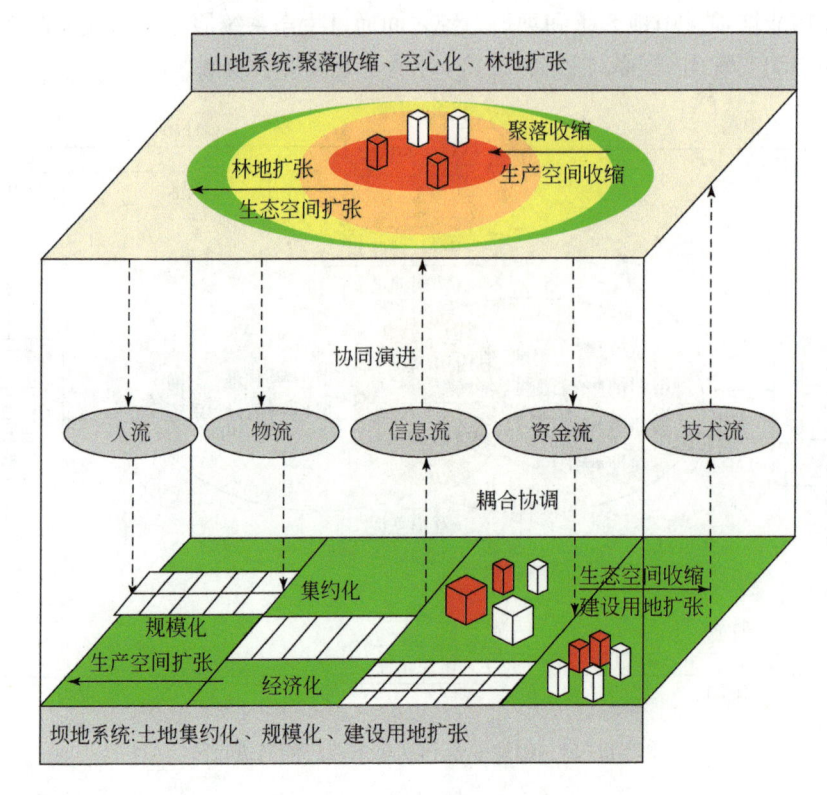

图 11-24 双向增强型发展模式

（2）减弱-增强型发展模式

减弱-增强型发展模式（图11-25），即生产功能减弱，生态功能增强。该模式以以山为主型山-坝系统类型（木乃村、陈家寨村、猛舟村）为代表。

坝地系统生产功能减弱，山地生态功能增强，主要表现为自然条件和社会经济条件均较差的情况下，距县城较远，人口析出严重，土地弃耕抛荒现象严重，生产用地收缩，坝地系统和山地系统相互带动弱。以猛舟村为例，该村岩溶地貌分布广，距县城较远，通达性差，是省级传统古村落、退耕还林示范点。村内缺乏产业，人口析出量大，人口老龄化严重，耕地退耕、弃耕、抛荒现象普遍，农业生产用地大幅收缩，生态用地扩张。

综上分析，当前中国西南山地乡村山-坝系统土地利用转型发展模式主要为双向增强型发展模式和减弱-增强型发展模式。

11.2.5.3 山-坝系统乡村土地利用耦合转型驱动机制

（1）自然因素

自然因素是土地利用转型发展的基本支撑条件[39]，对山-坝系统土地利用变化起着基础性作用。自然和社会经济条件好的坝地集约利用程度高；相反，则坝地集约利用较低。如以坝为主型山-坝系统，坝地面积大，水利和基础设施较为完善，通达性高，良好的地理条件是种植产业化和规模化实现的基础；以山为主型山-坝系统由于地形崎岖、破碎度

11 | 山-坝土地利用耦合转型理论与案例

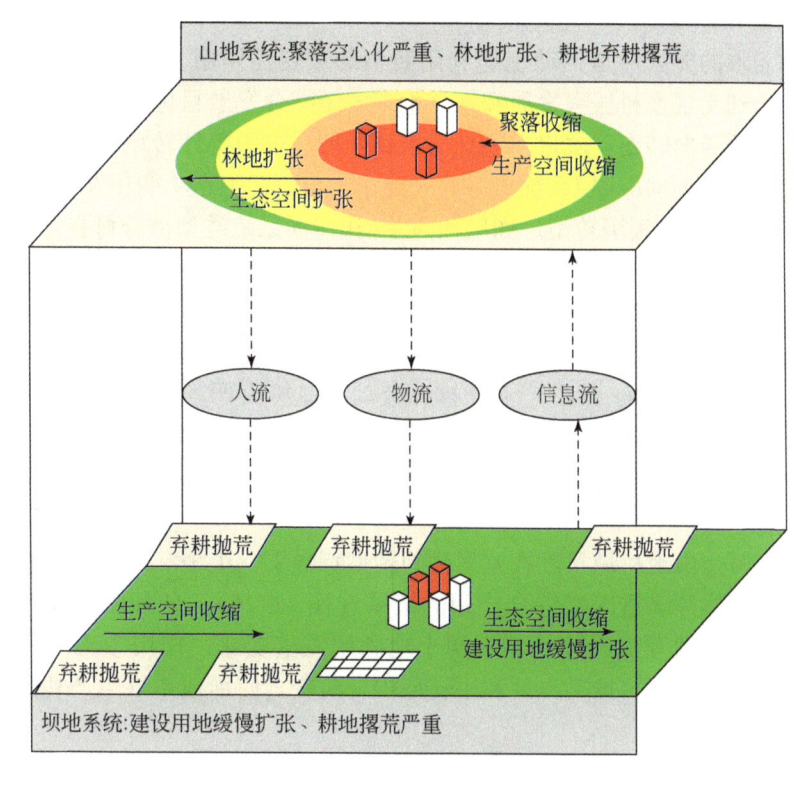

图 11-25 减弱-增强型发展模式

大，较差的自然地理条件限制了该类型山-坝系统土地利用转型发展，其实质就是通过耕地资源禀赋→劳动力迁移→耕地利用方式路径，影响着耕地利用方式。

（2）社会经济因素

社会经济因素是影响土地利用转型的决定性作用[40]。经济和产业发展促进城镇化和现代化进程，同时强化对乡村发展水平的影响。社会经济条件的差异通过社会经济结构→劳动力迁移→耕地利用方式路径影响土地利用形态。如以山-坝为主的山-坝系统，依托优越的自然条件和独特的民族文化发展生态型经济，坝地大部分流转，发展第三产业，大量人流进入，为山-坝系统经济发展提供动力，同时多因素相互作用促进产业结构调整。非农产业迅速发展带动坝地土地流转和山地退耕还林，实现生态效应和经济效应双赢。

（3）政策因素

政策是推动土地利用转型的关键性作用[41]。在国家和政府层面自上而下实施的乡村振兴、美丽乡村、精准扶贫、农业结构调整等政策促进了西南山区乡村发展和土地利用转型；促进坝区土地利用集约度和利用强度增加，生产功能增强，同时减轻山区生态环境压力和缓解人地关系矛盾，驱动山区由单一的生态保护功能向生态型经济和环境安全功能转化。如以山为主型山-坝系统在农业结构调整和精准扶贫战略背景下，依托独特的地理条件，发展非农作物和经济作物，并且做出品牌，农户的收入提高，生计方式也发生根本性的变化，由此带动山-坝系统山地土地利用向生态型经济转型。

(4) 行为主体因素

行为主体需求的差异性是推动土地利用转型的重要性作用[42]，主要表现为政府由保护生态安全目标到实现乡村振兴发展和保护生态安全综合发展目标转化；村集体由生存发展导向向市场需求导向转变；农户由生计需求到发展需求的生计转型。不同的行为主体通过自下而上的作用，推动山-坝系统生产功能、生活功能、生态功能相互作用、协调演变，进而促进山-坝系统土地利用转型。如以坝为主型山-坝系统类型部分村在经营方式上有村集体、个体、公司，集体和个人占大部分，该类型山-坝系统村落乡村能人在产业发展上发挥不可替代的作用，农产品种植逐渐规模化、产业化，提高了坝地土地利用强度与集约度及土地流转率。生计方式的转化同时缓解了人口流失、空心化等不可持续化问题。以山为主型山-坝系统类型村落，缺乏产业支撑，劳动人口析出严重，劳动力老化使其农业生产规模缩小，减少生产要素投入，形成"收缩型"土地利用，其促使土地利用效率低，弃耕抛荒，山地的耕地退耕还林和弃耕抛荒现象严重，驱动该类型山-坝系统林地扩张，生态功能强化。

综上所述，西南山地村域尺度在差异化的转型背景下，土地利用转型是自然、社会经济、政策、行为主体等多重因素综合作用的结果（图11-26）。各种因素在远程耦合的作用下，交互影响和互馈互促，并驱动不同土地利用需求变化，作用于土地利用转型的速度、强度和乡村发展水平，推动土地利用转型耦合演变，使坝地系统生产功能增强，山地系统生态功能增强。

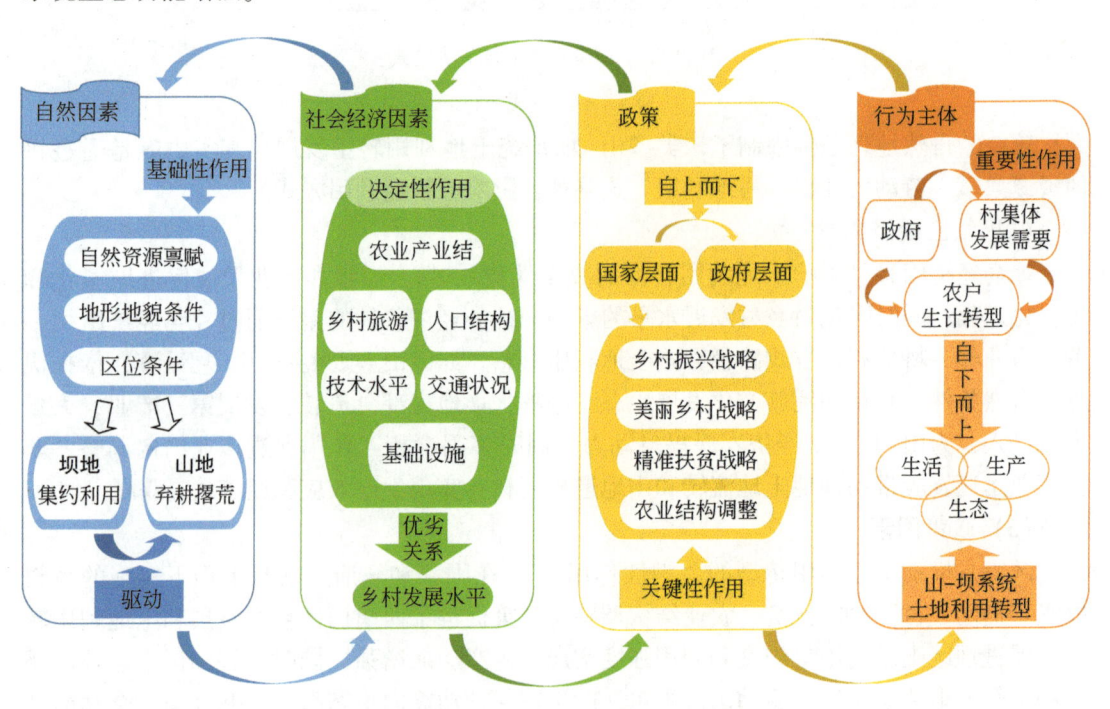

图11-26 西南山地村域尺度上驱动机制

11.2.5.4 对乡村转型发展的启示

对普定县 9 个典型山-坝系统土地利用耦合转型研究，揭示了中国西南山地山-坝系统土地利用转型特征、驱动机制及演变模式，研究结果表明深入开展西南山地山-坝系统土地利用耦合转型研究对促进区域乡村转型发展、土地利用优化及乡村振兴具有重要意义，对其他地区和发展中国家山地地区乡村转型和乡村发展有重要的参考价值。因此，提出以下建议：

1）在乡村振兴和美丽中国建设新时期，乡村发展应该充分利用乡村转型和土地利用转型的机遇，推动乡村振兴和乡村生态转型。

2）立足于当地条件，发展特色产业。在自然条件和社会经济条件好的地区，可根据当地情况发展特色种植、养殖和生态文化旅游，实现资源价值化，提升山区乡村农业生产和生态文化功能价值；在自然条件脆弱的地区，继续推进生态保护工程，鼓励森林保护，保护生物多样性，增加生态效益，提高山区乡村生态服务功能价值。

3）培育多元主体和乡村能人，激发乡村发展内生力。培育乡村能人，促进乡村多元治理，通过自上而下和自下而上的行为主体相互作用，发挥乡村能人在乡村经济转型发展中的核心动力，激发乡村发展内在因素，整合乡村发展外部因素，共同推动乡村可持续发展。

4）完善基础设施和公共服务设施。推动城乡资源要素优化配置，实现公共服务均等化，完善乡村基础设施，改善交通通达性，保障经济运输通道，改善乡村人居环境，增加公共服务用地和公共服务设施配套，扩大公共服务空间。

5）加强科学技术和专业知识投入。通过传授科学技术，提高农户生产技能，增加农户就业机会，提高收入水平，从而改变生活水平和生活质量。

11.2.6 结论

本节通过"理论假设—实证研究—机制分析"的方式，从土地利用转型的角度，对西南山地山-坝系统土地利用转型进行了村域尺度的解析，得到以下结论：

1）研究发现自然地理条件和社会经济条件的差异导致山-坝系统、坝地系统、山地系统在土地利用转型过程中展现一些共性特征，又表现出各自系统内部不同山-坝系统类型的差异性。数量上的转型表现为 2009~2019 年呈现耕地和草地显著减少；功能上的转型表现为土地利用功能由单一、简单向多元、复杂转化；景观格局上的转型表现为香农-维纳多样性指数、斑块密度和蔓延度指数呈增加趋势，聚集度指数呈减少趋势，表现为土地利用类型增加，复杂程度增加，聚集性降低，景观破碎化程度越大。

2）自然因素是西南山地山-坝系统土地利用转型的基础性作用，社会经济因素对山-坝系统土地利用变化和土地利用转型起决定性作用，政策因素是推动山-坝系统土地利用转型的关键性作用，行为主体需求的差异性是推动山-坝系统土地利用转型的重要性作用。多重因素相互作用、协调演变推动山-坝系统土地利用转型，使坝地系统生产功能增强，山地系统生态功能增强。

3）在理想状态下，山-坝系统土地利用功能耦合发展模式分别为双向增强型发展模式、增强-减弱型发展模式、双向减弱型发展模式和减弱-增强型发展模式。通过实证研究发现，9个典型村存在双向增强型发展模式和减弱-增强型发展模式。并且，在不同发展模式中的山地系统和坝地系统在时间上和空间上土地利用的差异促进山-坝系统土地利用耦合协调演进。

参 考 文 献

[1] 李阳兵，姚原温，谢静，等．贵州省山地-坝地系统土地利用与景观格局时空演变［J］．生态学报，2014，34（12）：3257-3265.

[2] 刘亚香，李阳兵．乡村转型背景下贵州坝子土地利用生产功能的空间演变［J］．地理研究，2020，39（2）：430-446.

[3] Grêt-Regamey A, Brunner S H, Kienast F. Mountain Ecosystem Services：Who Cares［J］. Mountain Research & Development, 2012, 32（S1）：S23-S34.

[4] 樊杰．"人地关系地域系统"是综合研究地理格局形成与演变规律的理论基石［J］．地理学报，2018，73（4）：597-607.

[5] 杨智谋，赵宇鸾，薛朝浪．岩溶区山-坝系统土地利用演化及其空间分异特征［J］．中国农业资源与区划，2020，41（7）：153-162.

[6] 田亚平，向清成，王鹏．区域人地耦合系统脆弱性及其评价指标体系［J］．地理研究，2013，32（1）：55-63.

[7] 刘海猛，方创琳，李咏红．城镇化与生态环境"耦合魔方"的基本概念及框架［J］．地理学报，2019，74（8）：1489-1507.

[8] 李玉恒，陈聪，刘彦随．中国城乡发展转型衡量及其类型——以环渤海地区为例［J］．地理研究，2014，33（9）：1595-1602.

[9] 龙花楼，戈大专，王介勇．土地利用转型与乡村转型发展耦合研究进展及展望［J］．地理学报，2019，74（12）：2547-2559.

[10] 龙花楼．论土地利用转型与乡村转型发展［J］．地理科学进展，2012，31（2）：131-138.

[11] Liu J, Dietz T, Carpenter S R, et al. Complexity of coupled human and natural systems［J］. Science, 2007, 317（5844）：1513-1516.

[12] Yang D, Cai J, Hull V, et al. New road for telecoupling global prosperity and ecological sustainability［J］. Ecosystem Health & Sustainability, 2016, 2（10）：e01242.

[13] 宋小青．论土地利用转型的研究框架［J］．地理学报，2017，72（3）：471-487.

[14] 张涵，李阳兵．乡村转型背景下山-坝系统土地利用景观耦合与协调演变——以贵州省6个山-坝系统为例［J］．山地学报，2021，39（2）：248-261.

[15] 杨忍，文琦，王成，等．新时代中国乡村振兴：探索与思考——乡村地理青年学者笔谈［J］．自然资源学报，2019，34（4）：890-910.

[16] 陈会，李阳兵，盛佳利．基于土地利用变化的贵州坝子土地利用功能演变研究［J］．生态学报，2019，39（24）：9325-9338.

[17] 邓伟，戴尔阜，贾仰文，等．山地水土要素时空耦合特征、效应及其调控［J］．山地学报，2015，33（5）：513-520.

[18] 李阳兵，姚原温，谢静，等．贵州省山地-坝地系统土地利用与景观格局时空演变［J］．生态学报，2014，34（12）：3257-3265.

［19］刘亚香，李阳兵．乡村转型背景下贵州坝子土地利用生产功能的空间演变［J］．地理研究，2020，39（2）：430-446．

［20］刘海猛，方创琳，李咏红．城镇化与生态环境"耦合魔方"的基本概念及框架［J］．地理学报，2019，74（8）：1489-1507．

［21］Moser S C, Hart J A F. The long arm of climate change: Societal teleconnections and the future of climate change impacts studies［J］. Climatic Change, 2015, 129 (1/2): 13-26.

［22］周鹏，邓伟，彭立，等．典型山地水土要素时空耦合特征及其成因［J］．地理学报，2019，74（11）：2273-2287．

［23］盛佳利，李阳兵．贵州省坝子的空间分布及不同地貌区坝子-山地组合类型的探索性划分研究［J］．贵州师范大学学报（自然科学版），2018，36（2）：15-21，32．

［24］李阳兵，陈会，罗光杰．贵州不同规模等级坝子空间分布特征研究［J］．地理科学，2019，39（11）：1830-1840．

［25］杨广斌，安裕伦，张雅梅，等．基于3S的贵州省万亩大坝信息提取技术［J］．贵州师范大学学报（自然科学版），2003（2）：93-96，110．

［26］童绍玉．云南山区与坝区农业利用划分方法探析［J］．贵州农业科学，2011，39（11）：89-91．

［27］梁小英，顾铮鸣，雷敏，等．土地功能与土地利用表征土地系统和景观格局的差异研究——以陕西省蓝田县为例［J］．自然资源学报，2014，29（7）：1127-1135．

［28］席建超，赵美风，葛全胜．旅游地乡村聚落用地格局演变的微尺度分析——河北野三坡旅游区苟各庄村的案例实证［J］．地理学报，2011，66（12）：1707-1717．

［29］Verburg P H, Van de Steeg J, Veldkamp A, et al. From land cover change to land function dynamics: A major challenge to improve land characterization［J］. Journal of Environmental Management, 2009, 90 (3): 1327-1335.

［30］刘继来，刘彦随，李裕瑞．中国"三生空间"分类评价与时空格局分析［J］．地理学报，2017，72（7）：1290-1304．

［31］Gu X, Xie B, Zhang Z, et al. Rural multifunction in Shanghai suburbs: Evaluation and spatial characteristics based on villages［J］. Habitat International, 2019, 92 (2): 102041.

［32］Marzban S, Allahyari M S, Damalas C A. Exploring farmers' orientation towards multifunctional agriculture: Insights from northern Iran［J］. Land Use Policy, 2016, 59: 121-129.

［33］Qian F, Chi Y, Lal R. Spatiotemporal characteristics analysis of multifunctional cultivated land: A case: tudy in Shenyang, Northeast China［J］. Land Degradation & Development, 2020, 31 (14): 1812-1822.

［34］Luo X, Zhang Z, Lu X, et al. Topographic heterogeneity, rural labour transfer and cultivated land use: An empirical study of plain and low hill areas in China［J］. Papers in Regional Science, 2019, 98: 2157-2178.

［35］赵丽，张贵军，朱永明，等．基于土地利用转型的土地多功能转变与特征分析——以河北省唐县为例［J］．中国土地科学，2017，31（6）：42-50，97．

［36］Liu Y, Long H. Land use transitions and their dynamic mechanism in the Huang-Huai-Hai Plain［J］. Journal of Geographical Sciences, 2016, 26 (5): 5-20.

［37］Fang X, Tang G, Li B, et al. Spatial and Temporal Variations of Ecosystem Service Values in Relation to Land Use Pattern in the Loess Plateau of China at Town Scale［J］. PLoS One, 2014, 9 (10): e110745.

［38］Wu C Y, Wei Y D, Huang X J, et al. Economic transition, spatial development and urban land use efficiency in the Yangtze River Delta, China - ScienceDirect [J]. Habitat International, 2017, 63: 67-78.

［39］Zhong Y, Long H, Ma L, et al. Spatio-temporal characteristics and dynamic mechanism of farmland functions evolution in the Huang-Huai-Hai Plain [J]. Journal of Geographical Sciences, 2018, 28 (6): 759-777.

［40］陈龙，周生路，周兵兵，等. 基于主导功能的江苏省土地利用转型特征与驱动力 [J]. 经济地理，2015, 35 (2): 155-162.

［41］田俊峰，王彬燕，王士君. 东北地区土地利用转型特征测度与机制探索 [J]. 经济地理，2020, 40 (9): 184-195.

［42］李裕瑞，常贵蒋，曹丽哲，等. 论乡村能人与乡村发展 [J]. 地理科学进展，2020, 39 (10): 1632-1642.

12 坝子土地利用转型演变路径

土地利用转型研究是深入理解人地交互关系、探测土地利用空间组织结构及其土地系统功能的重要理论模式[1]。基于空间规划、产业升级、制度完善、利益协调和生态优先的综合性转型路径将是未来土地利用转型优化途径的重要实践方向[2]。乡村土地利用转型的方向是通过土地的集中利用和要素合理配置实现适度规模经营与集约高效[3]。耕地作为农村土地资源的精华、乡村振兴战略目标的关键要素，耕地利用系统与乡村生产、生活、生态空间的耦合互馈及协同转型势必成为实现乡村振兴的首要保障[4]。在秦巴山区，地域功能经过了由农业生产主导型向生态保护主导型，再向各功能均衡协调渐进转型的过程[5]。在发展水平较低的卢旺达，森林转型路径表现为"森林稀缺""国家森林政策"和"全球化"三种路径并存的现象，而"经济发展路径"和"农业集约化路径"发挥的作用相对比较有限[6]。近20年来，广西森林转型表现为"经济增长型"和"森林短缺型"两种路径并存，或者存在更为复杂的复合型森林转型路径[7]。在广西，粮食作物"退"、经济作物"进"构成主要农作物竞争的基本态势，资源禀赋的约束、市场供需和比较效益的主导、乡村社会发展要素变化的诱发、制度环境的引导（修正）、集聚经济的循环累积等多种力量综合作用，推动农作物生产格局的演变[8]。

贵州坝子占全省土地总面积百分比仅为7.51%[9]，但贵州面积大小不一的坝子数量众多，其自然条件和社会经济条件差异较大。这些坝子的土地利用转型模式与路径的多样性和差异性如何？是否存在一些共同性的规律？这些值得深入探讨。因此，本章在前述研究的基础上，通过大量实例研究，揭示贵州省坝子土地利用转型的多样性和差异性特点，总结坝子土地利用转型的共同性规律。

12.1 理论基础

12.1.1 理论假设

全球化深刻改变了农村的社会经济形态和空间格局，引发了农村产业全面而深刻的变革[10]。在此大环境影响下，西南山区的坝子土地资源禀赋较好，其本身具有土地利用多宜性，适宜于多种土地利用；但在社会经济发展、政策和市场需求等因素的驱动下，坝子传统农业土地利用逐步调整与转型。受各坝子区位、可达性等自身条件的影响，理论上，坝子土地利用将在城镇扩展、经济作物和粮食作物等利用方式之间权衡，形成各坝子不同的优势土地利用，呈现不同的土地利用转型路径（图12-1）。本章试着构建坝子土地利用转型演变路径研究框架，认为可以从土地利用数量形态、土地利用空间形态、土地利用功能转换和土地利用空间演变等方面，探讨不同坝子土地利用转型的多样性和共同性，揭示坝子土地利用转型的时空规律，以利于优化坝子土地利用，实现坝子土地利用的粮食安全、生态安全和经济发展三赢，从而实现坝子土地利用可持续发展。

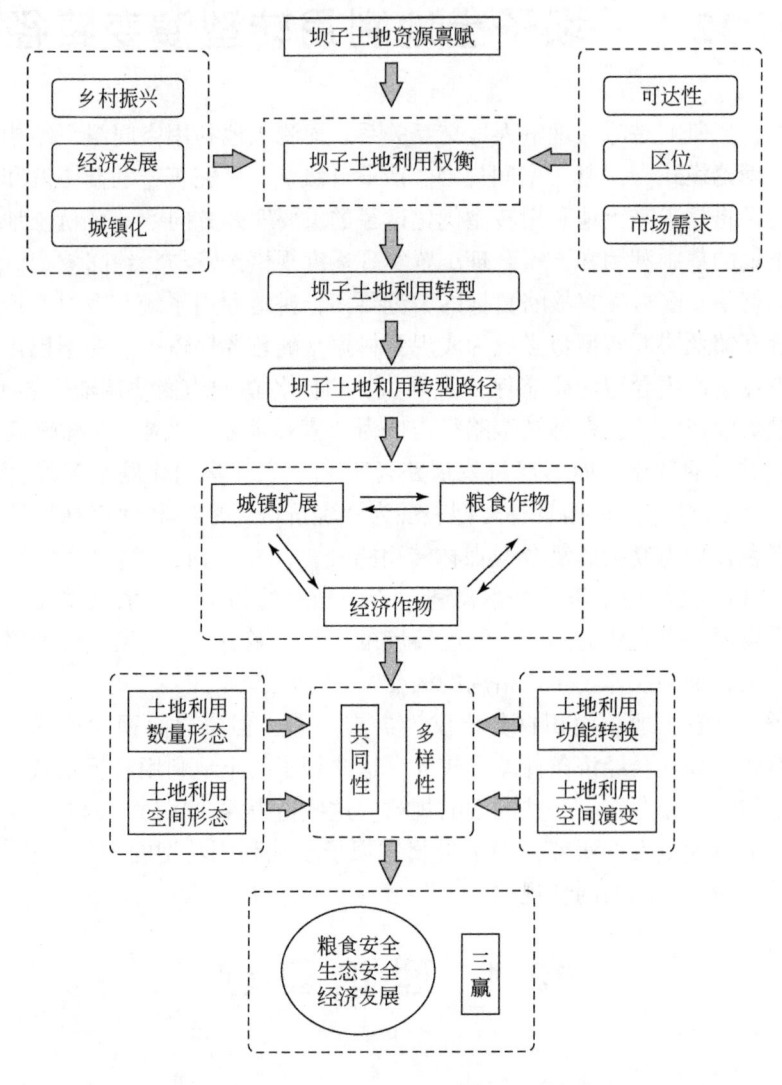

图 12-1　贵州省坝子土地利用转型可能性假设

12.1.2　转型路径情景

基于构建的坝子土地利用转型演变路径研究框架，本章将坝子的土地利用转型路径分为以下三种：单路径转型类型、多路径转型类型和不变型转型（图 12-2）。

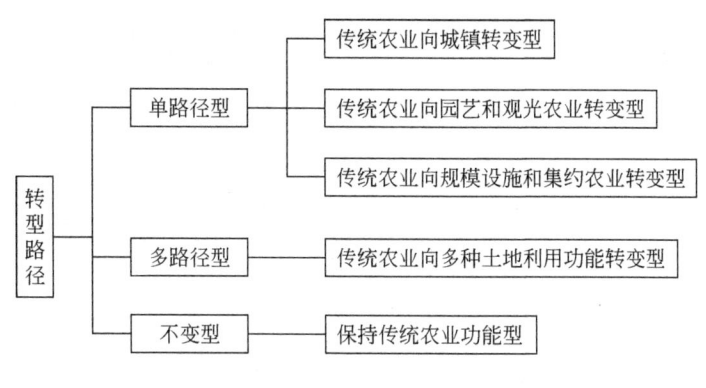

图 12-2 坝子土地利用转型路径情景

12.2 坝子土地利用转型演变案例分析

12.2.1 单路径型

12.2.1.1 传统农业向城镇转变型

本类型坝子由传统农业利用转型为城镇土地利用。以荔波樟江坝子的土地利用演变为例对此进行分析。樟江坝子为樟江冲积形成的河流阶地，地形平坦，适宜于农业土地利用。本坝子面积大小属于第三章划分的第二等级坝子。

荔波县城位于樟江坝子，但在 2000 以前，建设用地仅占坝子面积很小的一部分；2000 年，随城镇化发展，坝子建设用地不断扩展侵占农业用地；到 2020 年，坝子农业用地消失，转型为城镇用地坝子（图 12-3）。本实例代表了贵州省由农业土地利用向城镇土地利用转型的一类坝子，除本坝子外，类似的还有印江县城所在地坝子、施秉县城所在地坝子等。

12.2.1.2 由传统农业向园艺和观光农业转变型

此种转型类型坝子土地资源禀赋较好，随着经济社会从初级发展阶段经历中高级到高级阶段，在诱致性生产替代作用下[11]，耕地利用类型结构、投入结构和种植结构演变决定了耕地利用功能从社会生态型向经济社会型、生态经济型转型。在这样的背景下，坝子的粮食作物、生态作物被经济作物和园艺作物替代，而且农作物种植逐步专业化，带动大量水田转为旱地。更进一步，部分坝子开始出现集休闲、观光、旅游于一体的多功能农业，耕地利用向显化耕地资源多功能价值方向转型，带动水田继续向旱地转变（图 12-4）。此种转型类型坝子占贵州坝子的比例较大。

a. 1965年1:5万地形图　　　　　b. 2020年高分辨率影像图

c. 2007年　　　　d. 2015年　　　　e. 2020年

图 12-3　荔波樟江坝子土地利用景观演变

a. 绥阳县坝子

b. 湄潭县坝子

c. 普定县坝子

d. 西秀区大坝村 　　　　　　　　e. 西秀区坝子

f. 花溪区马场坝子

图 12-4　由传统农业向园艺和观光农业转变型坝子实例

12.2.1.3　向集约农业利用和规模设施农业转型

此种转型类型坝子具有较好的土地资源禀赋、区位条件及交通优势。例如，西秀区和平坝县沿贵黄高速范围的坝子，形成蔬菜基地及加工、辣椒基地及加工等公司主导型的产业链，带动坝子耕地利用向集约农业利用和规模设施农业转型（图 12-5）。西秀区宁谷镇有 68 个 50 亩以上坝子，总面积 1.7 万亩，该镇坚持"龙头企业+合作社+农户"农业产业发展模式，以 50 亩以上坝子及公路沿线为重点区域，打造形成"一村一基地"发展格局，成为调优农业产业结构、壮大产业规模、促进产业提质增效的"宁谷模式"。通过龙头企业订单收购实现产销精准衔接，确保农业产业稳定、健康、可持续发展。西秀区旧州镇辣椒基地坚持"产业驱动、产销联动、持续带动"发展模式，并通过贵州南山婆食品加工有限公司采取订单农业模式，带领贫困群众大力发展生态种养。平坝区羊昌河坝区以"公司+农户+基地"的生产模式发展特色农产品，直销直供"订单农业"基地，示范推进农业产业结构调整。

图 12-5 西秀区坝子集约土地利用示例

12.2.2 多路径型

此种土地利用转型往往发生在贵州区位条件较好的万亩大坝。以贵州省最大的坝子——涟江坝子为例，该坝子土地利用存在多种转型路径（图12-6）。

a. 2008年，传统农业利用 　　　　b. 2014年，耕地转型利用

c. 2014年，传统农业利用 　　　　d. 2020年，耕地转型利用

e. 2020年，耕地转型利用 　　　　f. 2020年，耕地转型利用

图 12-6 惠水县涟江坝子土地利用演变

涟江坝子北部区域距离贵阳市市区28km，区位优势显著，水田演变的主要过程是水田—旱地—工矿仓储用地，2006年和2016年是其演变过程的主要转折点。2006年之前主要是耕地利用结构的变化，其土地利用功能不变；2016年后，由水田利用转来的旱地逐渐修建起物流仓储和工业用地，其变化了的水田大多很难再恢复，具有不可逆性，导致这部分土地利用功能从传统农业生产为主转向以工业生产功能为主。

涟江坝子中部县城周边，水田演变的主要过程是水田—居住生活用地。1966~2020年，随着城镇化的发展，水田以城镇为中心逐步向商业服务业用地、住宅用地、科教文卫用地、交通用地等转移。原有水田变化后很难再恢复，呈只减未增的趋势，具有不可逆性，其土地利用功能也逐渐由以传统农业生产功能为主转向以居住生活功能为主的转移。

涟江坝子中部县城以南区域，从2006年开始水田利用逐步向苗圃、花卉、水果等现代规模农业用地转移，规模逐渐扩大，其变化了的水田都可以再恢复，具有可逆性。涟江坝子中南部在2010年以前水田变化并不显著，2010年后才大规模向现代规模农业用地转移，到2020年大多数又恢复为水田。其中，景观苗木和人工草坪种植基地兼有自然生态功能，这部分的土地利用功能从传统农业生产功能向现代规模设施农业生产功能转移。

涟江坝子南部区域，水田演变的主要过程是水田—旱地—水田，是水田与旱地的相互转化的过程，具有可逆性。该区域位于涟江坝子南部，距离贵阳市较远，主要以传统农业种植为主，其耕地利用以粮与非粮轮作为主，其次是种植粮食作物和林粮间作，有少部分未耕种。1966~2020年水田利用变化相对研究区其他区域不是很显著，但在其演变过程中呈现逐步破碎化的特征。另外，坝子南部有部分区域向观光农业转型。例如，位于涟江坝子南部的好花红村，涟江穿流而过，地形平坦，土地肥沃，耕地资源丰富，属于亚热带季风气候，光热充足，降水丰富，交通便利。2019年好花红村辖15个自然村、745户、3237人，其中少数民族人口占全村人口的95%，是国家首批乡村旅游重点村和全国生态文化村，同时也是国家非物质文化遗产"好花红调"的发源地。好花红村土地利用功能受土地利用转型的影响，由传统单一的农业生产功能、社会保障功能和生态保育功能转变为复合型观光休闲功能和经济发展功能，增加了经济效益的同时保证了生态效益，土地利用功能总体上呈现出多元化和复合化特征；土地利用功能演变有以农为主、乡村旅游为辅，农旅结合、农业逐步退缩，以及以乡村旅游为主、整体转型三种模式[12]。

涟江坝子代表了贵州省由传统的农业土地利用发生多路径转型的一类坝子，除本坝子外，天柱县坝子、榕江坝子、余庆坝子也存在不同程度的类似土地利用功能转型。

12.2.3 不变型

本类型坝子虽面积大小不一，但土地资源禀赋较好，只是区位条件往往相对较差。由于此类坝子具有较高的农业土地利用价值，且当前的土地利用转型适宜性较低，因此，对此类坝子耕地宜加强基本农田建设和保护，减少其耕地非粮化和非农化，同时推进此类坝子农业土地利用规模化、标准化、组织化发展，扶持一批核心示范基地，打造成为高产高效基本农田的样板田、科技田、效益田。

有研究在县域尺度下对贵州省坝子农业土地利用转型适宜性分区，划分为优先农业土地利用转型建设区、适宜农业土地利用转型建设区、一般农业土地利用转型建设区和基础保护农业土地利用转型建设区四种类型[13]。普定县属于适宜农业土地利用转型建设区，较多坝子仍保持农业土地利用。天柱县高酿镇的适宜性质量等级为高度适宜，属于优先农业土地利用转型建设区；该镇的5000亩坝子——高酿大坝作为水稻高产示范田，是天柱优质稻主产区之一。松桃县属于一般农业土地利用转型建设区，其中松桃县乌罗坝子的适宜性质量等级为高度适宜，且是优先农业土地利用转型建设区；但目前该坝子农业生产方式以传统农业为主，景观类型主要是传统农业景观（图12-7）。

a. 普定县木乃村 　　　　　　　　　　b. 普定县陈旗堡村

c. 松桃县乌罗镇坝子 　　　　　　　　d. 天柱县高酿镇坝子

图12-7　不变型坝子示例

12.3　坝子土地利用转型可持续发展路径

　　具体到不同面积大小等级的坝子［这里简称为大坝子（5000亩以上）、中坝子（1000~5000亩以上）和小坝子（1000亩以下）］而言，由于其承载的土地利用功能不同，其土地利用转型可持续发展路径存在差别（图12-8），大坝子土地利用转型要考虑坝子土地多功能利用，控制城镇扩张，优化"三生"空间结构；中坝子土地利用转型要注重土地利用的集约化和规模化，提升利用效益；小坝子土地利用转型要根据小坝子功能的多样性，采取一坝一策，注重特色利用。

　　大坝子、中坝子和小坝子其土地利用转型可持续发展的共同点都是要保护优质耕地，提高坝地的生产力。一方面，基于资源禀赋和发展基础通过高标准农田营建、中低产田改良、农田水利配套、农业机械化推广、土地流转等进一步提升以粮食主产为优势的传统农业坝子的生产效能，重点开展优质品种攻关等关键技术集成应用和优质稻生产基地建设，

a. 大坝子

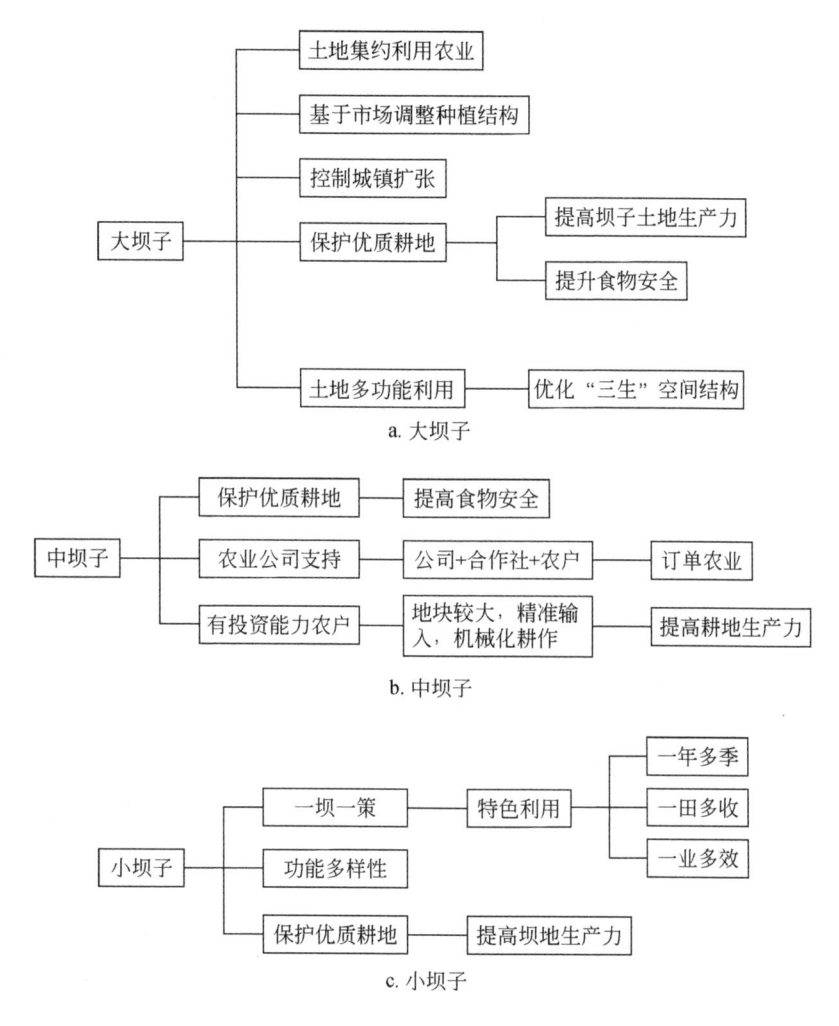

b. 中坝子

c. 小坝子

图 12-8 坝子土地利用转型路径

推动粮食生产从高产向优质转变。另一方面，以新的食品安全观为指导，做好坝子土地利用规划，在确保口粮绝对安全的前提下，大力发展特色种植业。

12.4 讨论与结论

12.4.1 坝子土地利用转型路径具有多样性和共同性

坝子是贵州岩溶山区人类活动中心，是山区城镇发展的政治、经济、文化、休闲等活动的主要场所。坝子的传统土地利用是水田，而水田利用变化是人为因素和自然因素相互作用的结果[14]。坝子土地利用转型主要体现在水田、城镇、经济作物三者的相互作用上，所以坝子土地利用转型具有共同性；而不同坝子的水田、城镇、经济作物等三种土地利用之间作用强度差异，形成了坝子土地利用转型的多样性（图12-9）。坝子土地利用功能转型实质是坝子乡村转型发展。大坝子一般可能存在多种土地利用路径，存在"三生"空间冲突；中坝子土地利用转型路径往往较单一；小坝子一般只存在一种土地利用转型路径。

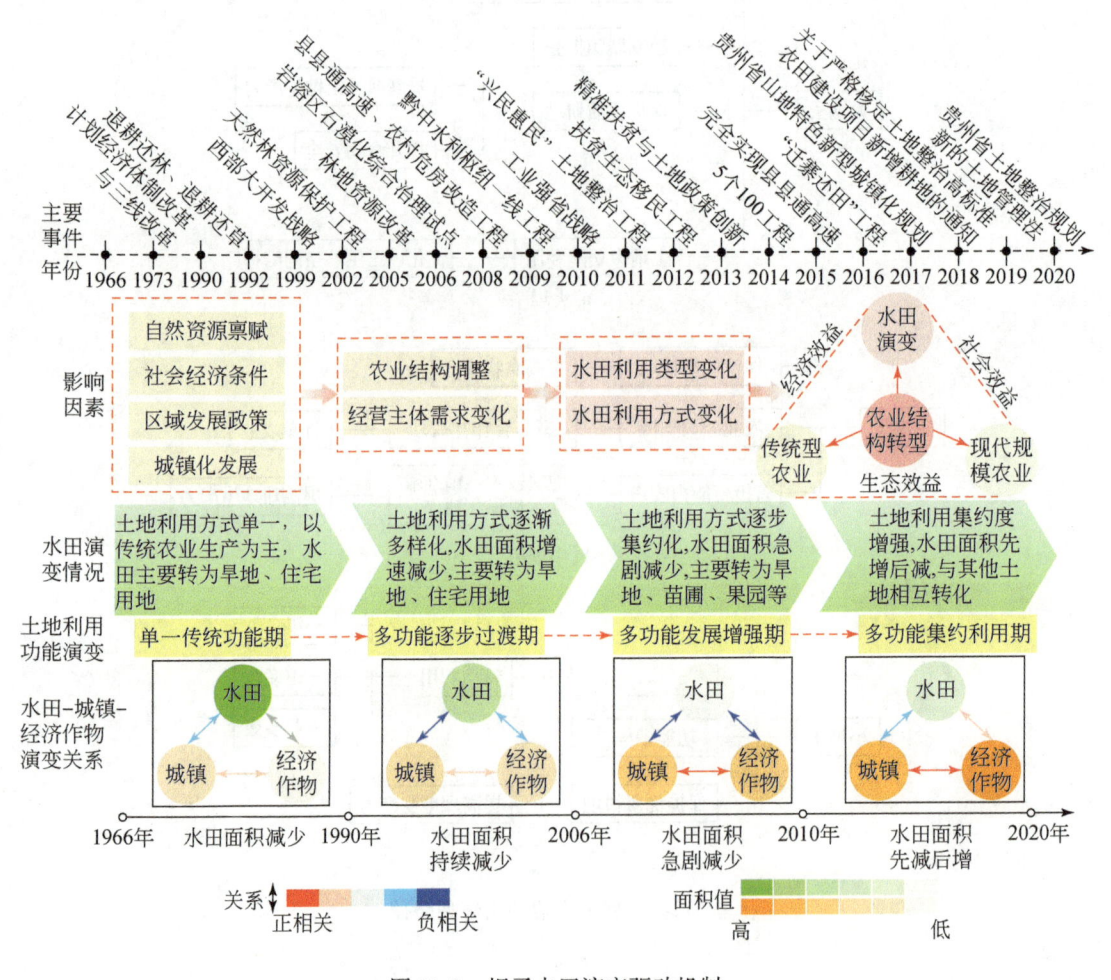

图 12-9 坝子水田演变驱动机制

12.4.2 坝子土地资源可持续利用建议

伴随新型城镇化、新型工业化、农业现代化、旅游产业化的发展，建设用地不断扩张，占用耕地，耕地非农化、非粮化现象日益突显。社会经济发展推动产业转型升级，产业转型发展驱动着农户生计模式转型和农业生产转型，农户生计从单一的传统农业生产向务工、农业生产兼务工、单一农业生产等多种类型转化，农业生产从单一的粮食作物生产向经济作物、非农作物、粮食作物等多元化种植转型，农户生计模式和农业生产转型导致大量的青壮年劳动力流失，耕地粗放化利用、集约化利用、耕地边际化和撂荒等现象并存。

不同区域资源禀赋导致不同方向土地利用转型，自然资源禀赋和区位条件好的区域土地资源利用效率高，规模化集约化经营；自然资源禀赋差、区位偏远的区域土地边际化和撂荒现象严重，导致土地资源利用效率低、土地资源浪费。在乡村振兴和农业现代化的背景下，提高土地资源利用效率和实现产业兴旺是促进区域发展的重要环节。具体到各坝子来说，如何实现坝子土地利用多功能绿色转型和多功能耦合协调发展，值得深入思考。而辅以基于格局与过程耦合的土地利用转型调控[15]，最终能促使坝子土地利用转型的完成。

参 考 文 献

[1] 李灿. 区域土地利用转型诊断与调控的分析路径[J]. 地理研究, 2021, 40（5）：1464-1477.

[2] 谭林, 陈岚. 乡村空间重构与土地利用转型耦合机制及路径分析[J]. 自然资源学报, 2022, 37（7）：1829-1847.

[3] 刘法威, 杨衍. 乡村转型的动力机制和实现路径研究[J]. 渤海大学学报（哲学社会科学版），2019,（5）：83-88.

[4] 牛善栋, 方斌, 崔翠, 等. 乡村振兴视角下耕地利用转型的时空格局及路径分析——以淮海经济区为例[J]. 自然资源学报, 2020, 35（8）：1908-1925.

[5] 张玉, 王介勇, 刘彦随. 陕西秦巴山区地域功能转型与高质量发展路径[J]. 自然资源学报, 2021, 36（10）：2464-2477.

[6] 李天润, 陈爽. 1990年以来卢旺达森林转型路径及趋势模拟[J]. 资源科学, 2022, 44（3）：494-507.

[7] 黄萍, 卢远, 王丹媛, 等. 广西森林转型与森林扰动遥感监测研究[J]. 山地学报, 2019, 37（1）：118-128.

[8] 屠爽爽, 简代飞, 龙花楼, 等. 广西主要农作物生产格局演变特征与机制研究[J]. 地理学报, 2022, 77（9）：2322-2337.

[9] 李阳兵, 饶萍, 罗光杰, 等. 贵州坝子土地利用变迁与耕地保护[M]. 北京：科学出版社, 2015.

[10] Lin Y Q, Dai L, Long H L, et al. Rural vitalization promoted by industrial transformation under globalization: The case of Tengtou village in China [J]. Journal of Rural Studies, 2022, 95: 241-255.

[11] 宋小青, 李心怡. 区域耕地利用功能转型的理论解释与实证[J]. 地理学报, 2019, 74（5）：992-1010.

[12] 张涵, 李阳兵. 城郊土地利用功能演变——以贵州省惠水县乡村旅游度假区好花红村为例[J]. 地理科学进展, 2020, 39（12）：1999-2012.

[13] 张涵. 贵州省坝子农业土地利用转型适宜性评价[D]. 贵阳：贵州师范大学硕士学位论文, 2022.

[14] 鞠洪润, 左丽君, 张增祥, 等. 中国土地利用空间格局刻画方法研究[J]. 地理学报, 2020, 75（1）：143-159.

[15] 龙花楼. 土地利用转型的解释[J]. 中国土地科学, 2022, 36（4）：1-7.

13 结论与研究展望

13.1 研究结论

本书以贵州为例,构建了中国西南山区坝子土地利用功能演变理论研究框架。以较多典型坝子作为研究案例,基于长时间序列遥感影像资料、局部地区高精度影像及野外踏勘实测数据等数据源,本书深入探讨了贵州坝子土地利用功能转型研究方法及其长时间段时空演变规律;在反映众多坝子土地利用功能时空演变特征的同时,揭示了社会经济背景转型与坝子土地利用功能转型演变的耦合关系,探讨了乡村振兴战略下的坝子土地利用功能转型路径。本书在以下方面取得了研究进展:

1)构建了贵州坝子土地利用多功能时空动态演变理论。

2)深入揭示了坝子空间分布特征与数量结构,发现贵州省≥1hm²以上的坝子,仅占贵州省国土面积的3.99%,低于山间平坝占全省总面积7.51%的传统认识。

3)从省域尺度和微观尺度揭示了贵州坝子土地利用变化与土地利用转型情况;发现贵州坝子的土地利用转型主要表现为耕地功能转移和耕地功能多样化。

4)在省域尺度揭示了贵州省坝子土地利用功能多样性演变过程,阐明了坝子不同土地利用功能类型的数量分布、功能转换、功能空间分布的变化规律。

5)揭示了现代农业功能地块面积与现代农业功能坝子面积呈强正相关关系,现代农业功能地块面积随坝子面积的增加而增加。坝区内现代农业功能地块首先主要发展于大坝子内,并逐渐向面积较小的坝子内扩展,坝子耕地利用功能转型由大坝子向小坝子扩展。

6)定量评价了贵州省面积500亩以上坝子农业土地利用转型适宜性,认为坝子农业土地利用转型综合质量适宜性类型以高度适宜和高中度适宜类型坝子为主,坝子农业土地利用转型适宜性类型的差异对坝子土地利用转型具有显著的影响。

7)揭示了典型坝子农业生产演变模式经历了传统农业生产阶段、传统农业和现代农业混合生产阶段及专业化农业生产阶段,逐渐由粗放化经营转向集约化、规模化和专业化经营,种植作物逐渐由单一粮食作物向经济作物种植为主,经营主体逐渐多元化,组合模式多样化。

8)建立岩溶山区贵州坝子土地利用功能分类体系、坝区"三生"功能贡献强弱程度标准和坝子土地利用功能定量诊断指标体系,有效识别了岩溶山区坝子的耕地利用功能的空间格局。

9)构建了山-坝系统土地利用景观耦合演变理论框架,并进行了村域尺度的典型案例研究,发现山-坝系统土地利用功能耦合演变存在双向增强型发展模式和减弱-增强型发展模式。

10）构建了坝子土地利用转型演变路径研究框架，揭示了贵州省坝子土地利用转型的多样性和差异性特点，总结了贵州省坝子土地利用转型的共同性规律。

13.2　主要创新点与研究不足

本书的主要创新点主要体现在以下几个方面：
1）构建了贵州省坝子土地利用多功能时空动态演变理论。
2）建立了贵州省坝子农业土地利用功能转型适宜性评价模型。
3）构建了山-坝系统土地利用景观耦合演变理论框架。
4）构建了坝子土地利用转型演变路径研究框架。

在本书研究和写作过程中，也发现了一些需要进一步深入研究的问题：
1）坝子作为一种典型的地貌单元，坝子的空间范围与乡镇等行政单元并不统一，因此，本书没有选取社会经济因素，如城镇化率、人口、土地流转面积、经济作物面积等因素进行适宜性分析。未来还需要增加社会经济因素指标，对坝子农业土地利用转型综合适宜性进行全面评价，从而科学有效地对贵州省坝子农业开发建设和优化产业布局提供科学参考。
2）鉴于资料数据的局限性，关于坝子土地利用转型与功能空间演变耦合机理和驱动机制的分析，只做到在相互作用关系上的系统定性分析。

13.3　展　　望

今后拟在以下几个方面开展进一步研究：
1）贵州省坝子土地利用功能转型的社会效应和生态效应。
2）远程土地利用耦合链接对贵州省坝子土地利用转型和动态演变的影响。
3）不同尺度坝子功能演变的关联性分析。
4）坝子土地利用多功能耦合协调发展路径。

通过这些研究，可以更全面指导贵州坝子土地利用多功能耦合协调和优化发展，为乡村振兴作出贡献。